KB168136

매니지먼트 3.0

KOREAN language edition published by ACORN PUBLISHING COMPANY, Copyright © 2019

Authorized translation from the English language edition,
entitled MANAGEMENT 3.0: LEADING AGILE DEVELOPERS, DEVELOPING AGILE LEADERS,
1st Edition, 9780321712479 by APPELO, JURGEN,
published by Pearson Education, Inc, publishing as Addison-Wesley Professional, Copyright © 2011

All rights reserved. No part of this book may be reproduced or transmitted in any form or by any means,
electronic or mechanical, including photocopying, recording or by any information storage retrieval system,
without permission from Pearson Education, Inc.

이 책은 Pearson Education, Inc.를 통해 Addison-Wesley와 에이콘출판㈜가 정식 계약하여 번역한 책이므로
이 책의 일부나 전체 내용을 무단으로 복사, 복제, 전재하는 것은 저작권법에 저촉됩니다.

매니지먼트 3.0

새로운 시대, 애자일 조직을 위한 새로운 리더십

위르헌 아펄로 지음 조승빈 옮김

i!i
에이콘

10년 가까이 팀으로써 함께한

라울에게

매 니 지 먼 트 3 . 0 에 대 한 찬 사

"'무조건 성공하는 5단계' 따위의 비법서는 질색이다. 나는 새로운 아이디어와 감동을 전해주는 책이 좋다. 위르헌 아펄로의 책은 후자에 해당한다. 이 책은 오늘날과 같이 급변하는 세상에서 복잡한 업무를 관리하려면 어떻게 해야 할지 생각하게 해준다. 이 책은 애자일/린으로 탈바꿈하고자 하는 관리자가 애자일하게 '될' 수 있는 방법을 진지하게 고민하도록 만들어준다."

– **짐 하이스미스**Jim Highsmith, ThoughtWorks, Inc. 최고 컨설턴트,
www.jimhighsmith.com, 『Agile Project Management』(Addison–Wesley, 2009) 저자

"복잡성 및 관리에 대한 최신 연구 결과와 실천법을 제대로 모아 설득력 있게 요약하고 매력적으로 표현했다."

– **데이비드 하비**David Harvey, Teams and Technology 개인 컨설턴트

"『매지니먼트 3.0』은 경영진에게 애자일을 효과적으로 소개하는 책이다. 애자일 팀 관리자를 위한 책 중에서 이만한 것을 본 적이 없다. 반드시 읽어보고 함께 나눠야 한다."

– **올라프 마선**Olav Maassen, Xebia

"'X를 해결하려면 Y를 하라'와 같은 식의 규칙을 원한다면 이 책은 포기하는 편이 좋다. 이와 더불어 관리자 경력도 깨끗이 포기하자. 하지만 팀이 더 생산적으로 일해 그것이 재미로 이어지고, 그 재미가 다시 생산성으로 이어지고, 그 생산성이 다시 재미로 이어지는 수많은 아이디어를 원한다면 이 책을 읽자! 개념의 원리를 확실히 이해하고 나면 이런 선순환이 시작될 것이다."

– **옌스 샤우더**Jens Schauder, LINEAS 소프트웨어 개발자

"애자일 프로젝트를 관리하거나 애자일 환경에 적합한 프로젝트 관리자가 되는 방법을 설명하는 책은 많다. 하지만 애자일 환경에 적합한 관리자를 위한 책은 거의 없다. 이 책이 그 간극을 메워준다. 이 책은 어떤 상황에서도 효과적인 관리자가 되는 방법을 이야기한다. 또한 구체적인 조언의 배경으로 제시한 광범위한 연구 결과가 이 책에 온전히 다른 요소를 더해준다. 그리고 이 모든 것을 유쾌한 스타일로 풀어간다."

– **스콧 던칸**Scott Duncan, Agile Software Qualities 애자일 코치/트레이너

"부제의 '애자일'이라는 단어에 속지 말자. 이 책은 애자일에 대한 책이 아니라 건강하고 합리적이며 현실적인 관리에 대한 책이다. 우리에게는 여전히 이런 것들이 꽤 낯설다."

– **파벨 브로진스키**Pawel Brodzinski, 소프트웨어 프로젝트 관리자

"위르헌 아펄로에게 복잡성 이론을 바탕으로 책을 쓰고 있다는 이야기를 들었을 때, 나는 '멋진 생각이긴 하지만 좀 어려운 책이 나오겠는 걸'이라고 생각했다. 엔트로피, 혼돈 이론, 열역학과 같은 단어가 나오는 책은 좀 두려운 느낌이 들기 때문이다. 그러나 이 책은 이해하기 쉬우며, 실제로 곧장 적용할 수도 있다. 소프트웨어 팀이 복잡 적응계라는 사실을 이해하고, 팀이 최고의 성과를 올리기 위해 이 아이디어들을 적용하는 방법을 알게 된 것은 행운이다. 이 책은 여러분이 소프트웨어 팀 관리자든, 팀원이든 상관없이 많은 도움을 줄 것이다."

– **리사 크리스핀**Lisa Crispin, ePlan Services, Inc. 애자일 테스터,
『애자일 테스팅Agile Testing』(정보문화사, 2012) 공동 저자

"이 책은 '우연에 의한 관리'에서 벗어나, 거의 모든 팀에서 간과하고 있는 신뢰, 동기 부여, 복잡성의 기반을 이해하고자 하는 관리자에게 중요하다."

– **코리 포이**Cory Foy, Net Objectives 시니어 컨설턴트

"과학 연구를 바탕으로 팀 관리 실천법을 아주 쉽게 이해할 수 있도록 해주는 책이다. 매 페이지마다 엄청난 가치가 있고, 위르헌 아펄로 특유의 유머 감각 덕분에 즐겁게 읽을 수도 있다."

— **뤼드 콕스**Ruud Cox, Improve Quality Services 테스트 관리자

"소프트웨어 개발의 핵심은 자신이 복잡계 안에 있고 처한 상황에 맞게 관리해야 한다는 사실을 인식하는 것이다. 이 책은 그 인식과 이에 따른 변화 측면에 대해 다룬다. 위르헌 아펄로는 이렇게 함으로써 지금까지 멀게만 느껴왔던 이론과 실천법을 잇는 다리를 제공하고 있다."

— **이스라엘 가트**Israel Gat, The Agile Executive 창립자,
『The Concise Executive Guide to Agile』(IEEE CS Press, 2010) 저자

"애자일 관리를 제대로 알고 싶다면 위르헌 아펄로의 책을 읽으면 된다. 왜 결과를 관찰하는 것이 팀을 참여시키고 훌륭한 성과를 얻기 위한 열쇠인지 설명한다. 위르헌 아펄로가 이야기하는 것처럼 관리는 단순하지 않으며, 이 책이 그 이유를 설명한다. 위르헌 아펄로는 유머와 실용주의를 통해 관리를 어떻게 바라봐야 하는지 보여준다."

— **조한나 로스먼**Johanna Rothman,
Rothman Consulting Group, Inc. 컨설턴트, 『Manage It!』(위키북스, 2010) 저자

"위르헌 아펄로는 이 책에서 복잡성의 이면에 놓인 과학을 설명하며, 애자일 관리 방법이 복잡하고, 역동적이며, 예측 불가능한 상황을 관리할 필요성으로부터 어떻게 탄생했는지 제대로 정리하고 있다. 애자일 개발 팀을 이끌고 있고, 관리 역량을 개발하는 데 관심이 있다면 반드시 이 책을 읽어야 한다."

— **켈리 워터스**Kelly Waters, Agile Development Made Easy! 블로거

"나는 이 책이 앞으로 10년간 애자일 관리서의 '바이블'이 될 것이라고 굳게 믿는다."

— **에드 요든**Ed Yourdon, Nodruoy, Inc. IT 매니지먼트/소프트웨어 컨설턴트,
『Death March』(PrenticeHall, 2014) 저자

"이 책은 빠른 해결책을 원하는 사람들이 아니라 관리에 열정과 애정을 갖고 진지하게 공부하는 사람들을 위한 것이다. 다시 말해, 관리의 장인을 위한 책이다."

– 로버트 C. 마틴Robert C. Martin, ObjectMentor, Inc. 오너, 『클린 코드Clean Code』(인사이트, 2013) 저자

"모든 21세기 애자일 (또는 비애자일) 관리자는 이 책을 읽어야 한다. 위르헌 아펄로는 최신 복잡성 과학, 경영, 리더십, 사회 시스템 이론을 요약하고 실용적인 사례를 들어, 이 모든 것을 매력적이고 이해하기 쉬운 스타일로 한데 모았다. 그런 다음, 성찰의 질문을 던져 관리자가 자신이 처해 있는 현재 상황에 모두 적용할 수 있도록 한다. 나는 관리자, 임원, 리더십 팀과 함께 일할 때마다 이 책을 추천할 것이다."

– 다이애나 라센Diana Larsen, FutureWorks Consulting LLC 컨설턴트,
『애자일 회고Agile Retrospectives』(인사이트, 2008) 공동 저자

"위르헌 아펄로는 독자들이 폭넓은 지식을 정리하고 실용적으로 적용해볼 수 있도록 시스템 이론, 복잡성 이론, 경영 이론을 요약했다. 이 책은 관리자가 자신이 해야 할 일에 대해 다르게 생각하고, 일터에서 효과적으로 행동할 수 있는 기회를 넓히는 데 도움을 줄 것이다."

– 에스더 더비Esther Derby, Esther Derby Associates, Inc. 컨설턴트,
『실천가를 위한 실용주의 프로젝트 관리 7 WEEKS: 위대한 관리의 비밀Behind Closed Doors:
Secrets of Great Management』(위키북스, 2007) 공동 저자

"위르헌 아펄로는 자기가 읽은 수많은 책을 연결하는 책을 썼다. 그의 생각에 동의하지 않는 부분도 있지만, 나는 이 책이 내 생각에 의문을 던지는 방식이 좋다. 이 복잡한 세상에서 자신만의 해답을 찾는 방법을 알고 싶다면 이 책을 읽어야 한다."

– 이브 하나울Yves Hanoulle, PairCoaching.net 애자일 코치

"이 책은 21세기의 효과적인 관리를 위한 실용적 프레임워크를 제안하면서 복잡 적응계, 애자일 관리, 린 제품 출시 분야 최고의 사상을 한데 모아 전해준다. 급격하게 변화하는 시장 상황에서 성공을 거두려면 최소한의 감독과 방향 제시를 통해 사람들이 적응할 수 있는 조직을 만들어야 한다. 이 책은 엄청난 불확실성에도 앞서가는 팀을 만들기 위한 로드맵을 제시한다. 위르헌 아펄로는 애자일 관리 및 리더십 분야에 큰 기여를 했다."

– 마이크 코트마이어 Mike Cottmeyer, LeadingAgile 애자일 코치

"너무 많은 애자일 실천가가 현실 세계를 무시한다. 그러나 현실 세계에서는 애자일 프로젝트에도 관리와 방향 제시가 필요하며, 앞으로 나아갈 수 있어야 한다. 그래야만 회사와 팀 모두에게 이익이 된다. 위르헌 아펄로는 현실적이고 실용적인 방법에 초점을 맞춘 실천법을 멋지게 제시한다. 조직의 규모와 상관없이, 애자일 소프트웨어와 관련이 있거나 애자일의 장점을 자신의 조직에 적용하고 싶은 관리자(또는 경영진)라면 이 책을 읽어야 한다."

– 재러드 리처드슨 Jared Richardson, Logos Technologies 애자일 코치,
『Ship It!』(위키북스, 2007) 공동 저자

"나는 이 책을 읽기 전에 『변환 관리 Managing Transitions』(물푸레, 2004), 『기업이 원하는 변화의 리더 Leading Change』(김영사, 2007), 『실천가를 위한 실용주의 프로젝트 관리 7 WEEKS』와 같은 책을 읽었고, 스스로를 애자일 소프트웨어 개발 팀을 관리할 준비가 돼 있는 사람이라고 생각했다. 위르헌 아펄로의 책은 모든 수준에 어울린다. 초보 관리자에게는 쉽게 적용할 수 있는 다양한 모델을 제공하고, 숙련 관리자에게는 미처 깨닫지 못한 것들을 볼 수 있도록 해주며, 관리 전문가에게는 현대적인 리더십과 거버넌스 스타일을 적용할 수 있게 해준다. 이 책은 지금까지 수박의 겉만 핥아온 나에게 오늘날의 방대한 관리의 세계에 눈을 뜰 수 있도록 해줬으며, 위르헌 아펄로의 책이 나의 학습을 이끌어주리라 기대한다."

– J. B. 레인스버거 J. B. Rainsberger, jbrains.ca 컨설턴트/코치/멘토,
『JUnit Recipes』(Manning Publications, 2004) 저자

"소프트웨어 프로젝트는 복잡하고 살아 있는 시스템이며, 그런 시스템을 관리하겠다고 덤비면 금세 지식의 손실이 일어난다. 삶을 편하게 하고 손실을 최소화하려면 이 책을 읽자!"

– 야코포 로메이[Jacopo Romei], 애자일 코치,
『Pro PHP Refactoring』(Apress, 2010) 공동 저자

"메시지를 '이해'한 사람들에게 이 책은 다윈의 '종의 기원'만큼이나 가치 있는 책이 될 것이다."

– 플로리언 호르나르[Florian Hoornaar], Octavalent 창업자

추천의 글

로버트 C. 마틴^{ROBERT C. MARTIN}

나는 경영서가 싫다. 정말 싫다. 사람들은 항상 이렇게 말한다. "이 책을 꼭 읽어보셔야 해요. 내 인생이 바뀌었어요!" 이런 책에는 공통점이 있다. 분량은 150페이지 남짓, 글씨 크기는 14포인트, 줄간격은 넓다. 그림도 많다. 제목도 이런 식이다. 『닫힌 마음을 여는 관리』, 『관리하지 않고 관리하는 법』, 『편견 없이 바라보기』, 『이제 자신을 내려다보라』, 『긍정적 질책의 힘』, 『거꾸로 읽는 매니지먼트!』. 책장에 꽂혀 있긴 해서 가끔 화장실에서 읽어볼 때도 있다.

모두 비슷한 이야기다. 매번 저자는 회사를 운영하면서 끔찍한 실패를 겪는다. "바닥"에 다달았을 때(명심하자. 나는 이런 책들을 화장실에서 읽는다), 지금까지 아무도 얻지 못했던 통찰을 깨닫는다. 다른 사람에게 자기 아이디어를 설명하려고 하면 다들 미쳤다고 말하지만 어쨌든 도전을 거듭해 $1,000,000,000,000(1조 달러 – 억 단위는 이미 유행이 지났다)를 벌어들인다. 그리고 친절한 마음으로 여러분이 1조 달러를 벌 수 있도록 아이디어를 (약간의 비용으로) 함께 나누고 싶어한다.

대부분 반복적이며 단순하고 무의미하다. 단순한 통찰 하나로 문제를 해결할 수 있다고 생각하는 수준의 불쌍한 얼간이들에게나 어울리는 책이다. 어리석은 샌님들은 아무런 희망이 없는 상황에서도 최신 베스트셀러 『청바지 매니지먼트』를 읽고, 목요일에는 모두 청바지를 입고 출근할 수 있도록 해주면 관리 문제가 깔끔하게 사라질 것이라 기대한다.

앞서 말했듯이 나는 경영서가 싫다. 그럼에도 경영서의 추천사를 쓰고 있는 이유는 이 책에 진핵 생물이라는 단어가 들어 있기 때문이다! "진핵 생물"이 무슨 뜻인지는 중요치 않다. 세 음절 이상인 단어가 들어 있다는 점이 중요하다! 이 책은 붉은 여왕의 달리기 가설을 이야기한다. 이 책은 초입방체를 설명한다. 이 책은 주정뱅이의 걸음을 이야기한다. 요컨대, 이 책은 기발하다!

목차를 살펴보기 바란다. 복잡계 이론, 게임 이론, 사이버네틱스, 자기조직화^{self-organizing}, 무지의 원칙과 같은 단어를 볼 수 있을 것이다. 저자는 팀 크기와 동기 부여부터 조직의 스케일 업과 스케일 아웃에 이르는 문제까지도 아우르고 있다.

이 책을 읽고나면 저자가 자기 숙제를 해치웠다는 느낌을 받게 될 것이다. 어떤 늙은 축구 선수가 팀을 어떻게 바꿨는지 따위의 단순한 일화가 들어 있는 책이 아니라 한 세기 이상 축적돼온 관리 아이디어, 기법, 지식 체계를 포괄적으로 정리한 책이다. 저자는 이런 아이디어를 모아 밈플렉스로 만들기 위해 애자일 소프트웨어 개발 운동과 통합했고, 관리를 공부하는 모든 사람이 원하는 아이디어 체계를 서로 연결했다. 이 책은 빠른 해결책을 원하는 사람들이 아니라 관리에 열정과 애정을 갖고 진지하게 공부하는 사람들을 위한 것이다. 다시 말해, 관리의 장인을 위한 책이다.

에드 요든^{ED YOURDON}

오래전 머나먼 은하계에… 나는 동료들과 함께 컴퓨터 분야의 젊은 혁명가임을 자랑스럽게 선언하면서 새 시대의 소프트웨어 프로그래밍, 설계, 분석 방법과 기법들을 소개한 적이 있다. 이는 당시 지배적인 논리였던 하향식 명령과 통제 관리 방식에 적합한 것들이었다. 우리는 뒤에 나올 "웹 2.0"이나 "엔터프라이즈 2.0"처럼 우리 아이디어에 "소프트웨어 2.0"이라는 이름을 붙일 만큼 영리하지는 못했지만, 어쨌든 위르헌 아펄로의 새 책 『매니지먼트 3.0』을 읽으면 우리 세대가 역사의 뒤안길로 접어들었음을 느낀다.

여기에서 중요한 것, 그리고 위르헌 아펄로의 책에서 다루는 주제는 사실 소프트웨어 개발 기법이 아니다. 지난 10년간 인기를 더해가고 있는 "애자일" 개발 방식에서는 하향식, 계층적, 결정론적 접근법을 따르는 엄격한 선형 방식으로는 복잡계의 요구 사항과 아키텍처를 개발할 수 없다고 말한다. 최종 사용자가 자신이 어떤 시스템을 원하는지도 모르고 시스템을 개발하는 동안 주위의 모든 것이 바뀌는 복잡한 세상에서 우리에게 필요한 것은 사용자 시스템의 경계와 전체적인 프레임워크를 만들 수 있는 질서정연한 ("구조적"이라고 말할 수 있을까?) 방식이지만, 많은 세부 사항을 적당한 때에 "창발적" 방식으로 찾아내지 못하면 그 세부 사항들은 알지도 못하고, 알 수도 없는 상태로 남게 될 것이다.

시스템 분석, 설계, 구현과 같은 기술 업무가 그렇다면(나는 그렇다고 확신한다), 이런 기술 업무를 수행하는 사람들을 조직화하고, 동기 부여하고, 모니터링하고, 제약하고, (바라건

대) 보상하는 관리 방식도 그러할 것이다. 그래서 1970년대의 하향식, 계층적, "구조적" 방식의 분석 및 설계에 어울리는 하향식, 계층적 관리 스타일을 "매니지먼트 1.0"이라고 부른다. 그리고 위르헌 아펄로는 이전의 매니지먼트 1.0 방식에 ("업무 재설계Business Process Reengineering"나 "식스 시그마Six Sigma"처럼) 주로 한때 유행한 방식을 덧붙인 것을 "매니지먼트 2.0" 단계라고 말한다.

하지만 위르헌 아펄로의 책에서 자세히 다루고 있는 매니지먼트 3.0은 복잡성 이론을 바탕으로 한다. 수학자와 생물학자들은 지난 수십 년 동안 복잡성 이론을 연구해왔으며, 지금은 경제학과 사회학의 중심이 됐고 더 일반화돼, 조직에서 사람과 그 관계를 관리하는 데에도 활용하고 있다. 이런 개념에 덧붙여 인과 관계, 결정론, 환원론 따위를 요약해둔 위르헌 아펄로의 책을 읽어야 한다. 공학, 수학, 컴퓨터 과학을 집중적으로 교육받은 사람들은 대부분 이전 세대로부터 이런 종류의 사고를 주입당해왔기 때문이다.

이런 기반을 갖추고 나면 위르헌 아펄로의 현대적 관리 "모델"을 받아들일 준비가 된 것이다. 위르헌 아펄로는 자기 모델을 눈이 6개인 괴물로 묘사하면서 마티라는 이름을 붙였는데, 각각의 "눈"으로 사람, 권한 부여, 정렬, 개선, 역량, 구조를 바라본다. 위르헌 아펄로가 애자일 소프트웨어 개발과 복잡계 이론을 요약한 도입부의 두 장을 우선 꼼꼼히 살펴보고 난 후에 매니지먼트 3.0 방식의 여섯 가지 각 구성 요소마다 두 장씩 할애한 본론으로 넘어갈 수 있다.

마이크로소프트 프로젝트Microsoft Project를 활용한 위험 관리, 추정, 일정 관리, 진척도 모니터링 등 "전통적" 프로젝트 관리에 대한 내용은 하나도 없다. 사실, 이 책은 마이크로소프트 프로젝트에 대한 내용이 전혀 없기 때문에 프로젝트 위험 관리나 일정 및 예산 추정을 다루는 표준 교재를 참조하는 일도 없다. 대부분 이런 전통적 활동도 여전히 수행해야 하므로 이에 대해 충분히 알고 싶다면 프로젝트 관리 101 강의를 들으면 될 것이다. 하지만 아무리 프로젝트 관리 101의 기본을 충실히 따르더라도 그것이 성공을 보장해주지는 않는다는 것이 위르헌 아펄로가 설명하는 방식의 본질이다(실제로는 복잡성 문제를 악화시켜 더욱 빨리 실패하게 될 수도 있다).

위르헌 아펄로의 책은 일부분만 따로 읽을 수도 있고 순서에 상관 없이 읽을 수도 있지만, 천천히 소화시키면서 모두 차례대로 읽어보라고 추천하고 싶다. 아직 낡은 관리 방법에 사로잡혀 자주 "장애물"과 마주치는 개발자 개인, 프로젝트 팀, 고위 경영진에게 (예를 들어, 직원을 아직도 "자원"이라 부르는 사람들) 리딩, 동기 부여, 코칭, 소통의 미묘한 차이를 알려주는 훌륭한 조언, 실용적인 체크리스트, 현명한 충고를 많이 담고 있다(젊은 사람이 어찌나 현명한지!). 그가 하는 조언을 말 잘하는 사람의 농담으로 치부하고 싶을지도 모르지만(예를 들어, 4장에 나오는 혁신이란 상향식으로 나타나는 현상이며, 위에서 임무를 부여하는 방식으로는 이뤄질 수 없다는 조언), 이 책을 주의 깊게 읽어보면 자기조직화와 아나키의 균형과 같은 미묘한 차이를 아주 세련되게(그리고 충실한 연구를 통해) 다루고 있다는 것을 알게 될 것이다.

위르헌 아펄로가 책 앞부분에서 "10년 전에 인터넷 스타트업을 창업했을 때 내가 이런 책을 볼 수 있었더라면(또는 알았더라면) 좋았을 것이다. 그랬더라면 백만장자가 돼 이 책을 쓰느라 고생할 일이 없었을 것이다"라고 쓴 글을 읽고 아주 유쾌했다. 나도 같은 생각이다. 45년 전쯤 소프트웨어 분야에 처음 발을 디뎠을 때, 아니면 적어도 그 2년 후 누군가가 바보같이 나를 프로젝트 관리자로 승진시켰을 때 이런 책을 읽을 수 있었더라면(또는 알았더라면) 좋았을 것이다. 그랬더라면 나 역시 백만장자가 돼 이 책의 추천사를 쓰느라 고생할 일이 없었을 것이다.

내가 위르헌 아펄로의 책을 읽다가 깨달은 단 하나의 진짜 문제는 나와 같은 세대의 관리자들이 여전히 살아 있고, 최근 금융 위기로 인한 연금 축소 덕분에 아직 활동 중이어서 지금도 하급자에게 엄격하고 하향식이며 계층적인 관리 스타일을 적용하려 한다는 점이다. 위르헌 아펄로 세대의 관리자들이 힘을 가진 자리로 올라오고 있다는 것도 문제다. 그들 중 다수는 너무 오랫동안 하향식이며 계층적인 관리 방식을 따르도록 세뇌받았기 때문에 매니지먼트 3.0이라는 아이디어에 저항할 수 있다.

하지만 애자일 소프트웨어 개발 기법의 인기가 날로 높아져가는 모습을 볼 때, 매니지먼트 3.0에서 위르헌 아펄로가 설파하는 애자일 관리 기법이 마찬가지 인기를 얻는 것은 단지 시간 문제일 뿐이다. 오늘날의 더욱 복잡한 프로젝트를 성공시키기 위해 "애자일 관리자"가 되기로 결심했다면, 위르헌 아펄로의 책이 여러분이 읽는 유일한 책은 아니겠지만, 그런 주제를 담고 있는 첫 번째 책으로 추천한다.

그리고 더 중요한 것은 이 책이 여러 번 되풀이해서 읽을 만한 책이라는 점이다. 나는 『매니지먼트 3.0』이 앞으로 10년간 애자일 관리서의 '바이블'이 될 것이라고 굳게 믿는다.

한국어판 추천의 글

경영 환경의 복잡성이 높아지고 변화의 속도가 더욱 급격해짐에 따라, 정형화된 리더십에 대한 요구보다는 환경 변화에 유동적인 애자일한 리더십이 요구되고 있다. 따라서 소프트웨어 개발 방법론의 하나로 다뤄지고 있는 애자일 개발 방법론이 힌트가 돼, 비단 IT 업계뿐 아니라 일반 산업계에서도 이를 활용해 경영 환경에 적용해보고 싶은 요구로까지 이어지고 있다.

이 책은 이런 요구에 부응하는 책이다. 심지어 애자일 경영에 관한 내용만을 소개하는 것이 아니라 과거로부터 축적돼온 각종 이론을 차곡차곡 정리하고, 이를 위대한 자산으로 활용해 애자일 경영과 연결시키고 있다. 이는 초급 관리자에게 입문서로서도 훌륭할 뿐 아니라 노련한 관리자에게도 새로운 인사이트를 안겨주기에 충분한 역할을 할 것으로 기대한다.

— **박성진**, SK텔레콤 HRD 매니저, 국제공인퍼실리테이터(IAF CPF)

이 책은 복잡한 조직 속에서 고군분투하고 있는 관리자들의 질문에 진지하면서도 실용적인 방법들을 매력적으로 안내하고 있다. 나는 내가 코칭으로 만나는 리더, 경영자, 관리자들 모두에게 "이 책을 아직도 안 읽고 관리하고 있느냐"라고 묻고 또 묻고 싶어졌다.

이 책은 탁월한 질문들을 가득 담고 있다. 각 장의 끝에 있는 "성찰과 실천"은 이 책의 실용성을 보여주는 백미다. 위르헌 아펄로가 묻고 있는 질문들에 대한 답을 찾으면서 각 장을 읽다 보면, 조직을 건강하게 되살릴 노하우들을 마주하게 될 것이다. 애자일 조직의 관리자뿐 아니라 세상과 고객의 요구에 민첩하게 대처하며, 동료들과 함께 더 즐겁고 의미 있는 일터를 만들고자 하는 리더라면 누구에게라도 추천하고 싶게 만드는 그런 책이다.

왜 이 책을 혼자만 읽으려 하는가? 함께 읽고, 함께 실천할 가치가 있는 책이다.

— **박영준**, 질문디자인연구소 소장, 『혁신가의 질문』(북샵일공칠, 2017) 저자

하지만 조직의 생산성을 고민하고 안정성과 기민함이라는 두 마리 토끼를 잡으려는 전문가에게 애자일은 일시적인 유행으로 폄하할 수 없는 큰 무게로 느껴질 것이다.

그간 현장에서 동료들을 도우며 위르헌 아펄로가 알려준 기법에 많은 신세를 졌기에 번역판의 출간이 매우 반갑다. 특히, 조직이 갖고 있는 복잡계적인 특성과 경영의 자명한 맥락을 모두 고려하면서 펼쳐지는 그의 경험과 논리는 커다란 힘이 된다. 하지만 그가 책에서 밝힌 바와 같이 하나의 기법이 모든 조직에서 만능의 열쇠로 사용될 수는 없다. 우리는 필연적으로 우리들 자신의 조직이 갖고 있는 맥락에 집중해야 한다. 독자는 이 책을 통해 각자의 조직이 갖고 있는 문제를 식별하고 개선의 방향을 탐색할 수 있는 주요한 개념을 획득할 수 있을 것이다.

— **이승화**, 애자일 코치, 생산성 컨설턴트, 공인 스크럼 프로페셔널

조직을 운영하고 경영하는 데 있어 예전처럼 개인의 역량과 경험에 의존하는 시대는 끝났다. 시대의 변화에 맞춰 많은 경영, 조직 관리 이론과 책이 나왔지만, 이 책은 가장 최신의 이론과 사례를 바탕으로 이 시대의 관리자에게 등대와 같은 역할을 하리라 생각한다. 등대가 어디로 가야할지 알려줄 수는 있지만, 목적지로 나아가는 것은 우리 모두의 노력과 실천으로만 가능할 것이다.

이 책은 혼자 읽는 것보다 함께 읽을 때 더 빛을 발하리라 생각한다. 동료들과 함께 이 책을 읽고 이야기 나눌 생각에 벌써부터 심장이 뛴다.

— **홍영기**, 라이엇게임즈 애자일코치

지은이 소개

위르헌 아펄로 ^{Jurgen Appelo}

작가, 연사, 강사, 개발자, 창업가, 관리자, 블로거, 독서가, 몽상가, 리더 그리고 자유 사상가다. 네덜란드인이라는 점이 그의 기이한 재능을 설명해준다.

1994년 델프트공과대학에서 소프트웨어 공학을 전공하고 석사 학위를 취득한 후 팀 리더, 관리자, 경영진의 위치에서 네덜란드의 다양한 비즈니스를 창업하거나 이끌며 바쁜 나날을 보냈다.

가장 최근에는 네덜란드에서 가장 큰 전자 상거래 솔루션 공급 업체 중 하나인 ISM eCompany의 CIO를 맡았다. 관리자로서 소프트웨어 개발자, 개발 관리자, 프로젝트 관리자, 품질 관리자, 서비스 관리자 그리고 실수로 채용했던 몇몇 캥거루들을 이끈 경험이 있다.

관리자의 관점으로 본 소프트웨어 개발과 복잡성 이론에 관심이 많다. 작가로서 많은 잡지에 논문과 기사를 기고했으며, www.noop.nl이라는 블로그를 운영 중이다. 연사로서 정기적으로 세미나와 콘퍼런스에서 강연을 한다.

강사로서 매니지먼트 3.0 모델을 기반으로 워크숍도 진행한다. 워크숍에서 '사람들에게 활력을 불어넣자', '팀에 권한을 부여하자', '제약 조건을 정렬하자', '역량을 개발하자', '구조를 발전시키자', '모든 것을 개선하자'와 같은 주제들을 다룬다.

하지만 가끔씩 글쓰기, 강연, 교육을 모두 미뤄둔 채 직접 프로그래밍하거나 손수 디자인한 4미터 높이의 책장에 계속 쌓여가고 있는 SF와 판타지 소설 컬렉션을 읽으면서 시간을 보내기도 한다.

로테르담(네덜란드)에서, 그리고 가끔은 브뤼셀(벨기에)에서 파트너인 라울과 함께 살고 있다. 두 명의 아이, 그리고 헤오르허라는 상상 속의 햄스터와 함께 산다.

감사의 글

"감사"라는 말은 아마 절대 틀릴 수 없는 유일한 말일 것이다. 부적절한 경우는 결코 없다. 쓸모없는 경우도 절대로 없다. 그리고 너무 자주 잊어버리는 말이기도 하다. 하지만 이번에는 제대로 감사드리고 싶다.

내 블로그를 보고 멋진 시그니처 시리즈의 여섯 번째 책이 돼달라고 부탁하고, 수없이 많은 질문에 (때로는 몇 시간 안에) 답을 해준 마이크 콘Mike Cohn에게 감사드린다.

내가 팀의 일원이라고 느끼도록 해준 동료 저자인 리사 앳킨스Lyssa Adkins, 리사 크리스핀Lisa Crispin, 자넷 그레고리Janet Gregory, 클린턴 키스Clinton Keith, 로만 피클러Roman Pichler, 케니 루빈Kenny Rubin에게 감사드린다. 경험을 나눠준 덕분에 (너무 많은) 시행착오 없이 배울 수 있었다.

이 책의 초안을 검토해준 앤드류 우드워드Andrew Woodward, 안젤로 아놀린Angelo Anolin, 코리 포이Cory Foy, 데이비드 하비David Harvey, 데이비드 모란David Moran, 다이애나 라센Diana Larsen, 에스더 더비Esther Derby, 플로리언 호르나르Florian Hoornaar, 조프리 로니Geoffrey Lowney, 이스라엘 가트Israel Gat, J.B. 레인스버거J. B. Rainsberger, 야코포 로메이Jacopo Romei, 재러드 리처드슨Jared Richardson, 옌스 샤우더Jens Schauder, 짐 하이스미스Jim Highsmith, 조한나 로스먼Johanna Rothman, 존 바우어John Bauer, 켈리 워터스Kelly Waters, 리사 크리스핀, 루이스 디트보르스트Louis Dietvorst, 마르킨 플로뤼안Marcin Floryan, 마르쿠스 안드레차크Markus Andrezak, 멘덜트 시벵아Mendelt Siebenga, 마이크 콘, 마이크 코트마이어Mike Cottmeyer, 니코 판 헤메르트Nico van Hemert, 올라프 마선Olav Maassen, 폴 클립Paul Klipp, 파울 스탈런후프Paul Stalenhoef, 파벨 브로진스키Pawel Brodzinski, 필리프 가디어Phillip Ghadir, 라두 다비데스쿠Radu Davidescu, 람쿠마르 KBRamkumar KB, 로베르트 판 코텐Robert van Kooten, 러셀 힐리Russell Healy, 뤼드 콕스Ruud Cox, 스콧 던칸Scott Duncan, 스티븐 힐Stephen Hill, 바스쿠 두아르테Vasco Duarte, 이브 하나울Yves Hanoulle, 재커리 스펜서Zachary Spencer에게 감사드린다. 이들의 소중한 (그리고 때로는 고통스러운) 공헌 덕분에 이

책과 공식 웹 사이트 모두 훌륭해졌다. 물론 나와 의견이 같은 때도 있었다.

인내심을 발휘해 처음으로 책을 쓰는 저자와 함께 일해주고, 책이 어떻게 출간되는지 (아마도 1,000번은) 설명해준 크리스 구지코프스키Chris Guzikowski, 라이나 크로바크Raina Chrobak, 셰리 케인Sheri Cain, 앤디 비스터Andy Beaster 등 애디슨–웨슬리의 모든 분에게 감사드린다.

이 책을 쓰는 동안 많은 도움을 준 스테판 메이어르Stephan Meijer, 레너르트 아우어커르크Lennert Ouwerkerk, 라지 메논Raj Menon 등 친구, 동료, 지인에게 감사드린다. 작은 호의가 모여 커다란 보탬이 됐다.

내게 영어를 가르쳐주는 스태퍼스 부인Mrs. Stappers에게 감사드린다. 온라인 사전 덕분에 내가 몰랐던 단어들을 다행히 여러 번 보완할 수 있었다.

내 친구 암논Amnon, 플로리스Floris, 에리크Erik, 펨커Femke, 나디라Nadira, 데비카Devika, 루디Rudie, 닐스Niels, 하네커Hanneke, 트루디Trudie, 예론Jeroen, 아르노Arno에게 감사드린다. 다른 사람의 열정에 진심으로 관심을 가져주는 이들을 찾기란 어려운 일이다.

ISM eCompany의 (전직) 동료들에게 감사드린다. 7년 동안 소프트웨어 팀 관리 방법을 배울 수 있었다. 엉망진창인 내 코드와 이메일 폭탄은 사과하고 싶다.

개인적으로 만나 너무 기뻤던 앨리스터 코번Alistair Cockburn, 아르템 마르첸코Artem Marchenko, 브라이언 매릭Brian Marick, 크리스토퍼 애버리Christopher Avery, 코리 하인즈Corey Haines, 데니스 스티븐스Dennis Stevens, 엘리자베스 헨드릭슨Elisabeth Hendrickson, 조지 딘위디George Dinwiddie, 조셉 펠린Joseph Pelrine, 칼 스코틀랜드Karl Scotland, 마이크 비즈도스Mike Vizdos, 필리프 크루첸Philippe Kruchten, 론 제프리스Ron Jeffries 등 수많은 블로거와 저자에게 감사드린다. 여러분 모두 괴짜 신출내기에게 엄청난 영감과 도움을 줬다.

처음으로 책을 쓰는 저자에게 추천사를 써준 에드 요든과 밥 마틴Bob Martin에게 감사드린다. 언젠가 그 호의를 갚을 수 있길 바란다(삽화가 필요하면 "연락주세요").

블로그 독자와 트위터 팔로워에게 감사드린다. 여러분의 지속적인 지원 그리고 수많은 질문과 답변이 내게 책을 계속 쓸 수 있는 힘을 줬다.

이 책을 쓸 수 있는 시간과 공간을 배려해준 라울Raoul에게 감사드린다. 시스템은 경계 안에서만 자기조직화할 수 있다. 내 프로젝트는 당신의 온화한 경계 덕분에 성장하고 번창할 수 있었다고 확신한다.

그리고 이 책을 펼친 독자에게 감사드린다. 이 책이 마음에 든다면 연락해주길 바란다. 마음에 들지 않으면, 음… 굳이 연락하지 않아도 된다.

옮긴이 소개

조승빈(selfothercontext@gmail.com)

인하대학교 컴퓨터공학과를 졸업했고, 삼성전자, 엔비티, SK커뮤니케이션즈 등과 같은 조직에서 다양한 경험을 쌓아왔다. 현재는 글로벌 애자일 코칭 전문 그룹 Odd-e에서 더 좋은 문화와 일하는 방법을 찾고자 하는 여러 분야의 조직들을 돕는 중이다. "더 좋은 방법은 언제나 있다"라는 말을 좌우명으로 삼아 프로세스, 리더십, 생산성, 조직개발, 변화 관리, 코칭, 퍼실리테이션, 역사, 지리, 심리학 등 다양한 분야에 대해 학습하고 있다. 'Self, Other and Context(http://selfothercontext.com)'라는 블로그를 운영하고 있고, 주요 번역서로는 『테크니컬 리더』(인사이트, 2013), 『칸반』(인사이트, 2014) 등이 있다.

옮긴이의 말

2011년 초, 공인 스크럼 마스터^{Certified ScrumMaster} 교육을 받았을 때 있었던 일이다.

"여러분 중에서 개발자가 있으면 손을 들어보세요." 대부분의 교육 참여자들이 손을 들었다. 당시 애자일에 관심이 있던 사람들은 거의 소프트웨어 개발자였다.

"그럼, 기획자나 디자이너 분들 손을 들어보세요." 다섯 명 정도 손을 들었다.

"이번에는 관리자 분들 손을 들어보세요." 나를 포함한 몇몇 사람이 조심스럽게 손을 들었다(사실, 당시 나는 반쯤은 개발자, 반쯤은 관리자 역할을 하고 있었다. 그래서 개발자들이 손을 들 때도 함께 들었다). 트레이너가 그 다음에 했던 말을 잊을 수가 없다.

"여러분은 이제 모두 집으로 돌아가시면 됩니다. 스크럼에서는 관리자가 필요하지 않으니까요."

물론 농담 반 진담 반으로 했던 말이지만, 그때 들었던 참으로 복잡미묘한 기분이 아직도 생생하다.

'사악한 관리자들이 모두 필요 없다고? 진짜 제대로 일을 할 수 있겠는 걸!'(벅찬 희망)

'관리자가 없어도 정말 아무런 문제가 없을까? 너무 이상적인 이야기 같은데?'(일말의 의심)

'관리자들이 애자일을 싫어하겠는 걸? 돌아가서 뭐라고 설명하지?'(이제 망했다는 실망)

'나도 집에 가야 하나?'(생계 유지에 대한 걱정)

그 이후로도 애자일에서 관리자의 역할이 무엇인지 계속 고민스러웠다. 그러나 많은 자료를 찾아봐도 명쾌한 해답을 얻을 수가 없었다.

오랫동안 관리자와 애자일 코치 역할을 하면서 내린 결론은 원하는 방향으로의 자기조직화는 스스로^{self} 이뤄지지^{organizing} 않는다는 것이다(책을 읽다보면 알겠지만, 모든 조직의 현재 모습은 자기조직화의 결과다. 다만, 그것이 원하는 방향이 아닐 뿐이다). 환경 변화에 기민하게 대응하는 애자일한 조직으로 변화하고 싶다면, 우리가 지금까지 알고 있던 관리자의 역할이 애자일 조직에 어울리는 방향으로 바뀔 필요가 있다.

관리자가 명령과 통제, 정보와 의사 결정의 독점, 위계와 권위라는 기존의 틀에서 벗어나 사람들에게 활력을 불어넣고, 팀에 권한을 부여하고, 제약 조건을 정렬하고, 역량을 개발하고, 구조를 발전시키고, 모든 것을 개선하는 온전히 새로운 역할로 자리매김해야만 애자일한 조직이 될 수 있다. 이런 의미에서 볼 때 과거의 관리자는 집으로 돌아가고 새로운 관리자가 그 자리를 차지해야 마땅하다. 그렇지만 '관리자의 역할은 때가 되면 당연히 하는 것이다', '관리 역량은 학습하는 것이 아니라 타고나는 것이다', '실무 역량이 뛰어난 사람이 관리자 역할을 맡아야 한다', '관리자는 우리를 괴롭히는 필요악일 뿐이다' 등의 인식이 여전하다는 것이 안타까울 따름이다. 기술은 빠르게 발전하고 있지만 관리는 제자리에 서서 꼼작도 하지 않으려 하는 듯하다.

20세기의 전통적인 관리 방식에서 벗어나 변덕스럽고 불확실하고 복잡하고 모호한 VUCA 시대에 어울리는 새로운 조직 문화, 새로운 방식으로의 혁신을 이루려면 관리자들이 핵심적인 역할을 해야 한다. 혁신에 가장 큰 걸림돌도 이들이고, 가장 큰 힘을 발휘할 수 있는 것도 이들이기 때문이다. 관리자에게 미래가 없는 애자일은 현실적으로 더 큰 힘을 펼칠 수 없다. 이것이 관리자는 필요악이라는 단순한 논리를 우리가 떨쳐버려야 하는 이유다. 따라서 이 책은 소프트웨어 개발 분야뿐 아니라 혁신을 이루고자 하는 모든 분야의 조직에서 반드시 읽어야 하는 중요한 책이 되리라 확신한다.

이 책은 다양한 이론과 흥미로운 사례들을 통해, 새로운 시대에 걸맞은 관리자는 어떤 모습을 갖춰야 하고, 무슨 일을 해야 하는지를 설명하고 있지만, 이외에도 다양한 장점이 있다. 우선, 이 책을 읽으면 애자일의 개념이 좀 더 뚜렷하게 다가온다. 몇 년 동안 애자일 코치로 일하면서도 다른 사람에게(특히, 소프트웨어 개발 분야가 친숙하지 않은 사람들에게) 애자일을 명쾌하게 설명하는 데 많은 어려움을 느꼈다. 이 책을 통해 '애자일이란 무엇인가?'라는 질문에 스스로에게 그리고 다른 사람에게 보다 분명하게 대답할 수 있게 됐다. 또한 이 책에서 강조하는 것 중 하나가 다양한 분야의 연결이다. 이 책에 등장하는 다양한 개념과 이론 중에서 특히 흥미로운 부분이 있다면, 해당 분야의 참고 문헌들을 찾아 더욱 깊이 있게 학습해보길 추천한다. 이를 통해 훨씬 더 넓게 세상을 바라보고 생각할 수 있는 시야를 얻을 수 있을 것이다. 애자일은 이제 더 이상 소프트웨어 개발자들만의 것이 아니다. 그리고 이 책은 전 세계 다양한 사람으로 구성된 네트워크기도 하다. 매니지먼트 3.0 웹 사이트(http://management30.com) 또는 해피멜리 웹 사이트(http://happymelly.com)를 방문하면 똑같은 고민을 하고 있는 수많은 사람과 교류하면서 서로의 경험을 나눌 수 있다.

이와 더불어 매니지먼트 3.0을 보다 폭넓게 이해하고 싶은 분들에게 저자가 쓴 다른 두 권의 책 『세상을 바꾸는 방법How to Change the World』 [1], 『Managing for Happiness』(Wiley, 2016)도 함께 추천하고 싶다.

이 책도 다른 모든 책과 마찬가지로 혼자만의 노력으로는 세상에 선보일 수 없었을 것이다. 이 책이 나오기까지 도움을 주셨던 많은 분께 고마움을 표시하고 싶다.

제일 먼저, 매니지먼트 3.0의 다양한 실천법을 조직에 실제로 적용하려고 노력해주신 엔비티의 (전·현직) 애자일 코치 김모세, 유지은, 김혜주, 신병호 님에게 고마움을 전한다. 네 분과 함께 일했던 때가 애자일 코치로서의 역량을 가장 탄탄하게 다지고 몇 단계 더 성장할 수 있었던 기간이었다.

부족하고 난해한 초벌 번역을 읽고 소중한 피드백을 주신 박성진, 박영준, 박준표, 신원, 우경우, 이동인, 이승화, 홍영기 님께도 감사드린다. 여덟 분의 열정에서 항상 많은 것을 배운다. 큰 도움을 주셔서 다른 모든 분이 좀 더 쉽게 이 책을 읽을 수 있게 됐다.

1년 반이라는 기간 동안 조직 개발에 대한 다양한 이론과 올바른 마인드란 무엇인지 전해주셨던 쿠퍼실리테이션그룹의 구기욱, 남서진 님께 감사드린다. 이 분들 덕분에 이 책에 등장하는 다양한 이론과 배경을 좀 더 쉽게 이해하고 받아들일 수 있었다. 이 분들과 더불어 Global OD 1기 도반들이 보여줬던 열정과 진정성은 내 인생에서 소중한 나침반이 됐다.

---

1 『세상을 바꾸는 방법』의 한글판은 다음 웹 사이트에서 무료로 다운로드할 수 있다(https://management30.com/product/how-to-change-the-world/).

좋은 책을 낼 수 있는 기회를 주신 에이콘출판의 모든 관계자 분께도 감사드린다. 책을 번역할 때는 나름의 기준이 있다. 세상에 꼭 전하고 싶은 메시지가 담겨 있고, 지금 이 순간에 그 메시지의 도움을 받을 수 있는 사람들이 있는 책에 마음이 끌린다. 이 책은 그 기준에 딱 맞는 책이다.

그리고 더 좋은 세상을 만들기 위해 불확실하고 막연한 길을 개척하고 있는 대한민국의 모든 애자일 코치 분들의 헌신에 존경을 표한다. 이 분들에게 이 책이 작게나마 도움이 되길 기대한다.

마지막으로 일에 빠져 사는 남편과 아빠를 배려하고 이해해주는 아내와 두 아이들에게 너무나 미안하고 고맙다는 말을 전하고 싶다(은정아, 민유야, 민하야 사랑한다!).

2018년 12월

조승빈(selfothercontext@gmail.com)

차 례

들어가며

이 책은 애자일 소프트웨어 개발 중에서도 **애자일 관리**Agile management에 해당하는 내용을 다룬다. 나는 애자일 관리가 애자일 세계에서 과소 평가를 받고 있다고 생각한다. 애자일 개발자, 테스터, 코치, 프로젝트 관리자가 볼 만한 책은 많지만, 애자일 관리자와 팀 리더를 위한 책은 거의 없다. 하지만 팀 리더와 개발 관리자가 조직에 애자일 실천법을 적용하려면 반드시 더 좋은 방식으로 팀을 이끌고 관리하는 방법을 배워야 한다.

연구 결과에 따르면, 애자일 소프트웨어 개발로 전환하는 데 있어 가장 큰 걸림돌은 관리다(Version, 2009). 소프트웨어 팀의 "리더"가 구식 관리 스타일에 머물러 있다면, 팀을 애자일하게 만들고 스크럼, XP, 칸반과 같은 프로세스를 실천하기란 어려운 일이다. 관리자는 21세기에 걸맞은 자신의 새로운 역할을 정립하고 애자일 소프트웨어 팀의 능력을 최대한으로 발휘할 수 있도록 만드는 방법을 이해해야 할 필요가 있다. 이 책은 애자일해지고 싶은 관리자 그리고 관리를 배우고 싶은 애자일 개발자를 대상으로 한다.

이 관리서의 독특한 점은 과학 기반이고, 복잡계 이론에 크게 기대고 있다는 것이다. 다른 (일반적인) 관리서와 달리, 마음을 열고 손을 잡으며 "쿰바야"를 부르라고 하지 않는다. 관리자, 특히 기술 분야 관리자에는 논리적, 이성적, 분석적 사고를 선호하는 "좌뇌 사용자"가 많다. 그렇기 때문에 좌뇌 사용자의 관심을 끌 수 있었으면 좋겠다는 바람을 갖고 이 책을 썼다. 하지만 우뇌 사용자도 걱정할 필요는 없다! 이 책에는 많은 설명과 비유, 그림 그리고 정말 재미있는 농담을 적어도 두 가지씩 넣어 지나치게 진지하지 않은 방식으로 과학 참고 문헌들을 살펴본다.

이 책을 쓰면서 내가 세웠던 중요한 목표 중 하나는 권위적으로 뭔가를 가르치는 방식이 아니라 친절하게 설명해주는 방식을 사용하는 것이었다. 또한 이 책의 목적은 여러분이 조직 및 애자일 팀이 작동하는 방식을 이해하고 스스로 문제를 해결할 수 있도록 하는 것이다. 쉽게 따라 할 수 있는 실천법 목록만 던져주기에는 이 세상이 너무나 복잡하다. 21

세기 관리자에게 가장 필요한 것은 특정 요구에 어울리는 자신만의 처방전을 스스로 만들 수 있는 통찰력이다(Mintzberg, 2004:252).

이 책에 대한 이야기

이 책을 출간하기까지 10년이 걸렸다. 나는 애자일 소프트웨어 개발과 복잡성 이론에 흥미를 느꼈는데(어느 쪽이 먼저였는지는 기억이 나지 않는다), 애자일과 복잡성을 주제로 책을 쓴 저자들은 나의 갈증을 별로 채워주지 못했다. 첫 5년 동안은 그 책들을 읽으면서 좀 더 큰 그림을 보기 시작했다. 소프트웨어 팀과 프로젝트를 복잡계로 간주하고 그것을 실용적으로 풀어낸 것이 애자일 소프트웨어 개발이라는 사실을 깨달았는데, (짐 하이스미스와 켄 슈와버라는 걸출한 예외가 있지만) 그 관계를 활용하거나 심지어 인식하는 저자는 거의 없었다. 그래서 2005년쯤에 직접 책을 써보려고 시도했다. 그러나 처참한 실패를 맛봤다. 글은 있었지만 아무도 읽지 않았다. 새로운 아이디어는 있었지만 피드백은 하나도 없었다. 이론은 풍부했지만 경험은 거의 없었다. 그리고 열정은 대단했지만 끈기는 부족했다.

10년이라는 시간 동안 소프트웨어 개발 팀을 관리하면서 다양한 방식으로 수많은 실수를 저질렀다. 관리자가 돼 여러 조직에 애자일 실천법을 도입하면서, 애자일 소프트웨어 개발에서 관리의 역할이 무엇인지에 대한 의문이 생겼다. 관리자와 팀 리더가 중요하다는 것은 분명했다. 하지만 아무리 책을 봐도 그것이 무엇인지 알 수 없었다.

2008년 1월, 소프트웨어 개발, 관리, 복잡성에 대한 내 아이디어에 피드백을 얻고, 사람들이 그런 주제에 관심이 있는지 확인해보겠다는 분명한 목적을 갖고 NOOP.NL이라는 블로그를 시작했다. 그러자 사람들이 관심을 보이기 시작했다! 1년 반만에 구독자 수가 4,000명으로 늘어났다. 전 세계 수많은 전문가와 활발히 토론했고, 유럽과 미국의 다양한 콘퍼런스에서도 환영받았다. 내게 꼭 맞는 자리를 찾아낸 듯했다.

2009년 8월, 세계를 강타한 금융 위기 직후 나는 책을 쓸 두 번째 기회가 왔음을 직감했다. 이번에는 쉬웠다. 그동안 쌓아둔 블로그 게시물, 독자로부터 얻은 유용한 피드백, (거의 대부분 실패했던) 10년 남짓한 관리 경험, (더딘 비즈니스 덕분에) 충분했던 시간, 나에게 계약서를 보내라고 여러 출판사를 재촉한 많은 팬이 있었다. 첫 번째 책을 계약한 후, 두 배

더 많은 연구, 세 배 더 많은 생각, 네 배 더 많은 결과물을 내놓아야 한다는 문제만이 내게 남아 있었다(지금 생각해보니 왠지 쉬운 일처럼 들린다).

나는 애자일 컨설턴트도 아니고 복잡성 과학자도 아니다. 이것이 내 강점이자 약점이다. 내 강점은 숲을 잘 본다는 것이다. 내 사고는 특정 과학, 방법론, 선호하는 해결책에 "오염"돼 있거나 조종당하지 않는다. 10살 때 문제 분석 관련 직업을 찾아보라는 선생님의 조언을 들었을 만큼 항상 여러 영역에 걸친 패턴을 잘 찾아내곤 했다. 하지만 가끔씩 나무를 보지 못한다는 것이 내 약점이다. 상세한 과학 지식도 부족하고, 다양한 비즈니스를 내부에서 바라보는 컨설턴트만큼 경험이 풍부하지도 않다. 하지만 다행스럽게도, 내게는 단순하면서도 예기치 않은 방식으로 구체적이고 믿을 만하며 감동적으로 이야기를 풀어내는 요령이 있었다. 아무도 읽지 않는 완벽한 메시지보다 전달력이 있는 불완전한 메시지가 훨씬 낫다.

이 책을 쓰면서 블로그를 통해 불완전한 메시지에 대한 피드백을 얻었는데, 독자들은 내가 올바른 방향으로 나아가고 있는지를 확인해주고, 내 생각을 개선할 수 있도록 돕고, 어떤 아이디어가 유용하고 어떤 아이디어가 그렇지 않은지 알려줬다. 나는 이 책을 10년 동안 쓰고 싶었다. 어떤 면에서는 독자들이 읽고 싶었던 책이기도 하다.

이 책의 구성

이 책에는 사례 연구나 방대한 "표준" 실천법 목록 같은 건 없다. 그 대신 연구 결과, 비유, 아이디어, 제안을 찾아볼 수 있다. 그렇다고 해서 이 책의 유용함이 부족하지는 않을 것이다. 이와 반대로, 한 분야의 아이디어를 모방해 다른 분야에 적용해야 가장 큰 발전을 이룰 수 있다고 주장한다. 소프트웨어 분야의 사례 연구에서만큼 생태계의 생존 전략에서도 많은 것을 배울 수 있다. 처한 상황에 완벽하게 들어맞는 아이디어는 드물다. 이런 아이디어를 자신의 상황에 적용할 수 있는지 그리고 어떻게 적용해야 하는지를 판단하는 것은 여러분의 몫이다.

이 책을 사용하는 방법은 간단하다. 표지부터 시작한다. 그림이 그려져 있는 쪽이 표지다. 그런 다음, 페이지를 넘기면서 읽기 시작한다. 한 페이지를 모두 읽으면 다음 페이지로 넘겨 계속 읽는다. 그러다보면 텅 비어 있는 두꺼운 페이지가 나올 것이다. 거기가 이 책의 뒷표지다.

1장, '세상 일은 왜 그렇게 단순하지 않을까?'에서는 선형 사고가 얼마나 자주 잘못된 결론으로 이어지는지를 설명한다. 그리고 이 책의 핵심 아이디어라고 할 수 있는 매니지먼트 3.0 모델의 여섯 가지 관점을 소개한다.

2장, '애자일 소프트웨어 개발'과 3장, '복잡계 이론'에서는 애자일 소프트웨어 개발과 복잡계 이론에 대해 설명한다. 이 두 가지는 애자일 관리 그리고 뒤이어 등장할 여섯 가지 관점의 기초가 된다.

4장, '정보-혁신 시스템'과 5장, '사람들에게 활력을 불어넣는 방법'에서는 매니지먼트 3.0 모델의 첫 번째 관점인 '사람들에게 활력을 불어넣자'라는 개념을 설명한다. 한 장은 이론적인 면, 나머지 장은 실용적인 면을 다룬다. 조직에서 가장 중요한 부분은 사람이며, 관리자는 사람들의 적극성, 창의성, 동기 부여를 위해 할 수 있는 모든 것을 해야 한다고 설명한다.

6장, '자기조직화의 기본'과 7장, '팀에 권한을 부여하는 방법'에서는 팀이 자기조직화를 할 수 있다는 개념인 '팀에 권한을 부여하자'라는 매니지먼트 3.0 모델의 두 번째 관점을 설명한다. 이 관점에는 권한 부여, 위임, 신뢰가 필요하다. 다시 한 번 말하지만 한 장은 이론적인 면, 나머지 장은 실용적인 면을 다룬다.

8장, '목적에 따른 리드와 지배'와 9장, '제약 조건을 정렬하는 방법'에서는 매니지먼트 3.0 모델의 세 번째 관점인 '제약 조건을 정렬하자'라는 개념을 설명한다. 자기조직화는 아무 방향으로나 이뤄질 수 있기 때문에 사람과 공유 자원을 보호하려면 명확한 목적을 제시하고 목표를 정의해야 한다는 점을 깨달아야 한다는 것을 의미한다.

10장, '규칙을 만드는 기술'과 11장, '역량을 개발하는 방법'에서는 매니지먼트 3.0 모델의 네 번째 관점인 '역량을 개발하자'라는 개념을 설명한다. 팀원에게 능력이 충분하지 않으면 팀이 목표를 달성할 수 없다는 문제를 보여준다. 따라서 관리자는 사람들의 기술 개발과 규율에 이바지해야 한다.

12장, '소통과 구조'와 13장, '구조를 발전시키는 방법'에서는 매니지먼트 3.0 모델의 다섯 번째 관점인 '구조를 발전시키자'라는 개념을 설명한다. 많은 팀이 복잡한 조직 상황 안에서 움직이고 있기 때문에 어떤 형태의 사회 연결망이 소통을 원활히 하는지 고려하는 것이 중요하다는 것을 설명한다.

14장, '변화의 지형'과 **15장, '모든 것을 개선하는 방법'**에서는 매니지먼트 3.0 모델의 여섯 번째이자 마지막 관점인 '모든 것을 개선하자'라는 개념을 설명한다. 이전과 마찬가지로 이 관점도 이론적인 부분과 실용적인 부분으로 나뉘어 있으며, 가능한 한 오랫동안 실패를 뒤로 미루고 싶다면 사람, 팀, 조직을 지속적으로 개선해야 한다는 것을 설명한다.

16장, '모두 틀리다. 하지만 유용한 것도 있다'에서는 매니지먼트 3.0 모델과 몇 가지 다른 관리 모델을 비교 검토한다.

앞에서 설명했듯이, 매니지먼트 3.0 모델의 여섯 가지 관점은 2개의 장으로 나뉘어 있으며, 첫 번째는 이론적이고, 두 번째는 실용적이다. 애자일 관리 "방법"을 다루는 실용적인 부분만 읽을 수도 있겠지만, 그렇게 하면 이론적인 부분에서 설명하는 "이유"를 놓치게 된다.

각 장 사이의 의존성은 거의 없다. 이론상으로는 여섯 가지 관점을 순서에 상관없이 읽어도 된다. 하지만 실제로는 앞에서부터 읽기 시작하는 편이 가장 수월할 것이다. 여섯 가지 관점을 읽어볼 수 있는 720가지 경우의 수를 모두 확인해보지는 못했다.

각 장을 읽다보면 다양한 주제가 서로 느슨하게 연결돼 있다는 것을 알 수 있다. 매니지먼트 3.0 모델의 여섯 가지 관점 그리고 이론과 실용의 구분이 이 책을 구성하는 제약 조건이라는 점이 중요하다는 사실을 깨달았다. 각 장이 자기조직화를 이루도록 하고 여러 주제 사이의 이음새를 촘촘하게 엮는 일은 그리 쉽지 않았다. 하지만 충분히 잘해냈다고 생각한다. 다른 다양한 창의적 제품과 마찬가지로 독자의 눈이 창작자의 눈보다 더 너그럽길 바랄 뿐이다.

이 책의 내용

이 책은 마이크로소프트 워드 2010 베타 버전으로 작성했다. 삽화는 모두 내가 직접 그려 컴퓨터로 스캔한 후 Paint.NET으로 색칠한 것이다. 책을 읽다보면 가끔 질문이나 의견과 함께 간단한 답변이 있는 회색 상자를 만나게 될 것이다. 대부분 블로그 독자와 이 책의 초안을 검토해준 분들의 피드백을 바탕으로 한 것이다. 그리고 각주에 외부 자료의 하이퍼링크도 많이 포함했다. 외부 하이퍼링크에 단축 URL을 사용했기 때문에 주소가 바뀌더라도 업데이트가 가능하다. 그중 상당수가 위키백과 웹 사이트와 연결돼 있다. 위키백과 사용이 별로 좋지 않은 방식이라고 말하는 사람도 있지만, 나는 그렇게 생각하지 않는다. 언제 사라질지 모르는 주소를 참조하는 것보다 지속적으로 개선되고 있는 곳에 연결시켜두는 편이 더 낫다.[1]

진흙탕에 발을 담그지 않으려 한다는 말을 듣고 싶지 않아서 전체적으로 "실용" 장의 분량을 "이론" 장의 분량보다 더 많이 할애했다. 각 장 마지막의 "성찰과 실천"에 있는 여러 가지 제안은 이 책을 더욱 실용적으로 만들어줄 것이다.

비유를 사용하면 사람들이 추상적 개념을 훨씬 더 쉽게 이해할 수 있기 때문에 가능한 한 많이 활용했다. 이 책에서 개발 관리자를 정원사, 마법사, 교통 관리자 등에 비유한 부분을 찾아볼 수 있을 것이다. 원래 이 책의 제목은 "추상 정원사The Abstract Gardener"였다. 하지만 제목을 바꾸기로 했는데, 너무 멀리 나가버리는 것은 비유를 하지 않는 것만 못하기 때문이다. 그래서 지금은 비유를 상황에 맞게 사용한 편이다.

이 책에는 management30.com이라는 자매 웹 사이트가 있다. 이 웹 사이트에서 (책에 없는) 추가 자료, (마음껏 사용할 수 있는) 독창적인 삽화, 독자들의 기고문 등 애자일 관리, 소프트웨어 개발, 복잡성 이론 관련 자료 링크를 찾아볼 수 있다. 무엇보다 이 웹 사이트에서는 책에서 다루고 있는 각 주제별로 다른 독자들과 토론할 수 있다. 따라서 정적인 이 책을 사회적 대화와 의도적 학습의 기회로 바꿀 수 있다. mgt30.com/toc/로 가서 이 책에서 논의하는 다양한 주제에 대해 댓글, 아이디어, 링크를 직접 추가해보자.

---

1 현재 management30.com에서 제공하던 단축 URL 서비스(mgt30.com)가 종료돼, 한국어판에서는 저자와의 협의하에 다시 원래의 URL로 바꿔 수록했다. - 옮긴이

이 책의 제목

매니지먼트 3.0이라는 이름은 이상하다. 하지만 나는 "3.0"이라는 숫자가 21세기 관리자가 나아가야 할 방향에 대한 메시지를 전달하고 있다고 믿는다.

매니지먼트 1.0 = 계층

과학적 관리법Scientific Management이라 부르는 사람도 있고, 명령과 통제Command-and-Control라고 부르는 사람도 있다. 어쨌든 근본 개념은 똑같다. 조직 설계와 관리는 하향식이며 권한을 가진 사람은 소수다. 계층의 가장 꼭대기에 있는 사람이 가장 많은 급여를 받고, 가장 자부심도 크며, 가장 비싼 의자에 앉는다. 가장 밑바닥에 있는 사람들에게는 돈도, 책임도, 일을 잘 해보려는 동기도 거의 없다.

높은 위치에 따르는 위험에 대한 보상으로, 최고 경영진에게는 보너스를 쥐고 흔들 수 있는 권한이 주어진다. 그러나 보너스는 대부분 조직의 성과가 아니라 개인의 부에 훨씬 큰 영향을 미친다. 위험한 보너스 제도는 그 부작용으로 전 세계를 금융 위기로 몰아가기도 했다.

매니지먼트 1.0은 여전히 세상에 가장 널리 퍼져 있는 버전이지만, 심각한 결함이 수도 없이 많다는 결론을 내리기에 전혀 무리가 없다. 낡고 진부해 업그레이드가 필요하다.

매니지먼트 2.0 = 유행

몇몇 사람은 매니지먼트 1.0이 창의적 업무에는 전혀 효과가 없다는 사실을 깨닫고 균형성과표BSC, balanced score card, 식스 시그마, 제약 이론Theory of Constraints, 전사적 품질 관리Total Quality Management처럼 준과학적 위치에 있는 수많은 애드온 모델 및 서비스를 만들었다. 매니지먼트 1.0의 애드온인 이 모델들은 "조직이란 상위에서 관리하는 것"이라고 가정하기 때문에 상위에 있는 사람들이 조직을 더욱 잘 "설계"하는 데 도움을 준다. 이게 먹힐 때도 있고 잘 안 먹힐 때도 있다.

한편, 장인 정신 및 기술 측면에 초점을 맞춘 관리 모델 및 서비스도 있다. 『1분 경영The One-Minute Manager』(21세기북스, 2016), 『리더십 불변의 법칙The 21 Laws of Leadership』(비즈니스북스,

2010), 『좋은 기업을 넘어 위대한 기업으로The Good to the Great Company』(김영사, 2002)와 같은 많은 책이 관리자의 기본 원칙과 지침을 제시하고 실천을 통해 경험을 쌓으라고 말한다. 다시 한 번 말하지만 이게 먹힐 때도 있고 잘 안 먹힐 때도 있다. 아기 기저귀를 가는 속도보다 더 빠르게 서로를 대체한다.

매니지먼트 2.0은 그냥 기존 시스템의 문제를 쉽게 해결하는 데 도움이 되는 많은 애드온을 포함한 매니지먼트 1.0이다. 그러나 매니지먼트 2.0 또한 진부한 계층 구조다.

매니지먼트 3.0 = 복잡성

복잡성 이론은 지난 수십 년 동안 생겨나고 발전했는데, 처음에는 수학과 생물학에서 출발했고 나중에는 경제학과 사회학에도 적용됐다. 복잡성 이론은 중요한 돌파구였다. 스티븐 호킹Stephen Hawking은 21세기를 "복잡성의 세기"라고 부를 정도로 복잡성 이론이 중요하다고 생각했다.

한 가지 중요한 통찰은 모든 조직이 네트워크라는 점이다. 사람들에게 자기 조직을 그려보라고 하면 계층 형태로 그릴지도 모르지만, 그렇더라도 네트워크라는 사실은 바뀌지 않는다. 두 번째로 사회 복잡성을 보면, 관리란 주로 사람과 그들 사이의 관계에 대한 것이지 부서와 이익에 대한 것이 아니라는 것을 알 수 있다.

올바른 일을 올바른 방식으로 하고 있는 관리자들에게 "리더십"이란 단어는 단지 유행어일 뿐이라는 사실을 우리 대부분이 알고 있다. 그러나 복잡성 사고는 우리가 기존에 알고 있던 어휘에 새로운 차원을 더한다. 복잡성 사고를 하면 조직을 기계가 아니라 살아 있는 시스템으로 바라봐야 한다는 것을 깨닫게 된다.

새로운 이름을 갖는 것은 좋은 일이다. 이름에는 강력한 힘이 있다. 버전 "3.0"은 관리자에게 변화가 필요하다는 것을 알려준다. 마이크로소프트는 큰 배포를 대개 세 번쯤 해야 쓸 만한 제품을 내놓는다. 나는 관리도 세 번째 버전에 이르러서야 마침내 탄탄한 과학적 기초를 찾아냈다고 생각한다. 이전 애드온 버전도 여전히 가치가 있다. 그러나 21세기는 복잡성의 시대기 때문에 조직이 계층이라는 가정을 네트워크로 바꿔야 한다.

이 책의 부제

이 책의 원래 부제 "Leading Agile Developers, Developing Agile Leaders"는 **리더십** leadership이라는 주제를 가리키고 있는데, 이는 잘못 사용하는 경우가 많은 용어다. 리더십을 잘못 해석하는 사람들에게는 두 가지 유형이 있다. 나는 그들을 "귀족"과 "성직자"라고 부른다.

리더십 귀족

리더십은 영감을 주는 것이고, 관리는 실행하는 것이라고 하면서 "리더십과 관리는 다르다"고 주장하는 사람들이 있다. 그들은 리더십이 관리보다 "높은 차원"이라고 말한다. 나는 경영진을 "우리 리더십"이라고 말하는 회사를 볼 때면 짜증이 난다.

이런 관점은 모든 사람이 (어떤 면에서는) 리더가 될 수 있다는 점을 무시한다. 최고 경영자부터 말단 개발자에 이르기까지 모든 직원이 다른 사람에게 영감을 불어넣고 방향을 제시할 수 있다. 또한 주주에게는 비즈니스를 관리할 경영진이 필요하다는 점도 무시하고 있다. 리더십을 이렇게 정의하면 리더는 자신을 따르는 이들에게 어떠한 권한도 없다. 아무런 권한도 없는 "리더"에게 주주가 왜 비용을 지불해야 하는가?

안타깝게도, 누군가가 자신을 따르는지와는 관계없이 스스로를 "리더"로 칭하는 것이 경영진들 사이에 유행이다. 최고 경영진은 관리 계층에서 자신의 지위를 강화하기 위한 사회적 신화로 "리더십"을 활용한다(Hazy, 2007:110). 나는 이런 사람들을 "리더십 귀족"이라 부르는데, 그 이유는 자신의 지위가 다른 사람들보다 사람들을 이끌 자격이 있다고 생각하면서 반짝거리는 장식을 중요하게 여기기 때문이다.

리더십 성직자

"관리는 불필요하다"라고 주장하는 사람들도 있다. 그러면서 사회 연결망, 위키백과, 리눅스 등과 같이 공동의 목적을 추구해서 훌륭한 결과물을 만들어낸 사회 집단을 언급한다. "자기조직화"된 사람들에게는 관리자가 필요 없으며, 오직 비전을 가진 리더만이 필요할 뿐이라고 말한다.

유감스럽게도 이 관점은 위 사례 중에서 비즈니스 분야에 관한 사례가 없다는 점을 간과하고 있다. 조직의 자산에 소유자가 없다면 아무도 관리할 필요가 없다. 그러나 비즈니스에는 자산이 있다. 자기조직화를 통해 바이오테크 비즈니스가 출장 연회 서비스로 바뀌는 것을 반기는 주주는 없을 것이다. 직원이 관리자를 필요로 하는지 아닌지는 별개의 문제다. 비즈니스에서 관리자가 필요한 사람은 주주다. 자기조직화에는 가치가 없다. 자기조직화의 결과가 "좋은" 것인지 "나쁜" 것인지 판단하려면 결과에 관심을 갖는 사람이 있어야 한다.

그런데 안타깝게도, 계층은 "나쁜" 것이고, 자기조직화는 "좋은" 것이라고 생각하는 사람들이 있다. 나는 이런 사람들을 "리더십 성직자"라고 부른다. 뭔가에 대해 "좋다"는 믿음을 설파하지만 (이 책과는 달리) 그 믿음에 과학적 근거가 없기 때문이다.

리더십 실용주의자

현실에서는 관리와 리더십을 바라보는 실용적인 태도가 필요하다. 모든 비즈니스에는 "소유자를 대신하는 관리"가 있어야 한다. 그리고 당연히 관리자에게는 리더십 역량이 있어야 한다. 그러나 자기조직화된(관리자가 아닌) 사람들이 조직의 여러 리더십 역할을 맡을 수도 있다. 이런 비공식 리더들이 알아야 하는 것은, 자기조직화에 소유자가 제시하는 약간의 방향성이 필요하다는 점이다. 관리자가 권한을 나눠주면 그렇게 할 수 있다.

나처럼 귀족도 아니고 성직자도 아니라면, 평민에 속하는 것이다. 나는 여러분을 리더십 실용주의자라고 부르고 싶다. 여러분은 관리 계층의 기본적인 필요성을 알고 있고(그렇다고 자만할 건 없다), 대부분의 업무가 리더와 팔로워라는 동료 사이의 사회 연결망 안에서 이뤄진다는 사실을 이해하고 있다. 소통은 네트워크, 위임은 계층을 통해 이뤄진다.

나는 실용주의자들을 위해 이 책을 썼다.

01

세상 일은 왜 그렇게 단순하지 않을까?

복잡한 모든 문제에는 명쾌하고 단순하며, 잘못된 답이 있다.

– H. L. 멩켄^{H. L. Mencken}, 언론인 · 작가(1880 ~ 1956)

나는 한때 백만장자였다. 적어도 서류상으로는 그랬다. 엔젤 투자자들은 내가 창업한 인터넷 스타트업의 가치를 1,000만 유로로 평가했고, 나는 그들이 만들어낸 허황된 소설 속에서 지분의 70%를 소유하고 있었다. 심지어 올해의 창업가 상을 받기까지 했다.[1] 비전을 전달하는 솜씨가 좋았던 덕분이다. 예상 소득과 수익이 그려져 있는 현란한 도표도 멋져 보였다. 적어도 서류상으로는 그랬다.

그러나 투자자와 내가 투입한 자금이 더 큰 이익으로 이어지지 못했다. 추가 콘텐츠를 만들어도 웹 사이트 방문자가 더 이상 늘지 않았다. 채용했던 프로그래머들의 개발 속도도 그리 빨라지지 않았고, 다른 웹 사이트와 계약을 맺어도 수익이 늘지 않았다. 사실은 첫 번째 투자 이전보다 수입이 줄어들고 있었다. 엄청난 대박을 내지는 못했으므로 그 이름을 말해봤자 아무도 우리 웹 사이트를 모를 것이다. 마치 찻잔 속의 태풍 같았다. 결국 닷컴 버블이 터져버렸을 때 우리의 자그마한 벤처 기업은 주변의 다른 스타트업과 마찬가지로 깔끔하게 사라져버렸다.

---

1 밀리디언(Millidian)에 대한 1999년 12월 15일자 네덜란드 언론 보도(http://www.nieuwsbank.nl/inp/1999/12/1215R099.htm)

하지만 재미있었다. 이 과정에서 배운 것도 많았다. 그렇다. 엄청나게 많은 것을 배웠다! 사람이 실수로부터 배운다는 말이 사실이라면, 나는 틀림없이 전지전능한 존재에 엄청 가깝게 다가섰을 것이다. 개발 관리자, 팀 리더, 프로젝트 관리자, 소프트웨어 개발자로서 무수히 많은 실수를 저질렀음에도 여전히 인터넷을 완전 정복하지 못한 것이 불가사의한 일이라는 생각이 들었다. 하지만 배움을 얻었다.

이 책을 읽으면서 뭔가 배우길 바란다. 내 실수 그리고 나 이전의 많은 사람이 저질렀던 실수를 통해 배움을 얻었으면 좋겠다. 지난 10년간 내가 배운 것 중 하나는 **애자일 소프트웨어 개발**Agile software development2(2장, '애자일 소프트웨어 개발' 참조)이 소프트웨어를 개발하는 가장 좋은 방법이라는 것이다. 그러나 애자일 소프트웨어 개발을 적용하는 데 가장 큰 장애물은 낡은 관리 방식이라는 사실도 알게 됐다. 나는 여러분이 관리자이거나 관리에 관심이 있는 사람이라고 가정한다. 소프트웨어 개발자일 수도 있고, 최고 기술 책임자CTO, 팀 리더, 관리 역량이 있는 테스터일 수도 있다. 하지만 그건 별로 중요치 않다. 관리에 대해, 즉 애자일 관리에 대해 배우고 싶어한다는 점이 중요하다. 그리고 약속하건대 아마 배울 수 있을 것이다. 이 책은 "어떻게 하면 좋은 애자일 관리자가 될 수 있는지" 그리고 "어떻게 하면 애자일 조직으로 발전할 수 있는지"를 가르쳐준다. 머지않아 그 목표를 달성할 수 있겠지만, 기본이 탄탄해야 하기 때문에 우선 사람과 시스템에 대해 배울 필요가 있다. 그리고 시스템에 대한 사람들의 사고방식도 배워야 한다. 왜 그래야 하는지 궁금한가? 의사는 인체가 어떻게 작동하는지를 배우고, 파일럿은 비행기가 어떻게 작동하는지를 배우며, 소프트웨어 엔지니어는 컴퓨터가 어떻게 작동하는지를 배우기 때문이다. 그렇기 때문에 관리자는 반드시 사회 시스템이 어떻게 작동하는지를 배워야 한다.

내가 어렵사리 배웠던 한 가지는 시스템을 대상으로는 할 때는 그 어떤 계획도 그대로 실현되지 않는다는 점이다. 이 세상도 마찬가지다. 여러분이 속해 있는 시스템은 여러분의 계획에 관심이 없다. A를 실행하면 B라는 결과로 이어진다고 생각할 수 있다. 이론적으로는 그 생각이 옳을 수도 있다. 그러나 이론이 현실에서 그대로 실현되는 경우는 거의 없으며, 예측성의 곁에는 복잡성이라는 이름의 비뚤어진 동생이 달라붙어 있다.

---

2 http://en.wikipedia.org/wiki/Agile_software_development

내가 너무 앞서 나간 듯하다. 나중에 설명하겠지만, 인간은 사물을 선형적인 방식으로 이해하길 좋아한다. 이 말은 내 이야기에도 선형적인 방식을 사용하는 것이 최선일 수도 있겠다는 뜻이다. 인과 관계에 대한 이야기로 이 책을 시작한다. 1장에서는 인과 관계와 비선형성에 대해 알아보고, 매니지먼트 3.0 모델을 소개하면서 마무리한다.

인과 관계

(마치 서류상으로 백만장자였을 때 내가 바랐던 것처럼) 세상 일이 계획한 대로 움직인다는 생각의 밑바탕에는 인과적 결정론causal determination을 믿고 싶어하는 마음이 깔려 있다. 여기서 **인과적 결정론**이란, '미래의 사건은 필연적으로 과거 및 현재 사건이 자연 법칙과 결합돼 일어난다는 주장'이다.[3] 다시 말해, 어떤 일이 일어나는 원인은 과거에 일어난 다른 일 때문이라는 것이다. 논리적으로 봤을 때, 현재 상황을 모두 알고 있고 무엇이 무엇과 연결돼 있는지 알고 있다면 과거의 사건과 자연 법칙으로부터 미래의 사건을 예측할 수 있다는 뜻이다. 공이 날아오면 어떤 방향으로 날아올지 예측할 수 있기 때문에 그 공을 잡을 수 있다. 친구들과 어울려 놀고 나서 월급이 얼마나 조금밖에 남지 않는지도 알 수 있고, 형제 자매의 약을 올린 후에 그 상황에서 벗어날 수 있는 가장 좋은 방법을 배울 수도 있다.

인과적 결정론은 과학 분야에서 엄청난 성공을 거뒀고 과학자들은 다양한 사건과 현상을 정확히 예측할 수 있게 됐다. 예를 들어, 뉴턴 물리학을 사용하면 핼리 혜성이 2061년에 태양계로 돌아오리라는 것을 예측할 수 있다.[4] 한 번 틀릴 때마다 계속 미뤄지는 종말의 날을 예측하는 것보다 이런 과학적 예측이 비교도 할 수 없을 만큼 더 믿을 만하다. 과거의 사건과 자연 법칙으로부터 미래의 사건을 계산해내는 과학적 방법은 너무나 성공적이었기 때문에 철학자 이마누엘 칸트Immanuel Kant는 보편적인 인과적 결정론을 모든 과학 지식의 필수 조건으로 내세웠다(Prigogine, Stengers, 1997:4).

소프트웨어 개발자는 인과적 결정론을 통해 개발 환경에서 수행할 작업을 설계하고, 계획하고, 예측할 수 있게 됐다. 개발자는 컴파일 및 배포 이후에 시스템이 어떻게 작동할 것

---

3 http://en.wikipedia.org/wiki/Determinism
4 http://en.wikipedia.org/wiki/Halley%27s_Comet

인지를 정의하거나 변경하기 위해 코드를 작성하거나 수정한다. 버그, 운영 체제와의 충돌, 전력 문제, 회계 담당자 등과 같은 환경적인 위험을 잠시 제쳐둔다면, 개발자의 예측은 대부분 상당히 정확하다고 이야기할 수 있다. 나는 인과 관계를 통해 내가 창업한 스타트업이 새로운 고객을 유치하지 못하면 곧 망하게 되리라는 사실을 거의 정확하게 예측할 수 있었다.

그러나 꺼림칙하게도 인과 관계만으로는 뭔가 부족하다. 핼리 혜성의 귀환을 예측할 수도 있고, 출시한 소프트웨어가 어떻게 움직일지도 예측할 수 있지만, 다음 달의 날씨는 정확히 예측할 수 없다. 또한 소프트웨어 프로젝트에 필요한 기능, 품질, 시간, 자원의 완벽한 조합도 예측할 수 없고, (내게는 애석한 일이지만) 새로운 고객을 유치할 수 있는 시기 또한 예측할 수 없다.

어떤 차이가 있기 때문일까?

복잡성

예측성predictability이 친절하고 믿음직스러운 옆집 아들이라면, **복잡성**complexity은 심술궂고 제멋대로인 그 동생이라고 할 수 있다. 예측성 덕분에 출근을 하고, 약속을 잡고, 운동을 하고, 텔레비전을 시청할 수 있는 반면, 복잡성 때문에 세상과의 사이에서 일어나는 똑같은 상호 작용이 수시로 예측할 수 없고 관리하기 곤란한 혼란 상태로 바뀌며 예기치 못한 문제와 당혹스러움으로 가득찬다.

사람들이 복잡성과 (동시에 많은 일이 진행되는 것처럼) 큰 수를 혼동하는 경우도 있지만, 복잡하다고 해서 항상 큰 것은 아니다. 예를 들어, 물 분자 하나를 마셔보자(물론 비유적으로 이야기한 것이다. 그게 아니라면 엄청난 연습을 해야 한다). 물 분자를 구성하는 것은 수소 원자 2개와 산소 원자 1개뿐이다. 별로 크지는 않다. 그렇지 않은가? 하지만 3개의 원자가 합쳐져 물 분자가 되면, 유동성, 밀도, 그 밖의 물리적 화학적 현상에 이상 효과가 생겨 예기치 못한 움직임을 보여주는데(Solé, 2000:13), 개별 원자의 입장에서는 이런 현상을 (쉽게) 설명할 수 없다(그림 1.1 참조). 복잡성이 반드시 큰 수로부터 생겨나는 것은 아니다. 그 유명한 **삼체 문제**[three-body problem][5]로 알 수 있듯이 물 분자 3개만으로도 충분히 복잡한 움직임이 생길 수 있다.

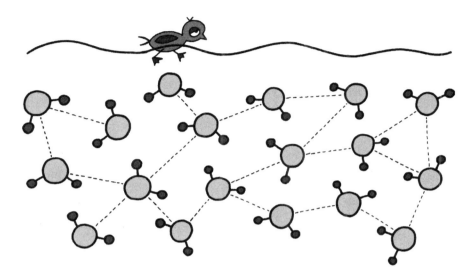

그림 1.1 물 속에서는 실제로 무슨 일이 일어나고 있을까?

다행스럽게도 인과적 결정론에 대한 칸트의 열렬한 지지 이후 과학은 멈추지 않고 계속 발전했다. 동적 시스템 이론, 혼돈 이론, 네트워크 이론, 게임 이론 등 여러 과학 분야를 통해 왜 어떤 현상은 예측이 불가능한지 그리고 왜 많은 사건이 계획이나 계산이 불가능하고 단지 경험과 관찰을 통해야만 하는지를 설명하는 데 있어 커다란 진보를 이뤘다. 복잡계에 대한 과학 연구 전체를 합쳐 **복잡성 과학**complexity science이라 부르기도 한다(3장, "복잡계 이론" 참조).

인과 관계는 이미 17세기부터 과학을 성공적으로 지배했지만, 복잡성은 세기말 무렵에 **복잡성 이론**complexity theory[6]이 과학의 한 분야로 자리 잡은 이후 강력한 가속도가 붙은 20세기의 산물이다. 이론 물리학자 스티븐 호킹의 말을 인용하면, 21세기는 복잡성의 세기다 (Chui, 2000).

---

5 http://en.wikipedia.org/wiki/Euler%27s_three−body_problem
6 http://en.wikipedia.org/wiki/Complex_systems

복잡성 이론은 소프트웨어 개발 조직의 관리자, 팀 리더, 프로젝트 관리자(그리고 다른 모든 '리더'와 '관리자')에게 좋은 소식이다. 소프트웨어를 개발하고 조직을 관리하는 문제를 포함해, 복잡계를 바라보는 새로운 과학적 방법이 있다는 뜻이기 때문이다. 1,000만 유로를 날려버린 후, 너무 늦게 이런 놀라운 사실을 알게 된 것이 유감스럽긴 하지만 나는 복잡성이 21세기에 가장 중요한 개념 중 하나라는 스티븐 호킹의 말에 찬성한다.

선형 사고

우리는 불행하게도 문제 해결에 복잡성 이론을 적용할 때 다소 불편함을 느낀다. 우리의 사고가 복잡성보다 인과 관계를 선호하기 때문이다. "모태 신앙: 두뇌는 어떻게 신을 만들어내는가Born Believers: How your brain creates God"(Brooks, 2009)는 인간의 사고가 원인과 결과에 대한 감각을 얼마나 지나치게 발전시켜왔고, 그로 인해 전혀 존재하지 않는데도 모든 곳에서 목적과 의도를 찾고 있는지 설명한다. 이 글에는 '아이들이 뾰족한 돌멩이는 동물들이 몸을 긁을 수 있도록 존재하는 것이고, 강은 배를 띄울 수 있도록 존재하는 것이라고 믿는다'라는 내용이 있다. 인간의 두뇌는 분명히 모든 것에서 목적과 인과 관계를 찾는 데 얽매여 있다. 아무런 이유가 없을 때조차도 주변의 모든 것이 원인과 결과 때문이라고 생각한다.

> "덤불이 부스럭거리면 거기에 뭔가 있다고 가정한다" …(중략)… 이처럼 원인과 결과에 대한 과도한 귀착은 아마도 생존을 위해 진화한 것이리라. 주변에 포식자가 있다면 열 번 중 아홉 번 알아차리는 것으로는 부족하다. 도망쳐야 할 것 같을 때 도망치는 것은 실제로 위협이 다가왔을 때 그 위험을 피할 수 있도록 지불하는 작은 대가일 뿐이다.[7]

우리의 사고는 (원인과 결과를 예측할 수 있다고 가정하는) "선형 사고"를 (세상 일이 실제보다 더 복잡하다고 가정하는) "비선형 사고"보다 더 좋아한다. 우리는 처음부터 끝까지 일직선으로 이어진 이야기에 친숙하다. 학교에서는 선형 방정식을 가르치면서, 살면서 더 흔히 볼 수 있는 비선형 방정식은 대부분 그저 풀기 너무 어렵다는 이유로 무시한다. "글쎄, 그냥 우

---

7 Brooks, Michael, "Born believers: How your brain creates God." New Scientist, February 4, 2009(http://www.new scientist.com/article/mg20126941,700-born-believers-how-your-brain-creates-god.html)(Brooks, 2009:32)

연이야"라는 말보다 "그가 해냈어"라는 말을 훨씬 쉽게 받아들인다. 문제 B를 만나면 항상 사건 A가 그 문제를 일으켰다고 가정한다. 금융 위기는 금융계 때문이고, 실업은 이민자 때문이다. 그리고 사무실 분위기가 나쁜 것은 관리자 때문이고, 북극이 녹아내리는 것은 CO_2 배출 때문이며, 팀이 일정을 지키지 못한 것은 누군가가 일을 망쳤기 때문이다. 선형 사고는 세상을 단순한 원인과 결과를 통해 쉽게 설명할 수 있는 사건이 가득한 곳으로 바라본다. 제럴드 와인버그Gerald Weinberg는 이를 '**인과 오류**Causation Fallacy'라고 불렀다 (Weinberg, 1992:90).

인과적 결정론 중독으로 인해, 사람들은 올바른 사건과 잘못된 사건을 구분하는 데 통제를 활용하게 됐다. 상황 A는 사건 B로 연결되고, 상황 A'는 사건 C로 연결되는데 C가 B보다 낫다는 것을 알게 되면, 해야 할 일은 A를 A'로 바꾸는 것뿐이며, 그렇게 하면 상황이 더 나아질 것이다. 또는 그런 것처럼 보일 것이다.

엔지니어처럼 기술적 사고방식을 지닌 사람들은 통제라는 개념에 빠지기 쉽다. 20세기 초반부터 대단한 인기를 얻은 명령과 통제 스타일의 관리인 **과학적 관리법**scientific management[8]을 만들어낸 것은 엔지니어였고, 오늘날 많은 조직에서 찾아볼 수 있는 통제 시스템을 고안해낸 것도 엔지니어였다(Stacey, 2000a:7). 이제 우리 모두는 이런 통제 시스템이 많은 생각을 필요로 하지 않는 반복 작업에만 어울린다는 사실을 알고 있다. 이런 방식은 창의적 제품 개발에 효과적이지 않다! 마땅히 엔지니어들은 모든 사람이 빠져 있는 관리의 늪에서 사람들을 끌어내기 위해 노력해야 한다.

관리 분야에서는 인과 관계를 활용해 관리자들은 신중한 선행 설계와 세심한 하향식 계획으로 필요한 결과를 정확히 만들어낼 수 있는 원인을 찾으려 한다. 조직이 클수록 원하는 목표를 달성하기 위해 전체 시스템을 해체하고 재구성하는 데 더 큰 노력이 든다.

나도 과거에는 선행 설계와 하향식 계획이라는 환상을 만들어내기 위해 노력했다. 올해의 창업가 상에 빛나는 나의 사업 계획서는 최소 30쪽짜리의 신중한 헛소리로 채워진 문서였다. 그 문서는 우리가 어떻게 부자가 될 수 있는지를 자세히 설명하고 있었다. 당시에는 그렇게 믿고 있었다. 내가 직접 작성했으므로 사실이어야만 했다.

---

8 http://en.wikipedia.org/wiki/Scientific_management

환원론

시스템을 각각의 부분으로 분해해 이들이 어떻게 서로 영향을 주고받으며 전체를 구성하는지 분석하는 접근 방식을 **환원론**reductionism[9]이라고 한다. 여기서 환원론이란, "어떤 현상을 더 근본적인 다른 현상을 통해 설명할 수 있다"라는 생각이다. 비행기를 분해한 후 그 부품들을 살펴보면 비행기의 작동 원리를 이해할 수 있고, 코드를 분석해보면 소프트웨어 시스템을 이해할 수 있다. 오늘날의 과학자들은 '문제'에 '책임'이 있는 개별 유전자를 찾길 바라면서 인간 게놈을 분석해 질병과 장애를 이해하려고 노력한다.

환원론이 효과적이긴 하지만 이에는 한계가 있다(그림 1.2 참조). 과학자들은 수십 년을 연구했지만 인간의 의식이 어떻게 작용하는지 이해하지 못한다. 100년이 넘는 경제 이론에도 경제학자들에게는 여전히 금융 위기를 정확히 예측하는 모델이 없다. 기후 변화를 모델링하는 여러 이론이 있지만, 지구 온난화에 대한 예측 결과는 서로 크게 다르다. 그리고 우리에게는 풍부한 소프트웨어 개발 모델이 있지만 전 세계의 프로젝트는 지금도 예측할 수 없는 결과로 인해 고통받고 있다. 유기체, 인간의 의식, 경제, 기후, 소프트웨어 프로젝트는 모두 분해해 각 부분을 살펴보더라도 그 움직임을 예측할 수 없다.

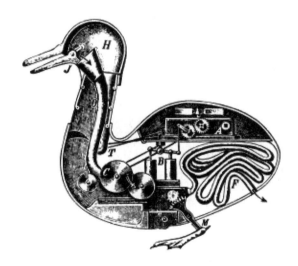

그림 1.2 살짝 도가 지나친 환원론[10]

---

9 http://en.wikipedia.org/wiki/Reductionism
10 위키백과의 공개 이미지(http://en.wikipedia.org/wiki/File:Duck_of_Vaucanson.jpg)

┌●┐ 사람들은 해석에도 서툴다

내 책을 검토한 분들 중 상당수가 사람들은 자신이 처한 환경을 해석하는 데에도 끔찍하게 서툴다는 점을 지적했다. 인간은 믿지 않는 것을 무시하는 경향이 있기 때문에 멘탈 모델과 맞지 않는 것을 인정하려 하지 않는다. 이것도 실제로 일어나고 있는 일을 정확히 예측하지 못하게 하는 데 한몫을 한다.

전체론

전체론holism[11]은 부분만 봐서는 시스템의 움직임을 완전히 알아낼 수 없다는 생각이다. 시스템 전체가 그 시스템의 특징적 움직임을 결정한다고 보는 것이다. 전체론이 환원론의 반대로 여겨지는 경우가 많다. 하지만 복잡성 과학자들은 복잡성이 그 둘 사이를 연결하는 다리며, 양쪽 모두 필요하지만 각각으로는 충분하지 않다고 생각한다(Corning, 2002:69).

일부 완고한 환원론자들도 모든 현상을 부분의 관점에서 설명할 수 있다는 생각을 고집하지 않는다. 철학자 대니얼 데닛Daniel Dennet은 부분에 유리하게 끼워맞춰 현상을 설명하려는 환원론적 사고를 설명하는 과정에서 **맹목적 환원론**greedy reductionism[12]이라는 용어를 만들었다(Dennett, 1995). 하이퍼링크를 두고 '전자에 지나지 않으며 실제로는 존재하지 않는다'라는 주장이 맹목적 환원론의 한 가지 형태일 것이다. 맹목적 환원론에 대한 나의 반박은 이렇다. 맹목적 환원론자들이 옳다면 그들 역시 실제로는 존재하지 않기 때문에 우스꽝스러운 주장도 사라져버릴 것이다. 여기서 잠시 다른 이야기를 해보자.

진화생물학자 리처드 도킨스Richard Dawkins는 복잡계를 계층 구조로 설명할 수 있다는 점에서 **계층적 환원론**hierarchical reductionism이라는 절충안을 제시했다(Dawkins, 1996). 각 단계는 바로 그 아래 단계에 있는 부분으로는 설명할 수 있지만, 더 아래 단계를 통해서는 설명할 수 없다고 보는 것이다. 이 개념을 사용하면 쿼크quark와 렙톤lepton이 무더기로 쏟아져 들어와 프로젝트가 망했다고 변명할 가능성을 원천 봉쇄할 수 있다.

---

11 http://en.wikipedia.org/wiki/Holism

12 http://en.wikipedia.org/wiki/Greedy_reductionism

많은 사람이 환원론이 곧 "구성론"이라고 오해하는데, 구성론constructionism은 부분을 이해하면 어떤 시스템이라도 구성할 수 있다는 주장이다. 시스템의 모든 부분을 완전히 이해하고 있더라도 전체가 단순히 부분의 합을 의미하는 것은 아니기 때문에 이 말은 거짓이다(Miller, Page, 2007:41). 아래 단계 부분에 대한 지식이 위 단계 시스템을 재구성할 수 있는 능력을 의미하지는 않는다. 문제의 근원을 추적하는 데에는 환원론을 적용할 수 있지만(근본 원인 분석 기법root-cause analysis13이 좋은 예가 될 수 있다), 흥미롭게도 그러한 문제가 발생하지 않도록 예방하는 시스템을 구성할 때는 구성론을 적용할 수 없다. 예를 들어, 심장마비의 원인을 밝혀낼 수는 있지만(환원론), 심장마비가 일어나지 않는 심장으로 만들 수는 없다(구성론).

> **근본 원인 분석은 아무런 쓸모가 없는 걸까?**
>
> 근본 원인 분석은 중요하다. 그러나 근본 원인 분석으로 볼 수 있는 것은 과거뿐이다. 이미 발생한 문제가 재발하지 않도록 바로잡는 데는 도움이 되겠지만, 앞으로 무슨 일이 잘못될지 예측하는 데는 도움이 되지 못할 것이다.

계층 관리

전체론적 관점과 계층적 환원론 관점 둘 다 시스템 내의 아래 단계에서 원인을 찾는 방식으로는 복잡계의 모든 것을 설명할 수 없다는 사실에 동의한다. 복잡계는 각 단계마다 참신하고 환원 불가능한 특성을 가진다. 아무리 열심히 살펴보더라도 분해한 오리에서 걷고, 헤엄치고, 꽥꽥거리도록 하는 레버나 손잡이, 기어 따위를 쉽게 찾지는 못할 것이다(그림 1.2 참조). 그럼에도 공원에서 오리를 보면 그것이 오리라는 사실을 알 수 있다.

이것이 여러분과 나 그리고 다른 많은 개발 관리자, 프로젝트 관리자, 팀 리더와 같은 복잡계 관리자에게 지대한 영향을 미친다. 계층적 시스템에서 어떤 단계에 대해 모든 것을 아는 사람이 같은 시스템 안에 있는 더 아래 단계 또는 더 위 단계에서는 자격 미달일 수도

있다는 것을 의미한다. 다른 단계에서는 다른 종류의 지식이 필요하기 때문이다. 분자생물학자는 정원사로서 '자격 미달'일 수 있다. 진핵 세포, 유전자, RNA 수준에서 생물학을 이해하는 것과 정원을 가꾸는 방법을 이해하는 것은 전혀 다르기 때문이다. 이와 비슷하게 조직의 CEO는 비즈니스 경영에 대해 잘 알아야 하지만 코칭이나 그 밖의 사람을 관리하는 기술에 대해서는 일자무식일 수도 있다(분명히 많은 독자가 경험을 통해 알고 있을 것이다).

조직 관리에는 사람들을 관리하는 것과는 다른 종류의 지식과 경험이 필요하다. 물론 일부 기초 지식은 유용할 수도 있다. 소프트웨어 엔지니어 조엘 스폴스키^{Joel Spolsky}는 하위 수준의 세부 구현을 추상화한 시스템의 일부가 더 상위 수준에서 얼마나 직관에 어긋나는 방식으로 나타날 수 있는지 설명하기 위해 **허술한 추상화의 법칙**^{Law of Leaky Abstractions}을 제안했다(Spolsky, 2002). 하위에 구현한 이벤트 때문에 문제가 발생하는 상위 프로그래밍 계층은 허술하다고 볼 수 있다. 사용자가 보게 되는 모호한 오류 메시지는 소프트웨어에서 허술한 추상화로 인해 흔히 나타나는 또 하나의 결과다(그림 1.3 참조).

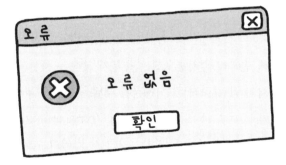

그림 1.3 허술한 추상화의 결과일까?

다른 복잡계에서도 이와 비슷한 문제를 만날 수 있다. 나의 의식은 때때로 일시적 기억 상실, 데자뷰, 건망증, 멋대로 떠오르는 기억 등과 같은 이상 현상을 겪는다. 하부 신경망의 이상이 내가 호출하는 상부까지 새어나온다고밖에 설명할 수 없다. 신경학자로부터 내 마음속 이상 현상이 사실 꽤나 흔한 일이라는 사실을 배우는 건 좋은 일이지만, 그렇다고 해서 내가 신경 연결 통로를 분석할 필요는 없다. 이와 마찬가지로 일부 저수준 프로그래밍 지식이 인생을 편하게 해줄 수는 있겠지만, 훌륭한 고수준 프로그램을 개발하는 데 어셈블리어 프로그래밍을 완전히 이해할 필요는 없다. 관리도 이와 똑같다. 모든 '사람과 관련된

일'을 믿을 만한 관리 팀에 위임했다면, (일상적으로 사람들을 잘 관리해야 하는 개발 관리자, 프로젝트 관리자, 팀 리더와는 달리) CEO가 조직을 관리하기 위해 반드시 사람을 훌륭하게 관리하는 사람이 될 필요는 없다. 그러나 최소한 몇 가지 사람 관리 기술은 아래 단계의 문제가 위 단계로 표면화되는 경우에(다시 말해, 일에 빈틈이 생길 때) 누구에게나 도움이 될 수 있다.

애자일 관리

계층 관리가 복잡성과 비선형 사고를 포용하면 애자일 관리에 이르게 된다. **애자일 관리**는 **애자일 소프트웨어 개발**Agile software development에 어울리는 동반자며, 애자일 소프트웨어 개발은 1990년대 내내 여러 집단과 개인에 의해 개별적으로 발전해온 소프트웨어 개발 방식이다(2장 참조). 엄격한 제어, 선행 설계, 하향식 계획을 통해 강력하게 관리받지만 엉망으로 수행되는 결정론적 소프트웨어 개발 방식은 수많은 실패를 낳았고, 애자일 소프트웨어 개발은 이에 대한 불만족에서 비롯됐다.

애자일 소프트웨어 개발은 복잡성 이론에 (어느 정도) 뿌리를 두고 있으며, 성공적인 프로젝트 결과를 얻기 위해 인과적 결정론으로는 충분치 않다는 사실을 인정한다. 자기조직화나 창발emergence과 같이 잘 알려져 있는 애자일 개념은 복잡성 과학에서 그대로 가져온 것이며(Schwaber, Beedle, 2002), 오늘날 애자일 실천가들은 구성론을 사용해 실패를 예방하는 것이 불가능하다는 사실을 잘 알고 있다. 실패를 반복적으로 받아들이고 시스템에서 그 실패의 원인을 제거하는 것만이 소프트웨어 프로젝트가 지속적으로 발전하도록 하고, 성공적으로 수행하도록 할 수 있는 방법이다. 이는 아이들을 키우고 보살피는 일과 거의 비슷하다.

애자일 소프트웨어 프로젝트가 투자 수익률 면에서 엄청난 성공을 거뒀음에도(Rico, 2009), 많은 관리자에게 전 세계 조직에 애자일 프로젝트 관리와 애자일 소프트웨어 개발의 채택을 방해한 책임이 있다. 설문 조사에 따르면, 변화 관리, 조직 문화, 경영진의 지원, 팀 교육, 외부 압력이 애자일 채택의 주요 장애물이며, 소프트웨어 프로젝트 실패의 원인이다(VersionOne, 2009). 그리고 이 중 대부분은 관리자의 책임이다. 보고서가 옳다고 가정하면(그렇지 않다고 생각할 이유는 없다), 전 세계 관리자는 문제를 함께 해결하는 중이 아니라 문제를 만들고 있는 것처럼 보인다. 슬프지만 이런 상황이 애자일 소프트웨어 개발에서만 일어나는 일은 아니다. 거의 모든 조직 변화도 이와 마찬가지다.

W. 에드워즈 데밍W. Edwards Deming이 오래전에 이야기했던 것처럼, 나는 이 책에서 모든 변화 관리에서 전통적 관리는 대개 해결책이 아니라 문제에 가깝다는 입장을 취한다. 그것이 바로 우리에게 애자일 관리 이론, 즉 애자일 소프트웨어 개발에 꼭 맞는 관리 이론이 필요한 이유다.

나의 모든 이론

관리자가 애자일 환경에서 무엇을 해야 하는지 알려줄 수 있는 이론이 있을까? 수십 년 넘게 많은 경영 이론이 제안됐지만, 대부분은 과학적 의미에서 전혀 이론이 아니다(Lewin, Regine, 2001:5). 실제 과학 이론은 자연 현상을 발견할 뿐 아니라 현실 세계를 관찰한 결과를 바탕으로 법칙을 만들어 무슨 일이 일어날지 사전에 설명하기도 한다. 대부분의 경영 '이론'이 미치지 못하는 지점이 이 부분이다. 이론이 아니라 기법인 경우가 많다. 세상이 어떻게 돌아가는지 설명해주는 대신, 문제와 해결책을 다루기 위한 (유용한) 조언을 제공한다. 제약 이론TOC, Theory of Constraints이 그 좋은 사례다. 제약에 초점을 맞춤으로써 목표를 달성하기 위한 프로세스 개선 기법을 제공하는 제약 이론은 과학적 이론이 아니라 경영 철학이다.

그러면 내가 포터, 데밍, 드러커와 같은 사람들과 내심 어깨를 나란히 하길 바라면서 나만의 애자일 관리 '이론'을 제안할 수 있다는 말일까? 아쉽지만 그렇지는 않다.

한때 소프트웨어 팀 관리에 대한 모든 이론을 찾고자 했던 적도 있었다. 소프트웨어 팀에 대한 모든 원칙을 설명하고, 이런 팀을 관리하는 완전한 통합 모델로 사람들에게 도움을 주는 이론을 바랐다. 돌이켜보니, 당시 내 생각은 엄청나게 허술한 추상화에 빠져 있었던 듯하다.

다행스럽게도 나는 이 목표가 두 가지 이유에서 무리라는 사실을 금세 깨달았다. 첫째, 팀에서 함께 일하는 사람들을 위한 모델은 이미 많다. 이 분야는 **사회 복잡성**social complexity이라고 알려져 있다. 여기에서는 사회 집단을 복잡계로 바라본다(『Small Groups as Complex Systems』(SAGE Publications, 2000)이라는 책과 『Emergence: Complexity & Organization』[14]라는 잡지를 추천할 만하다). 둘째, 복잡성 이론 자체가 복잡계에 대한 통합 모델을 만드는 일이 불가능하다고 말한다. 모델을 만들어 복잡계를 완전하게 설명하려는 모든 시도는 항상 실패할 것이다. 그것이 16장, '모두 틀리다. 하지만 유용한 것도 있다'에서 다루는 주제며, 그 덕분에 안도의 한숨을 쉴 수 있게 됐다. 좋아, 그건 불가능한 일이야! 그 시간에 차라리 다른 일을 할 수 있다는 뜻이잖아! 일찌감치 실패한 사례 중에서 이보다 더 나은 사례를 도저히 생각해낼 수가 없다(괴델의 불완전성 정리[15]는 모든 통합 이론은 스스로에게 모순이 없음을 증명할 수 없다는 것을 보여준다. 어쩌면 과학자들이 나만큼 빨리 포기하지 않아서 다행이다).

책과 모델

이 책은 여러분이 더 좋은 관리자가 되는 데 도움을 줄 수 있다. 특히 애자일 소프트웨어 개발 프로젝트를 실행하는 애자일 조직에서 애자일 관리자로서의 책임이 무엇인지 말한다. 그리고 이론을 일상 업무에 응용할 수 있도록 여러 기법도 알려준다. 시스템은 선형이 아니라 복잡하다는 사실을 이해하면서 팀을 관리하는 방법과 예측성이 아니라 적응성에 초점을 맞추는 방법을 보여준다. 여러분이 개발 관리자, 팀 리더, CTO, 소프트웨어 개발자 중 누구일지라도 별반 다르지 않다. 결국 우리 모두는 주변을 둘러싼 환경을 관리하는 사람이다. 어떻게 하면 환경을 잘 관리할 수 있을지 시도해보고, 이해해보자.

그림 1.4는 이 책에서 사용한 모델이다. 나는 이를 매니지먼트 3.0 모델, 일명 "마티Martie" 라고 부른다. 마티에는 조직을 바라보는 여섯 가지 관점이 있다. 이 여섯 가지 관점 각각을 이론 편과 실용 편 2개의 장으로 나눠 설명한다. 매니지먼트 3.0 모델은 내가 애자일 관리의 다양한 측면을 나름대로 표현한 것이다. 그러나 이 모델에 대해 자세히 논의하기 전에, 기민함과 복잡성이라는 두 가지 기본 구성 요소를 검토하고, 각각의 역사에 대해 가볍게 살펴보는 것이 중요하다. 2장에서는 애자일 소프트웨어 개발의 대략적인 개요를 알아

---

14 Emergent Publications가 발행한다(http://iscepublishing.com/ECO/about_eco.aspx).
15 http://en.wikipedia.org/wiki/G%C3%B6del%27s_incompleteness_theorems

보고, 3장에서는 복잡계 이론의 기초를 살펴본다. 이 책의 핵심은 매니지먼트 3.0 모델의 여섯 가지 관점을 통해 소프트웨어 개발 팀을 관리하는 방법으로, 4장, '정보-혁신 시스템'에서 시작해 15장, '모든 것을 개선하는 방법'에서 끝난다. 마지막 16장, '모두 틀리다. 하지만 유용한 것도 있다'에서는 결론을 간략하게 제시한다.

그림 1.4 매니지먼트 3.0 모델, 마티

10년 전에 인터넷 스타트업을 창업했을 때 내가 이런 책을 볼 수 있었더라면 (또는 알았더라면) 좋았을 것이다. 하지만 당시에 나는 백만장자가 될지도 몰랐기 때문에 수고스럽게 이 책을 쓰지는 않았다. 이 일은 내게 경력을 계획하는 건 쓸모없는 일이고, 실패가 축복이 될 수도 있다는 것을 잘 보여주는 것 같다.

정리

인간의 두뇌는 모든 사건에 분명한 원인이 있다고 가정한다. 이를 인과 관계라고 부르며 예측과 계획에 유용하다. 하지만 세상 일은 보이는 것보다 더 복잡한 경우가 많다. 복잡성

과학은 복잡한 문제에 선형 사고를 적용하면 골치 아픈 실수로 이어질 수 있다고 말한다.

비록 (부분을 이해함으로써 시스템을 이해하는) 환원론이 과학 분야에서는 성공을 거뒀지만, 이제는 지나칠 수도 있다는 인식이 일반적으로 받아들여지고 있다.

복잡한 많은 문제를 이해하려면 전체론적 관점이 더욱 필요하며, 그것이 사회 복잡성 연구의 목표다. 사회 복잡성 연구는 사람들로 이뤄진 집단에서 일어나는 일을 바라보는 전체론적 관점을 제공한다.

매니지먼트 3.0은 애자일 소프트웨어 개발 팀에 복잡성 사고를 적용한 애자일 관리 모델이다.

성찰과 실천

1장에서 나온 아이디어를 조직에 적용할 수 있는지 살펴보자.

- 할 일 목록에서 문제 하나를 검토해보자. 그 문제의 원인을 떠올려보자. 그 원인이 분명히 하나뿐인가? 그 사실을 어떻게 알 수 있는가? 그 문제의 모든 이해관계자와 논의해봤는가? 그들 모두 그 하나의 원인에 동의하는가? 이 간단한 연습 문제를 대부분의 중요한 문제 각각에 적용해보자. 문제의 복잡성을 과소 평가하지는 않았는지 그리고 잘못된 원인에 초점을 맞추고 있는 것은 아닌지 확인해보자.
- 조직에서 (5Why[16]와 같은) 근본 원인 분석 기법을 사용한다면, 이런 기법이 갖고 있는 인과 관계를 단순화하는 편향에 대해 논의해보자. 복잡계의 많은 결과는 원인이 여럿 있거나 원인과 결과가 순환 관계인 경우도 많다. 원인 중에서 실제로 근본인 것은 하나도 없다. 따라서 근본 원인 분석 기법이 이 세상의 복잡성을 담아내지 못할 수도 있다. 그러나 뛰어난 동료들과 토론의 기회를 만들어줄 수는 있다. 논의 자리를 마련해보자.

---

16 http://en.wikipedia.org/wiki/5_Whys

02

애자일 소프트웨어 개발

> 나는 세상을 바꾸고 싶은 마음과 정말로 즐거운 시간을 보내고 싶은 마음이 뒤섞인 채 아침 잠에서 깨어난다. 그 덕분에 하루를 계획하기 어려울 때가 있다.
>
> – 엘윈 화이트Elwyn White, 미국 작가(1899~1985)

2장은 읽어도 좋고, 읽지 않아도 좋다. 애자일 소프트웨어 개발에 익숙하다면 다루게 될 내용 중 (모두는 아닐지라도) 이미 상당 부분을 알고 있을 것이다. 애자일 소프트웨어 개발을 간략하게 정리하는 것이 2장의 목표다. 이 책의 대상은 애자일 조직에서 관리자의 역할이 무엇인지(4장. '정보–혁신 시스템'에서) 살펴보기에 앞서 애자일의 배경과 기본에 대해 좀 더 알고 싶은 독자들이다.

이 책에서는 독자들이 애자일 소프트웨어 개발의 기초를 어느 정도 알고 있다고 가정한다. 그러나 지금은 그냥 XP를 옛날 운영 체제 이름으로 알고 있는 척하면서 계속 읽어보자.

애자일의 서막

돈을 세는 일은 쓰는 일만큼 재밌다. 1990년대 초반 델프트공과대학을 다닐 때 여유 시간을 활용해 회계 프로그램을 개발했다. 당시에는 셀 돈이 없었다는 사소한 애로 사항이 있긴 했지만, 그저 재미로 그 일을 했다. 내 마음 음흉한 한 구석에 돈을 셀 준비를 해놓으면 자동으로 거금이 굴러 들어오리라는 바람이 있었는지도 모르겠다. 하지만 슬프게도 그런 일은 일어나지 않았다.

(코드가 대략 3만 라인인) 이 제품은 나 혼자 개발했다. 정규 방법론을 사용하지도 않았고, 소프트웨어 개발 경험도 거의 없었으며, 관리자, 코치, 멘토도 없었다. 그러나 내게는 시간, 컴퓨터, 비전과 훌륭한 제품을 만들겠다는 진지한 동기가 있었다(그림 2.1 참조).

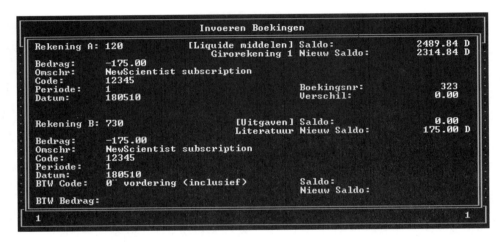

그림 2.1 20년 된 내 회계 프로그램 JEBS 2.0(네덜란드어 버전)

놀랍게도 수십여 명의 고객에게 이 소프트웨어를 판매했고, 그중 일부는 회계 프로그램이 (1990년대 프로그램인데도) 단순하고, 사용하기 쉽고, 보기 좋을 수도 있다는 사실에 놀라워 했다. 그리고 20년이 지난 지금도 나는 회계 업무에 이 오래된 프로그램을 사용한다. 그리고 20년 동안 사용하면서 발견한 버그는 사소한 세 가지뿐이었다.

어떻게 이런 일이 가능할까? 경험이 부족한 프로그래머가 20년 동안 거의 완벽하게 작동하는, 이렇게 높은 품질의 제품을 어떻게 개발할 수 있었을까?

전혀 모르겠다. 하지만 애자일리스트들이 인정할 만한 몇 가지 이유는 들 수 있을 것 같다.

- **제품을 열정적으로 개발했다.** 나는 회계 프로그램을 사용해본 경험이 조금 있었는데 모두 키보드를 두드릴 때마다 사용자의 생명과 영혼을 빨아들이는 지옥에서 온 디지털 악마가 분명했다. 내게는 그것과는 다른 프로그램을 만들겠다는 비전

이 있었다. 다른 회계 소프트웨어와는 달리 내 것은 사용자에게 즐거움을 주기 바랐다.

- **나 자신이 중요한 고객이었다.** 나는 다른 누군가가 아닌 나 자신을 위해 이 프로그램을 개발했다. 내 음흉한 생각처럼 거금을 벌어다주지는 못했지만, 나 이외의 고객이 생겼을 때 당연히 기뻤다. 나는 최선을 다해 제품이 원하던 대로 작동할 수 있도록 노력했다.

- **계획 없이 기능 목록만 있었다.** 신규 거래 입력처럼 매일 필요한 기능부터 시작했다. 그런 다음 잔액 확인, 수정처럼 덜 중요한 기능으로 넘어갔다. 싫증이 나서 제품이 완료됐다고 선언할 때가 돼서야 (도움말 페이지나 내보내기와 같이) 있으면 좋은 기능을 추가하고 마무리했다.

- **제품을 개발하면서 프로세스를 발전시켰다.** 각 과정마다 간단한 체크리스트를 활용했는데, 그 체크리스트는 시간이 지나면서 꾸준히 늘어났다. 단위 테스트에 대해 들어본 적은 없었지만, 확인을 거듭하면서 일상적으로 이뤄진 나의 수련은 비행기 조종사에 필적할 정도였다.

그렇다. 내게는 동기가 있었고, 중요한 고객이 있었으며, 선행 계획을 세우지 않았고, 수련이 이뤄졌으며, 자기조직화된 프로세스가 있었다. 이전에 비슷한 일을 해본 적이 없었다는 점은 중요하지 않았다. 중요한 것은 내게 배우고자 하는 열망이 있었다는 점이다.

회계 프로그램을 개발한 후 10년이 지나, 당시 사용했던 프로세스(중 일부)를 갑자기 "애자일 소프트웨어 개발"이라 부른다는 것을 알게 됐다. 그 사실을 알게 된 지 또 10년이 지났고, 나는 지금 애자일에서 놓치고 있는 부분 중 하나에 대한 책을 쓰고 있다. 이 책이 다루는 범위는 내가 예전에 개발했던 회계 프로그램의 범위와 대략 비슷하다. 그리고 예전처럼 음흉한 내 마음 한 구석에서는 돈을 세기 시작할 준비를 하고 있다.

애자일서(書)

태초에 엔지니어가 컴퓨터와 소프트웨어를 창조했다. 소프트웨어는 형태가 없고 좋지 않아 어둠이 사용자의 얼굴에 덮였다. 엔지니어가 "구조가 있으라"고 하자 구조가 생겨났다.

사실 꽤 많은 것이 구조다.

지난 50~60년간 많은 소프트웨어 엔지니어들은 즉흥적인 방식ad-hoc approach으로 개발한 소프트웨어의 품질이 들쭉날쭉한 상황에 우려를 표해왔다. 그래서 그들이 찾은 해답이 공식적인 방식formal approach이었다. 그래서 **소프트웨어 공학**software engineering[1] 전문가가 탄생했다. 소프트웨어 공학은 소프트웨어 개발을 공학 활동으로 가정하며, 프로그래머가 더 좋은 소프트웨어를 만드는 데 도움을 줄 수 있는 수많은 모델, 방법론, 프레임워크, 언어, 패턴, 기법이 도입됐다. 그러나 불가사의하게도 대부분의 프로젝트에 도움이 되지 못했다. 공식적인 방식에는 관료주의가 따라오는 경우가 더 많았다. 대개의 소프트웨어 제품은 개발하는 데 오랜 시간이 걸렸고, 수많은 문서를 주고받아야 했으며, 시스템이 출시되기 훨씬 전부터 "공식적인" 요구 사항이 계속 바뀌었다. 그러는 사이 열정 있고 경험 많은 일부 소규모 팀과 숙련된 프로그래머들이 즉흥적인 프로세스와 유연한 요구 사항을 통해 더 적은 비용과 더 짧은 일정으로 높은 품질의 제품을 내놓았다. 공룡이 태어났지만 개미가 그 먹이를 들고 도망치고 있었다.

1990년대 초반, **고속 애플리케이션 개발**RAD, Rapid Application Development[2]이라는 새로운 방식이 등장했다. (변경위원회, 인스펙션, 지표와 같은) "중량" 소프트웨어 공학에서 온 몇몇 공식적인 기법과 (프로토타이핑, 점진적 출시, 집중 고객 협업과 같은) 즉흥적 방식이긴 하지만 어느 정도 성공적인 다수의 프로젝트 팀에서 사용하던 실용적인 실천법을 조합한 것이다(McConnell, 1996). 공식적인 개발 방식과 즉흥적인 개발 방식의 이종 교배로부터 탄생한 방법론에서 절정에 이르렀는데, 최초에는 그 이름이 "경량lightweight" 소프트웨어 개발이었다. 이에는

---

1 http://en.wikipedia.org/wiki/Software_engineering
2 http://en.wikipedia.org/wiki/Rapid_application_development

에보[Evo3](1988), **스크럼**[Scrum4](1995), **DSDM**[5](1995), **크리스털**[Crystal6](1997), **익스트림 프로그래밍**[XP, Extreme Programming7](1999), **기능 주도 개발**[FDD, Feature Driven Development8](1999), **실용주의 프로그래밍**[Pragmatic Programming9](1999), **적응형 소프트웨어 개발**[Adaptive Software Development10](2000) 등이 있다.

경량 소프트웨어 개발 방법론, 기사, 책, 세미나는 마치 캄브리아기의 대폭발[11]과 같았고, 그 덕분에 몇몇 전문가가 당시 그 운동을 주도하던 사람끼리 한번 모이자는 제안을 했다. 2001년 그들은 유타 주에 있는 한 스키 리조트에 모였다. 그리고 "경량" 대신 "애자일"이라는 단어를 선택했고, 애자일 선언[12]이 탄생했다(그림 2.2 참조).

많은 사람은 애자일 선언을 주로 공식적인 방식이라는 관료주의에 대한 대응으로 바라봤다. 공식적인 방식은 분명히 "질서"를 지나치게 중요시했다. 그러나 애자일 선언이 미숙한 프로그래머, "혼돈"스러운 프로세스, 품질이 낮은 제품에 반대하는 입장을 취했다는 사실을 깨달은 사람은 거의 없었다. 즉흥적인 방식 쪽의 소프트웨어 개발 세계에서는 분명히 이런 특징이 두드러졌다. 이 새로운 운동의 리더들은 구조와 비구조, 질서와 혼돈 사이에 중도가 있다는 것을 깨달았다. 애자일 선언은 열정적인 초기 개척 시대로 돌아가면서도 무질서에서 자주 생기는 흉물스러움을 없애고자 하는 영웅적인 시도라고 할 수 있다.

---

3 1997년 8월 21일자 EVO 문서(http://www.ida.liu.se/~TDDB02/pkval01vt/EvoBook.pdf)

4 http://en.wikipedia.org/wiki/Scrum_(development)

5 http://en.wikipedia.org/wiki/DSDM

6 http://en.wikipedia.org/wiki/Crystal_Clear_(software_development)

7 http://en.wikipedia.org/wiki/Extreme_Programming

8 http://en.wikipedia.org/wiki/Feature_Driven_Development

9 http://en.wikipedia.org/wiki/The_Pragmatic_Programmer

10 http://en.wikipedia.org/wiki/Adaptive_Software_Development

11 5억 4200만년 전에 다양한 종류의 동물 화석이 갑작스럽게 출현한 지질학적 사건을 일컫는다. – 옮긴이

12 애자일 소프트웨어 개발 선언(http://agilemanifesto.org/)

애자일 소프트웨어 개발 선언

우리는 소프트웨어를 개발하고, 또 다른 사람의 개발을 도와주면서 소프트웨어 개발의 더 나은 방법을 찾아가고 있다. 이 작업을 통해 우리는 다음을 가치 있게 여기게 됐다.

공정과 도구보다 **개인과 상호 작용**을
포괄적인 문서보다 **작동하는 소프트웨어**를
계약 협상보다 **고객과의 협력**을
계획을 따르기보다 **변화에 대응하기**를

가치 있게 여긴다. 이 말은 왼쪽에 있는 것들도 가치가 있지만, 우리는 오른쪽에 있는 것들에 더 높은 가치를 둔다는 것이다.

켄트 벡   제임스 그레닝   로버트 C. 마틴
마이크 비들   짐 하이스미스   스티브 멜러
아리 판 베네컴   앤드류 헌트   켄 슈와버
앨리스터 코번   존 제프리스   제프 서덜랜드
워드 커닝햄   존 컨   데이브 토마스
마틴 파울러   브라이언 매릭

©2001, 상기 저자들.   이 선언문은 어떤 형태로든 자유롭게 복사할 수 있지만, 본 고지를 포함한 전문으로서만 가능하다.

그림 2.2 애자일 소프트웨어 개발 선언

그 후 많은 애자일 분야의 거장들이 전 세계에 애자일 소프트웨어 개발을 퍼뜨리기 위해 애자일 얼라이언스Agile Alliance[13]라는 비영리 단체를 만들었다. 새로운 콘퍼런스, 컨설턴트, 책, 잡지의 생태계가 탄생했다. 그리고 소프트웨어 개발은 단순한 소프트웨어 개발 실천법의 모음이 아니라 더 깊이 있는 뭔가를 의미하는 대문자 A의 **애자일**Agile이 됐다. 애자일

---

13 애자일 얼라이언스 웹 사이트(http://www.agilealliance.org/)

은 소프트웨어 프로젝트도 생명체와 비슷하게 질서와 혼돈 사이에 존재한다는 발견과 인식에 의해 "삶의 방식"이 됐다.

애자일의 기본

요즈음 **애자일리스트**^{Agilist}(애자일의 가치와 원칙을 지키고자 하는 사람들)의 숫자가 수백만 명으로 늘어났다. 설문 조사에 따르면, 전 세계 소프트웨어 개발자 대부분이 "핵심 애자일 실천법" 중 적어도 몇 가지를 실천하고 있다는 것이 드러났다(VersionOne, 2009).

애자일의 기본에 대한 설명은 여러 차례 이뤄졌고, 수많은 저자가 나보다 더 잘 설명하고 있다. 그렇지만 이 책에도 간략한 개요를 포함시키려 한다. 나 자신도 애자일리스트로서 내 방식대로 일하는 것을 좋아하기 때문에 내가 만든 "소프트웨어 프로젝트의 일곱 가지 측면"을 사용해 애자일의 기초를 설명할 것이다. 소프트웨어 프로젝트의 일곱 가지 측면은 11장, '역량을 개발하는 방법'에서 다룬다.

사람

무엇보다 먼저, 애자일은 사람이 교체 가능한 자원이 아니라 고유한 개인이며 사람의 가장 큰 가치는 그들의 머릿속이 아니라 서로의 상호 작용과 협업에 있다는 것을 인정한다. 애자일에는 가급적 같은 곳에서 일하는(같은 공간에 앉아 있는) 다양한 역할자들(개발자, 디자이너, 테스터 등)이 교차 기능 단위를 구성하는 작은 팀이 필요하다. 또한 이런 팀에는 자기 조직화가 필요한데, 이것은 강제적인 방법이나 프로세스가 없다는 뜻이다. 자신들이 최선이라고 생각하는 방식으로 업무를 수행할 수 있도록 신뢰를 받으며, 팀은 그렇게 할 수 있는 방법을 알고 있고 그 결과에 책임을 진다고 가정한다.

기능

애자일은 고객이 제품 개발 팀에 직접 참여할 때 최고의 제품이 나온다고 여긴다. 팀은 끊임없이 변화하는 기능 백로그를 유지하고 지속적으로 우선순위를 재부여하기 위해 고객

(또는 고객의 대변자)과 협업한다. 이 기능 목록은 간결한 형식으로 "가볍게" 작성하는데, 더 폭넓은 탐색과 문서화는 팀이 해당 기능을 구현하겠다고 선택한 다음에만 시작한다. 단순성은 각 기능을 훌륭하게 설계하기 위한 핵심이며, 그 기능이 쓸모 있는지 아닌지는 구현 후에 바로 고객이 확인한다.

품질

제품의 성공을 위해서는 품질에 집중하는 것이 중요하기 때문에 기술적 탁월함은 애자일의 핵심이다. 기술적 탁월함은 (제품 코드를 작성하기 전에 테스트 코드를 작성하는) 테스트 주도 개발[14], (짝 프로그래밍으로 하는 경우가 많은) 코드 리뷰, (체크리스트로 확인하는) 완료의 정의, (변경 사항 또는 새로운 통찰을 코드에 적용하는) 반복 개발, (기능 변경이 없을 때도 코드를 개선하는) 리팩토링을 통해 얻는다. 애자일리스트는 최고의 아키텍처는 미리 (또는 기본 형태로만) 정의할 수 없으며, 제품을 개발하는 과정에서 드러날 수 있다는 창발적 설계의 필요성을 인정한다.

도구

애자일리스트는 제품 성공에 기여하는 바가 가장 적은 것이 도구라고 생각하지만 애자일 관련 자료를 보면 수많은 도구를 설명하고 홍보한다. 경험이 풍부한 애자일 팀은 일일 빌드, 지속적 통합, 자동화 테스트 도구를 선호한다. 애자일 소프트웨어 개발에는 동기 부여된 팀이 있어야 한다. 그러나 반복 작업은 지루하며 의욕을 떨어뜨리기 때문에 자동화해야 한다. 많은 애자일리스트에게는 개방형 사무 공간 구조처럼 도움이 되는 환경, 커다란 작업 현황판과 번 차트burn-chart처럼 정보를 "발산"하는 도구 또한 필요하다. 애자일 세계에서 도구는 팀에게 동기 부여, 의사소통, 협업을 강화하기 위한 수단이다.

---

14 http://en.wikipedia.org/wiki/Test-driven_development

시간

애자일은 시간과 특별한 관계에 있다. 애자일 프로젝트에서는 예산 못지 않게 출시일과 기한도 거의 마음대로 선택할 수 있다. 소프트웨어는 대개 타임박스 또는 "스프린트sprint"라는 짧은 기한 내에 개발하고, 각 배포의 결과물은 잠재적으로 출시 가능한 제품이기 때문에 여러 차례에 걸쳐 점진적으로 배포한다. 그 덕분에 경영진은 제공하고자 하는 기능과 시기에 따라 배포 일정을 앞뒤로 옮기면서 타이밍을 제어할 수 있다. 그러면서 팀은 개발 속도를 일정하게 유지할 수 있도록 지속 가능한 속도를 얻기 위해 노력한다.

가치

애자일 선언이 탄생한 주된 이유 중 하나는 변화에 대응해야 할 필요성을 언급하기 위해서다. 환경은 필연적으로 변화한다. 이미 성공적으로 사용자에게 제공된 기능을 포함해, 어제는 가치가 있었던 기능이 내일은 가치가 없을 수도 있다. 애자일리스트는 짧은 피드백과 주기적인 출시를 살려 이 문제에 대처하고자 노력한다. 잦은 제품 배포는 환경으로부터 얻은 피드백에서 알게 된 것을 개발 프로세스에 반영하기 위한 것뿐 아니라 요구를 감지하는 즉시 새로운 기능 또는 업데이트된 기능으로 사용자에게 제공함으로써 비즈니스 가치를 최적화하기 위한 것이다.

프로세스

애자일이 프로세스보다 사람이라는 패러다임을 제시한다 하더라도 이것이 프로세스가 중요하지 않다는 뜻은 아니다. 전혀 그렇지 않다. 애자일 환경에서 일부 필수 프로세스에는 **최소한의 계획**(또는 "우선순위가 높은 것은 보다 구체적으로, 낮은 것은 보다 대략적으로 계획하는 롤링웨이브rolling-wave 방식의 계획 수립"), (대부분 스탠드업 회의 형태로 이뤄지는) 일일 면대면 의사소통, 작동하는 소프트웨어 평가(고객이 승인하는 기능)를 통한 진척도 측정이 있다. 또한 애자일리스트는 프로세스 그 자체를 반복적으로 평가하고 정기적인 성찰과 회고를 통해 조정하는 지속적 개선의 필요성을 인정한다.

충돌

이것들이 내가 애자일의 기본이라고 생각하는 것이다. 당연히 내 의견에 불과하다. 여기에 제시한 대략적인 설명에 동의하지 않는 애자일리스트도 있을 수도 있다. 하지만 그것역시 애자일하게 되는 것의 일부다. "충돌"을 애자일 소프트웨어 개발의 여덟 번째 측면이라고 부를 수도 있을 것 같다. 나중에 알게 되겠지만, 내부의 충돌은 복잡계의 자연스러운양상이며, 창조와 혁신의 전제 조건이다. 서로를 개선시키기 위해 노력하는 사람들 사이에 있는 것보다 더 큰 특권은 없다.

애자일의 경쟁자

경쟁 없는 경기나 충돌 없는 시스템은 거의 없다. 반대 의견이 조금도 없다면 세상은 재미없을 것이다. 다행히도 애자일 세계 안에는 스크럼 대 익스트림 프로그래밍, 스크럼 대 칸반, 심지어 스크럼[15] 대 스크럼[16]과 같이 수많은 건강한 경쟁 관계가 있다. 그러나 이 경기에 다양한 애자일 방법론들만 선수로 뛰고 있는 것은 아니다. 몇몇 강력하고 유망한 참가자가 때로는 비슷하고, 보완적이며, 완전히 모순되는 아이디어를 제시한다.

강력한 선수 중 하나가 **린 소프트웨어 개발**Lean software development이다. 린 소프트웨어 개발은린 제조의 개념을 소프트웨어 개발 영역으로 옮긴 것이다. 린에는 도요타 방식[17](도요타의경영 철학)의 14가지 원칙과 W. 에드워즈 데밍[18]의 14가지 경영 지침을 기반으로 하는 일곱 가지 원칙이 있다(Poppendieck, 2009:193). 린과 애자일의 세계는 상당 부분 겹쳐 있어서 같은 전문가가 같은 지지자를 공유하고 있고, 같은 블로그, 잡지, 텔레비전 프로그램에서 다룬다. 그래서 같은 편에 서는 경우가 많다. 린 소프트웨어 개발은 낭비를 제거하고 전체를 최적화하는 데 초점을 맞춘 관리 관점으로 애자일 세계에 상당한 기여를 해왔다. 비록 린이 애자일보다는 몇 년 늦게 소프트웨어 개발 리그에 뛰어들었지만, 린 운동은 자체

---

15 스크럼 얼라이언스 웹 사이트(http://www.scrumalliance.org/)

16 Scrum.org는 스크럼의 창시자인 켄 슈와버가 만들었다(http://www.scrum.org/).

17 http://en.wikipedia.org/wiki/The_Toyota_Way

18 http://en.wikipedia.org/wiki/W._Edwards_Deming

적인 콘퍼런스, 컨설턴트, 코치, 컨소시엄을 발전시키며 뒤를 따라잡고 있다.[19]

더 작지만 능력 있는 선수는 **소프트웨어 장인 정신**Software Craftsmanship 운동이다(그림 2.3 참조). 소프트웨어 장인 정신 선언[20]은 본래의 애자일 선언에 대한 도전이자 확장이다. 소프트웨어 장인 정신을 지지하는 사람들은 소프트웨어 개발자가 엔지니어가 아니라 장인이라는 입장을 취한다(중세 유럽의 도제식 모델이 적절한 비유라고 생각하는 사람들도 있다). 장인 정신 운동은 민첩하고 두려움 없는 애자일과 린의 새로운 동료이며, (좀 더 규모는 작지만) 자체적인 행사, 책, 토론회가 있다. 셋 모두 소프트웨어 개발의 경량 팀에 속해 있으며, 가끔 락커룸에서 주먹다짐을 하는 경우도 있지만 훌륭한 팀을 이루고 있는 것처럼 보인다.

그러나 중량 방법론과 프레임워크도 놀고만 있지는 않다. 가장 유명한 중량급이자 가장 논란이 되고 있는 선수는 아마도 **능력 성숙도 통합 모델**CMMI, Capability Maturity Model Integration[21]일 것이다. CMMI는 카네기멜론대학교Carnegie Mellon University에 연구 개발 센터 본부가 있는 소프트웨어 공학 연구소SEI, Software Engineering Institute에서 1987년부터 개발하고 관리해왔다. 처음에는 소프트웨어 공학 프로세스 개선을 위해 시작됐지만, 지금은 소프트웨어 개발 이외의 다른 전문 분야도 다루는 좀 더 추상적인 프레임워크로 성장했다. CMMI는 다섯 가지 성숙도 수준과 22가지 프로세스 영역을 설명하는 지침을 제공한다. CMMI는 프로세스 개선 노력을 통해 어떤 프로세스 영역을 해결할 수 있는지에 대해서만 알려준다. 그 실행 방법은 규정돼 있지는 않다. 이런 이유로 CMMI의 전체 분량은 수백 쪽에 달하지만 일부 애자일리스트는 애자일 방법론이 프로세스 실행 "방법"을 설명해 CMMI를 보완하기 때문에 애자일 소프트웨어 개발과 함께 사용할 수 있다고 생각한다. 그렇지만 서로의 의견에 반대하지 않으면 그건 애자일리스트가 아닐 것이다. 따라서 선한 의도에도 CMMI의 중력이 조직을 관료주의의 방향으로 끌어당겨 허우적대는, 멀쩡하지만 실제 경기에서는 득점을 못하는 무능한 팀을 만든다고 생각하는 사람들도 있다.

---

19 린 소프트웨어 개발(http://en.wikipedia.org/wiki/Lean_software_development)

20 소프트웨어 장인 정신 선언(http://manifesto.softwarecraftsmanship.org/)

21 http://en.wikipedia.org/wiki/Capability_Maturity_Model_Integration

소프트웨어 장인 정신 선언
수준을 높여라

소프트웨어 장인을 열망하는 우리는, 스스로의 기술을 연마하고 다른 사람이 기술을 배울 수 있도록 도움으로써 프로페셔널 소프트웨어 개발의 수준을 높인다. 이런 일을 하는 과정에서 우리는 다음과 같은 가치들을 추구한다.

작동하는 소프트웨어뿐 아니라
정교하고 솜씨 있게 만들어진 소프트웨어를
변화에 대응하는 것뿐 아니라
계속 가치를 더하는 것을
개인과 상호 작용뿐 아니라
프로페셔널 커뮤니티를
고객과의 협력뿐 아니라
생산적인 동반자 관계를

가치 있게 여긴다. 이 말은, 왼쪽의 항목들을 추구하는 과정에서 오른쪽이 꼭 필요하다는 것을 의미한다.

ⓒ2009, 서명인.   이 문서는 어떤 형태로든 자유롭게 복사할 수 있지만, 본 고지를 포함한 전문으로서만 가능하다.

그림 2.3 소프트웨어 장인 정신 선언

프로젝트 관리 연구소PMI, Project Management Institute에서 배포하고 관리하는 **프로젝트 관리 지식 체계 지침서**PMBOK, Guide to Project Management Body of Knowledge22에서도 이와 비슷한 논쟁을 느낄 수 있다. 흥미롭게도 이 지침서는 일반적인 프로젝트 관리에서의 최적의 방법을 설명하면서 시작한다. 그러나 1987년 처음 발표된 이후 PMBOK는 여러 차례 개정됐고, 애자일 프로

---

22 http://en.wikipedia.org/wiki/A_Guide_to_the_Project_Management_Body_of_Knowledge

젝트 관리자들이 이룬 성공에 대응해 좀 더 "애자일"해졌다. PMBOK는 CMMI와 달리, 프로젝트 관리자가 업무를 수행하는 방법을 여러 프로세스를 통해 구체적으로 제시한다. 제시된 실천법이 항상 애자일의 원칙에 부합하는 것은 아니지만, 많은 프로젝트 관리자가 이런 불일치를 해결하기 위해 노력 중이다. PMBOK의 대부분은 애자일과 달리 확실히 다양한 영역을 다룬다고 말할 수 있다. 영국 조달청에서 배포하고 관리하며 주로 유럽에서 사용하는 비슷한 프로젝트 관리 방법인 **PRINCE2**[23]도 완전히 똑같은 상황이라고 할 수 있다.

그리고 마지막은 **통합 프로세스**Unified Process[24]다. **래셔널 통합 프로세스**RUP, Rational Unified Process[25]라는 새 이름으로 더 잘 알려져 있으며, 1997년에 래셔널 소프트웨어(현 IBM)가 개발한 것이다. 프로젝트 관리자에게 PMBOK가 있다면 소프트웨어 개발자에게는 RUP가 있다. RUP는 구체적인 프로젝트 상황에 따라 맞춤으로 사용할 수 있는 (또는 맞춤을 해야 하는) 프로세스 프레임워크를 정의하지만, 이 문서는 전체 프레임워크가 관료주의적으로 보일 수도 있는 방법으로 배포된다. 애자일리스트는 프로세스가 최소한의 실천법으로 시작해 프로젝트를 수행하는 도중에 발전시켜야 한다고 생각한다. RUP는 정반대의 방법을 사용하는데, 많은 실천법을 정의한 후 불필요한 것을 제거할 수 있다고 말한다(나는 이 방식을 보잉 747을 구매한 후에 분해해서 쇼핑용 자전거로 바꾸는 것과 비교하곤 한다. 많은 프로젝트에서는 그냥 자전거를 사용하는 편이 더 현명해 보인다). 당연하게도 전 세계에서 애자일이 거둔 많은 성과에 대응하기 위해 **애자일 통합 프로세스**AUP, Agile Unified Process[26], **오픈 통합 프로세스**OpenUP, Open Unified Process[27], **에센셜 통합 프로세스**EssUP, Essential Unified Process[28]를 포함해 좀 더 애자일한 RUP의 여러 대안이 제시됐다. 그러나 이 선수들 중 누구도 애자일 방법론의 글로벌 리그에서 좋은 성적을 거두지 못했다.

23   http://en.wikipedia.org/wiki/PRINCE2

24   http://en.wikipedia.org/wiki/Unified_Process

25   http://en.wikipedia.org/wiki/IBM_Rational_Unified_Process

26   http://en.wikipedia.org/wiki/Agile_Unified_Process

27   http://en.wikipedia.org/wiki/Open_Unified_Process

28   http://en.wikipedia.org/wiki/Essential_Unified_Process

애자일의 장애물

다시 한 번 말하지만, 경험 증거에 따르면 애자일 소프트웨어 개발은 제대로만 하면 놀라운 투자 수익률을 보여준다(Rico, 2009). 하지만 애자일 방법론이 그렇게 긍정적인 효과를 가진다면 왜 모두가 애자일을 사용하고 있지 않은 것일까? 왜 전 세계의 수많은 소프트웨어 프로젝트가 여전히 실패하고 있는 것일까?[29]

버전원의 'State of Agile Development Survey 2009' 보고서에 따르면, "변화에 반대하는 경영진", "관리 통제의 상실", "엔지니어링 규율 부족", "변화에 반대하는 팀", "엔지니어의 자질"이 애자일을 채택하는 데 따르는 주요 우려 사항이다. 또한 많은 조직이 계획, 예측성, 문서화에 대한 "필요성"을 느낀다(VersionOne, 2009).

이런 우려 사항을 다시 한 번 살펴보자. 우리는 지금 다양한 관리 통제, 조직 변화 관리, 엔지니어의 재능 등을 이야기하는 중이다.

내 생각이 틀렸다면 미안하지만 이것들은 모두 관리자가 해야 할 일 아니던가? 이건 전 세계 관리자들이 애자일 소프트웨어 개발의 가장 큰 장애물이라는 뜻이 아닌가?

관리자로서 이런 결론은 유쾌하지 않다.

저자로서도 마찬가지다.

나는 애자일 소프트웨어 개발이 (라인) 관리의 중요성을 과소 평가하고 있다고 생각한다. 관리자가 애자일 조직에서 무엇을 해야 하고 무엇을 기대해야 하는지 모른다면, 애자일 소프트웨어 개발로의 변화에 어떻게 참여하겠는가? 여기서 애자일이 던지는 메시지는 무엇일까? 그 메시지가 단지 "우리에게는 관리자가 필요하지 않아"라고 한다면, 전 세계 애자일 변화가 가로막히는 것은 당연한 일이다.

---

29 'CHAOS Summary 2009' 보고서에 대한 언론 보도(http://www1.standishgroup.com/newsroom/chaos_2009.php)

따라서 조직이 애자일 변화의 장점을 누리기 위해서는 중요한 질문에 대한 답을 알아야만
한다. "애자일 세계에서 관리자의 미래는 무엇인가?"

라인 관리 대 프로젝트 관리

우리나라에서 내 이름은 흔치 않다. 아무튼 나는 지금까지 이름이 위르헌, 위르옌, 요르헌
인 사람과 일하기도 했다. 그 덕분에 많은 혼란이 있었다. 이름이 비슷하면 사람들은 다른
모든 차이점을 무시하는 경향이 있다. 만약 엘라 피츠제럴드Ella Fitzgerald[30]의 이름이 위르헌
아펄로였다면 분명히 동료들은 내게 노래를 불러달라고 했을 것이다.

"관리자"라고 불리는 사람들에게도 같은 문제가 있다.

2005년에 많은 관리 전문가가 모여 **상호 의존 선언문**DOI, The Declaration of Interdependence[31]을 만
들었다(그림 2.4 참조).

---

30 미국의 재즈 가수이자 영화배우. 3옥타브를 넘나드는 가창력과 함께 '재즈의 여왕'이라는 별명을 갖고 있다. - 옮긴이
31 상호 의존성 선언문(http://pmdoi.org/)

상호 의존 선언문

사람, 프로젝트, 가치를 연결하기 위한 애자일 및 적응형 접근법

우리는 성과를 달성함에 있어 크게 성공한 프로젝트 리더들의 커뮤니티다. 이런 성과를 달성하려면 다음과 같은 것들이 필요하다.

우리는 지속적인 가치 흐름 창출에 집중해
투자 수익률을 증가시킨다.

우리는 공동의 오너십으로 고객과 빈번한 상호 작용을 해
신뢰할 만한 결과를 전달한다.

우리는 반복과 예측, 적응을 통해
불확실성을 예상하고 관리한다.

우리는 개인이 가치의 원천임을 인식하고 차별화된 결과를
만들어낼 수 있는 환경을 조성해 **창조와 혁신을 이끌어낸다.**

우리는 결과에 공동으로 책임을 지고 팀 효과성에 대한
책임을 공유해 **성과를 높인다.**

우리는 상황에 특화된 전략과 프로세스, 실천법을 이용해
효과성과 신뢰감을 향상시킨다.

데이비드 앤더슨	더 드카를로	토드 리틀
산지브 어거스틴	도나 피츠제럴드	켄트 맥도널드
크리스토퍼 애버리	짐 하이스미스	폴리아나 픽스턴
앨리스터 코번	올레 옙센	프레스턴 스미스
마이크 콘	로웰 린드스톰	로버트 와이소키

©2005

그림 2.4 상호 의존 선언문

최초 이 선언문은 주로 프로젝트 관리자를 위해 만든 것이었다. 나중에 이 원칙을 더 폭넓게 해석해 "일반적인 관리"에도 적용할 수 있다는 것을 깨달았다. 그러나 이 선언문은 주로 팀 관리가 아니라 소프트웨어 프로젝트 관리 중심이었다. DOI를 작성한 사람들

이 애자일 프로젝트 리더십 네트워크Agile Project Leadership Network[32]를 만든 사람들이었기 때문에 더더욱 그렇다.

불행하게도 프로젝트 관리와 기능(또는 라인) 관리가 뒤섞이는 경우가 많다. 『Agile Management』, 『Managing Agile Projects』, 『Agile Project Management』를 포함한 주요 전문가가 쓴 훌륭한 책들을 보면 프로젝트 관리와 라인 관리 문제를 모두 다루고 있다는 것을 알 수 있다. 그리고 많은 토론, 블로그, 잡지에서도 이와 비슷한 상황을 찾을 수 있다. 프로젝트 관리와 라인 관리는 다르기 때문에 두 가지를 서로 구별하는 것이 좋다. 이는 소프트웨어 개발자와 시스템 관리자를 혼동하는 것과 비슷하다. 그들이 같은 아이디어, 같은 농담, 같은 헤어스타일, 같은 옷을 (비유적으로 말하면) 공유할지도 모르지만, 같은 사람으로 다뤄서는 안 된다(농담이 아니다. 아무 소프트웨어 개발자에게 컴퓨터를 고쳐달라고 부탁해보라. 그러지 않는 편이 좋다!).

라인 관리와 프로젝트 관리를 명확하게 구별하지 않기 때문에 애자일 조직에서 라인 관리자와 프로젝트 관리자의 역할이 무엇인지 이해하기가 쉽지 않다. 다행히도 나 혼자만 이 사실을 깨달은 것은 아니었다. 『실천가를 위한 실용주의 프로젝트 관리 7 WEEKS』, 『Leading Lean Software Development』(Addison-Wesley, 2009)를 포함해 내 책보다 소프트웨어 개발에서 라인 관리자가 해야 할 일을 보다 잘 설명하는 여러 책이 나와 있다.

이 책에서는 (개발 관리자 및 팀 리더를 포함해) 라인 관리와 프로젝트 관리를 구분한다. 나의 주요 목표는 라인 관리자가 조직에서 자신의 역할을 이해하도록 돕는 것이다. 하지만 프로젝트 관리자, 시스템 관리자, 서비스 관리자, 사무 관리자, 커피 관리자 또한 흥미로운 내용을 찾아볼 수 있을 것이다.

그리고 내가 가벼운 이야기를 풀어갈 것이라고 기대했던 여러분에게는... 미안하다.

---

32 http://www.apln.org/

정리

애자일 소프트웨어 개발은 1990년대에 탄생한 소프트웨어 개발 방식이다. 소프트웨어 제품을 일관성 있게 성공적으로 제공할 수 없었던 관료주의적 개발과 즉흥적 개발 양쪽 모두에 대한 대응이었다.

애자일 선언에서 그 가치와 원칙을 설명하고 있는 애자일 소프트웨어 개발은 최소한의 사전 계획으로 사람과 팀, 고품질 배포의 잦은 전달, 집중 고객 협업, 변화에 대응하기에 초점을 맞추고 있다.

스크럼과 익스트림 프로그래밍 같은 다양한 애자일 방법론이 애자일의 가치와 원칙을 구현하고 있다. 하지만 애자일 조직에서 라인 관리의 역할을 다루는 애자일 방법론은 하나도 없다(프로젝트 관리와 혼동하지 말자). 이로 인해 애자일 실천법을 적용하는 데 라인 관리의 문제가 가장 큰 장애물로 나타나는 경우가 많다.

성찰과 실천

2장에서 나온 아이디어를 조직에 적용할 수 있는지 살펴보자.

- 소프트웨어 프로젝트의 일곱 가지 측면(사람, 기능, 품질, 도구, 시간, 가치, 프로세스)을 검토해보자. 여러분의 프로젝트는 이 모든 것을 고려하는가? 여러분의 팀은 모든 측면에서 애자일한가? 그렇지 않다면 어떻게 할 생각인가?
- 조직의 관리자를 생각해보자. 어떤 관리자가 애자일 소프트웨어 개발을 채택하는데 장애물이 되는가? 이에 대해 할 수 있는 일이 있는가? 애자일 관리 방식을 성공으로 이끌기 위해서는 그들로부터 무엇이 필요한지 확인해보자.
- 누가 라인 관리자고, 누가 아닌지 모든 사람이 분명히 알고 있는가? 라인 관리자와 프로젝트 관리자에 대한 불확실이나 의견 다툼이 있는가? 그렇다면 어떻게 할 생각인가?
- 애자일 팀과 조직에 대한 블로그나 그룹에 가입해 애자일 관리 기술을 개발해보자. 최신 목록은 매니지먼트 3.0 웹 사이트(http://www.management30.com)에서 찾을 수 있다.

03

복잡계 이론

우리를 다른 생명체와 구분 짓는 것은 호기심이다. 다른 종은 존재의 의미나 우주 또는 자신의 복잡성을 궁금해하지 않는다.

― 허버트 보이어[Herbert Boyer], 생화학 교수(1936~)

많은 애자일 소프트웨어 개발 전문가가 소프트웨어 개발 팀이 **복잡 적응계**[CAS, complex adaptive system][1]라는 것에 동의한다. 경계 내에서 상호 작용하는 여러 부분으로 이뤄져 있고, 경험을 통해 변화하고 학습하는 능력이 있기 때문이다(Highsmith, 1999:8 · Schwaber, 2002:90 · Larman, 2004: 34 · Anderson, 2004:11 · Augustine, 2005:24). 내가 누구라고 이에 반대하겠는가?

「Emergence: Complexity & Organization」지는 물리학이나 수학과 같은 자연 과학을 포함해 다양한 과학 분야 전문가들과 함께 복잡성을 다루는 경영서를 광범위하게 연구한 적이 있다. 전문가들은 이구동성으로 조직 및 관리 분야에 복잡계 이론을 유용하게 적용할 수 있다고 말했다.

> 조직 과학 및 관리를 알아내고 밝혀내는 데 있어 복잡계 연구가 상당한 잠재력이 있다는 사실에 (전문가 사이에) 폭넓은 합의가 이뤄졌다.[2]

---

1 http://en.wikipedia.org/wiki/Complex_adaptive_system

2 Maguire, Steve, and Bill McKelvey. "Complexity and Management: Moving from Fad to Firm Foundations". Emergence. Vol. 1, Issue 2, 1999. 허락하에 옮김(Maguire, McKelvey 1999:23).

나중에 알게 되겠지만, 전문가 사이의 진정한 논쟁은 어떤 과학 용어를 어디에 적용할 수 있는지에 대한 것이다.

2장과 마찬가지로 3장에서도 개요를 다룬다. 단, 3장의 주제는 복잡성 이론이다. 시스템이라는 아이디어가 100년이 넘는 기간 동안 여러 이론으로 이뤄진 지식 체계로 발전해왔기 때문에 어쩌면 복잡성 이론들이라고 복수형으로 표현하는 것이 좋을지도 모르겠다.

배경과 역사를 어느 정도 알아두는 것이 좋다. 다음 번 파티에서 집주인의 맛있는 레몬 파이 레시피가 복잡하지는 않지만 난해하다고 이야기하면서, 일반 시스템 이론과 동적 시스템 이론의 차이를 읊을 수 있다면 똑똑해 보여 뿌듯할 것이다.

다만 한 가지 주의해야 할 점이 있다. 이 개요는 필연적으로 불완전하고, 지나치게 단순화돼 있으며, 때로는 주관적이다. 하지만 그 이유를 나중에 정확히 이해하게 되리라 생각한다.

과학 분야의 교류

13장, '구조를 발전시키는 방법'에서는 조직 사일로와 그것이 조직 성과에 미치는 부정적인 영향에 대해 설명한다. 여기서 조직 사일로란 일의 종류가 다른 사람들은 따로 일한다는 아이디어다. 흥미롭게도 과학도 수십 년 동안 이와 비슷한 상황이었다.

대부분의 대학교와 연구 기관은 과학 사일로 안에서 탄생한다. 물리학자는 물리학자, 생물학자는 생물학자, 수학자는 수학자와 함께 일한다. 이것이 과학을 파편화시키고 과학자와 연구자의 시야를 좁혀왔다. 다양한 과학 분야가 서로 고립돼 있어 대개는 다른 분야에서 무슨 일을 하는지 잘 모른다(Waldrop, 1992:61).

과학 사일로는 문제가 될 수 있다. 서로 다른 분야에서 발견하는 세상의 많은 현상이 서로 비슷하기 때문이다. 예를 들어, 과거 경제학자들은 '국부 평형local equilibrium'이라고 알려진 현상 때문에 당혹스러워했는데, 당시 물리학자들은 이 현상에 대해 이미 잘 알고 있었다(Waldrop, 1992:139). 그리고 물리학의 상전이phase transition는 생물학의 단속 평형설punctuated equilibrium과 의심스러울 정도로 비슷해 보인다. 또한 생물학자들은 수학이 종의 생태계를 분석하는 데 도움이 된다는 사실에 주목해왔다(Gleick, 1987:59). 그리고 수학자의 '발견'이 사실은 여러 해 전 기상학자들이 발견한 것임이 드러나기도 했다(Gleick, 1987:31).

수십 년 동안 다양한 분야의 과학자들은 설명할 수 없는 복잡한 현상 때문에 많은 고민을 했다. 그러나 과학 사이에 연결점이 생겨나고 전 분야의 시스템을 복잡계로 이해하면서, 갑자기 모든 것들이 설명되기 시작했다. 과학의 가장 큰 도약은 과학자가 익숙하지 않은 분야에 종사할 때 생겨난다는 말을 들은 적이 있다. 그들이 익숙한 다른 분야의 지식과 경험을 (그리고 투쟁과 실패를) 가져왔기 때문이다.

복잡계 이론은 애자일 소프트웨어 개발과 마찬가지로 여러 분야의 방식을 활용한 문제 해결을 선호한다. 복잡성 사고는 분화된 과학의 해독제다. 복잡성 사고는 시스템에서 과학의 전 분야를 넘나드는 패턴을 인식하고, 다른 분야에서 가져온 개념을 활용해 문제를 해결한다. 그러나 복잡성 이론이 과학을 이종 교배하려는 첫 번째 시도는 아니었다. 이전에 무슨 일이 있었는지 살펴보기 위해 그 역사를 간략히 알아보자.

일반 시스템 이론

1940년대 후반 생물학자 루드비히 폰 베르탈란피Ludwig von Bertalanffy는 여러 과학자와 연구자를 이끌고 **일반 시스템 이론**general systems theory[3](그냥 시스템 이론이라 부르기도 한다)이라는 연구 분야를 만들었다. 이들의 연구는 우주의 거의 모든 현상을 요소 간의 관계망으로 볼 수 있다는 아이디어를 기반으로 했다. 생물학이든, 화학이든, 사회학이든 이런 시스템 간에는 공통 패턴과 움직임이 있고 이를 연구해 시스템 일반에 대한 더 큰 통찰을 얻을 수 있다. 시스템 이론의 원대한 목표는 여러 과학 분야를 통합하는 것, 즉 모든 과학을 아우르는 시스템 공통의 언어를 만드는 것이었다.

적어도 1970년대까지 연구와 확장을 지속했던 시스템 이론의 성과 중 하나는 요소 간의 관계가 정적이 아니라 동적이라는 것을 깨달음으로써 그 초점을 시스템의 요소에서 요소의 구성으로 옮긴 것이었다. 과학자들은 **자기생산**autopoiesis(시스템 자체는 어떻게 구성되는가?),

---

3 http://en.wikipedia.org/wiki/General_Systems_Theory

정체성^{identity}(시스템을 어떻게 인식할 수 있는가?), **항상성**^{identity}(시스템을 어떻게 안정적으로 유지할 수 있는가?), **투과성**^{permeability}(시스템은 어떻게 환경과 상호 작용하는가?)과 같은 개념을 연구했다(Mitchell, 2009:297).

소프트웨어 개발 팀은 스스로를 구성할 수 있고, 자신의 정체성을 정의할 수 있으며, 환경과 상호 작용할 필요가 있고, 팀원 사이의 상호 작용이 팀원 그 자체만큼이나 (심지어는 훨씬 더) 중요하다는 인식은 모두 일반 시스템 이론에서 기인한 것이다.

안타깝게도 이 통합은 완전히 이뤄지지 못했는데, 통합을 시도해본 경험이 있는 소프트웨어 개발자라면 놀라운 일도 아니다. 그러나 일반 시스템 이론은 중요한 유산을 남겼다. 시스템 이론의 거의 모든 법칙이 복잡계에서 유효하다는 사실이 밝혀졌다(Richardson, 2004a:75). 복잡계는 소프트웨어 공학 분야의 다양한 통합 프레임워크가 이룩한 성과보다 더 큰 성과를 이뤄냈다.

사이버네틱스

생물학자, 물리학자, 경제학자 등과 같은 연구자들이 일반 시스템 이론이라는 개념을 만들었을 무렵, 노버트 위너^{Norbert Wiener}를 비롯한 신경 생리학자, 정신 의학자, 인류학자, 공학자 등 다양한 분야 전문가들로 구성된 집단이 **사이버네틱스**^{cybernetics}[4]라고 부르는 비슷한 연구 분야를 만들었다.

사이버네틱스는 **목표**^{goal}를 갖고 **피드백 메커니즘**^{feedback mechanism}을 통해 환경과 상호 작용하는 조정 시스템에 대한 연구다. 사이버네틱스 자체의 목표는 행동(환경에 영향을 미침), 감지(환경의 반응을 확인), **평가**(시스템의 목표와 현재 상태를 비교) 그리고 다시 행동으로 돌아오는 **반복**^{iteration}을 포함해 그러한 조정 시스템의 프로세스를 이해하는 것이다. 이 순환 프로세스가 사이버네틱스 연구의 기본 개념이다.

소프트웨어 개발 팀이 다양한 피드백 순환을 활용해 스스로를 조정하는 목표 지향 시스템이라는 관점은 사이버네틱스로부터 온 것이다. 소프트웨어 팀과 같은 자율 조정 시스템

---

4 http://en.wikipedia.org/wiki/Cybernetics

에서 가장 중요한 요소는 에너지와 힘이 아니라 정보, 의사소통, 목적이다. 사이버네틱스 덕분에 복잡한 행동의 발전에 피드백이 핵심적인 역할을 한다는 것을 이해할 수 있게 됐다(Mitchell, 2009:296).

일반 시스템 이론과 사이버네틱스를 혼동하는 경우가 많다. 그 이유는 서로에게 영향을 줬기 때문이다. 서로 이름은 다르지만 시스템 과학을 통합하려 노력했고, 결국 원래의 목표를 이룰 수는 없었다. 그럼에도 각각 시스템 지식 체계에 기여했고 이후에 등장한 이론들의 기반이 되었다.

동적 시스템 이론

시스템 이론과 사이버네틱스를 시스템 지식 체계의 두 다리라고 한다면, **동적 시스템 이론**dynamical systems theory[5]은 한쪽 팔이라 할 수 있다.

1960년대 응용 수학으로부터 발전한 동적 시스템 이론은 동적 시스템에는 여러 **상태**state가 있으며, 그중 일부 상태는 안정적이고, 일부 상태는 안정적이지 않다고 설명한다. 시스템의 일부가 시간이 흘러도 절대 변화하지 않거나 방해를 받아 항상 원래 값으로 돌아온다면, 안정적 상태가 **끌개**attractor로 작용한다고 할 수 있다.

어떤 프로젝트는 안정적이고 어떤 프로젝트는 그렇지 않은 이유를 설명하는 데 동적 시스템 이론이 도움이 된다는 점에서 소프트웨어 개발과 관련이 있다. 그리고 조직이 항상 원래 행동으로 돌아가서 변화가 불가능해 보이는 이유도 설명한다.

동적 시스템 이론은 시스템 이론과 사이버네틱스에서 측정하기 어려운 개념에 수학을 활용함으로써 이후 이론에 중추적인 역할을 했다(복잡성 이론의 일부가 그냥 떠오른 영감이 아닌 탄탄한 수학이었다는 점은 다행이다).

---

5 http://en.wikipedia.org/wiki/Dynamical_systems_theory

게임 이론

동적 시스템 이론을 시스템 지식 체계의 한쪽 팔이라면, 당연히 **게임 이론**game theory[6]이 반대쪽 팔이어야 한다. 여러 시스템이 같은 자원을 두고 경쟁하거나 서로를 차지하려는 경우가 많다. 게임 이론에 따르면, 이런 경우 시스템은 경쟁 전략을 발전시킬 수 있다.

게임 이론은 응용 수학의 다른 갈래로써 누군가의 성공이 다른 사람의 선택에 달려 있는 전략적 상황에서 시스템의 행동을 알아내고자 한다. 게임 이론은 1930년대에 만들어졌는데, 유기체가 먹잇감을 사냥하고, 포식자를 피하며, 영역을 보호하고, 짝짓기를 위한 전략으로 인정받은 1970년대에 생물학과 진화론에 도입됐다.

게임 이론이 경제학, 철학, 인류학, 정치학 등과 같은 많은 분야에서 중요한 도구가 될 수 있다는 것이 밝혀졌다. 물론 소프트웨어 개발에서도 게임, 전자 상거래, P2P 시스템 개발에 도움이 될 뿐 아니라 팀 내 사람들의 행동과 조직 내 팀의 행동을 설명하기도 한다.

진화론

진화론evolutionary theory[7]은 찰스 다윈Charles Darwin이 1859년 가장 유명한 책 중 하나인 『종의 기원The Origin of Species』을 발표한 이래 널리 알려졌는데, 아마 진화론을 잘 모르는 사람은 더 이상 없을 것이다. 거의 모든 생물학자가 종의 점진적 유전자 변이와 자연 선택에 의한 적자 생존이라는 진화의 기본 개념에 동의한다.

물론 기본에 동의한다고 해서 세부 사항에 대한 생물학자들의 끝없는 논쟁까지 막을 수는 없다. 기회적 유전적 부동(아무런 이유 없이 변화하는 종), 단속 평형설(점진적 변화가 아닌 갑작스러운 큰 폭의 변화), 이기적 유전자(유기체 또는 집단이 아닌 유전자 차원의 선택), 수평적 유전자 이동(서로 유전자를 교환하는 종)의 중요성을 두고 토론, 포용, 격렬한 논쟁이 있었다(Mitchell, 2009:81~87). 그러나 지적 설계[8] 앞에서는 순식간에 생물학자들이 힘을 합쳐 그러한 비과

---

6 http://en.wikipedia.org/wiki/Game_theory

7 http://en.wikipedia.org/wiki/Evolutionary_theory

8 http://en.wikipedia.org/wiki/Intelligent_design

학적 헛소리를 거부한다.

진화론은 생물학, 디지털, 경제학, 사회학을 막론하고 온갖 다양한 시스템을 연구하는 데 크게 기여했다. 팀, 프로젝트, 제품은 변화하는 환경에 적응하면서 조금씩 진화한다. 소프트웨어 시스템의 "진화"가 다윈의 설명과 다르긴 하지만, 진화론적 사고는 시간의 흐름에 따른 시스템의 성장, 생존, 적응에 대한 이해를 돕는다. 그래서 나는 진화론을 시스템 지식 체계의 두뇌로 여긴다.

혼돈 이론

일찌기 혼돈에 대해 많은 발견이 있었지만, **혼돈 이론**chaos theory[9]의 진정한 돌파구는 1970년대와 1980년대 당시 선도적 위치에 있던 에드워드 로렌츠Edward Lorenz와 브누아 망델브로Benoit Mandelbrot가 이뤘다.

동적 시스템에서는 아주 작은 변화일지라도 나중에 엄청난 결과를 불러올 수 있다는 것이 혼돈 이론이다. 이는 결국 많은 시스템의 행동을 예측할 수 없다는 뜻이다. 모든 소프트웨어 팀이 인정하는 것처럼 사소한 문제도 큰 문제로 바뀌어버릴 수 있기 때문이다. 동적 시스템의 이런 타고난 불확실성은 추정, 계획, 제어에 광범위한 영향을 미치는데, 기상학자와 교통 전문가 사이에는 잘 알려져 있지만 프로젝트 관리자나 라인 관리자는 그 사실을 쉽게 받아들이기 어려워한다.

혼돈 이론이 다루는 또 다른 주제는 프랙탈과 척도 불변성의 발견이다. 척도 불변성은 시스템의 행동을 그래프로 그려보면 그 배율에 관계없이 비슷해 보인다는 개념이다.

일각에서는 혼돈 이론을 복잡성 이론의 전신으로 보기도 하는데, 둘 다 불확실성과 변화에 대한 이해를 공유하기 때문에 나는 혼돈 이론을 시스템 지식 체계의 심장으로 보고자 한다.

---

9 http://en.wikipedia.org/wiki/Chaos_theory

시스템 지식 체계

복잡성의 정의는 단 하나가 아니며, 모든 복잡계를 아우르는 단 하나의 이론도 없다(Lewin, 1999:x). 과학자들은 오랫동안 모든 시스템에 참인 기본 법칙을 찾아왔지만 지금까진 성공하지 못했다.

> "복잡성 이론CT, Complexity Theory"이라는 것이 정확히 무엇인지 묻는 것은 그럴 수밖에 없어 보인다. CT에는 많은 정의가 있지만, 지금까지 이야기한 것처럼 통합된 설명은 없다.[10]

시스템은 저마다 다르고, 과거의 결과에서 얻은 교훈이 미래의 성과를 보장해주지 않는다. 그래서 여러 이론이 때로는 상호 보완적이고, 때로는 중복되며, 때로는 모순되는 것처럼 보인다.

게다가 개별적으로 진행돼 복잡계 분야에 상당한 기여를 한 소규모 연구도 많다. 이것들을 지식 체계의 눈, 귀, 손가락, 발가락이라고 할 수 있다. 예를 들어, **소산계**dissipative systems[11] 연구를 통해 자발적 패턴 형성 그리고 시스템이 경계 내에서 어떻게 자기조직화하는지에 대한 통찰을 얻을 수 있었다. **세포 자동자**cellular automaton[12]를 통해서는 단순한 규칙에서 어떻게 복잡한 행위가 비롯될 수 있는지를 알게 됐고, **인공 생명**artificial life[13] 연구로부터는 행위자 기반 시스템에서 정보가 어떻게 처리되는지를 알게 됐으며, **학습 분류 체계**learning classifier system[14]를 통해서는 유전 알고리즘이 어떻게 생명체의 적응형 학습을 가능하게 하는지를 알게 됐다. 그리고 **사회 연결망 분석**social network analysis[15]의 발전 덕분에 이제는 네트워크 내 사람들 사이에 정보 전파가 어떻게 이뤄지는지 이해할 수 있다.

---

10 Wallis, Steven E. "The Complexity of Complexity Theory: An Innovative Analysis" E:CO Vol. 11, Issue 4, 2009. 허락하에 옮김(Wallis 2009:26).

11 http://en.wikipedia.org/wiki/Dissipative_system

12 http://en.wikipedia.org/wiki/Cellular_automaton

13 http://en.wikipedia.org/wiki/Artificial_life

14 http://en.wikipedia.org/wiki/Learning_classifier_system

15 http://en.wikipedia.org/wiki/Social_network

신체 부위가 곳에 따라 잘 맞지 않는 발레 치마를 입은 좀비처럼 흉측해 보이기도 하지만, 시스템 지식 체계는 살아 움직이고 있다(그림 3.1 참조). 이 지식 체계를 복잡계에 적용할 때는 복잡계 이론이라고 부른다. 하지만 시스템이 복잡하다는 것은 무슨 뜻일까?

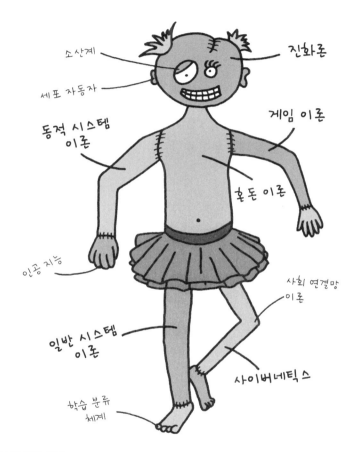

그림 3.1 시스템 지식 체계

단순성: 새로운 모델

여러 전문가가 단순성과 복잡성에 대해 논의해왔다. 그러나 다양한 용어 때문에 혼란스러운 경우가 많았고, 그래서 논의 자체가 단순화되지 못했다. 내가 이 문제를 살짝 정리해보려고 한다. 단순성이란 무엇일까?

> 단순성이란, 대개 설명하거나 이해하려는 사람에게 가해지는 부담과 관련이 있다.
> 이해하거나 설명하기 쉬운 것은 단순한 것이고, 그렇지 않은 것은 난해한 것이다.[16]

단순성에 대해 논의하고 싶다면, 복잡complex과 난해complicated의 차이를 이해하는 것이 좋다. 그 차이를 모르면 올바른 문제에 완전히 잘못된 방식(또는 잘못된 문제에 올바른 방식)을 적용하게 될 수 있다.

그림 3.2의 모델에서 묘사하는 두 관점을 이용해 그 차이를 설명하고자 한다. 첫 번째 관점은 시스템의 구조 및 그 구조를 얼마나 잘 이해하고 있는지에 대한 것이다.

- **단순**simple = 쉽게 이해할 수 있음
- **난해**complicated = 이해하기 매우 어려움

두 번째 관점은 시스템의 행동 및 그 행동을 얼마나 잘 예측할 수 있는지에 대한 것이다.

- **질서**ordered = 완전히 예측할 수 있음
- **복잡**complex = 어느 정도 예측할 수 있음(그러나 예기치 못한 상황이 많음)
- **혼돈**chaotic = 전혀 예측할 수 없음

내 팬티는 단순하다. 내 팬티가 어떤 기능을 하는지는 쉽게 이해할 수 있다. 하지만 내 시계는 난해하다. 시계를 분해해도 그 설계와 부품을 이해하는 데 오랜 시간이 걸릴 것이다. 그렇다 하더라도 시계와 팬티 둘 다 예기치 못한 상황은 없다(적어도 내게는 그렇다). 그것들에는 질서가 있고 시스템을 예측할 수 있다.

---

16 http://en.wikipedia.org/wiki/Simplicity

세 명으로 구성된 소프트웨어 개발 팀 역시 단순하다. 모든 팀원을 알고 싶다면 회의, 저녁 식사, 맥주 모임 몇 번이면 충분하다. 하지만 도시는 단순하지 않고 난해하다. 도시의 모든 거리, 골목, 호텔, 식당을 알려면 택시 운전사도 몇 년이나 걸린다. 그런데 팀과 도시는 둘 다 복잡하다. 팀원들을 얼마나 잘 알고 있는지와 관계없이 이에는 항상 예기치 못한 상황이 존재한다. 어느 정도 예측할 수는 있겠지만 내일 무슨 일이 일어날지는 절대로 알 수 없다.

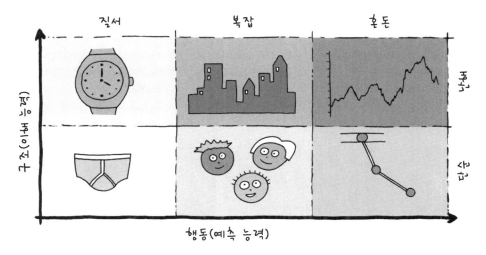

그림 3.2 시스템의 구조-행동 모델

(2개의 진자가 서로 붙어 있는) 이중 진자 또한 단순한 시스템이다. 만들기도 쉽고 이해하기도 쉽다. 그렇지만 진자는 초기 설정에 아주 민감하므로 예측 불가능하고 혼돈스러운 움직임을 만들어낸다. 주식 시장 역시 혼돈스럽다. 주식 시장은 그 자체로 예측 불가능하다. 그렇지 않다면 모든 사람이 주식 거래로 돈을 벌 수 있는 방법을 알아내 시스템 전체가 붕괴할 것이다. 그러나 진자와 달리 주식 시장은 극히 난해하다. 여러 다양한 비즈니스와 금융 자산 및 거래 유형으로 인해 나와 같이 단순한 사람은 도저히 이해할 수 없다.

내 모델과 다른 모델은 어떻게 다를까?

커네빈(Cynefin)[17]은 지식 경영학자 데이비드 스노든(David Snowden)이 고안한 프레임워크다(그림 3.3a 참조). 단순(simple)[18], 난해(complicated), 복잡(complex), 혼돈(chaotic)의 네 영역으로(가운데에 다섯 번째 영역인 무질서(dis-order)도 있다) 상황 유형을 분류하는 체계이며, 의사 결정 및 정책 결정 방법으로 사용한다(Snowden, 2010b).

경영학 교수인 랄프 스테이시(Ralph Stacey)도 합치성-확실성 매트릭스(Agreement & Certainty Matrix)라고 부르는 비슷한 모델을 만들었다(그림 3.3b 참조). 이 모델에는 합치성과 불확실성이라는 두 가지 관점을 기반으로, 단순, 난해, 복잡, 혼란(혼돈)이라는 네 영역이 있다(Stacey, 2000b).

16장 '모두 틀리다. 하지만 유용한 것도 있다'에서 모든 모델이 틀리지만 쓸모 있는 부분도 있다는 것을 배운다. 여기에서 다루는 세 모델은 모두 틀리지만, 각각 유용한 부분이 있을 수도 있다. 내 모델과 다른 두 모델의 주요 차이점은, 나는 난해와 복잡을 별도의 영역으로 보지 않는다는 점이다. 나의 구조-행동 모델을 사용하면 난해한 시스템과 복잡한 시스템에 겹친 부분이 있어 네 가지가 아닌 여섯 가지 영역으로 구별할 수 있다. 이것이 쓸모가 있다는 생각이 들면 시스템을 평가할 때 내 모델을 사용할 수 있을 것이다. 그렇지 않다면 자유롭게 다른 모델을 사용하면 된다. 다른 것들도 그다지 나쁘지는 않다.

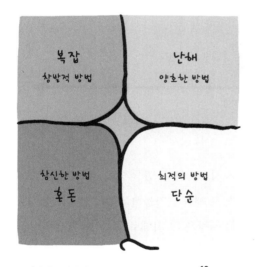

그림 3.3A (데이비드 스노든의) 커네빈 모델[19]

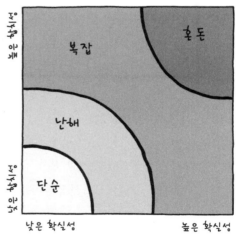

그림 3.3B (랄프 스테이시의) 합치성-확실성 모델[20]

---

17 http://en.wikipedia.org/wiki/Cynefin

18 현재는 단순(simple)에서 분명(obvious)으로 그 이름이 바뀌었다. – 옮긴이

19 위키백과의 공개 이미지(http://en.wikipedia.org/wiki/File:Cynefin.png)

20 Stacey, Ralph D., 『Strategic Management and Organisational Dynamics: The Challenge of Complexity, First Edition』, ©2000, Pearson Education, Inc. 허락하에 옮김, Upper Saddle River, NJ(Stacey, 2000b).

난해하다는 것은 전문가가 아니라면 시스템 구성이 이해하기에 너무 얽혀 있다는 것을 가리키며, 반면 복잡과 혼돈은 시스템의 행동을 많게든 적게든 예측할 수 없음을 가리킨다. 차고에 있는 두 대의 자동차처럼 난해한 것이 꼭 복잡한 것은 아니다. 그러나 침실에 있는 두 사람처럼 복잡하지만 반드시 난해하지는 않을 수도 있다(침실에 있는 두 사람의 행위는 꽤나 예측하기 어렵다).

- **단순화**simplification는 구조를 보다 잘 이해할 수 있도록 해주는 행위다(모델의 위에서 아래로).
- **선형화**linearization는 행동을 보다 잘 예측할 수 있도록 해주는 행위다(모델의 오른쪽에서 왼쪽으로).

안타깝게도 대개 선형화와 단순화를 혼동한다. 바로 여기에서 문제가 생기기 시작한다.

> **소프트웨어 시스템의 복잡성은 어떨까?**
>
> 소프트웨어는 가능한 한 단순해야 한다는 사실에 많은 사람이 동의한다. 소프트웨어가 충분히 단순하지 않으면 사람들은 "복잡성 감소"[21]가 필요하다고 말하기도 한다.
>
> 이런 방식의 용어 사용은 과학에서 말하는 "복잡성"과 맞지 않아 다소 혼란스럽다. 또한 소프트웨어 시스템에서 구조와 행동을 구별하지도 않는다.
>
> 그러나 "복잡"과 "난해"라는 단어는 과학자들이 다른 의미를 부여하기 훨씬 이전부터 존재해왔음을 솔직히 인정해야 한다. 그런 의미에서는 비전문가가 옳고 과학자가 틀리다.
>
> 그럼에도 소프트웨어 구조를 이해하기 위해 전문가가 필요할 때, 나는 난해하다고 말하는 쪽을 더 선호한다. 그리고 (AI, 신경망, 멀티플레이어 게임에서처럼) 소프트웨어의 동작을 완전히 예측할 수 없을 때는 소프트웨어가 복잡하다고 말한다.
>
> 단순하고 구조화가 잘된 소프트웨어가 매우 복잡한 행동을 보여줄 수 있는 반면, 난해하고 엉망인 소프트웨어일지라도 질서정연하고 완전히 예측 가능한 행동을 할 수도 있다.

---

21 Consortium for Untangling Enterprise Complexity의 일반 용어 정의(http://www.cuec.info/standards.html)

단순화의 재탐색

나의 구조−행동 모델이 단순성을 둘러싼 논의를 단순화하고 몇몇 오해를 해결할 수 있다고 생각한다.

> 모든 것을 가능한 한 단순하게 만들어야 한다. 보다 단순하게가 아니라!(앨버트 아인슈타인Albert Einstein)

이 아인슈타인의 명언은 시스템을 반드시 이해할 수 있도록 만들어야 한다는 뜻이다. 세로 방향, 즉 내 모델의 가장 위에서 가장 아래로 이동(단순화)시킨다는 뜻이다. 그러나 "보다 단순하게가 아니라"라는 말을 덧붙인 것은 시스템의 행동과 관련이 있다. 아인슈타인은 시스템을 가로 방향으로 변화시키면 시스템의 유형이 바뀌기 때문에 그러지 말라고 경고하려고 한 것이다(내 생각에 그건 단순화가 아니라 선형화다).

> 단순성이란, 과거에는 존재했지만 이제는 흘러가버린 신화다(Norman, 2007).

돈 노먼Don Norman은 "단순성이 너무 과대 평가를 받고 있다Simplicity Is Highly Overrated"라는 글에서 제품이 더 적은 기능이 아니라 더 많은 기능을 제공하는 것에 어떤 가치가 있는지에 대해 이야기했다. 기능이 많아진다는 것은 행동이 달라지거나 강화된다는 것을 의미하므로 (종종) 구조가 달라진다는 의미일 때도 있다. 내 그림에서 전자는 가로 방향 문제고, 후자는 세로 방향 문제다(예를 들어, 구글이 지메일에 자동 분류함을 추가했을 때 이것 때문에 지메일의 동작이 더 복잡해졌다. 사용자 인터페이스 또한 난해해졌지만 여전히 충분히 이해할 수 있었다).

안타깝게도 돈 노먼은 행동의 선형화(가로 방향)와 구조의 단순화(세로 방향)에 모두 단순화라는 용어를 사용했다. 그것이 돈의 메시지를 난해하게 만들었는데, 많은 사람이 이해하지 못한 것은 바로 이 때문이다. 만약 돈이 그림을 사용했더라면 더 좋았을 것이다.

> 시각적 사고의 진정한 목표는 복잡한 문제를 명확히 함으로써 이해를 돕는 것이지 복잡한 문제를 단순화시켜 놓는 것이 아니다.[22]

---

22 Roam, Dan. 『The Back of the Napkin(Expanded Edition)』, City: Portfolio Hardcover, 2009(Roam 2009). (한국어판: 『생각을 SHOW 하라: 아이디어를 시각화하는 6가지 방법』, 댄 로암 지음, 정준희 옮김, 21세기북스, 2009)

베스트셀러 책인 『생각을 SHOW하라The Back of the Napkin』(21세기북스, 2009)에서 댄 로엄Dan Roam은 뭔가를 이해할 수 있도록 하려면 그림을 사용하라고 제안한다. 그는 난해한 것을 단순하게 (세로 방향으로) 옮기라고 명확히 말한다. 그러나 "단순화시켜 놓는 것이 아니다"라는 그의 경고는 또 다시 용어를 혼동한 것처럼 보인다. 댄이 뜻하는 바는 그림이 뭔가의 복잡성(행동, 의미)을 바꿔서는 안 된다는 것이다. 그렇게 하면 그림이 말하려고 하는 바에 대한 예측 가능성을 망쳐버릴 것이기 때문이다.

따라서 이해하기 어려운 것은 모든 수단을 동원해 단순화하는 것이 좋다. 그러나 선형화("단순화")하지 않도록 주의해야 한다. 여러분이 제시한 축소된 행동이 사용자가 기대했던 행동이 아닐 수도 있기 때문이다.

비적응 대 적응

많은 시스템이 질서와 혼돈 사이의 흥미로운 영역에서 스스로 길을 찾을 수 있다는 사실을 보여주는 모델은 하나도 없다.

욕조에 앉아 물 속에서 이것저것 뒤적이며 놀던 어린 시절, 나를 사로잡았던 것 중 하나는 욕조 마개를 뽑았을 때 생겨나는 작은 소용돌이였다. 나는 이 소용돌이를 갖고 놀면서 사라지게 하거나, 다시 나타나게 하거나, 양방향으로 회전시킬 수 있다는 것을 알게 됐다. 소용돌이는 계속 나에게 시달렸지만 분명히 내 장난에 적응하지는 못했을 것이다. 소용돌이는 비적응 복잡계의 한 가지 사례다. 소용돌이는 복잡하지만 적응하지는 않는다(Lewin, 1999:15).

좀 더 흥미로운 것은 **복잡 적응계**라는 범주다. 이 시스템은 자신이 처한 환경에 적응할 수 있는데, 그 예로는 걸음마를 배우는 아기, 항생제에 내성을 갖는 박테리아, 교통 체증을 피하려는 자동차 운전자, 땅콩 버터 젤리 샌드위치의 위치를 학습하는 개미 집단, 고객이 정말로 무엇을 원하는지에 적응하는 소프트웨어 팀 등을 들 수 있다.

소프트웨어 개발 팀을 포함해, 내가 이 책에서 언급한 시스템은 대부분 복잡 적응계에 속한다. 복잡 적응계는 질서와 혼돈 사이에서 가장 최적의 위치를 향해 스스로 움직인다. 또한 완전한 질서도 아니고 진정한 혼돈도 아닌 "혼돈과 질서가 공존하는 과정"을 통해 학습하고, 적응하며, 자신의 길을 찾는다(Highsmith, 2002).

수십 년 전, 작은 욕조 안의 소용돌이는 완전한 비적응 시스템이었다. 욕조 안 진짜 복잡 적응계는 바로 나였다. 나는 작은 소용돌이가 어떤 움직임을 보이든 내 행동을 거기에 적응시켰다. 그리고 소용돌이를 제어하는 방법을 배웠던 사람은 나였다.

하지만 소프트웨어 팀이 시스템이라면 정말로 복잡 적응계라고 부를 수 있을까? 팀원을 욕조에서 놀고 있는 아이에 비유할 수 있을까?

우리는 과학을 오용하고 있는가?

애자일 소프트웨어 개발에서 자기조직화나 창발과 같은 과학 용어를 자주 듣게 된다.

> 소프트웨어 개발 관련 복잡 적응계 이론에서는 창발의 개념과 창발적 결과로 이어지는 요소가 핵심이다.[23] 예를 들어, 개미 집단이나 두뇌, 면역 시스템, 스크럼 팀, 뉴욕시 같은 것들이 자기조직적 시스템이라 할 수 있다.[24]

> 스크럼은 방법론도 아니고, 정의된 프로세스도 아니며, 절차의 집합도 아니다. 스크럼은 개방적 개발 프레임워크다. 스크럼의 규칙은 행동을 제약해 복잡 적응계를 지적인 상태로 자기조직화하기 위한 것이다.[25]

소프트웨어 개발에 복잡계 이론을 적용하는 것이 합당한 일일까? 복잡성 과학자도 자기조직화나 창발과 같은 단어를 개미집, 두뇌, 면역 체계뿐 아니라 애자일 팀에 적용하는 데 동의할까?

---

23 Highsmith, Jim. 『Adaptive Software Development』, New York: Dorset House Pub, 1999(Highsmith, 1999).

24 Schwaber, Ken and Mike Beedle. 『Agile Software Development with Scrum』, Englewood Cliffs: Prentice Hall, 2002(Schwaber, Beedle, 2002). (한국어판: 『스크럼: 팀의 생산성을 극대화하는 애자일 방법론』, 켄 슈와버/마이크 비들 지음, 박일/김기웅 옮김, 인사이트, 2008)

25 제프 서덜랜드의 발표에 대한 톰 흄(Tom Hume)의 블로그 글에서 인용(http://www.tomhume.org/2009/04/shock-therapy-self-organisation-in-scrum-jeff-sutherland.html)

우리와 같은 사람이 과학 용어를 가져다 쓰는 것을 좋지 않게 말하는 과학자도 있다. 단어의 의미를 신경 쓰지 않은 채 과학 용어를 사용한다는 것이다. 개념적으로 올바르지 않는데도 그 개념을 가져다 쓴다고 한다. 그리고 일부는 실제 의미와 다르게 단어에 도취돼 있다고 말한다(Sokal, 1998:4).

내가 살짝 속임수를 썼다. 소칼Sokal이 비판한 것은 복잡계 과학을 사용하는 애자일리스트가 아니라 일반인이다. 그래도 여기서 시사하는 바는 분명하다. 논의를 확실히 하기 위해 관련성이 더 높은 부분을 인용하고자 한다.

> 충분히 예상할 수 있다시피, 복잡성 분야의 거장들은 비유적으로 사용할 때를 제외하고, 복잡성 과학 용어를 느슨하게 정의해 경영 담론으로 던지는 데 가장 크게 분노한다. (거장들 중) 어떤 이는 (여러) 책이 관리자에게 많은 통찰을 주지만, 복잡성 과학을 참조한 모든 부분을 그냥 검게 칠해버려야 한다는 주장을 하기도 했다.[26]

좋다, 다시 살짝 속임수를 썼다. 이 성난 주장은 애자일 출판물이 아니라 복잡성 과학 용어를 남용하는 경영서를 비판한 것이다. 하지만 우리도 경고를 받은 거나 마찬가지다.

복잡성 과학 용어를 경영이나 소프트웨어 개발 등의 다른 분야로 옮길 때는 신중해야 한다. 예를 들어, 소프트웨어 프로젝트에서 사소한 문제 하나가 중대한 결과를 초래할 때, 이런 것들을 가리켜 몽땅 시스템의 전형적인 "혼돈"스러운 행동이라고 말하는 것은 너무 쉬운 일이다. 과학적 관점에서 혼돈이 실제로 무엇을 의미하는지 이해하지 못하면, 전 세계 복잡성 과학자들에게 웃음거리가 될 지도 모른다.

그렇다면 자기조직화 팀이라는 용어는 과학을 오용한 사례일까?

그리고 창발적 설계는 어떤가? 이것 역시 과학을 오용한 것일까?

개인적으로 그렇게 생각하지 않는다. 그러나 항상 비판적이고 회의적으로 생각하는 것이 현명하다.

---

26 Maguire, Steve, and Bill McKelvey. "Complexity and Management: Moving from Fad to Firm Foundations". Emergence. Vol. 1, Issue 2, 1999. 허락하에 옮김(Maguire, McKelvey 1999:55).

이 책에서 나는 소프트웨어 개발 팀 관리에 적용할 수 있는 복잡계 이론의 아이디어와 개념에 대해 말한다. 내가 복잡성 단어에 깊이 도취돼 있다는 점은 인정하지만, 여기에 과학적 의미에 대한 적절한 고려와 충분한 정당성을 제공할 생각이다.

새로운 시대: 복잡성 사고

복잡계 이론을 소프트웨어 개발과 관리에 적용한다는 것은 조직을 시스템으로 여긴다는 것을 의미한다.

이는 새로운 개념이 아니다. 1950년대 처음 만들어진 **시스템 역동**system dynamics[27]은(동적 시스템 이론과 헷갈리지 말자) 관리자가 산업 프로세스를 이해하고 개선하는 데 도움을 주기 위한 기법이다. 시스템 역동은 보기에는 단순한 조직이 어떻게 예기치 못한 비선형 행동을 할 수 있는지 보여준 첫 번째 기법 중 하나였다(Stacey, 2000a:64). 시스템 역동은 조직의 부분 간 관계가 순환하기도 하고, 서로 물려 있기도 하고, 때로는 시간 지연 관계에 있을 때도 많아서 개별 부분보다 조직의 구조가 조직의 행동에 더 중요한 영향을 미친다는 것을 인식했다. 시스템 역동은 관리자가 비즈니스 프로세스에 대한 이해를 높이는 데 유용한 동시에, 조직의 속성이 시스템 전체의 결과인 경우가 많으며 조직 내 개인으로 거슬러올라갈 수 없다는 점을 지적했다. 시스템 역동이 시스템 지식 체계의 일부분은 아니다. 그 대신 60년 된 계산기처럼, 숫자를 좋아하는 관리자에게 지식 체계를 흥미롭게 해주는 도구다.

더 새롭지만 비슷한 기법을 **시스템 사고**systems thinking[28]라고 부른다. 이는 1980년대에 만들어졌고, 피터 센게Peter Senge의 책 『학습하는 조직The Fifth Discipline』(에이지21, 2014)을 통해 인기를 얻었다(Senge, 2006). 전체적으로 사물이 서로에게 어떻게 영향을 미치는지 이해하자는 내용이다. 시스템 사고는 "문제"를 시스템 전체의 일부로 보는 문제 해결 사고방식이다. 개별 부분을 따로 떼어냄으로써 모르는 사이에 의도치 않은 결과에 보탬이 되는 대신, 조직 내 순환 관계와 비선형 원인 및 결과에 초점을 맞춘다. 시스템 사고가 시스템 역동과 비슷하지만 시스템 역동은 대체로 정책 대안의 영향을 객관적으로 분석하기 위한 실제 모

---

27 http://en.wikipedia.org/wiki/System_dynamics
28 http://en.wikipedia.org/wiki/Systems_thinking

의 실험과 계산에 사용한다. 시스템 사고는 사용법에 대한 명확한 정의가 없기 때문에 복잡한 구조를 좀 더 주관적으로 평가하는 방법이라고 말한다(Forrester, 1992). 시스템 사고가 주로 기여한 바는 문제가 있는 사람이 아닌 문제가 있는 시스템에 초점을 맞추도록 한 것이다. 시스템 사고는 마치 30년 된 카메라처럼 여러 가지로 흥미롭지만 주관적인 각도에서 관리자에게 조직에 대한 좀 더 완전한 그림을 얻을 수 있다.

사회 체계의 복잡성 연구를 **사회 복잡성**이라고 부른다. 불행하게도 시스템 역동과 시스템 사고 둘 다 현실적으로 사회 복잡성을 하향식으로 분석하거나 적응할 수 없다는 것을 인식하고 있다(Snowden, 2005). 단순한 모델로 조직을 모의 실험을 하거나 팀과 사람을 동그라미와 화살표로 그리는 것은 관리자가 조직을 분석하고 변경해 올바른 방향으로 조종할 수 있다고 착각하게 만든다. 시스템 역동과 시스템 사고는 비선형성을 인식하도록 해주지만 여전히 최고 경영진이 어떻게든 "올바른" 결과를 만들어낼 수 있는 "올바른" 조직을 구성할 수 있다는 아이디어를 기반으로 하고 있다. 이것은 조직에 시스템 지식 체계를 적용하는 방식에서 20세기의 탈을 쓴 19세기 결정론적 사고일 뿐이다(Stacey, 2000a). 21세기는 복잡성의 시대다. 관리자가 사회 복잡성을 이해하려면 모든 일을 어떻게 구축할 수 있는지를 이해해야 하는 것이 아니라 어떻게 양성해야 하는지 이해할 필요가 있다는 사실을 깨달아야 한다.

이 책은 복잡계 이론 자체가 갖고 있는 비선형성, 비결정성, 불확실성과 모순되지 않는 방법으로 복잡계 이론을 적용한다. 매니지먼트 3.0 모델은 **복잡성 사고**complexity thinking를 활용한다. 관리자가 자기조직화 팀을 구성하거나 조정할 수는 없다고 가정하는 대신 그러한 팀을 양성하고 육성해야 하고, 생산적인 조직은 모델과 계획을 통해 관리하는 것이 아니라는 점을 인정하는 대신 자기조직화와 진화의 힘을 통해 창발돼야 한다. 나는 복잡성 사고를 그러한 모든 성장의 양분이 되는 빛으로 보고자 한다. 복잡성 사고는 모든 것이 생산되는 에너지원이다. 계산기와 카메라는 흥미롭지만 빛이 없는 곳에서는 무용지물이다.

4장에서 소프트웨어 개발 팀에 빛을 비추기 시작한다. 매니지먼트 3.0 모델의 첫 번째 관점이 어떻게 양성, 자기조직화, 적응 시스템으로 소프트웨어 개발 팀을 도울 수 있는지 알아본다.

정리

복잡성 과학은 여러 분야에 걸쳐 시스템을 연구하는 방식이며, 일반 시스템 이론, 사이버네틱스, 동적 시스템 이론, 게임 이론, 진화론, 혼돈 이론 등의 분야에서 이미 이룩한 성과를 기반으로 한다.

시스템이라는 개념을 한 분야에서 다른 분야로 어디까지 적용할 수 있을지는 아직 불확실하지만, 복잡성 과학에서 발견한 것들을 소프트웨어 개발 팀 및 관리와 같은 사회 시스템에 적용할 수 있다는 사실은 널리 알려져 있다.

한 가지 중요한 발견은 복잡(예측하기 쉬운 정도)과 난해(이해하기 쉬운 정도)는 다르다는 사실이다. 많은 복잡계가 변화하는 환경에 적응할 수 있다는 점도 또 다른 발견이며, 이런 경우를 복잡 적응계라고 부른다.

사회 복잡성이란, 사회 집단을 복잡 적응계로 간주하는 연구를 말한다.

성찰과 실천

3장에서 나온 아이디어를 조직에 적용할 수 있는지 살펴보자.

- 조직의 자기조직화 팀과 복잡성을 다루는 블로그와 그룹에 가입해 복잡성 사고 능력을 키우고 개발해보자. 최신 목록은 매니지먼트 3.0 웹 사이트(http://www.management30.com)에서 찾을 수 있다.

04

정보–혁신 시스템

배우가 배역에 대해 논의하고 싶어하면 나는 이렇게 말한다. "대본에 다 있소." 배우가 "동기를 부여해주셔야죠."라고 하면 나는 이렇게 대꾸한다. "출연료를 받았잖소."

– 알프레드 히치콕Alfred Hitchcock, 영화 감독(1899~1980)

소프트웨어 프로젝트는 **복잡 적응계**다. 많은 소프트웨어 개발 전문가와 애자일/린 에반젤리스트의 견해도 이와 같다. 그러나 무엇이 이 복잡 적응계를 움직이도록 만드는 걸까?

『카오스에서 인공 생명으로Complexity』(범양사, 2006)의 저자 M. 미첼 월드롭M. Mitchell Waldrop은 세계 복잡성 과학을 선도하는 산타페 연구소Santa Fe Institute에서 모든 토론의 중심이 "행위자agent"로 구성된 시스템이라고 말한다. 분자, 뉴런, 웹 서버, 물고기, 사람도 이런 행위자일 수 있으며, 항상 스스로를 더 큰 구조로 거듭 조직화하고, 그렇게 함으로써 새로운 창발적 행동을 벌이는 새로운 창발적 구조를 형성한다(Waldrop, 1992:88).

소프트웨어 프로젝트를 보면 끊임없이 더 큰 구조(프로젝트 팀, 사회 집단, TF, 협의체 등)로 스스로를 조직화하는 사람들을 볼 수 있다. 그리고 프로젝트 팀 수준에서도 새로운 창발적 구조를 형성하고 새로운 창발적 행동을 벌인다. 다른 복잡계와 마찬가지로 소프트웨어 프로젝트도 서로 상호 작용하고 통합된 전체를 형성하는 상호 연결된 행위자(사람)로 구성돼 있다는 것이 뚜렷하다(복잡계에서 행위자agent라는 용어는 개발자가 만드는 프로그램인 소프트웨어 에이전트와는 무관하다. 복잡성 이론에서 행위자란 상호 작용하는 요소 또는 부분을 가리키는 전혀 다른 용어다).

소프트웨어 프로젝트에는 다양한 요소가 있지만 오직 사람만이 진짜 행위자, 즉 능동적 요소다(그림 4.1 참조, 보다 높은 수준에서 보면 팀 자체도 행위자로 간주할 수 있다). 요구 사항, 기능, 산출물, 제품, 도구, 기술, 프로세스는 스스로를 능동적으로 조직화할 수 없으며, 프로젝트 내 어떤 다른 요소와도 상호 작용을 일으킬 수 없기 때문에 행위자라고 할 수 없다. 사람에게는 상호 작용하고 조직화할 수 있는 적절한 능력이 있지만, 그 능력을 제대로 사용하려면 활력 또한 필요하다. 따라서 '사람들에게 활력을 불어넣자'가 매니지먼트 3.0 모델의 첫 번째 관점이며, 4장에서 다루는 대부분의 내용은 사람에 대한 것이다. 그러나 사람에 대해 이야기하기에 앞서 조직에 대해 논의하고자 한다.

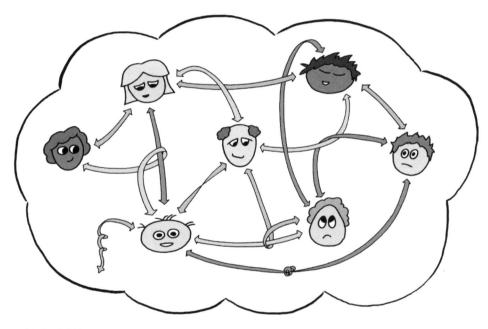

그림 4.1 사회 복잡계의 행위자

혁신이 생존의 열쇠

모든 경쟁 환경에서 **혁신**innovation은 생존의 열쇠다. 전 세계 모든 회사에게 혁신은 삶과 죽음의 문제다(Davila, 2006:6). 대개 혁신은 회사에 가장 높은 수준의 가치를 창출해준다(Highsmith, 2009:31). 노나카 이쿠지로Ikujiro Nonaka 교수는『지식창조 기업The Knowledge Creating Company』(세종서적, 2002)에서 지식 창조 조직(소프트웨어 개발 회사 등)은 무엇보다 먼저 혁신에 집중해야 한다고 말했다(Nonaka, 2008). 그리고 창의력 및 혁신 분야 교수인 로버트 오스틴Robert Austin은 지식 회사만 그렇게 해야 하는 것은 아니라고 말한다. 기술 덕분에 반복 비용이 계속 낮아지면서 점점 많은 산업이 혁신을 두고 경쟁할 수 있다(Austin, Devin, 2003:53).

이게 우연의 일치는 아니다.

혁신은 복잡성 과학의 핵심 개념이기도 하다. 연구자들은 복잡 적응계가 능동적으로 질서와 혼돈 사이 위치에 자리 잡으려 한다는 사실을 발견했다. 시스템이 "혼돈의 가장자리the edge of chaos"에 있을 때 혁신과 적응이 극대화되기 때문이다(Kaufmann, 1995). 지구상의 생물권은 흰얼굴사키, 애기아르마딜로, 아이아이, 덤보문어와 같은 혁신을 이뤄냈다(그림 4.2 참조). 그리고 물론 (생물권이 미친 유머 감각을 갖고 있다는 것을 증명한) 푸들도 그렇다. 연구자들은 질서와 혼돈 사이의 흥미로운 상태가 지닌 복잡성이 물리학, 생물학, 심리학 등에서 혁신의 근원이라고 말한다.

그림 4.2A 흰얼굴사키[1]

그림 4.2B 애기아르마딜로[2]

---

1 이 사진의 저작권은 Skyscraper에게 있으며, 크리에이티브 커먼즈 라이선스하에 옮김(http://en.wikipedia.org/wiki/User:Skyscraper).

2 공개 이미지(http://en.wikipedia.org/wiki/File:Guertelmaus-drawing.jpg)

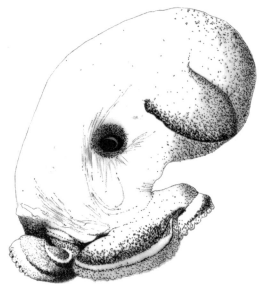

그림 4.2C 아이아이[3]   **그림 4.2D** 덤보문어[4]

『Complexity and Innovation in Organizations』(Routledge, 2002), 『Complexity Perspectives in Innovation and Social Change』(Springer, 2009) 같은 책에 따르면, 혁신은 대개 상향식으로 나타나는 현상이다. 고위 경영진이 실행하는 하향식 프로그램, 즉 몇몇 사람에게 새로운 뭔가를 만들어내는 어려운 과업을 전담시켜 실행하는 방식으로는 혁신에 실패하게 될 것이라고 강조한다. 이런 접근법은 앞으로 일어날 일을 통제하려는 인과적 결정론의 관점을 반영한 것이다. 이런 방식은 통하지 않는다.

복잡계 방식에서는 혁신이 계획적 결과가 아니라 창발적 결과라고 말한다. 그러나 뭔가 창발되려면 창발시킬 뭔가가 있어야 한다. 그래서 나는 곧 설명할 **혁신의 다섯 가지 톱니바퀴**Five Cogs of Innovation(그림 4.3 참조)를 찾아냈다.

---

3 공개 이미지(http://en.wikipedia.org/wiki/File:Ayeaye,_Daubentonia_madagascariensis,_Joseph_Wolf.jpg)

4 이 그림의 저작권은 Amélie Onzon에게 있으며, 크리에이티브 커먼즈 라이선스하에 옮김(http://en.wikipedia.org/wiki/File:Grimpoteuthis.jpg).

그림 4.3 혁신의 다섯 가지 톱니바퀴

지식

『위키노믹스Wikinomics』(21세기북스, 2009)에서 돈 탭스코트Don Tapscott와 앤서니 윌리엄스Anthony Williams는 혁신과 **지식 노동자**knowledge worker 사이에는 강력한 연관성이 있다고 말했다(Tapscott, Williams, 2008). 개발자, 디자이너, 아키텍트, 분석가, 테스터 등과 같은 모든 소프트웨어 창작자는 지식 노동자로 알려져 있다. 지식 노동자라는 용어는 경영 분야의 거장 피터 드러커Peter Drucker가 만들었는데, 많은 노동자의 주된 업무가 정보를 다루는 일이라는 점을 강조하고 싶었기 때문이다. 나중에 노나카 이쿠지로 등 다른 많은 비즈니스 전문가도 지식이 혁신의 원동력이라는 생각을 지지했다(Nonaka, 2008).

이것이 바로 소프트웨어 프로젝트에서 일어나는 일이다. 우리는 지식을 통해 사용자에게 새로운 소프트웨어 기능을 제공할 수 있고, 예전에는 없었던 비즈니스 가치를 고객에게 제공하려고 노력한다. 따라서 프로젝트 팀은 지식을 혁신으로 바꾼다.

지식 자체는 환경으로부터 지속적으로 **정보**information를 입력받아 교육과 학습, 요청과 요구사항, 측정과 피드백, 꾸준한 경험의 축적이라는 형태로 만들어진다. 다시 말해, 소프트웨어 팀은 정보를 소비하고 변형해 혁신을 창출하는 일종의 시스템이다.

신경과학자들은 꽤 이전부터 두뇌가 지식을 개별 위치에 저장하지 않는다는 것을 알고 있었다. 이진 데이터가 컴퓨터 메모리의 특정 위치에 저장되는 것과는 달리, 지식은 두뇌의 상당 부분에 걸쳐 패턴으로 저장된다. 어떤 이유로든 두뇌의 일부에 장애가 생겨도 지식은 대체로 크게 손상받지 않는다. 인간의 두뇌에 들어 있는 지식은 마치 인터넷에 있는 정보와 비슷하다. 모든 데이터가 여러 위치에 중복 저장돼 있어 아무도 통제할 수 없는 병렬 분산 시스템이기 때문이다(Kelly, 1994:454). 전체 이미지 정보를 모든 필름 컷마다 저장하는 홀로그램 기술을 본따 "홀로그래픽 메모리holographic memory"라 부르기도 한다(Hunt, 208:48).

지식 네트워크(인간의 두뇌, 인터넷, 사회 집단)의 노드는 전체 네트워크의 일부에만 접속해도 작동할 수 있다는 뜻이지만, 그 성능은 연결 수에 따라 감소한다. 이는 롭 크로스Rob Cross와 앤드류 파커Andrew Parker의 책 『The Hidden Power of Social Networks』(Harvard Business Review Press, 2004)의 연구에서 얻은 결론과 정확히 일치한다. 그들은 가장 중요한 성과 지표가 전문성이 아니라는 사실을 발견했다. 성과의 차이를 실제로 만드는 것은 오히려 조직의 연결이다(Cross, 2004:11).

프로젝트에서 사용하는 지식의 상당 부분이 (문서화돼 있지 않고 전달하기 어려운) 암묵지라는 것을 감안할 때, 조직 구성원은 "삼투적 의사소통osmotic communication"과 협력으로 그 지식을 공유해야 한다(Cockburn, 2007:202). 따라서 소프트웨어 팀은 반드시 공유와 협력을 원하는 사람들로 구성해야 한다(12장, '소통과 구조'와 13장, '구조를 발전시키는 방법'에서 다시 살펴본다. 지금은 사람에 집중한다).

소프트웨어 개발자는 정보를 혁신으로 바꾸는데, 이는 로버트 L. 글래스Robert L. Glass의 『소프트웨어 공학의 사실과 오해 Facts and Fallacies of Software Engineering』(인사이트, 2004)에 있는 22번째 사실에 해당한다.

> 소프트웨어 작업의 80%는 지적인 작업이다. 그중 상당 부분은 창조적인 작업이다. 사무적인 작업은 거의 없다.[5]

소프트웨어 창작자는 문제를 해결하는 사람이다. 글래스는 시스템 분석가가 80% 이상의

---

5 Glass, Robert. 『Facts and Fallacies of Software Engineering』, Boston: Addison−Wesley, 2003(Glass, 2003:60). (한국어판: 『소프트웨어 공학의 사실과 오해: 우리가 미처 알지 못한』, 로버트 L. 글래스 지음, 윤성준 외 옮김, 인사이트, 2004)

시간을 생각하는 데 소비한다고 측정했다. 나는 소프트웨어 프로젝트에서 다른 유형의 팀원도 마찬가지라고 생각한다(어쩌면 몇몇 비즈니스 컨설턴트는 제외해야 할지도 모르겠지만).

글래스가 수행한 동일한 연구에서는 지적인 작업의 16%가 창조적인 작업이라는 결과를 보여주는데, 이는 지식을 혁신으로 바꾸는 과정에서 창의성이 중요한 역할을 한다는 것을 가리킨다.

창의성

지식을 가치로 바꾸는 과정에서의 결정적 변수는 **창의성**creativity이다(Kao, 2007). 창의성이란 새로운 것을 만들어내고, 기존 방식에서 벗어나고, 오래된 정보에서 새로운 답을 찾아내고, 다른 사람들이 전에는 보지 못했던 해결책을 찾아내는 것이다(때로는 오래된 것을 차용하되, 아무도 알지 못하도록 똑똑한 방법으로 그 사실을 숨기는 것도 창의성이다).

창의성 발휘의 재료로써 지식의 중요성은 이제 사회 연구자들 사이에 널리 받아들여지고 있다(Runco, Pritzker, 1999). 연구자들은 창의성의 기반이 주로 사람들의 지식 그리고 새로운 관점의 창발을 가능케 하는 전혀 다른 아이디어의 조합이라는 증거를 발견했다. 지식과 경험이 없는 사람에게는 종종 창의성이 마술처럼 보인다. 그러나 사실 창의성이란 비옥한 지식의 기반 그리고 오랫동안의 노력과 고민으로부터 발현된 것이다.

창의성에 대한 단 하나의 권위 있는 관점이나 정의는 없다. 심리학 책들을 보면 최소한 60가지의 다른 정의를 찾을 수 있을 것이다. 그러나 널리 알려진 개념은 창의성이 독창성과 유용성 모두를 갖춘 뭔가를 만들면서 스스로 발현된다는 것이다.[6]

독창성

많은 소프트웨어 개발자가 이전에는 없었던 코드로 (이왕이면 남이 아닌 자신이 직접) 문제를 해결하고자 한다(또는 그렇게 하길 바란다). 객체지향, 컴포넌트 기반 설계, 서비스지향 아키

---

6 http://en.wikipedia.org/wiki/Creativity

텍처, 리팩토링과 같은 기법은 모두 개발자가 각 코드 라인을 고유하게 만드는 데 도움이 된다. 궁극적으로, 이상적인 상황이라면 소프트웨어 개발자는 각 코드가 세상에 단 하나만 존재할 것이라고 생각한다. 이 유토피아를 향한 모험에서 소프트웨어 개발자는 아마도 작가, 화가, 건축가, 미용사 등보다 반복 업무를 예방할 수 있는 가능성이 훨씬 더 높을 것이다. 어떤 다른 창의적인 직업에도 추상화abstraction[7]나 인디렉션indirection[8]과 같은 기법이 없다(아마 그게 뭔지도 모를 것이다).

유용성

또한 많은 소프트웨어 개발자가 유용한 결과를 만들어내고자 한다. 소프트웨어 개발만큼 세계적으로 생산성 수준이 증가한 창의적 비즈니스 활동은 없을 것이다. 소프트웨어의 비즈니스 가치가 다른 모든 창의적 제품의 가치를 능가한다는 말을 들은 적이 있다. 그 문제에서만큼은 개발자를 작가, 화가, 건축가, 심지어 미용사와 비교하기 어렵다(록 스타는 예외일 수 있겠지만). 창의성이라는 용어가 온갖 김빠진 의미와 연결되는 경우가 많기 때문에 그들은 스스로를 "창의적"이라고 생각하지 않는 경우도 많다. 대부분의 소프트웨어 개발자는 시를 쓰거나 발레를 하는 유형이 아니다. 단지 유용한 것을 만들고 싶어할 뿐이다(논쟁을 유발시키기 위해, 개발자가 유용하리라고 생각했지만 그렇지 않았던 수많은 기능들은 무시하겠다).

창의성, 즉 독창성과 유용성을 모두 갖춘 것을 만드는 일은 분명 소프트웨어 개발의 핵심이다. 가장 잘 알려진 창의 프로세스 모델은 그래엄 월래스Graham Wallas와 리처드 스미스Richard Smith가 1926년에 자신들의 책 『The Art of Thought』에서 제안한 프로세스다. 그 다섯 단계 프로세스는 다른 모든 창의적인 활동과 마찬가지로 소프트웨어 개발에 그대로 적용할 수 있다. 예를 들어, 웹 사이트 성능을 개선하고 있다고 가정해보자. 다섯 단계 프로세스는 다음과 같다.

1. **준비**preparation : 데이터베이스 서버에서 (어떤) 쿼리를 실행하는 데 걸리는 시간처럼 문제의 위치와 단위를 파악한다.

---

7 객체 또는 시스템에서 관심이 있는 세부 사항에 집중하기 위해 다른 세부 정보나 속성을 제거하는 것을 말한다. – 옮긴이
8 값 자체를 직접 참조하는 대신에 이름, 참조, 컨테이너 등을 사용해서 그 값을 간접적으로 가리키는 것을 말한다. – 옮긴이

2. **부화**^{incubation}: 샤워하면서, 포커를 치면서, 최신 배트맨 영화를 놓고 친구들과 토론하면서, (아마도 이 모든 일을 하면서 동시에) 의식적으로 그리고 무의식적으로 성능 문제를 깊이 생각한다.

3. **암시**^{intimation}: 처음 생각처럼 더 효율적인 쿼리나 더 좋은 하드웨어에서가 아니라 더 나은 데이터 모델에서 해결책을 찾아야 할 수도 있다는 생각이 떠오른다.

4. **영감**^{illumination}: 문득 일부 데이터베이스 테이블의 "비정규화"를 통해 데이터 반환 속도를 더 빠르게 해서 해결할 수 있을 것이라는 깨달음을 얻는다.

5. **검증**^{verification}: 새롭게 떠오른 해결책을 시도해보고, 의도한 결과가 나올 때까지 검증하고 개선한다.

이것이 창의성이다. 사람들은 요구 사항 수집, 분석 설계, 구현, 테스트 그리고 다른 모든 소프트웨어 공학 분야에서 이 프로세스를 사용한다.

그리고 책을 쓰면서도 마찬가지다.

동기 부여

소프트웨어 프로젝트에서 상호 작용을 일으킬 수 있는 유일한 요소는 사람이다. 복잡계에서 행위자는 신호와 메시지를 주고받으며 상호 작용한다. 행위자는 서로에게 입력을 받고, 이걸 처리해 자신의 선택을 출력으로 변환한다(항상 원하는 출력이 나오는 것은 아니지만, 어쨌든 출력한다).

또한 사람은 지식을 개발하고, 창의성을 발휘해 아이디어를 시장에 내놓는 데 필요한 활동을 수행하는 유일한 요소기도 하다. 그리고 사람만이 복잡계를 제어하는 데 필요한 수준의 복잡성을 갖고 있기 때문에 소프트웨어 프로젝트를 제어할 수 있는 유일한 요소가 된다.

한 가지 결론이 점점 더 분명해지고 있다. 여기서 결론이란 사람들이 실제로 뭔가 하길 원하도록 '사람들에게 활력을 불어넣자'가 모든 관리자의 주된 관심사가 돼야 한다는 것이다. 뭔가 하길 원하도록 만들려면 **동기 부여**^{motivation}가 필요하다.

정원사가 정원에서 식물을 보살피듯, 관리자는 팀원을 보살핀다. 팀원들의 지식, 창의성, 통제력을 전적으로 뒷받침하려면 반드시 사람들의 동기를 유지해야 한다.

20세기 베스트셀러 경영서 중 하나인 『1분 경영The One-Minute Manager』(21세기북스, 2016)에서 케네스 블렌차드Kenneth Blanchard는 다음과 같이 말했다.

> 자신에 대해 스스로 만족할 때 좋은 결과가 나온다.[9]

마커스 버킹엄Marcus Buckingham과 커트 코프만Curt Coffman은 지금까지 수행된 경영학 연구에서 가장 광범위한 프로젝트 중 하나를 기반으로 하는 인기 도서인 『사람의 열정을 이끌어내는 유능한 관리자First, Break All the Rules』(21세기북스, 2006)에서 "관리자란 사람을 선택하고, 기대 수준을 설정하고, 그들에게 동기를 부여하고, 발전시키는 사람"이라고 했다. 즉, 이것이 "촉매"로서 관리자가 해야 하는 네 가지 핵심 활동이다(Buckingham, Coffman, 1999:61).

2008년 6월, 포레스터는 "IT 프로젝트는 사람 관리 프로젝트다IT projects are people projects"라는 결론을 내린 보고서를 발표했다(Sheedy, 2008). 사우나에 갇힌 다섯 명의 피그미를 제외하고 이미 모두가 그 사실을 알고 있었지만, 포레스터가 탄탄한 연구를 통해 이 결론을 뒷받침해준 것은 다행스러운 일이다.

그렇다면 많은 조직, 모델, 방법론, 프로세스에서 사람에 대한 지속적인 동기 부여를 간과하거나 무시하는 이유는 무엇일까? 예전에 일하던 조직의 인사 관리 수준이 낮았다는 구직자들의 불평을 여러 차례 들었다. 아직도 많은 관리자가 관리의 기본을 배울 필요가 있다는 것이 분명해 보인다.

공평을 기하기 위해 말하면, 『CMMI 개발CMMI for Software Development』(대웅, 2013)에는 인사 관리를 위한 프로세스 영역이 없지만, 소프트웨어 공학 연구소는 『People Capability Maturity Model』(Curtis, 2001)을 별도로 발표해 이 문제에 대응했다. 이는 조직에서 중요한 인사 관리 문제를 성공적으로 해결하기 위해 만든 모델이다.

---

9 Blanchard, Kenneth and Spencer Johnson, 『The One Minute Manager』, New York: Morrow, 1982(Blanchard, 1982:19)(한국어판: 『1분 경영』, 켄 블렌차드/스펜서 존슨 지음, 정윤희 옮김, 21세기북스, 2016)

동기 부여란, "목표 지향적 행동을 활성화 또는 활력화하는 것"[10]이다. 따라서 소프트웨어 팀이라는 복잡계에서는 관리자가 사람들을 활성화시키거나 활력을 불어넣는 것이 매우 중요하다. 물론 많은 사람이 이미 활성화돼 있거나 활력이 있다. 요점은 사람들은 활력을 빼앗아가는 시스템이 아니라 활력을 지속적으로 불어넣어주는 시스템에서 일해야 한다는 것이다. 이런 시스템을 만들 책임은 관리자에게 있으며, 따라서 사람들에게 지속적으로 동기 부여를 해줄 책임이 있다.

> 참신함을 얻으려면 적절한 사고와 성격뿐 아니라 다른 의견을 제시하거나, 위험을 감수하거나, 기존 의견에 도전하거나, 실수의 가능성을 인정하고자 하는 욕구, 아니 적어도 그럴 수 있는 준비가 필요하다. 다시 말해 적절한 동기 부여가 있어야 한다.[11]

때때로 사람들은 누군가를 동기 부여된 상태로 만들 수는 없다는 점을 지적하고 싶어한다. 또한 사람들을 행복한 상태로 만들 수 없다. 자부심을 갖도록 만들 수도 없다. 동기, 행복, 자부심은 마음의 상태며, 그들을 직접 프로그래밍할 수 없다(이 점은 종종 유감스럽다). 그러나 분명히 그런 상태로 만들기 위해 노력할 수는 있다. 스탠드업 코미디언은 매일 이런 노력을 한다. 그들은 사람들을 웃게 만들기 위해 노력하며, 몇몇 코미디언은 그 점에 있어서 다른 사람들보다 뛰어나다. 그들은 어떤 사람에게는 통하는 농담이 어떤 사람에게는 전혀 먹히지 않는다는 사실을 알고 있다. 그러나 어떤 유형의 관객에게 어떤 유형의 농담이 먹힐 가능성이 높은지 잘 알고 있다. 동기 부여와 똑같다.

동기 부여는 사회 복잡성의 좋은 사례다. 동기 부여는 비선형적이고 때로는 예측할 수 없다. 하나의 도표로 정의하거나 모델링할 수 없다.

가장 널리 사용하는 동기 부여 모델은 매슬로의 욕구 단계Maslow's hierarchy of needs다.[12] 욕구 단계에서는 동기를 다섯 단계로 설명하는데, 가장 아래에는 생존 본능(또는 생리적 욕구)이 있고, 가장 위에는 자기개발(또는 자아실현)이 있다(그리고 그 사이에는 차례대로 안전 욕구, 애정·소속 욕구, 존경 욕구가 있다). 그러나 많은 연구자가 이에는 결함이 있다고 말한다. 매슬

---

10   http://en.wikipedia.org/wiki/Motivation

11   『Encyclopedia of Creativity』, Arthur Cropley, Definitions of Creativity, 521페이지, Copyright Academic Press 1999. 허락하에 옮김(Cropley, 1999:521).

12   http://en.wikipedia.org/wiki/Maslow%27s_hierarchy_of_needs

로의 욕구 단계는 동기 부여를 상당히 단순한 계층적이고 선형적인 현상처럼 보이게 한다. 사실은 그렇지 않다. 동기 부여는 이보다 훨씬 더 복잡하다.

사람들에게 동기 부여하는 다양한 방식은 5장에서 자세히 다룬다. 그러나 먼저 정보-혁신 시스템이라는 그림을 완성해야 한다.

다양성

7년 전 가장 최근에 다녔던 회사에서 일을 시작했을 때, 조직에는 (당시 30명 정도였는데) 20대 백인 이성애자 독신 남성들뿐이었다. 축구 이야기, 음담패설, 맥주 냄새, 구석구석에 처박혀 있는 쓰레기들…. 20대 백인 이성애자 독신 남성에게는 완벽한 일터였다. 그러나 프로젝트는 조직 변화를 시작하기 전까지 많은 문제에 부딪혔다.

이 지역의 20대 백인 이성애자 독신 남성이 지닌 서브컬처로는 회사의 급속한 성장을 따라잡을 수 없었다. 그래서 여성들이 들어왔고, 기혼 남성들도 왔으며, 자녀가 있는 사람도 합류했고, 40세가 넘는 사람들도 왔다. 다양한 민족, 종교, 성적 지향, 장애인과 같은 온갖 소수자들이 들어왔다. 눈 깜박할 사이에 조직은 200명으로 늘어났고, 20대 백인 이성애자 독신 남성들은 그냥 소수자 집단 중 하나가 됐다. 그리고 회사는 여전히 일하기 좋은 곳이다. 대다수를 차지하는 한두 소수자 집단에게는 특히 그랬다.

유전적 다양성은 생태계의 가장 중요한 원칙 중 하나다. 유전적 다양성 중에서 가장 명백한 형태는 생물학적 다양성(종의 변이)이지만, 종 자체에도 다양성이 있다. 꿀벌이 서로 조금씩 다르다는 사실을 알고 있는가? 이 덕분에 벌집의 온도를 조절할 수 있다. 벌집이 너무 추워지면 벌은 한데 뭉쳐 윙윙거린다. 그리고 너무 더워지면 흩어져서 날개로 부채질을 한다. 만약 벌들이 특정한 같은 온도에 반응한다면, 모두 동시에 윙윙거리거나 부채질을 할 것이다. 그래서 안정성을 높이기 위해 벌은 서로 다른 온도에 반응한다. 온도가 올라가면 벌은 한 마리씩 차례대로 부채질을 시작한다. 그리고 더 많은 벌이 합류하면서 온도 상승이 느려지고, 결국 완전히 멈추게 된다. 벌의 다양성이 벌집의 온도를 원활하게 하고 안정화한다(Miller, Page, 2007:15).

복잡계에서 다양성(공식 용어는 **이질성**heterogeneity)은 (시스템 내부에 존재하는 차이에 의한) 비용보다 여러 가지로 이익이 훨씬 더 크기 때문에 중요하다. 과학자들은 다양성이 시스템을 안정화하고 환경 변화에 회복 탄력성을 줄 수 있다는 사실을 발견했다. 다양성은 시스템이 거친 환경에서도 살아남는 데 도움을 준다. 다양성은 유연성을 높이고 혁신의 밑거름이 된다(Stacey, 2000a:7).

또한 다양성은 복잡계에서 평균은 의미가 없음을 의미하기도 한다. 한 마리의 평균적인 꿀벌을 1,000마리 복제해 벌집에 넣으면 안정성을 보장할 수 없다. 다음과 같은 다른 사례를 생각해보자. 일반적인 감기를 유발하는 평균적인 바이러스는 없다. 감기 바이러스는 최소한 200종이 알려져 있으며, 알려져 있지 않은 바이러스는 아마 더 많을 것이다. 이런 다양성이 해마다 여러분을 성공적으로 앓아 눕게 만드는 바이러스 시스템의 생존 방식이다.

짐 코플리엔Jim Coplien과 닐 해리슨Neil Harrison은 『Organizational Patterns of Agile Software Development』(Prentice Hall, 2004)에서 다양성을 패턴으로 만들었다(Coplien, Harrison, 2005:135). 그들은 다양성이 혁신을 자극하고 문제의 해결책을 찾을 수 있는 좋은 방법이라는 것을 깨달았다. 톰 드마르코Tom DeMarco와 티모시 리스터Timothy Lister는 『피플웨어Peopleware』(인사이트, 2014)에서 다양성과 반대되는 패턴을 획일적인 인조 인간Uniform Plastic Person이라고 불렀다. 관리자가 사람과 팀을 획일적으로 만들려고 하는 문제를 언급한 것이다. 게다가 다양성을 갖춘 팀이 동질한 팀보다 우수한 경우가 많은 것으로 나타났다(Cockburn, 2007:70).

존 맥스웰John Maxwell이 『리더십 불변의 법칙The 21 Irrefutable Laws of Leadership』(비즈니스북스, 2010)에서 지적한 바처럼 관리자에게는 자신과 비슷한 사람을 채용하려는 경향이 있다(Maxwell, 1998). 20대 백인 이성애자 독신 남성은 대개 다른 20대 백인 이성애자 독신 남성을 고용하는데, 그 이유는 단순히 자신과 잘 지낼 수 있을 것 같기 때문이다. 리처드 도킨스의 이기적 유전자 이론으로 쉽게 설명할 수 있는 자연스러운 일이다(Dawkins, 1989). 우리의 유전자는 같은 유전자를 지닌 다른 사람을 선호하고 DNA 차이가 더 큰 사람은 싫어하도록 프로그래밍돼 있다. 우리의 유전자는 수만 년에 걸쳐 서로 전쟁하느라 바빴고, 우리를 편견쟁이로 바꿔 놓았다. 사회학에서는 이를 **동종 선호**homophily[13]라고 부르는데, 이는 개인이 자신과 비슷한 다른 사람과 어울리고 싶어하는 현상을 말한다.

불행하게도 우리 유전자는 소프트웨어 프로젝트의 성공에 관심이 없지만, 우리는 관심이 있다! 비슷한 사람을 선호하는 것은 관리자가 반드시 피해야 할 함정이다. 그래서 나는 요즘 학력, 경력, 전문 기술, 대인 관계 기술, 관점, 피부색, 나이, 성별, 성격, 그 밖의 무엇이든 다른 새로운 사람을 선호한다. 그렇게 해서 프로젝트의 안정성, 유연성, 회복 탄력성, 혁신을 이루고자 한다.

사람들이 내놓는 창의적 해결책은 주로 그들의 배경에 따라 달라진다. 이것은 팀의 다양성이 팀의 창의력을 크게 높일 수 있다는 것을 의미한다. 그러나 더 큰 다양성이 반드시 더 큰 창의성으로 이어진다는 뜻은 아니다. 경찰관, 네덜란드인, 발레리나, 어린이를 한데 모은다고 해도 아마 바라던 수준의 혁신을 얻지는 못할 것이다. 다양한 관점 모두가 계속 더 큰 패턴으로 연결될 수 있도록 약간의 균형과 충분한 공통점이 있어야 한다. 르윈과 레진은 이를 **포괄적 다양성**inclusive diversity이라고 부른다(Lewin, Regine, 2001:44).

성격

애자일과 린은 소프트웨어 개발 세계에 멋진 선물을 전해줬다. 그러나 나는 "애자일 가치"나 "린 원칙"이 나열된 것을 보면 움츠러들 때가 있다. 볼 때마다 다르고 매번 이해하기 어려웠다.

애자일 선언의 12가지 원칙[14] 중에는 "신뢰"가 있다. 그리고 메리 포펜딕Mary Poppendieck과 톰 포펜딕Tom Poppendieck은 린 소프트웨어 개발의 일곱 가지 원칙 중에서 "존중"을 특별하게 다룬다(Poppendieck, 2007:36). 린 원칙에는 신뢰에 대한 언급이 없으며, 애자일 원칙에는 존중에 대한 언급이 없다. 왜 다른 걸까? 신뢰와 존중은 분명 동의어가 아니다. 나는 내가 갖고 있는 사전을 신뢰한다. 그러나 존중하는 것은 아니다.

---

13 http://en.wikipedia.org/wiki/Homophily
14 http://agilemanifesto.org/principles.html

유감스럽게도 혼란은 여기서 멈추지 않는다. 켄트 벡Kent Beck의 익스트림 프로그래밍에서 추구하는 다섯 가지 가치는 의사소통, 단순성, 피드백, 용기, 존중이다(Beck, 2005:18~21, 여기에는 신뢰가 없다는 데 주목하자!). 그러나 켄 슈와버Ken Schwaber의 "스크럼의 다섯 가지 가치"는 이 중에서 세 가지를 약속, 집중, 개방성으로 대체했다(Schwaber, Beedle, 2002). 애자일 분야의 거장들이 여기에서 무엇을 얻고자 하는 걸까? 이제 어떤 가치가 더 나은지 토론해야 할까? 아니면 모두 합쳐 하나의 큰 목록을 만들어야 할까?

이 주제를 좀 더 깊이 파고들면 신뢰, 존중, 용기, 단순성, 약속, 집중, 개방성 모두 인간의 덕목이라는 것을 금세 알 수 있다. 이것들은 우리가 바람직하다고 여기는 성격 특성이다. 이외에도 감사, 적극성, 자비, 신중함, 순결, 깔끔함, 협력, 호기심, 결단력, 격려, 탁월함, 공정성, 적합성, 유연성, 관용, 정직, 명예, 유머, 온전함, 충성, 비폭력, 인내, 회복탄력성, 공손함, 책임감, 자제력, 자기수련, 성실함, 기술, 연민, 참됨, 지혜 등등 엄청나게 많다.

애자일에서는 다른 덕목보다 "신뢰"를 더 높이 여기는가? 린에서는 "존중"을 가장 중요하게 여기는가? XP에서 언급한 의사소통과 피드백은 인간의 덕목이라기보다 행동에 가깝기 때문에 XP의 가치보다 스크럼의 가치가 더 나은가? 탁월함, 유연성, 정직, 유머, 책임감, 자기수련, 기술과 같은 다른 덕목이 애자일과 린에서는 다소 덜 중요한가?

내 생각에는 네 가지 질문의 답 모두 "아니요"다. 실제로는 거장들이 이 주제를 더 깊이 파헤치지 않았을 것이다. 그들이 탁월함, 정직, 책임감, 자기수련, 유머의 다섯 가지 덕목을 선택할 수도 있었을 것이고(나는 순결을 뺄 테다), 그래도 전 세계가 애자일과 린을 받아들이는 데 별 차이가 없을 것이다. 혹시 차이가 있었을까? 나는 블로그와 전 세계를 다니며 했던 강연에서, 애자일에서는 탁월함과 자기수련을 잘못 다루고 있으며 명시적으로 드러내지 않는다고 거듭 주장했다(10장, '규칙을 만드는 기술' 참조). 이제 다음 이야기로 넘어가자.

연구자들은 창의성이 지식, 동기 부여, 성격의 산물이라는 것을 발견했다(Runco, Pritzker, 1999). 어떤 프로젝트 팀이든, 사람들의 성격과 동기를 적절히 다룰 때만 지식이 혁신으로 이어질 수 있다. 이것이 바로 덕목이 중요한 주된 이유 중 하나다. 덕목은 사람의 행동을 결정하고 다른 사람의 동기에 큰 영향을 미친다.

신뢰나 존중 두 가지 중에서, 또는 다른 몇 가지 덕목 중에서 뭔가를 선택하는 것은 성격과 동기 부여를 너무 단순하게 보는 것이다. 어떤 덕목을 모든 팀원이 함께 공유하면 소프트 웨어 프로젝트에 보탬이 된다. 그러나 이전 절에서 살펴봤던 것처럼, 창의성 또한 팀에 적 절한 성격(그리고 덕목)의 다양성이 있을 때 보탬이 되는 것이다. 얼마나 좋은 일인가! 애자 일은 우리 모두가 인간이라는 것을 인정한다. 우리는 성자도 아니고 로봇도 아니다. 모든 측면에서 덕이 높을 수는 없다(정부 관료가 주변에 있을 때 내게 가장 어려운 덕목은 비폭력이다).

자의적으로 정한 가치나 원칙에 현혹되지 말자. 관리자는 상황에 따라 팀에서 집중할 수 있는 자신만의 덕목을 골라야 한다. 애자일의 가치가 다섯 가지, 일곱 가지 또는 12가지 로 고정된 것이 아니라는 것을 기억하자. 이 책은 단순한 대답을 알려주는 것이 아니라 복 잡성에 대한 것이다.

덕목은 **성격**personality이 지니는 속성이다. 그리고 이를 통해 4장의 주요 테마였던 창의성과 혁신이라는 주제로 돌아간다. 적절한 "팀 성격"이 없다면 그 팀은 어떤 창의성도 발휘하기 어려울 것이다. 그래서 적절한 덕목에 집중하는 것이 매우 중요하다. 덕목은 팀의 성격을 형성하기 때문에 업무에서의 창의성도 형성한다.

마지막은 그림 4.3의 시스템으로 마무리하겠다. 정보가 시스템으로 흘러들어가고, 여기 에 있는 지식, 창의성, 동기 부여, 다양성, 성격의 조합이 사람들에게 일을 하도록 만들 며, 우리가 지향하는 그 결과는 혁신이다. 비즈니스에서 혁신은 매우 중요하고, 그 구성 요소는 모두 사람에 대한 것으로 드러났다. 그래서 비즈니스를 한다는 것은 사람을 다룬 다는 것을 의미한다.

오직 사람만이 제어할 수 있다

사람만이 소프트웨어 프로젝트에서 상호 작용을 일으키고 정보를 혁신으로 바꿀 수 있는 유일한 요소다. 그러나 4장에서 사람을 중심에 둔 또 다른 이유가 있었다. 이는 로스 애시 비Ross Ashby가 정의한 **필수 다양성의 법칙**Law of Requisite Variety[15]에 대한 것이다.

---

15 http://en.wikipedia.org/wiki/Variety_%28cybernetics%29

시스템이 안정적이려면 제어되는 시스템의 상태 수보다 제어하는 시스템의 상태 수
가 크거나 같아야 한다.[16]

간단히 말해, 어떤 시스템을 제어할 수 있는 것은 그 시스템만큼 복잡하거나 그 시스템보
다 더 복잡한 시스템뿐이라는 법칙이다(사실 지나치게 단순화한 것이지만, 지금은 너무 전문적으
로 들어갈 필요가 없다).

어떤 소프트웨어 프로젝트에서도 가장 복잡한 요소는 사람이다. 그래서 프로젝트를 직접
제어할 수 있는 최상의 자격을 갖는 것은 사람이다. 마주친 다양한 상태를 다룰 수 있을 정
도로 충분히 복잡한 부분은 (프로세스가 아니라) 사람뿐이기 때문이다. 그리고 어떤 복잡계
라도 유용한 결과를 얻으려면 일정 수준의 제어가 있어야 한다.

문서화된 프로세스, 코드 생성기, 프로젝트 관리 도구, 최고로 정교한 선행 설계도 일상적
인 소프트웨어 프로젝트만큼 복잡하다고 볼 수 없다. 프로세스, 도구, 설계가 자신의 주인
을 능가할 수는 없다. 사람이 없다면 이런 것들은 아무런 쓸모가 없다.

필수 다양성의 법칙을 통해, 프로젝트에 일정 수준의 제어가 필요한 경우 그 제어 메커니
즘으로 사람을 선택하는 것이 더 좋다는 것을 분명히 알 수 있다. 사람만이 그걸 실제로 해
낼 수 있을 만큼 복잡한 존재다.

그렇다면 도구는?

도구는 감지기 또는 방열기와 같다. 도구는 사람들이 프로젝트를 보다 잘 제어할 수 있도록 해주는 입력기
이자 출력기다.

도구가 필요하긴 하지만 도구만으로 성공을 얻을 수는 없다. 어떤 상황에서 행동하기 전에, 사람이 도구를
통해 얻은 정보를 분석해야 한다.

---

16 크리에이티브 커먼즈 라이선스하에 옮김.

아이디어에서 구현까지

사람 없는 혁신도 쓸모가 없지만, 실행 없는 혁신도 쓸모가 없다. 사람들이 얼마나 창의적인지는 중요하지 않다. 새로운 제품이나 서비스를 구현하는 데 만들어낸 아이디어를 사용하지 않으면, 그 아이디어는 단지 흥미로운 산물일 뿐이다(Phillips, 2008). 비즈니스 가치는 창의성의 결과를 가져와 그 결과를 실제 비즈니스 모델로 바꾸고 아이디어를 시장에 내놓는 프로세스와 **활동**activity을 통해 만들어진다. 테오도르 레빗Theodore Levitt은 다음과 같이 말했다.

> 새롭고 획기적인 아이디어가 수년 동안 무시되고 방치되기도 하는데, 그 이유는 새로운 아이디어의 장점을 인식하지 못해서가 아니라 아무도 제안을 행동으로 옮기는 책임을 맡지 않아서다.[17]

조직이 혁신하려면 관리자와 팀원들의 지식, 창의성, 동기 부여, 다양성, 성격을 적극적으로 육성해야 한다. 브레인스토밍 회의, 피자 나이트, 상자 밖 사고, 마인드 맵, 화이트보드에 적은 황당한 아이디어 그리고 (몇몇 사람에게는) 다량의 알콜 같은 것들이 도움이 되지만 충분하지는 않다. 조직은 아이디어를 개념에서부터 시장에 내놓을 때까지 추진하는 실행 가능한 아이템에 집중해야 한다. 당연히 이것이 많은 사람이 프로젝트를 하는 이유다. 또한 이 책의 곳곳에서 내가 소프트웨어 팀이 프로젝트를 하느라 바쁠 것이라 가정하는 이유기도 하다.

내가 이 책을 쓰는 프로젝트를 구조화하기 위한 방법에도 창의력을 반영했다. 나는 여섯 가지 주요 테마 각각을 2개의 장으로 나누기로 했다. 첫 번째 장에서는 이론에 집중하고, 두 번째 장에서는 실용에 집중한다. 4장에서는 사람들에게 활력을 불어넣기 위해 필요한 정보-혁신 시스템이라는 아이디어를 뒷받침하는 다양한 이론을 살펴봤다. 이것이 매니지먼트 3.0 모델의 첫 번째 관점이다. 5장에서는 이 중요한 관점에 대한 더욱 실용적인 면을 논의한다.

---

17 Levitt, Ted. 『Ted Levitt on Marketing』, Boston: Harvard Business School Press, 2006(Levitt, 2006:172). (한국어판: 『테드 레빗의 마케팅』, 테드 레빗 지음, 조성숙 옮김, 21세기북스, 2011)

정리

소프트웨어 개발 조직에서 프로젝트를 관리할 수 있는 유일한 요소는 사람이다. 그렇기 때문에 사람들에게 활력을 불어넣는 것이 중요하다. 사람들을 혁신적인 조직에 참여시킴으로써 그렇게 할 수 있다.

많은 조직에서 혁신은 생존의 열쇠며, 혁신은 다섯 가지 핵심 "톱니바퀴"로 나눌 수 있다. 지식은 지식 노동자를 생산적으로 만드는 데 필요하다. 창의성은 독창적이고 유용한 결과를 만들어내는 데 필요하다. 직원의 동기 부여는 가치 있는 일을 실제로 하기 위해 중요하다. 사람들의 다양성은 조직에 강건함과 유연함을 더해준다. 그리고 성격은 사람들이 여러 기본 덕목을 포용한 결과다.

지식 노동자에게 활력을 불어넣고 혁신적인 제품과 서비스를 만들어내려면 이 다섯 가지 혁신의 톱니바퀴가 모두 필요하다.

성찰과 실천

4장에서 나온 아이디어를 조직에 적용할 수 있는지 살펴보자.

- 동료 몇 명과 함께 혁신의 다섯 가지 톱니바퀴(지식, 창의성, 동기 부여, 다양성, 성격)를 살펴보자. 여러분의 조직은 이 모두를 적극적으로 다루고 있는가? 정보-혁신 시스템의 모든 바퀴가 매끄럽게 돌아가고 있는가? 그렇지 않다면 어떻게 할 계획인가?

- 조직에서 찾아볼 수 있는 혁신의 성과를 논의해보자. 그 성과를 분명히 말할 수 있는가? 그렇지 않다면 그 이유는 무엇인가? 모든 전제 조건(지식, 창의성, 동기 부여, 다양성, 성격)이 준비돼 있다면, 왜 혁신이 실현되지 않고 있는가? 어떤 항목이 빠져 있는가?

05

사람들에게 활력을 불어넣는 방법

창의력은 파괴적인 힘으로 쉽게 바뀔 수 있다. 창의력을 좋은 일에 사용할 것인지,
나쁜 일에 사용할 것인지는 오로지 도덕성에 달려 있다. 어떤 선생님도 도덕성을 가
르치거나 채워줄 수는 없다.

— 칼 융Carl Jung, 정신의학자(1875~1961)

4장에서는 소프트웨어 팀을 정보를 소비하고 혁신을 창출하는 시스템이라고 정의했다. 이
시스템에는 사람이라는 중요한 행위자가 있고, 따라서 '사람들에게 활력을 불어넣자'가 매
니지먼트 3.0 모델의 첫 번째 관점이다. 또한 사람으로 이뤄진 이 시스템이 작동하도록 만
들려면 반드시 충족해야 할 다섯 가지 기준, 즉 지식, 창의성, 동기 부여, 다양성, 성격도
확인했다. 5장에서는 이 주제 중에서 네 가지를 좀 더 상세히 설명하고 보다 실용적인 측
면에서 논의한다. 그러나 지식이라는 주제는 이 책의 범위 때문에 당장은 잠시 미뤄뒀다.
조직의 지식 관리는 몇 페이지에 넣기에 너무나 방대한 주제다(그리고 지식은 매니지먼트 3.0
모델의 네 번째 관점인 '역량을 개발하자'에 더 어울린다고 할 수 있다). 그래서 나중을 위해 그 주제
는 아껴두고 창의성, 동기 부여, 다양성, 성격에 집중한다.

창의성 단계

창의성을 연구하다가 아서 J. 크로플리Arthur J. Cropley가 쓴 "창의성의 정의Definitions of Creativity"
라는 글을 발견했는데(Cropley, 1999:511), 그 덕분에 창의성에 대한 흥미로운 자료를 얻었

다. 크로플리는 창의성에 세 단계가 있다고 말한다.

- **전인습적 창의성**preconventional creativity은 흔히 7세 미만의 어린이들이 보여주는 유형이다. 주로 시지각을 통해 형성되며 자발성, 정서적 유대 그리고 때로는 아이의 침실벽을 다시 칠하는 방식으로 키울 수 있다.
- **인습적 창의성**conventional creativity은 창의성의 두 번째 단계다. 7세에서 11세 사이의 어린이에게서 발견되는 경우가 많고 현실적 사고와 관련이 있으나, 발달 중인 아이의 능력에 의해 생겨나는 제약과 인습의 지배를 받는다.
- **탈인습적 창의성**postconventional creativity은 마지막 단계이며 11세 이상의 어린이와 성인에게서 찾아볼 수 있다. 이 단계에서 사람들은 제약과 인습적 방식이 무엇인지 알고 있으면서도 새로운 것을 만들어낼 수 있다.

전인습적 창의성과 탈인습적 창의성 사이의 중요한 차이점은 어린 아이들은 제약을 무시하기 때문에 참신할 수 있는 반면, 성인들은 제약을 알고 있음에도 참신할 수 있다는 점이다. 예를 들어, 내가 만든 첫 작품은 네 살 때 유치원 선생님을 위해 그린 청첩장이었다(그림 5.1a 참조). 나의 전인습적 창의성은 선생님을 신랑보다 다섯 배 정도 크게 그려놓았다(아마도 선생님이 내 마음속에서 다섯 배 정도 더 중요했기 때문일 것이다). 나는 인습적 창의성 단계에서 사람을 좀 더 그럴듯한 모양과 크기로 그리는 방법을 배웠다(그림 5.1b 참조). 그러나 훨씬 나중에 학생이 됐을 때, 나의 재능은 탈인습적 단계로 들어섰고, 그림은 4살 때 멋모르고 실험했던 것과 비슷한 왜곡으로 되돌아갔다. 단지 이번에는 의도적이었다(그림 5.1c 참조).

나는 창의적 사고 단계가 유용한 도구이긴 하지만 동심과는 아무런 관련이 없다고 생각한다. 다른 사례를 들어 설명하겠다. 옛날 윈도우 3.1 시절에 멋진 글꼴을 사용해 만든 텍스트를 출력해 친구에게 보여준 일이 있었다. 그런데 어쩌다 그 글꼴을 잃어버려 찾을 수 없다고 말했다. 컴퓨터에 대해 일자무식이던 내 친구는 출력한 텍스트를 어색하게 바라보면서 이해할 수 없다고 했다. "하지만 여기 종이 위에 그 글꼴이 있잖아."라고 말했다. "맞아." 나는 대답했다. "그렇지만 내 컴퓨터에는 없어." 그러자 친구는 어리둥절한 표정으로 대답했다. "그런데 어제 나한테 새 스캐너를 보여줬잖아. 글꼴을 스캔해서 컴퓨터에 다시 넣으면 안 되는 거야?"

3단계 창의성 접근법은 성인이든 아니든 특정 문제 영역의 제약에 익숙하지 않은 모든 사람에게 적용할 수 있다. 우리 중 누구도 경험이 없거나 무지할 수 있고, 인습적 단계에서 창의적 사고를 하는 경험 많은 사람이 보기에 지나치게 설득력 없는 아이디어를 낼 수도 있다. 출력한 종이에서 글꼴을 스캔해 컴퓨터에 넣는다는 아이디어는, 그것이 우스꽝스럽다는 사실을 이해하기 어려운 누군가에게는 독창적이고 창의적인 해결책이었다. 소프트웨어 개발자인 나는 이런 아이디어를 상상하고 싶어도 상상할 수가 없다.

그림 5.1 내가 a) 4살, b) 8살, c) 19살 때 그린 그림[1]

---

1 별로 중요하지 않은 번역: "그러면, 나한테 방을 빌리고 싶은가?" "흠, 고기가 별로 없네. 그렇지?"

우선 지식이 지닌 문제는 사람들이 세상을 바라보는 관점을 제약한다는 점이다. 마치 어린 아이처럼 거리낌 없이 서로 관련 없는 것들을 우스꽝스럽게 연결할 수 있는 재능을 빼앗아간다. 아이처럼 상상력이 풍부하면서도 현실적 제약이 무엇인지 알고 있는 탈인습적 창의성 단계로 넘어가 그런 재능을 다시 얻는다는 것은 어려운 도전이다. 그제서야 최고 수준의 창의성을 달성해 내 그림보다 훨씬 더 특이한 그림을 그릴 수 있다. 이런 개념을 "초심"이라 부르기도 하는데, 이 개념은 『선심초심Zen Mind, Beginner's Mind』(김영사, 2013)이라는 책에 잘 설명돼 있다(Suzuki, 1980).

많은 조직에서 직원들은 인습적 창의 단계에 갇혀 있으며 다음 단계로 나아가기 위한 도전을 하지 않는다. 혁신과 조직의 생존을 위해, 가령 성찰과 영감을 자극하는 환경에 직원들을 노출시키는 것 따위로 초심을 발전시켜 탈인습적 창의성 수준까지 향상시키는 것은 관리자가 해야 할 일이다.

창의적 환경의 관리

창의성을 발휘하려면 정보와 지식을 사용할 수 있어야 하고 잘 조합된 성격을 지닌, 동기부여된 다양한 사람이 필요하다. 이런 전제 조건은 팀이 창의적 아이디어를 만들어낼 수 있을 정도로 충분해야 한다. 그러나 팀을 고조시키고 창의성을 자극하기 위해 관리자가 할 수 있는 몇 가지가 있다. 관리자는 초심뿐 아니라 환경도 살펴봐야 한다. 사람은 독창성이 가득한 환경에서 더욱 창의적일 수 있다.

안전

자신의 아이디어를 표현하는 것이 안전하다고 느낄 때만 창의성을 발휘할 수 있다. 창의성을 발휘할 수 있는 자유, 새로운 아이디어를 이야기할 때 위험을 감수할 수 있는 자유, 실패해도 괜찮다는 용인이 있어야 한다. 자신이 위험 감수와 실패에서 자유롭다는 것을 알게 되면, 사람들은 새로운 아이디어를 더 잘 내놓게 된다. 안전함을 느낀다는 것은 아이디어를 표현하고 질문하는 것을 두려워하지 않는다는 것을 의미한다(W. 에드워즈 데밍)(Austin, Devin, 2003:118).

놀이

사람들은 놀이를 할 때 창의성이 풍부해진다. 일상적인 활동을 작은 놀이로 바꾸거나 점심 시간에 하는 게임을 통해, 사람들의 도전 의식을 북돋우고 창의적 재능을 키울 수 있다.

변동

반복 업무는 창의적 사고를 빼앗아간다. 회사 근처 공원에서 회의를 하거나, 제품을 배포할 때마다 그곳에 재미있는 동물 이름을 붙이거나, 월간 진척도 보고서의 표지에 누군가의 그림을 넣어보자. 반복 업무에도 항상 충분한 변동이 있는지 확인하면 사람들의 마음을 열고 연상적 사고를 자극할 수 있다.

가시성

나는 만화가 벽에 걸려 있고, 사람들이 소파에 누워 일하고, 종이, 마커펜, 가위, 서류, 색종이가 바닥에 널려 있고, 5,000피스 퍼즐 맞추기 대결을 벌이는 사람들이 있고, 티백이 천장에 매달려 있는 환경에서 일해본 적이 있다(티백에 어쩌다가 그곳까지 갔는지 나중에 물어봐도 좋다). 내 인생에서 가장 창의적인 시기 중 하나였다. 다른 사람들의 창의적 결과를 눈으로 볼 수 있게만 해줘도 (그리고 티백의 경우에는 만질 수 있게 함으로써) 창의성을 심어줄 수 있다.

일탈

리우 데 자네이루에 행글라이더를 타러 간 적이 있었다. 나는 무척 긴장했다. 그러나 하늘로 날아오르자마자 내가 해냈다는 사실이 너무 기뻤다. 야생에서의 캠핑, 많은 청중 앞에서의 강연, 아마존에서의 피라냐 시식, 완전히 벌거벗은 채 자전거를 타고 도시를 가로지른 일도 행복했다. 이 책의 초안을 검토자들에게 전달했을 때도 그랬다. 그렇지만 내가 항상 번지 점프를 하면서 사는 사람이라고 생각하면 곤란하다. 아주 가끔씩 살짝 용기를 내서 그런 일을 할 뿐이다.

일탈은 조금 아파야 도움이 되는 기분 좋은 운동에 비유할 수 있다.

> 변화, 혁신, 창의성과 관련된 모든 활동에 능숙해지길 원한다면, 결국 일탈의 불편함이 삶의 일부라는 사실과 직면하게 될 것이다. 일탈과 함께 살아갈 줄 알아야 한다. 고통 없이 스트레칭을 배울 수는 없다. 일탈의 불편함이 업무의 한 가지 상태, 즉 지금 잘하고 있다는 신호라는 것을 받아들이는 방법을 배워야 한다.[2]

사람들에게 일탈할 거리를 엄청 많이 줘야 한다는 뜻은 사실 아니다. 약간의 두려움이 인간의 마음에 진정한 도전 의식을 불러올 수 있다는 뜻이다. 그리고 사람들이 자신의 일탈을 찾도록 도와줄 수 있다.

진행하는 프로젝트는 팀의 책임이지만, 팀이 일하는 환경은 관리자의 책임이다. 사람의 행동은 (어느 정도) 환경에 따라 달라지기 때문에 반드시 환경을 조정해 팀이 최선을 다하도록 만들어야 한다. 정기적으로 안전, 놀이, 변동, 가시성, 일탈에 대해 확인하고, 팀이 최상의 환경에서 일할 수 있도록 해주고 있는지 스스로에게 물어보자.

창의적 기법

팀 창의성을 자극하는 데에는 그야말로 수백 가지 기법이 있다. 그것들을 모두 나열할 수는 없다. 그것만으로도 책 한 권이 필요할 것이다(다행히 이미 그런 책이 있다(Clegg, Birch, 2006)). 그러나 창의적 기법을 메타 수준에서 여러 범주로 나눠본다는 건 흥미로운 일이다.[3]

- **프로세스**: 창의적 문제 해결, 생산적 사고 모델, 시넥틱스와 같은 몇몇 창의적 기법은 창의적 해결책을 만들기 위해 따라야 할 프로세스를 설명한다. 그중 대부분은 충분한 아이디어가 나올 때까지 반복할 수 있는 여러 단계를 포함한다. 개별 단계를 실행할 때는 좀 더 구체적인 다른 기법을 포함할 수도 있다.

---

2 Austin, Robert and Lee Devin. 『Artful Making』, New York: Financial Times/Prentice Hall, 2003. 허락하에 옮김(Austin, Devin, 2003:123).

3 Mycoted 웹 사이트의 창의적 기법들(http://www.mycoted.com/)

- **문제 정의**: 일부 기법은 더 나은 이해를 돕기 위한 문제 분석과 재정의를 구체적으로 다룬다. 그 예로는 덩이 짓기(문제를 몇 개의 큰 덩어리로 나누기), 육하원칙(누가? 왜? 무엇을? 어디에서? 언제? 어떻게? 묻기), 경계 검사(문제 다듬기)를 들 수 있다.
- **아이디어 생성**: 가능한 한 많은 잠재적 문제 해결책을 찾아내는 기법이다. 브레인스토밍(판단을 유보하고 집단 아이디어 만들기)과 토킹 픽처(그림의 연상 작용을 통해 아이디어 만들기)가 이 범주에 속한다.
- **아이디어 선택**: 어떤 시점에서는 생성한 아이디어를 선택해야 한다. 익명 투표(사람들이 의견을 표현하는 데 안전함을 느끼도록 함), 합의 매핑(아이디어를 사용 가능한 계획으로 단계화), 동그라미 스티커 투표(우선순위 결정)가 이 범주에 속한다.

외재적 동기 부여

지금까지 창의성에 대해 논의했으므로 이제 혁신의 다음 톱니바퀴인 동기 부여의 실용적인 측면을 생각해볼 차례다. 그리고 내가 약간 속임수를 썼다는 사실을 인정해야겠다. 4장에서 관련 이론을 모두 살펴보지 않았다. 동기 부여라는 주제에 대해 다뤄야 할 배경이 좀 더 남아 있다.

경영학 교수인 더글라스 맥그리거Douglas McGregor는 **X-Y 이론**Theory X and Theory Y[4]이라는 동기 부여 모델을 고안했다(McGregor, Cutcher-Gershenfeld, 2006). X 이론은 사람들이 일반적으로 일하지 않는 것을 선호한다고 말한다(Y 이론은 다음 절에서 다룬다). X 이론에서는 돈, 관리 통제 그리고 속담에 나오는 당근과 채찍이 사람들을 일하도록 만드는 최선의 방법이다. 그리고 그런 것들이 더 많을수록 일을 더 잘하게 만든다고 말한다. 사람들이 최고의 성과를 내도록 하려면 일정량의 **외재적 동기 부여**extrinsic motivation가 필요하다고 주장한다.

---

4 http://en.wikipedia.org/wiki/Theory_X_and_theory_Y

때로는 급여 인상, 인센티브 지급, 보너스와 같은 금전적 이익 형태의 외재적 동기 부여가 필요하다. 예를 들어, 자금이 거의 없는 스타트업 회사의 직원들에게 부여하는 스톡옵션이 가끔은 좋은 방법일 수 있다(Yourdon, 2004:94). 잘 알려진 외재적 동기 부여 중에 비금전적 보상도 있다. 스티브 맥코넬Steve McConnell은 마이크로소프트에서 일할 때 자신에게는 그런 보상이 꽤 효과적이었다고 말했다(McConnell, 2004:139).

조금 헷갈릴 수도 있겠지만 칭찬과 격려 역시 본질적으로 외재적 동기 부여다. 앞 문장을 작성하는 동안 나는 독자에게 내 블로그가 "정말 멋져요"라고 말하는 이메일을 받았다(분명히 똑똑한 사람이었겠지). 예전에 내가 칭찬 중독자라는 글을 쓴 적이 있다는 점을 생각해 보면, 그건 나를 최고로 동기 부여해주는 방법이었다. 내가 거의 뭐든지 할 수 있도록 만들어주고, 내가 잘하고 있다는 기분을 계속 느끼도록 해준다면 나 역시 그 일을 한다는 사실을 즐길 것이다. 그러나 그 방법은 나에게만 먹히는 방법이다. 다른 사람들에게는 그저 그런 방법일 수도 있다.

외재적으로 동기를 부여하는 방식은 서구 문명에서 꽤 흔한 일이다. 모든 바람직한 상태 B에는 그것이 일어나도록 하는 원인 A가 반드시 존재한다고 가정한다는 점에서 인과적 결정론이 갖는 오류의 직접적인 결과라고 할 수 있다. 그러나 복잡성은 사람들이 생각하는 것처럼 세상이 그렇게 선형적이 아니라는 것을 보여줬다. 사람들이 모든 돈과 에너지를 A에 낭비하더라도 결코 B가 가능하지 않을 수 있다.

불행하게도 비선형이 의미하는 바는 단지 바라는 결과를 얻지 못한다는 것만이 아니다. 톰 드마르코와 티모시 리스터가 『피플웨어Peopleware』에서 설명한 것처럼, 바라지 않던 부작용을 얻을 수도 있다.

> (표어가 찍힌 커피 머그잔, 명판, 핀, 열쇠 고리, 상패 등) 이른바 동기 부여 장식물은 허식이 실속을 이긴 증거다. 모두가 품질, 리더십, 창의성, 팀워크, 충성심, 기타 온갖 조직적 미덕을 극찬한다. 하지만 단순하게 극찬하면 오히려 다음과 같은 정반대 메시지를 전달한다. "우리 경영진은 성실한 노력과 관리 자질이 아니라 포스터로 이런 미덕을 높일 수 있다고 믿는다."[5]

---

5 DeMarco, Tom and Timothy Lister, 『Peopleware: 2nd Edition』, New York: Dorset House Pub, 1999(DeMarco, Lister, 1999:178). (한국어판: 『피플웨어』, 톰 드마르코/티모시 리스터 지음, 박재호/이해영 옮김, 인사이트, 2014)

많은 전문가가 급여 인상, 인센티브 지급, 보너스가 매우 해로울 수 있다는 점에 동의한다.

> 데밍은 모든 비즈니스가 시스템이고, 개인의 성과는 주로 그 시스템을 운영하는 방식의 결과라고 생각했다. 데밍의 관점에서 비즈니스 문제의 80%(다른 출처에서는 훨씬 더 높다고 주장하기도 한다)는 시스템이 원인이며, 시스템은 관리자의 책임이다. 데밍은 개인에게 관리 문제를 해결하도록 권장하고 장려하는 것은 효과가 없다고 말했다. 데밍은 순위를 매기는 데 반대했다. 능력에 대한 자부심을 해치기 때문이다. 또한 성과에 따른 급여 인상에도 반대했다. 문제의 원인이 아니라 증상을 처리하도록 만들기 때문이다.[6]

데밍은 분명히 팀과 조직에 대해 시스템 사고와 복잡성 이론에 완벽히 부합하는 흥미로운 관점을 갖고 있었는데, 이는 그러한 과학 사상이 유행하기 훨씬 전이었다. 사람들의 의견이 인과적 결정론 사고에 여전히 확고한 뿌리를 두고 있던 1950년대에 미국 기업들이 단체로 데밍의 아이디어를 거부한 것은 안타깝지만 이해가 되긴 한다. 그의 아이디어는 일본 기업의 경쟁력에 엄청난 영향을 미쳤다.

외재적 동기 부여는 복잡 적응계의 비선형 행동으로 인해 문제가 된다. 복잡 적응계에서 개별 요소를 압박하고 자극하는 것은 예기치 못한 결과와 부작용을 초래하는데 (시스템 바깥에 있는 사람이) 그런 것들을 예측하기에는 너무 복잡하다. 예를 들어, 미국 정부는 "서민"들에게 주택 소유를 장려하는 정책을 만들고(외재적 동기 부여) 은행에게 주는 금전적 보너스와 결합했는데(이 또한 외재적 동기 부여), 이것이 금융 제도 전체에 거품을 만들었고, 붕괴로 이어져 세계를 경기 침체로 몰아넣었다(Norberg, 2009).

좀 더 규모가 작은 다른 사례도 있다. 어떤 CEO는 직원들에게 오전 7시 30분에 회사 주차장이 꽉 차 있는 모습을 기대한다는 내용의 공개 이메일을 보낸 다음, 주가가 22% 감소한 모습을 봐야만 했다(Austin, Devin, 2003:119).

다른 저자들도 외재적 동기 부여의 다양하고 위험한 부작용에 대해 이야기한다. 이런 부작용의 예로는 핵심 프로세스의 부분 최적화, 내재적 동기 부여 파괴, 외부 자극 중독, 문

---

6 출처: Poppendieck, Mary. "Unjust Deserts" Better Software. July/August 2004, 34페이지. 허락하에 옮김(Poppendieck, 2004:34).

제 해결 성과 감소, 의도치 않은 동료 간 경쟁 등을 들 수 있다(Austin, 1996 · Poppendieck, 2004 · Pink, 2009).

그러나 외재적 동기 부여가 항상 나쁜 것은 아니라고 강조하고 싶다. 다양한 자료를 검토하다보면 X 이론 방식을 항상 피해야 한다는 인상을 받을 수도 있다. 하지만 전혀 그렇지 않다. 보너스, 보상, 티셔츠의 개념에 본질적으로 잘못된 것은 없다. 이와 마찬가지로 자동차, 칼, 살충제도 본질적으로 그릇된 것은 전혀 없다. 경험이 없는 사람들이 그 위험성을 잘 모를 때만 문제가 된다. 안타깝게도 복잡계는 대부분의 사람이 잘 모른다. 결론은 지금 뭘 하고 있는지 모른다면 X 이론과 외재적 동기 부여는 가까이하지 않는 것이 좋다는 것이다.

내재적 동기 부여

더글라스 맥그리거의 동기 부여 모델에서 Y 이론은 사람들이 자신의 정신적, 육체적 의무를 즐기며 일을 놀이만큼 자연스럽게 생각한다고 가정한다. 이것이 맥그리거 모델에서 **내재적 동기 부여**intrinsic motivation의 전부다. 사람들은 잘 해보려는 욕구를 타고났으며, 자기통제와 자기주도를 통해 목표를 달성하길 열망한다.[7]

> **Z 이론도 있을까?**
>
> Z 이론(Theory Z)도 실제로 있다. 이 이론은 윌리엄 오우치(William Ouchi)가 만들었는데, 많은 사람이 Z 이론을 Y 이론에서 파생된 것으로 본다. 직원들은 동료들과 행복한 업무 관계를 맺고 인정받고 싶어한다고 주장한다는 점에서 Y 이론보다 한 걸음 더 나아간 것이다.[7]
>
> Y 이론과 Z 이론 모두 내재적 동기 부여에 대한 것이기 때문에 나는 개인적으로 두 가지를 구별하지 않는다.

최근에 널리 받아들여지는 입장은 창의성이 외부의 보상을 얻으려는 바람이 아니라 활동 그 자체를 수행하고 싶어하는 내재적 동기 부여를 기반으로 한다는 것이다. 외재적 동기 부여는 창의성을 억누르거나 치명적일 수도 있다(Runco, Pritzker, 1999:521).

---

7 http://en.wikipedia.org/wiki/Theory_Z

내재적 동기 부여에는 외재적 동기 부여에서 종종 겪게 되는 비선형 부작용이 없다. 내재적 동기 부여의 경우, B라는 결과를 원한다면 A라는 인센티브를 줘야 한다는 문제가 아니다. 내재적 동기 부여에서는 A와 B가 똑같다. 우리가 하는 것 그 자체가 보상이다!

우리는 관리자가 내재적 동기 부여에 집중해야 하는 두 가지 중요한 이유를 찾았다. 복잡계에서는 외재적 동기 부여의 부작용이 예측 불가능하고 이익보다 더 큰 경우가 많다. 게다가 연구자들은 외재적 동기 부여가 아니라 내재적 동기 부여를 통해 지식과 혁신의 가장 중요한 연결고리인 창의성을 최대한 발휘할 수 있다는 사실을 알아냈다.

관리자가 가야 할 길은 분명하다. 조직의 생존에 관심이 있다면, 혁신에 신경을 써야 한다. 혁신에 신경을 쓰고 싶다면, 창의성에 관심을 기울여야 한다. 창의성에 관심을 기울이고 싶다면, 내재적 동기 부여에 신경을 써야 한다. 거의 자연 법칙이나 마찬가지다.

동기 저하

사람에게 동기를 부여할 수는 없으며, 단지 동기 부여를 가로막는 장애물을 제거할 수만 있다고 주장하는 사람들도 있다. 다시 말해, 동기를 부여할 수는 없고, 동기 저하를 없앨 수는 있다는 주장이다(적절한 표현일까?). 이 말은 다행스럽게도 사실이 아니다.

사람을 행복하게 만들 수 있는가? 아니면 불행하게 만드는 요인을 없앨 수 있을 뿐인가? 사람을 웃게 만들 수 있는가? 아니면 울게 만드는 요인을 없앨 수 있을 뿐인가?

2요인 이론Two-factor theory[8](또는 동기-위생 이론)은 심리학자인 프레더릭 허츠버그Frederick Herzberg가 제안한 모델인데, 그는 만족과 불만족이 서로 독립적이라는 사실을 발견했다 (Herzberg, 2008). 일하는 사람들에게는 동기를 부여하는 요인과 저하시키는 요인이 다르다. 나쁜 환경, 낮은 급여, 관료적 규칙이 사람을 불행하게 만드는 것들이다. 그러나 적절한 관리가 이뤄지고 있더라도 누군가에게 일을 더 잘하도록 동기 부여를 하지는 못한다. 누군가 다음과 같이 말하는 것을 들어본 적이 있는가? "우와, 이 편안한 의자는 내가 최선을 다할 수 있도록 정말로 동기 부여를 해주고 있어." 나는 그렇게 생각하지 않는다. 그 대

---

8 http://en.wikipedia.org/wiki/Two-factor_theory

신 사람들은 책임의 확대, 일을 제대로 해낼 수 있는 능력, 스스로 결정을 내릴 수 있는 기회, 집단에 소속돼 있다는 느낌과 같이 다른 것들에 의해 동기 부여된다.

허츠버그는 동기 부여 요인과 위생 요인을 구별한다.

- **동기 부여 요인**Motivator : 도전적 업무, 성취, 개인의 성장, 인정, 책임 등
- **위생 요인**Hygiene factor : 고용 안정, 급여, 지위, 근무 조건, 정책, 복리 후생 등

허츠버그는 이 요인들이 마치 위생처럼 사람들을 더 건강하게 또는 더 행복하게 만들지는 않기 때문에 "위생 요인"이라는 이름을 사용했다. 없다면 건강이나 행복을 악화시킬 수는 있다.

이 이론에 따르면, "동기 저하 제거"를 통해 사람에게 동기를 부여해줄 수는 없다. 사람들이 불만족스러워하는 것을 없애는 것, 즉 위생 요인을 도입하는 것으로는 기껏해야 사람들이 업무에 대해 중립적 감정을 느끼도록 해줄 뿐이다. 이것만으로는 충분하지 않다. 허츠버그의 이론에 따르면, 동기 부여 요인, 즉 사람들을 정말로 동기 부여해주는 것들도 도입해야 한다. 단순한 위생 요인과는 다르다. 그것이 바로 다음 절의 주제다.

팀 구성원의 열 가지 욕구

우리는 내재적 동기 부여가 외재적 동기 부여보다 더 바람직하다는 사실을 살펴봤다. 이제 한 발 더 나아가 내재적 동기 부여가 무엇으로부터 생겨나는지 살펴보려고 한다. 자기결정 이론Self-determination theory[9]부터 시작한다.

자기결정 이론은 세 가지 주요 내재적 욕구에 대한 일반적인 내재적 동기 부여 모델이다. 이 욕구는 보편적이고, 선천적이며, 심리적이다(Deci, Ryan, 2004).

---

9 http://en.wikipedia.org/wiki/Self-determination_theory

- **유능감**competence: 환경에 대처할 역량이 있다는 것을 스스로 느끼고자 하는 욕구
- **자율성**autonomy: 행동을 자율적으로 선택함으로써 스스로의 행위를 결정하는 데 능동적으로 참여하고자 하는 욕구
- **관계성**relatedness: 타인을 돌보고 관계를 맺음으로써 사회에 참여하고자 하는 욕구

스티븐 레이스Steven Reiss 교수도 비슷한 이론을 제안했다. 그는 16가지 기본 욕구가 거의 모든 인간의 행동을 설명한다는 사실을 발견했다.[10]

인정	인정에 대한 욕구
물리적 활동	활동에 대한 욕구
호기심	사고에 대한 욕구
힘	의지의 영향력에 대한 욕구
섭취	음식에 대한 욕구
연애	사랑과 섹스에 대한 욕구
가족	자녀 양육에 대한 욕구
절약	수집에 대한 욕구
명예	집단에 대한 충성
사회적 접촉	동료에 대한 욕구
이상주의	목적에 대한 욕구
지위	신분에 대한 욕구
독립성	자아실현
평온함	안전에 대한 욕구
질서	안정적 환경
복수	되받아침에 대한 욕구

---

10 출처: Reiss, Steven. 「Who Am I? The 16 Basic Desires That Motivate Our Actions and Define Our Personalities」, City: Berkley Trade, 2002. 허락하에 옮김(Reiss, 2002).

먹고, 섹스하고, 복수할 수 있는 기회를 제공하는 데 능숙한 기업도 있다(당연히 농담이다). 그러나 나는 이런 것들은 무시하고 인간의 타고난 욕구 중 일부에 초점을 맞추고 싶다. 나는 관리자가 이 중 다수를 직접적인 목표로 삼을 만하다고 생각한다. 자기결정 이론과 16 가지 기본 욕구 모두 사람들을 어떻게 동기 부여할 수 있는지 설명해주며, 이 이론을 팀 구성원의 열 가지 욕구로 바꿀 수 있다.

1. 사람들이 자신이 하고 있는 일에서 **유능감**을 느낄 수 있도록 한다. 도전적이지만 능력 범위 안에 있는 일을 준다.

2. 사람들이 여러분과 집단에게 **인정**받고 있다고 느낄 수 있도록 한다. 그들의 성취를 칭찬한다(단, 정말로 그렇게 생각하는 경우에만).

3. **호기심**을 해소할 수 있도록 한다. 지루한 활동도 있을 수 있지만, 항상 새로운 것을 살펴볼 수 있어야 한다.

4. 사람들에게 **명예**를 만족시킬 수 있는 기회를 준다. 반드시 팀이 스스로 규칙을 만들 수 있도록 해야 팀원들이 행복하게 따른다(마지못해 따르는 경우도 있겠지만).

5. 비즈니스에 약간의 **이상주의**(목표)를 가미한다. 단지 돈을 벌기 위해 비즈니스를 하는 것은 아니다. 세상을 좀 더 좋은 곳으로 만드는 데 (약간의) 기여하고 있는 것이다(참고: 이 부분에서 조심하자. 최고 경영진이 그냥 돈만 벌려는 진짜 목표를 숨기는 데 악용하는 경우도 많다).

6. 사람들의 **독립성**(자율성)을 장려한다. 과업과 책임에서 다른 사람과 차별화할 수 있도록 해준다. 그리고 그들의 독창성과 재미있는 헤어스타일도 칭찬해주자.

7. 조직에 일정 수준의 **질서**가 유지되고 있는지 확인한다. 사람들은 (최소한의) 회사 규칙과 정책에 의지할 수 있을 때 일을 더 잘할 수 있다.

8. 사람들이 주변에서 일어나고 있는 일에 **힘**이나 영향력을 발휘할 수 있는지 확인한다. 사람들이 하는 말을 잘 듣고 그렇게 될 수 있도록 도와준다.

9. **사회적 접촉**(관계)이 이뤄질 수 있도록 올바른 환경을 조성한다. 대개는 연애의 영역까지 모험할 필요는 없지만, 관리자가 비옥한 환경에 신경 쓴다면 우정은 쉽게 생겨날 수 있다.

10. 마지막으로, 사람들이 조직에서 어떤 **지위**에 있다고 느끼도록 하는 것이 중요하다. 커다란 계층 구조의 밑바닥 어딘가에 매달려 있다는 느낌을 줘서는 안 된다.

열 가지 욕구에 있는 열 가지 항목 모두를 정기 활동으로 만들어 검토하면, 이런저런 뭔가를 해야 한다는 사실을 잊지 않을 수 있다. 이 일은 대개 중요하지만 급하지는 않기 때문에 잊어버리기 쉽다(Covey, 2004). 그러나 장기적으로는 급여 인상보다 훨씬 더 큰 도움을 줄 수 있다.

> **직원들이 외재적 동기 부여를 원하면?**
>
> 구체적으로 보너스, 보상, 인센티브 지급을 요청하는 직원도 있을 수 있다. 그러면 어떻게 해야 할까?
>
> 외재적인 동기 부여를 할 마땅한 방법이 없다면, 그 직원에게 창의성을 발휘해 적용할 만한 방법들을 제시해달라고 요청한다. 그런 다음, 문제를 예방하기 위한 방법도 함께 요청한다.
>
> 직원들이 외재적 동기 부여 요인을 요구하는 경우, 그 직원이 원치 않는 바람직하지 못한 부작용 문제를 해결해야 한다.

사람들의 내재적 욕구를 어떻게 겨냥해야 할지 모른다면, 항상 물어보면 된다. 스콧 버쿤 Scott Berkun은 관리자가 모든 팀원에게 물어볼 수 있는 간단한 질문 하나를 제시한다.

"당신이 최선을 다하도록 하려면 내가 어떻게 도와줄 수 있을까요?"[11]

이 간단한 질문만으로도 세 가지를 할 수 있다.

- 적어도 그 사람이 최선을 다할 능력이 있다는 것을 인정할 수 있다.
- 그 사람이 자신의 성과를 평가하도록 할 수 있다.
- 추가적인 개선에 관련된 논의를 시작할 수 있다.

스콧의 질문은 정기적으로 묻기 좋다. 나와 같은 아저씨도 잊어버리기 어렵다.

---

11 Berkun, Scott, 『Making Things Happen: Mastering Project Management』, Sebastopol: O'Reilly Media, Inc, 2008(Berkun, 2008:186).

무엇이 동기를 부여하는가: 균형을 찾아라

사람들의 동기는 개인적이며, 음식, 음악, 남성(여성)에 대한 취향만큼이나 설명하기 힘들고, 예측할 수 없다(우스꽝스럽기도 하다). 예전에 내 블로그에서 독자들에게 무엇이 그들을 동기 부여하는지 질문한 적이 있다. 다음과 같은 경우 동기 부여된다는 답변이 있었다.

- 누군가를 위해 특별한 제품을 만들었을 때
- 컴퓨터를 잘 다루고 있다고 느낄 때
- 사람들의 삶을 더 편안하게 해주는 것을 만들 능력이 있을 때
- 직업적으로나 개인적으로 스스로를 개선할 수 있을 때
- 독서를 좋아하는데 책 주문이 허용될 때
- 10분이 지났다고 생각했는데 4시간이 지난 것을 깨달았을 때
- 또 다른 자원이 아니라 인간으로 대접받을 때
- 제품이 성공해 자신감이 높아졌을 때
- 만든 제품이 자신을 표현한다고 느꼈을 때
- 어려운 문제에 근사한 해결책을 찾았다고 느꼈을 때
- 가치를 제공하면서도 단순한 해결책을 만들었다는 사실을 알았을 때
- 돈을 버는 직업을 가졌을 때
- 중요한 프로젝트에서 신뢰를 받았을 때
- 소프트웨어 공학에 대한 열정이 보상을 받았을 때
- 최신 기술을 사용할 수 있을 때
- 모든 이해관계자로부터 감사 표현을 받았을 때
- 사용자가 "고맙다"라고 말했을 때

위에서 보는 바와 같이 사람들에게 동기를 부여하는 방법은 (그리고 동기를 저하시키는 방법도) 다양하다. 개발 관리자나 프로젝트 관리자로서 팀원 각자의 동기 부여를 지속적으로 살펴볼 수 있도록 마음 대차대조표를 사용해보는 것이 좋다. 마음 대차대조표는 다음과 같이 사용한다.

내가 12살 때 선생님 중 한 분이 엄마한테 내 태도가 텃세를 부리는 동물 같다고 말한 일이 있다. 나는 내 안락한 공간을 누군가와 나누는 것이 싫었다. (내 짝꿍의) 연필 따위가 내 책상으로 몇 인치 넘어오는 것이 마음에 들지 않았다. 내 자리로 가방이 넘어올 때도 계속 밀어냈다. 이런 태도는 절대 바뀌지 않았다. 나는 지금도 사람들이 내 소유물, 내 주거 공간, 내 창의적 노력의 결과물을 침범하는 것을 좋아하지 않는다. 예전에 파트너가 내 개인 메일을 열어본 일이 있었다. 그에게는 아직도 내 이빨자국이 남아 있다. 그리고 지금 배우자와 은행 계좌를 함께 관리하기로 합의하기까지 3년이 걸렸다는 것을 인정한다. 쉽지 않았다.

당연하게도, 나는 사람들과 내 코드를 공유하는 것도 좋아하지 않는다. 그래서 익스트림 프로그래밍에서 강조하는 코드 공동 소유가 내 개인의 안녕에 직접적인 해가 된다고 생각했다. 내 코드는 내 것이고, 여러분의 코드는 여러분의 것이다. 물론 내 코드를 두고 소통하는 것도 좋아하고 개선 의지도 높지만, 내 전제 조건하에서만 그렇게 할 것이다. 나는 다른 사람이 내 것에 손대지 않았으면 한다. 내 코드는 공동으로 재작성할 수 없다(물론, 다른 사람이 내 책도 재작성할 수 있다고 주장하지 않길 바란다. 그렇지는 않겠지?).

그래서, (코드 공동 소유와 같은) 어떤 실천법이 필요하다고 고민하고 있다면 (그런 경우가 종종 있다), 나와 같은 고집쟁이의 동기 부여는 어떻게 다룰 수 있을까?

팀원 각각에게 동기를 부여하거나 저하시키는 항목이 적힌 대차대조표(그림 5.2 참조)를 상상해보자. "최적"의 실천법은 서로 다른 사람들에게 서로 다른 효과를 준다. 코드 공동 소유는 나의 동기를 저하시킨다. 따라서 내 동기 부여 대차대조표에서 코드 공동 소유 항목에는 −1점을 준다. 내 사생활을 누구보다 잘 알고 있고 진정한 사회주의자인 내 좋은 친구 닐스는 아마도 기꺼이 자신의 코드를 공동 소유로 넘길 것이다. 그러므로 코드 공동 소유 정책은 닐스에게 대단한 동기를 부여해줄 수 있고, 닐스의 동기 부여 대차대조표의 코드 공동 소유 정책 항목에는 +1점을 적는다.

이와 비슷한 방법으로 다른 실천법에 대해서도 토론해야 한다. 예를 들어, 나는 모두를 볼 수 있고 누가 내 의자를 훔쳐가는지 언제나 알 수 있는 넓은 공간에서 일하는 것을 좋아한다. 하지만 누군가는 일하면서 평화와 고요함을 느낄 수 있는 개인 사무실을 선호할 수도 있다고 생각한다. 내가 하나의 넓은 공간에 프린터 3대, 큰 빨간 풍선 하나, 배에서 치는 종을 설치해놓고 80명이 같이 사용했을 때는 다행스럽게도 이 항목이 대차대조표에서 +1

점을 얻었다. 하지만 내 생각에 닐스는 나보다 사생활을 더 중요하게 여기기 때문에 아마도 이 문제에 대해서는 −1점을 줄 것이다. 닐스가 그런 사무실에서 일한 적이 있다면 말이다. 하지만 그러지는 않았다. 닐스에게 다행이다!

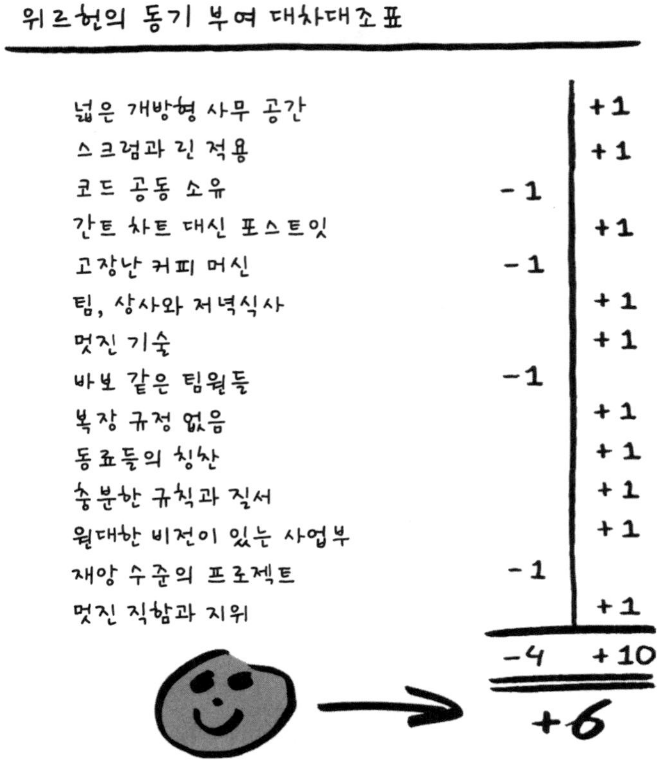
위르헌의 동기 부여 대차대조표
넓은 개방형 사무 공간 +1
스크럼과 린 적용 +1
코드 공동 소유 -1
간트 차트 대신 포스트잇 +1
고장난 커피 머신 -1
팀, 상사와 저녁식사 +1
멋진 기술 +1
바보 같은 팀원들 -1
복장 규정 없음 +1
동료들의 칭찬 +1
충분한 규칙과 질서 +1
원대한 비전이 있는 사업부 +1
재앙 수준의 프로젝트 -1
멋진 직함과 지위 +1
-4 +10
+6

그림 5.2 내 동기 부여 대차대조표는 흑자다!

이와 마찬가지로 스크럼에서는 기능 추정에 “스토리 점수”, “이상적 작업일”, “티셔츠 크기”, “바나나” 중에서 어떤 것을 사용할지, 반복 주기의 길이를 1주로 해야 할지 4주로 해야 할지, 애자일 계획 도구로 멋진 온라인 도구를 쓸지 분홍색 포스트잇을 쓸지 등에 대해 논의할 수 있다. 그러나 최고의 방법은 다음과 같다. 그냥 팀원들이 이런 논의를 할 수 있도록 해주기만 해도 모든 팀원의 동기 부여 대차대조표의 점수를 전체적으로 높일 수 있다. 공짜로 돈을 버는 것이나 마찬가지다!

많은 길이 로마로 통한다. 소프트웨어 프로젝트의 성공으로 통하는 길은 더 적을 수도 있지만, 그 길을 따라 여전히 많은 선택이 가능하다. 그 위의 갈림길에서 종종 "프로세스보다 사람"을 더 강조하는 애자일 선언의 첫 번째 가치를 고려하지 않는 "최적" 실천법에 대한 토론과 열띤 논쟁을 만나는 경우가 있다. 사람들에게 동기 부여하는 것이 자신이 좋아하는 프로세스를 만드는 것보다 항상 더 중요하다. 운 나쁘게도 나와 같은 사람이 가득한 프로젝트 팀을 관리하게 된다면, 아무리 많은 켄트 백 시그너처 시리즈를 던져줘도 아무런 쓸모가 없다는 사실을 받아들이자. 새 정책과 그 밖의 설득력 있고 동기 부여해주는 실천법이 균형을 이뤄야 한다. 그렇지 않으면 상처만 남은 채로 다른 일을 해야 할 것이다.

> ### 만약 누군가의 대차대조표가 적자라면?
> 누군가의 대차대조표가 적자라면 내가 아는 한두 가지 선택밖에 없다. 다 함께 힘을 합쳐 흑자로 돌리거나 그 직원을 교체하는 것이다. 팀이나 조직에서 무슨 일이 일어나든 대부분 맘에 들어하지 않는 사람은 함께 일하는 다른 모든 사람의 동기를 떨어뜨릴 수 있다.
>
> 나라면 이 직원에게 자신이 좋아하는 것과 싫어하는 것의 균형을 직접 검토하도록 함으로써 흐름을 바꾸려면 우리 둘이 함께 무엇을 해볼 수 있을지 물어볼 것이다. 일이 잘 풀리지 않으면 그 직원과 팀 또는 조직이 잘 맞지 않는다는 사실을 인정해야 할 때다. 이 일은 더 늦기 전에 끝내야 한다.

각 팀원마다 동기 부여 대차대조표가 서로 다르다. 여러분이 도입하는 프로세스와 도구는 팀에서 긍정적인 점수와 부정적인 점수를 동시에 얻는다. 물론, 근무 시간 기록표를 작성하거나 번갈아가며 고객 응대를 하는 것처럼, 대부분의 팀원을 당황시키는 새로운 규칙의 도입이 필요할 수도 있다. 약간의 고통 없이는 아무것도 얻지 못할 때가 있다. 설교를 해서라도 사람들에게 동기 부여를 해서 대차대조표의 균형을 유지하자.

내재적 보상

사람들에게 보상을 하고 싶다면, 인간의 타고난 욕구와 행동을 연결시키는 내재적 동기 부여를 목표로 해야 한다. 예를 들어, 값싼 (외재적) 보상으로 누군가에게 아무 책이나 사주지 말자. 책은 누군가의 호기심이나 유능감에 대한 욕구를 만족시키고 싶을 때 구입해야 한다. 마일스톤 달성의 "고마움"을 표현하는 방법으로 팀 회식비를 지불하지 말자. 팀

회식비는 사람들의 사회적 접촉 욕구와 관계를 (그리고 식사도) 다루고 싶을 때 지불해야 한다. 단지 요청한 사람들을 기쁘게 하기 위해 규칙이나 실천법, 정책을 도입해서는 안 된다. 다시 한 번 말하지만 그건 외재적 보상이다. 질서와 안정성을 가져오는 것이 진짜 목표가 돼야 한다.

직원들과 면담이나 논의를 해보면 그들에게서 보상과 인센티브에 대한 욕구 표현을 얻게 될 것이다. 그러나 동기 저하의 제거든, 동기 부여의 도입이든 그들의 내재적 욕구만을 다루려고 노력해야 한다.

다양성? 그것은 연결!

창의성과 동기 부여 다음으로 다룰 혁신의 톱니바퀴는 다양성이다. 사람들이 내게 다양성에 대해 그리고 소프트웨어 팀에서 다양성을 촉진하는 방법에 대해 물어보면, 예전에 내가 썼던 블로그 글을 참조한다. 다음 글은 직원의 관점으로 쓴 것이다.

> 나는 ___다. 그건 선택의 문제가 아니다. 그렇게 타고났다. 나는 내가 ___여서 무척 행복하다. 대수로운 일은 아니다. 자연스러운 거다. 그런데 다른 사람들은 이에 대해 야단법석을 피운다.
>
> 어떤 이들은 더 많은 ___가 소프트웨어 개발에 참여해야 한다고 말한다. ___가 업계에 별로 없기 때문에 그들을 더 많이 기술 계통으로 끌어들여야 한다는 것이다. 팀의 "다양성 확보"를 위해 ___들을 고용해야 한다고 말하는 이들도 있다. 이해가 잘 안 된다.
>
> ___들 중에는 소프트웨어 개발을 좋아하는 사람도 있고 좋아하지 않는 사람도 있다 (그런 이야기를 들어본 적이 없을 것 같지 않다. 그들이 ***가 아니라면). 나는 소프트웨어 개발 일을 하는 ___들을 위한 연례 기념일을 좋아하지 않는다. 그리고 ___들의 이름을 딴 상이나 프로그래밍 언어도 필요하지 않다. 분명히 나는 ___를 위한 정부 보조금을 좋아하지 않는다. 그리고 물론 ___들을 지지하는 긍정적인 차별(차별 시정 조치)을 좋아하지 않는다. 왜냐하면 나는 그것이 나 같이 ___이면서 자신의 경력을 만들어갈 충분한 능력이 있는 사람들에게 모욕적이라 생각하기 때문이다.

게다가 ___들에게 예외를 두면, @@@, ###, &&&, ---, ===들에게도 똑같이 해야 한다. 어디까지 계속해야 할까?

물론 어떤 #*!들이 ___들을 부정적으로 차별하고 있기 때문에 우리는 이에 맞서 싸워야 한다. 하지만 그게 전부다. 중립성이 우리의 최종 목표다. 중간 어딘가에서 멈추지 않는다.

오늘 이 자리에서 나는 매우 행복하다. 내가 역량이 있기 때문이다. 내가 ___여서 누군가가 나를 고용했기 때문이 아니라.

어떤 사람들은 사회적 다양성 문제에 상당히 단순하게 접근한다. 이들의 생각은 소프트웨어 팀의 "다양성 확보"를 위해 여성을 더 끌어들이는 정도에 그친다. 그건 성별의 차이에 대한 고정관념에 근거한 방식이며, 과학적 관점에서 완전히 진부하다(Eliot, 2010:26). "생식기의 모양"보다 훨씬 더 많은 다양성이 있다(Hamel, 2007:158).

경영 전문가와 복잡성 학자들은 사람의 성과가 대체로 그 사람이 일하는 시스템에 의해 결정된다는 것에 주목했다. 그리고 사회 관계망 분석에 따르면, 이 성과는 사회 관계망에 있는 다른 사람과의 연결에 달려 있다는 것이 밝혀졌다(Cross, 2004:11).

새로운 사람을 고용할 때 중요한 것 중 하나는 이 사람이 조직의 다른 사람과 어떻게 연결될 것인지 살펴보는 것이다. 가급적이면 이 연결이 기존 팀원들이 만든 연결과 다른 종류의 것이길 바랄 것이다. 연결의 다양성이 팀 역량과 성과에 가장 큰 영향을 미치기 때문이다. 물론 연결뿐 아니라 훨씬 더 많은 다양성이 있다. 그러나 연결의 영향은 성별의 영향보다 분명히 더 크다.

즉, 새로운 팀원을 고용할 때는 역량을 검토한 바로 다음 연결을 만드는 능력을 검토해야 한다. 예를 들어, 이전 직장에서 어떤 유형의 연결을 만들었는지, 사회 생활에서 어떤 유형의 연결을 선호하는지, 자신의 지식을 높이는 데 사용하는 출처, 안내원, 인사 관리자, 조직 내 다른 사람들에게 다가가는 방식, 이 사람이 합류할 팀과 잘 지낼 수 있는 방법 등을 검토한다. 이 모든 것들이 그 사람이 팀에 더해줄 수 있는 진짜 다양성에 대한 지표기 때문에 계약서에 서명하기 전에 이런 것을 검토해야 한다는 뜻이다.

성격 진단

5장에서 우리는 창의성, 동기 부여 그리고 약간의 다양성에 대해 논의했다. 다양성 문제의 나머지 부분은 성격이라는 주제와 함께 논의해볼 수 있다. 팀 내 성격의 다양성은 안정성, 회복 탄력성, 유연성, 혁신을 자극한다. 반면, 화합을 보장하고 갈등을 해소하려면 팀원들 간에 충분한 공통점(또는 포괄적 다양성)이 있어야 한다. 그러나 팀이 다양하면서도 충분히 조화로운지는 어떻게 알 수 있을까? 성격 테스트를 해보자. 사람들의 성격을 진단하는 데에는 여러 가지 방법이 있다.

16PF Sixteen Personality Factor Questionnaire[12]는 심리학자 레이몬드 B. 카텔Raymond B. Cattell이 개발한 도구다. 경험 연구에 따르면, 16가지 개인 특성을 구별하는 이 모델은 많은 환경에서 사람의 행동을 예측하는 데 유용하다. 개인의 전체 성격에 대한 통합된 그림을 제공해준다. 여러분이 성격 테스트를 가장 진지하게 받아들이고 있고, 사람들에게 충분한 테스트 시간이 있을 때 16PF 모델을 살펴보라는 것이 나의 제안이다.

마이어스–브릭스 유형 지표MBTI, Myers-Briggs Type Indicator[13] 평가는 그 효과에 대해 논쟁의 여지가 있지만, 세계에서 가장 널리 사용하는 성격 진단 도구다. MBTI 모델은 여러 심리적 차이점을 네 가지 양극 지표로 분류한다(외향 대 내향, 감각 대 직관, 사고 대 감정, 판단 대 인식). 이 모델이 **포러 효과**(진단 결과가 자신의 성격을 반영한다고 생각하지만 실제로는 거의 모든 사람에게 적용되는 현상)의 주범으로 간주되기도 한다. 과학적 타당성보다 사람들의 관심이 좀 더 중요하다면 이 테스트를 고려해보라고 조언하고 싶다. 결과를 너무 심각하게 받아들이지 않으면, 진단 결과를 두고 재미있게 이야기할 수도 있고, 서로 쉽게 비교할 수도 있다.

에니어그램Enneagram of Personality[14]에는 원에 9개의 점으로 나타내는 아홉 가지 성격 유형이 있다. 때로는 반증 가능하지 않고(즉, 비과학적이고) 신비주의에 뿌리를 두고 있다는 비판을 받기도 하지만 이 도구는 자기개발에 효과적인 모델이다. 그럼에도 이런 테스트는 팀과 재미있게 시도해볼 수 있다. 그리고 팀원들이 자기 성격을 과학적으로 진단하고 싶어하지 않는 경우, 이렇게 비과학적인 에니어그램은 환영할 만한 타협이 될 수 있다.

---

12 http://en.wikipedia.org/wiki/16_Personality_Factors

13 http://en.wikipedia.org/wiki/Mbti

14 http://en.wikipedia.org/wiki/Enneagram_of_Personality

팀 **구축** 양성[15]을 자극하고 차이를 인식하는 것만으로도 약간의 상대주의와 기분 좋은 웃음은 팀원들과 나눌 만한 가치가 있다.

마지막 모델은 **빅 파이브**Big Five Factors of personality[16]다. 이 모델은 다섯 가지 성격 특성(개방성, 성실성, 외향성, 친화성, 신경증)으로 이뤄져 있으며, 성격 심리학에서 이전의 모든 발견과 이론을 통합하는 개념적 프레임워크를 제공하는 사용 가능한 가장 포괄적인 모델로 일컬어진다. 그러나 빅 파이브 모델에 대한 공통적인 불만은 너무 고수준이라는 것이다. 여러 연구를 통해 16PF, MBTI, 에니어그램과 같은 저수준 모델이 사람들의 실제 행동을 예측하는 데 더 강력할 수 있다는 것을 확인할 수 있다. 그러나 그 모델들은 성격 심리학에서 최초의 (그리고 유일한) 과학적 합의로 여겨지는 빅 파이브보다 논란이 많다. 빅 파이브 모델은 16PF 모델처럼 그 접근 방식이 과학적이지만, 너무 깊게 파고들지 않는 성격 평가를 원하는 경우에 훌륭한 선택이다. 그래서 그런 테스트에 불편함을 느끼거나 완전한 16PF 평가를 하기에는 시간이 부족한 사람들을 끌어들이기에 좋다.

팀 성격 진단 4단계

소프트웨어 개발 팀의 다양성과 성격의 조화를 평가할 때 할 수 있는 일에는 네 가지가 있다.

첫째, 자신을 먼저 테스트한다. 네 자신을 알라. 스스로의 성격을 이해하면 자신이 어떤 유형의 관리자인지 그리고 팀을 인식하는 방식이 어떠한지 보다 잘 이해하게 된다. 예를 들어, 테스트 결과 나는 아이디어, 패턴, 설계를 고수준에서 분석하는 데 흥미가 있지만, 보통은 실용적인 사소한 규칙과 세부 사항에 거의 관심이 없었다. 이것은 팀이 일상적인 규율, 질서, 깔끔함 측면에 무신경할 때 내가 무력한 관리자가 될 수 있다는 뜻이다. 그리고 다른 사람들의 해결책에 거의 인내심이 없을 수도(그리고 지나치게 비판적일 수도) 있다.

---

15 마이크 콘은 내게 "팀 구축(team building)" 대신, 조직에 대한 나의 유기적 관점을 더 잘 반영하고 있는 "팀 양성(team growing)"이라는 용어를 사용해야 한다고 제안했다. 안타깝게도 나는 습관을 바꾸기에는 "팀 구축"이라는 용어가 지나치게 익숙하다.

16 http://en.wikipedia.org/wiki/Big_Five_factors

둘째, 자신의 테스트 결과를 팀에게 공유한다. 한 명의 인간인 여러분에게 팀원들이 무엇을 기대할 수 있는지를 그들에게 보여주자. 스스로를 드러내는 것이 꺼려진다면, 팀원들도 여러분에게 자신을 드러내길 꺼려할 것이다. 그런 일은 원치 않을 것이다. 그러니 너무 부끄러워하지 말고 자신의 강점과 약점을 드러내자. 이에는 약간의 용기가 필요하다. 자신의 취약점을 드러냄으로써 스스로를 단련하는 것이다. 사람들의 존중과 신뢰를 얻고 싶다면, 바로 개방성과 솔직함이 그렇게 (또는 그 이상을) 해줄 수 있다.

셋째, 팀원들에게 개인적으로 성격 테스트를 해볼 것을 권유해본다. 인터넷에는 공짜로 해볼 수 있는 테스트가 많지만, 비용을 지불하면 좀 더 정확하고 전문적인 테스트를 할 수 있다. 팀원들에게 스스로를 이해해보라고 하는 것이 터무니없는 일은 아니다. 그들이 자신의 강점과 약점을 알면, 더 좋은 위치에 설 수 있는 기회를 얻게 된다. 그리고 관리자인 여러분이 팀원들의 자기개발에 기꺼이 투자하고 있다는 것을 보여줌으로써 추가 점수를 딸 수 있다.

이제 여기에서 멈출 수도 있다. 여러분이 자기 자신을 알고, 팀원들이 여러분을 알고, 그들이 스스로를 안다는 것은 훌륭한 일이다. 팀 성격 문제의 75%를 해결한 것이며, 이미 충분한 상황일 수도 있다. 하지만 100%까지 완전히 가보고 싶을 수도 있다.

넷째, 팀원들에게 자신의 진단 결과를 서로 공유하도록 제안할 수 있다. 이 단계는 자발적으로만 이뤄질 수 있으며, 팀의 신뢰 수준이 높을 때만 가능하다. 이 제안을 하기 전에 당연히 여러분의 진단 결과를 팀원들에게 먼저 보여줬을 것이기 때문에 그들은 무엇을 기대하는지 이해하고 여러분을 더욱 기꺼이 따를 것이다. 훈훈하고 편안하며 위협적이지 않은 분위기의 자리를 만든 후, 테스트 결과에 대해 팀원들과 자유롭게 이야기한다. 결과에 좋고 나쁜 것이 없다는 것을 강조한다. 누구도 왼손잡이이면서 동시에 오른손잡이일 수 없으며, 수줍으면서 대담한 사람, 현실적이면서 추상적인 사람은 없다. 그리고 사람들이 성격 모델에 별로 관심이 없더라도 논란과 논쟁이 없지 않다는 점은 반드시 강조해야 하겠지만, 이 활동 자체가 팀 ~~구축~~ 양성을 위한 훌륭한 방법이 될 수 있다.

팀원들이 서로의 성격에 대해 더 잘 이해하게 되면, 그들은 (그리고 여러분은) 팀의 다양성 또는 조화의 결핍을 인식할 수 있다. 그리고 이 문제를 어떻게 해결해야 할지 논의할 수 있다. 이는 팀이 다음 단계로 나아가기 위한 완벽한 위치, 즉 팀 가치를 선택할 수 있는 위치에 섰음을 의미한다.

마지막 참고 사항: 몇몇 주와 나라에서는 직원들에게 성격 테스트를 실시하는 것을 제한하고 있다. 다만 이런 법적 제한은 대개 신규 직원을 채용하는 과정에서 그런 테스트를 필요로 하는 고용주에게 부과되는 것이다. 상황과 법률 환경을 먼저 확인해봐야 할 수도 있다.

DIY 팀 가치

팀 성격 진단 활동을 하면 팀에 어떤 유형의 사람들이 있는지 볼 수 있다. 이런 지식은 팀이 필요한 핵심 가치를 선택하는 다음과 같은 활동에 유용할 수 있다.

애자일 원칙, 린 원칙, 스크럼 가치, XP 가치 등… 소프트웨어 개발 팀을 이끌며 동기를 부여하고 싶은 사람이라면 누구나 표준이 되는 자신만의 가치 또는 원칙을 생각해내는 것처럼 보이지만, 나는 모든 프로젝트가 다르고, 모든 팀이 자신만의 맞춤형 가치 체계가 필요할 수도 있다고 생각한다.

그래서 여러분에게 DIY 팀 가치 키트를 제공하려고 한다. 이제 여러분은 자신만의 가치 세트를 만들 수 있다. 아이디어는 단순하다. 다음과 같이 사용하면 된다.

1. 50가지 덕목(표 5.1 참조)을 출력해 개발 팀원 각자에게 한 장씩 나눠준다(참고: 애자일, 린, 스크럼, XP의 "표준" 가치는 굵게 표시돼 있다).

2. 이 목록에서 팀이 3~7개를 함께 선택해야 한다고 말한다. 현재 프로젝트, 상황, 성격을 고려했을 때 반드시 가장 중요한 덕목이어야 한다. 표준 애자일 가치를 선택할 수도 있고, 다른 덕목을 선택할 수도 있다.

3. 팀 외부의 이해관계자들(기능 관리자, 사용자 등)에게도 이와 똑같은 요청을 한다. 대표성이 있는 몇 사람과 함께 모여 이해관계자가 생각하기에 프로젝트에 가장 중요한 가치를 3~7개 선택해달라고 말한다.

4. 그런 다음 팀이 함께 모여 개별적으로 작성한 서로의 목록을 비교한다. 가장 많이 선택된 덕목이 다양할 수도 있겠지만, 일부 선택은 같거나 매우 비슷할 것이다. 환경과 시스템 그 자체는 무엇이 중요한지에 대해 다양한 관점을 가질 가능

성이 높다. 하나의 3~7개 가치 목록(5 ± 2)을 합의할 때까지 서로의 기대에 대해 이야기한다.

5. 이제 최종 팀 가치에 합의한다. 포스터, 머그컵, 태스크 보드, 커피 머신, 화면 보호기, 점심 메뉴 등에 표시해 모든 팀원과 이해관계자가 명확히 알 수 있도록 한다.

표 5.1 50가지 덕목(애자일 가치는 굵게 표시)

정확성	창의성	정직	지속성	**단순성**
적극성	호기심	유머	실용성	기술
심미성	단호함	근면성	목적 의식	의무감
균형	결단력	자주성	합리성	재치
신중함	인내심	온전함	믿음직함	철저함
깔끔함	열정	즐거움	회복 탄력성	관용
약속	탁월함	지식	**존중**	**신뢰**
자신감	유연성	사려 깊음	책임감	착실함
협력	**집중**	**개방성**	자기수련	통합
용기	이타성	질서	봉사	비전

50가지 덕목은 'Wisdom Commons' 웹 사이트[17]에서 영감을 얻은 것이며, 웹 사이트를 방문하면 일상 업무와 삶에 적용할 수 있는 더 많은 덕목을 찾을 수 있다. 물론 팀이 중요하다고 생각하는 다른 덕목을 자유롭게 추가할 수 있다.

좋은 팀 가치 목록은 팀과 그 환경에서 비롯되는 것이다. 많은 "회사 가치" 계획이 실패하는 이유는 최고 경영진이 만들어 현장에서 시행하기 때문이고, 다양한 팀에는 다양한 가치가 필요할 수도 있다는 것을 고려하지 않기 때문이다. 예를 들어, 창의적 팀에는 좀 더 많은 단호함이 필요할 수 있는 반면, 실용적 팀에는 깔끔함이 좀 더 필요할 수 있다.

---

17 덕목과 윤리에 대한 설명(http://www.wisdomcommons.org/)

> **여러 팀을 관리하고 있다면?**
>
> 좋은 질문이다. 많은 부모가 고심하는 것처럼 여기에서도 균형을 이루고자 하는 행동을 볼 수 있다. 모든 자녀들을 동등하게 대하고 싶어하지만 다양한 성격을 고려하면 어떤 자녀에게는 다른 자녀보다 "더 동등하게" 대해야 할 수도 있다.
>
> 내 어머니는 이따금 형에게 엄했던 반면, 형은 어머니가 나를 자기와 똑같이 대하지 않는다고 불평하곤 했다. 그리고 당연하게도, 내가 말썽부린 기록은 포스트잇 반 장도 안 될 정도로 적었다.
>
> 이처럼 관리자는 다양한 팀과 다양한 사람을 서로 다른 방식으로 대우해야 한다는 것을 알게 된다. 그리고 반드시 그 이유를 설명할 수 있는 준비가 돼 있어야 한다.

50가지 덕목은 또한 사람들에게 장인 정신의 가치(탁월함, 기술, 자기수련)처럼 표준 애자일 원칙에서 자주 빠뜨리는 항목들을 소개할 기회를 제공하기도 한다.

최종 목록을 경영진(환경)과 합의하는 것이 필요할 수도 있다. 팀은 조직 내에 존재하는 것이기 때문에 팀의 가치를 조직과 합의해야 할 수도 있다.

팀, 프로젝트, 조직은 모두 변화한다. 그래서 이 활동을 이따금씩 다시 해야 할 수도 있다. 팀은 동시에 지나치게 많은 팀 가치에 집중할 수 없다. 한동안 특정 가치를 따른 다음에 다른 가치에 다시 집중하는 것이 좋다.

개인 가치 정의

팀 가치만이 아니라 개인 덕목에도 관심을 기울여야 한다.

많은 경영서를 읽다보면, 금세 결국 나처럼 불가능한 중요 가치 목록이 나와버린다. 경영서의 저자들은 여러분에게 정직하고, 재치 있고, 신중하고, 적극적이고, 헌신하고, 유연하고, 의지를 보여주고, 실용적이고, 신용 있고, 이타적이고, 개방적이고, 믿을 만하고, 관용적이고, 철저하라고 말한다. 그리고 반드시 비전이 있어야 한다. 아, 유머도 빼놓을 수 없다.

어렵지는 않다. 여러분이 초인이라면.

50가지 측면 모두에서 덕이 높을 수는 없다. 동시에 여러 가지를 시도하는 것은 아무것도 시도하지 않는 것이나 마찬가지다. 집중할 몇 가지 가치를 선택하는 것이 더 좋다. 다른 사람에 대해서는 너무 걱정하지 말자. 그들에게도 때가 올 것이다.

팀이 선택한 것과 같은 가치를 두고 스스로를 측정하는 것으로 시작하는 것이 좋다. 팀 가치 목록에 존중이 있다면, 각 팀원을 자신과 똑같이 존중하자. 팀에게 단호함이 중요하다면 팀에 필요한 결정을 절대 늦추지 말자. 사람들의 규율을 원한다면 회의를 존중하고 항상 정시에 참석해야 한다. 팀의 가치 체계와 다른 가치 체계를 사용하지 않는다. 팀이 자기수련, 책임감, 질서에 합의했다면 창의성, 유머, 관용에 집중하지 않는다. 솔선수범을 통해 모범을 보여야 한다. 백문이 불여일견이다.

> **본성에 따라 행동하면 안 된다는 뜻인가?**
>
> 전혀 그렇지 않다. 사람들은 거짓 가치를 쉽게 꿰뚫어보기 때문에 반드시 자신의 본성에 진실해야 한다.
>
> 그러나 여러분의 타고난 행동 중에서 팀이 여러분에게 기대하는 바에 가장 가까운 것으로 초점을 바꿀 여지가 분명히 있을 것이다(가치 중 하나가 자연스럽게 나오지 않으면, 적어도 팀원들에게 어떻게 스스로를 개선하고 일에 되게끔 하려고 노력하고 있는지 보여줄 수 있다).

팀 가치 목록에서 한두 가지 가치가 자연스러워지면, (자신만을 위해) 더 도전해볼 만한 다른 가치를 찾아 바꿔본다. 이미 테스트를 마쳤으므로 이제 자신의 성격을 알고 있어야 하며, 문제가 되는 한두 가지 덕목을 쉽게 고를 수 있어야 한다.

노 도어 정책

이제 약간의 자기반성과 함께 5장을 거의 마쳤으므로 관리자와 팀과의 관계 개선을 위해 한 가지를 덧붙이고자 한다.

내가 가장 싫어하는 관리 개념 중 하나가 **오픈 도어 정책**Open Door Policy이다. 이 정책은 모든 관리자의 문을 모든 직원들에게 열어두고, 직원 각자가 관리자와 열린 토론을 할 수 있도록 장려한다는 생각이다. 그리고 직속 관리자에게만 해당하는 것이 아니라 모든 직급의 관리자에게 해당한다.

나는 세 가지 이유로 이 정책을 싫어한다.

- 관리자에게는 문이 있고, 일반 직원에게는 문이 없다는 메시지를 전달한다. 일반 노동자에 대한 오픈 도어 정책을 들어본 적이 있는가? 나는 들어본 적이 없다. 일반 직원의 사생활은 별로 필요 없지만, 관리자에게는 필요하다고 생각하는 듯하다. 문은 분리를 강조한다. 심지어 열려 있을 때도 그렇다.
- 직원들에게 자신의 직속 관리자를 무시하고 상사의 상사와 문제를 논의하고 협상해도 좋다는 메시지를 전달한다. 이 정책은 사람들에게 지휘 계통의 노드를 (위로든 아래로든) 건너뛰는 것을 권장한다. 직원들은 (나처럼) 강력한 의견을 가진 사람을 피할 수 있고, 더 고분고분하거나 상황을 잘 몰라 적절한 결정을 내리지 못하는 사람을 상대하려고 할 수도 있다.
- 언제라도 직원들이 최고 경영자의 개인 공간을 엿보고 개인 비서, 마호가니 책상, 개인용 네스프레소 커피 머신, 티타늄 골프 클럽을 볼 수 있다는 메시지를 전달한다.

나는 오픈 도어 정책이 거리감을 강조한다고 생각한다. 그보다는 조직이 친밀감과 연대감을 강조하는 것이 더 좋다. 나는 (아마도, 내가 더 싫어하는 "사람이 우리의 가장 큰 자산이다"라는 문구를 제외하고) 이보다 더 잘못된 인사 관리 사례를 본 적이 없다.

우리에게는 다른 정책이 필요하다. 관리자가 다른 직원들과 분리돼서는 안 되며, 관리자도 조직 내에 있는 다른 사람과 똑같은 사람이다.

마지막 직장에서 관리자로 일했을 때, 나는 팀원들과 섞여 앉는 쪽을 더 좋아했고, 같은 종류의 책상을 사용했다. 나는 사람들이 (아키텍처나 인터페이스 선택처럼) 중요한 최종 결정을 내리기 전에 나와 공유했던 것에 감사했다. 그래서 나부터 똑같이 했다. 브랜드 이름, 로고 디자인, 회사 규칙, 도구 선택과 같은 것들에 대해 결정을 내리기 전에 사람들에게 피드백을 요청했다.

이런 방식을 노 도어 정책No Door Policy이라고 부를 수 있다. 문이 없어야만 같은 공기, 같은 규칙을 공유할 수 있다. 아무도 다른 사람들보다 더 중요하지 않다(도움이 될 수는 있겠지만). 물리적으로 열린 공간이 필요하다는 뜻이 아니다. 그리고 관리자가 팀원들 바로 곁에 앉아 있어야 한다는 뜻도 아니다. 이 정책의 유일한 목적은 모두가 함께하고 있다는 메시지를 전달하는 것이다. 우리는 같은 사람들이다. 우리는 단지 다른 직무와 책임을 갖고 있을 뿐이다. 우리를 갈라놓는 것은 아무것도 없다.

5장에서는 복잡계에서 "사람들에게 에너지를 불어넣는 방법"에 대해 논의했다. 그러나 사람에 대한 이야기는 아직 마치지 못했다. 이어지는 장에서는 이와 반대로 사람을 겉으로는 드러나지 않지만 근본적인 테마로 삼고 있다. 6장과 7장에서 스스로를 조직화하는 사람들 그리고 매니지먼트 3.0의 두 번째 관점이 어떻게 이 테마를 애자일 관리의 중요한 부분으로 보는지 살펴본다.

정리

탈인습적 창의성이란 어떤 것이 "정상"인지 충분히 이해하면서도 일을 특이한 방법으로 하는 것을 말한다. 사람들에게 창의적 기법을 가르치고 창의적 환경을 제공하면 그러한 창의적인 마음가짐이 자라나도록 해줄 수 있다.

외재적 동기 부여는 예기치 않은 부작용이 발생하기 때문에 거의 효과가 없다. (개인의 성장과 같은) 동기 부여 요인과 (직업 안정성과 같은) 단순한 위생 요인을 구별하는 것이 중요하지만, 내재적 동기 부여가 훨씬 효과가 좋다.

사람들의 연결은 다양성의 가장 중요한 측면 중 하나다. 성별의 다양성이 아닌 연결의 다양성은 팀의 역량과 성과를 가장 훌륭하게 예측할 수 있는 변수다.

사람들과 팀은 성격 진단을 통해 스스로에 대해 그리고 서로에 대해 학습할 수 있다. 자발적으로 공유하고 논의하는 경우, 이런 진단이 팀의 신뢰와 존중에 크게 기여할 수 있다.

팀에 가장 필요한 태도를 반영하면 팀 가치를 선택할 수 있다. 개인 가치는 팀 가치와 잘 어울리는 것을 선택하는 것이 좋다. 그렇게 하면 솔선수범을 통해 모범을 보일 수 있다.

성찰과 실천

6장에서 나온 아이디어를 조직에 적용할 수 있는지 살펴보자.

- "초심"(탈인습적 창의성)이라는 개념에 대해 팀과 논의해보자. 이런 마음가짐을 개발하고 뒷받침하기 위해 무슨 일을 하고 있는가?

- 조직의 창의적 환경을 고려해보자. 안전, 놀이, 변동, 가시성, 일탈을 적극적으로 다루고 있는가?

- 팀과 함께 다양한 창의적 기법을 논의해보자. 현재 어떤 기법을 사용하고 있는가? 사람들이 더 많은 창의적 기법을 배울 필요가 있는가?

- 조직에서 외재적 동기 부여의 형태를 찾아보고, 그것들, 특히 금전적 동기 부여를 제거할 수 있는 계획을 제시해보자.

- 열 가지 내재적 욕구를 검토해보자. 여러분은 팀원들의 동기 부여를 이런 기본 욕구와 연결해 다루려고 노력하고 있는가?

- 동기 부여를 진지하게 여기고 있다면 정기적으로 스콧 버쿤의 단순한 질문을 사용해보자.

- 팀 성격 진단 4단계를 통해 팀에 존재하는 성격과 다양성에 대해 알아보자.

- DIY 팀 가치 목록을 사용해 팀이 일상의 의사 결정에 지침으로 활용할 수 있는 가치 목록을 만들어보자.

- 자신만의 개인 가치를 생각해보자. 팀에서 여러분에게 기대하는 것과 일치하는가? 아니면 다른가? 솔선수범을 통해 팀을 이끌 수 있는가?

- 여러분의 책상을 팀이 있는 곳으로 옮겨보자. 그렇게 할 수 없다면 의자만이라도 옮겨보자.

06

자기조직화의 기본

과학은 지식을 조직화한 것이며, 지혜는 삶을 조직화한 것이다.

– 이마누엘 칸트, 철학자(1742~1804)

수세기 동안 수학자들은 주로 선형 (질서) 시스템을 연구했고, 비선형 (복잡) 시스템이 특별한 집단이라고 생각했다. 그러나 현실은 모순으로 가득하다. 우주에는 비선형 시스템이 도처에 널려 있는 반면, 선형 시스템은 드물고 특별하다. 누군가 선형 시스템과 비선형 시스템을 구별하는 것이 마치 모든 종을 초파리와 초파리가 아닌 것의 두 집단으로 나누는 것 같다고 말한 적이 있다. 그렇다면 인간도 고래, 호랑이, 딱다구리와 함께 초파리가 아닌 집단에 속할 것이다. 수학자들이 그냥 좀 단순하게 생각했다고 볼 수 있을까? 아니면 수학자들도 인간일 뿐이고 초파리가 아닌 집단에 속해 있다는 뜻일까?

6장에서는 비선형 시스템의 **자기조직화**라는 개념을 중점적으로 다룬다. 자기조직화는 관리와 소프트웨어 개발 모두에서 기본적인 주제. 따라서 철저하게 논의할 생각이다. 그리고 '팀에 권한을 부여하자'가 매니지먼트 3.0 모델의 두 번째 관점인 이유를 분명하게 제시할 것이다.

상황에 맞는 자기조직화

태초에는 아무것도 없었다. 그러다 막^{membrane}과 끈^{string}이 나타나서 쿼크^{quark}와 글루온^{gluon}을 형성했다. 쿼크와 글루온은 양성자와 중성자 같은 합성 입자를 이뤘다. 이것들이 전자라는 친구의 도움을 받아 원자가 됐다. 그 후 이 원자가 모여 또 다른 차원으로 자기조직화를 끌어올리기로 하고 분자를 형성했다. 그렇게 수많은 분자가 만들어지고 항성, 행성, 혜성 등과 같은 물체로 이뤄진 공동체가 탄생했다.

그 후 따뜻하고 아늑한 웅덩이를 떠다니던 분자 중 일부가 자기가 가장 잘났다고 생각하면서 스스로를 복제하기로 했다. 그리고 최신 유행의 RNA라는 이름을 선택했다. 여러 방향을 향해 매우 빠른 속도로 복제하더니 이윽고 원핵 생물과 진핵 생물이 (그리고 바이러스도) 됐다. 하지만 여기서 멈추지 않았다.

이 생물 세포는 수백 만 개의 다양한 종으로 스스로를 조직화했고, 그 가운데 한 종("인간")의 두뇌가 의식을 형성하기까지 그리 오랜 시간이 걸리지 않았다. 이 새로운 집단은 자기조직화를 훨씬 더 높은 차원으로 다시 끌어올리기로 했다. 부족, 사회, 도시, 비즈니스 그리고 (가장 덜 성공적인 아이디어 중 하나인) 정부를 구성했다.

우주의 탄생뿐 아니라 그 안에 있는 모든 것이 자기조직화에 의해 형성됐다.

> 자기조직화란 중앙의 권한이나 계획에 따른 외부 요인 없이 시스템에 구조 또는 패턴이 나타나는 과정이다.[1]

자기조직화는 기본 현상이자 동적 시스템의 기본 행동이다. 이 시스템의 구성 요소가 원자, 분자, 바이러스, 종, 비즈니스 그 무엇이라도 상관없다. 심지어 소프트웨어 개발자일 수도 있다.

팀의 자기조직화가 애자일 소프트웨어 개발의 "최적의 방법"으로 자주 일컬어지는 것은 다소 우스꽝스러운 일이다. 자기조직화는 최적의 방법이 될 수 없다. 자기조직화는 팀을 포함해 모든 시스템의 "기본 방식"이다. 팀을 어떻게 관리하더라도 자기조직화는 일어날 것이다. 사람들은 점심 모임, 폴더 구조, 업무 공간, 생일 파티에 대해 논의하고 합의할 것

---

1 http://en.wikipedia.org/wiki/Self-organization, 크리에이티브 커먼즈 라이선스하에 옮김.

이다. 관리자가 제약하지 않는 모든 것은 자기조직화될 것이다(제약하려는 것들 중 많은 부분도). 인간은 20만 년 동안 그렇게 행동해왔다.

하지만 "올바른 방향"으로도 이뤄지고 있을까?

모든 자기조직화 시스템은 스스로 방향을 선택할 수 있지만, 환경이 그 방향을 제한한다. 최신 우주 이론을 보면, 우리 우주는 많은 우주 중 하나일 뿐이고 우리 우주가 (우리에게) "특별"한 이유는 몇몇 특정한 우주론적 인수들 때문이라고 말한다. 쿼크, 양성자, 원자, 분자 등과 같은 우주론적 상수들이 자기조직화의 방향을 제약하고 제시한다.

이와 마찬가지로 지구의 환경이 생물 세포의 형성 방향을 제약하고 제시했다. 그리고 이런 세포가 바이러스의 형성 방향을 제약하고 제시했다. 한도 끝도 없다. 상황과 무관한 자기조직화 시스템은 존재하지 않는다. 상황이 시스템의 구성을 제약하고 제시한다.

가치지향 자기조직화

어떤 사람들은 동물도 가치의 의미를 안다고 주장한다. 바나나를 들고 있는 원숭이는 그 바나나를 포기하려 하지 않는다. 그러나 내 생각은 좀 다르다. 유전자에 의해 프로그래밍된 동물의 행동은 진화 전략을 따른다. 진화론적 관점에서 보면 바나나를 포기하지 않는 것이 옳다. 과학자들은 동물의 거의 모든 사회적 행동을 진화론적 관점에서 설명한다. 내가 오래된 신발을 아무 까닭 없이 포기하지 않으려 하는 이유도 설명할 수 있다. 그건 단지 내 안에 있는 동물적 본능일 뿐이다.

인간이 특별한 이유는 의식을 도입해 도덕, 법률, 권위를 만들어냈기 때문이다. 어떤 결과가 가치 있고, 어떤 결과가 해로운지를 알기 때문에 자기조직화 시스템의 바람직한 방향을 정의할 수 있는 것이다. 우리는 삶을 소중히 여기기 때문에 말라리아 기생충과 HIV 바이러스를 바람직하지 못한 자기조직화의 결과로 간주한다. 진화론적 관점에서 보면, 80세가 넘은 사람의 수명을 연장하는 것이 이상해 보일 수도 있다. 그러나 (다행히도) 여전히 그렇게 한다. 우리는 비차별, 평화, 일부일처제와 같은 비이성적이고 부자연스러운 것들도 소중히 여긴다.

자기조직화는 좋고 나쁨, 미덕과 악덕, 가치로움과 해로움을 구분하지 않는다. 시스템은 그저 환경이 허용하는 일은 무엇이든 할 뿐이다. 할 수 있다면 뭐든지 한다. 그래서 인간은 **명령과 통제**command-and-control라는 개념을 받아들였다.

자기조직화 시스템(비즈니스, 팀, 국가)을 이해관계자가 가치롭게 여기는 방향으로 조종하려다 보니 방향을 제시하는 명령과 통제 스타일로 지시하고 의존하기 시작했다. 그래서 관리자가 탄생했다. 그리고 정부가 나라를 다스리기 시작했다. 명령하고 통제하는 쪽은 결과를 중요하게 생각하며, 자기조직화 시스템이 가치로운 것(제품과 서비스)을 생산하는지, 가치로운 것(인간의 삶, 경제 성장, 천연 자원)에 해를 끼치는지 확인하고자 한다. 관리자는 소프트웨어 팀이 가치로운 소프트웨어를 만들어 수익을 올리길 원하며, 팀이 금전 등록기를 들고 도망치길 바라지 않는다. 관리자가 성공할 때도 있고, 실패할 때도 있다.

재미있는 사실은 많은 사람이 명령과 통제가 원래 기본이고, "자기조직화 팀"이 새롭고 흥미로운 개념이라고 생각한다는 점이다. 그러나 이것 역시 "단순 사고"일 뿐이다. 자기조직화란 하향식 지시 없이 만물이 형성되는 것을 말하며, 온 우주에 가득하다. 의식적인 명령과 통제(질서 부여)는 자기조직화보다 137억 년 후에 인간이 스스로 가치롭게 여기는 것들을 지키고자 하는 과정 속에서 생긴 것이다. 자기조직화가 일반적인 현상이므로 명령과 통제가 특별한 경우라 할 수 있다.

켄 슈와버는 2001년 "애자일 프로세스와 자기조직화Agile Processes and Self-Organization"라는 논문에서 다음과 같이 말했다.

> 애자일 프로세스는 시스템 개발 프로젝트 특유의 복잡성을 다루는 데 자기조직화 팀을 이용한다. 팀은 개인들로 구성된다. 그들은 마감일 압박에 대응하고자 스스로를 팀으로 조직화하는데, 그 모습을 보면 "교수형 올가미만큼 정신을 집중시키는 것도 없다!"라는 말이 떠오른다. 마감일이라는 압박이 협력과 창의성을 만들어낸다. 압박이 없다면 그런 일은 거의 일어나지 않을 것이다. 비인간적이라고 할 수도 있겠지만, 애자일이 아닌 실천법에서 복잡성을 다루는 모습들과 비교해보면, 자기조직화는 마치 신선한 공기와 같다.[2]

---

2 Schwaber, Ken. "Agile Processes and Self-Organization"(http://www.controlchaos.com/storage/scrum-articles/selforg.pdf). 2001. 켄 슈와버 허락하에 옮김(Schwaber, 2001).

자기조직화는 명령과 통제 조직에 얽매여 있는 사람들에게 신선한 공기와 같다. 그러나 이 신선한 공기는 인간이 등장하고 숨막힐 듯한 관료주의가 생겨나기 훨씬 이전부터 있었다. 나는 협력과 창의성이 그다지 드물다고 생각하지 않는다. 이 책의 곳곳에서 우주 전체 그리고 온갖 만물에 협력적이고 창의적인 자기조직화의 산물이 있다고 설명한다. 드물지 않다. 모든 곳에 존재한다.

자기조직화 대 아나키

일부 전문가는 자기조직화가 **아나키**anarchy와는 다르다고 생각한다(Highsmith, 2009:60). 짐 하이스미스Jim Highsmith는 (사회적 맥락에서) 자기조직화란 일정 형태의 리더십을 포함하며, 리더십이 없다면 아나키로 변질된다고 말한다. 나는 그 의견에 정중하게 동의하지 않는다. 단지 의미론에 대한 반박에 불과하지만 말이다.

"아나키"의 어원은 그리스어 아나르키아anarchia인데, "지배자가 없는"이라는 뜻의 아나르코스anarchos에서 나온 말이다. 여러 사전을 찾아보면 아나키에는 두 가지 의미가 있다.

- 질서의 부재(또는 무질서 상태)
- 어떤 권위나 확립된 체계의 부재 또는 부정

아나키라는 말은 혼돈(무질서)과 복잡성(질서는 있지만 권위에 의한 것이 아님) 두 가지 모두를 의미한다(그림 6.1 참조). 거버넌스의 범위는 복잡성에서 시작해 질서에 이른다. 그리고 아나키, 즉 거버넌스의 부재는 복잡성에서 시작해 혼돈까지 이어진다(단순화한 비유적 그림일 뿐이지만, 내게는 효과적이다).

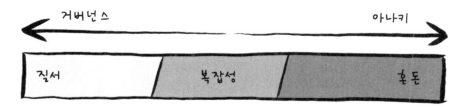

그림 6.1 거버넌스 대 아나키

아나키는 부적절한 이름이다. 사람들은 대부분 아나키와 혼돈을 같은 개념으로 생각한다. 이런 오해 때문에 자기조직화와 아나키를 연관 짓기 꺼려하는 전문가도 있다. 은하계는 아나키스러운 방식으로 움직이지만 혼돈스럽지는 않다. 생태계 또한 아나키스럽지만 혼돈스럽지 않다. (실질적인) 정부가 없는 국가를 아나키라고 할 수 있지만 반드시 혼돈스러운 것만은 아니다.[3]

자기조직화 시스템도 일종의 아나키일 수 있다. 물리학, 화학, 생물학, 사회학에서도 마찬가지다. 자기조직화의 정의는 여러 가지며, 그중 어느 것도 리더십, 관리, 권위가 필요하지 않다. 자기조직화를 사회적 맥락에 적용하면서 그 의미를 바꾸는 것은 합당하지 않다.

사람들이 아나키에 대해 염려하는 진짜 문제는 관리되지 않는 시스템이 이해관계자가 가치 있다고 여기지 않는 방식으로 움직일 수도 있다는 점이다. 아이들이 내 주변을 뛰어다니며 귀에 고함을 치는 것이 아나키라는 것에 동의할 것이다. 그러나 아이들은 자기조직화를 하는 중이다. 단지 아이들이 주요 이해관계자인 나를 배려하지 않는 방식으로 자기조직화를 하는 것일 뿐이다. 마치 근무 시간에 사무실에서 축구하는 소프트웨어 개발자들과 같다(농담이 아니다. 이런 일이 정말로 있었다). 그런 경우에는 어느 정도 거버넌스가 필요할 것이다. 데이비드 스노든은 콘퍼런스 세션에서 다음과 같이 말했다. "그런 경우라면 바닥에 선을 긋고 아이들에게 이렇게 말씀하세요. 이 선을 넘어가면 큰일 날 줄 알아."[4]

자기조직화 대 창발

어떤 시스템의 속성을 그 시스템의 개별 부분에서 찾아볼 수 없는 경우, 이를 창발적 속성이라고 부른다. 성격은 두뇌의 **창발적**emergent 속성이다. 개별 뉴런에서는 이런 성격을 찾아볼 수 없을 것이다. 이와 마찬가지로 유동성은 물의 창발적 속성이며, 문화는 인간 집단의 창발적 속성이다.

---

3 http://en.wikipedia.org/wiki/List_of_anarchist_communities
4 '스칸디나비아 애자일 콘퍼런스 2009' 중 데이비드 스노든의 연설에서 옮김(http://www.scan-agile.org/).

어떤 속성이 창발적이려면 다음과 같은 세 가지 측면이 중요하다.

- 시스템을 개별 부분으로 떼어내면 이 속성이 더 이상 존재하지 않게 되는데, 이를 **수반**supervenience이라고 한다. 예를 들어, 내가 여러분의 뉴런을 없애버린다면 여러분의 성격도 사라져버린다(안심하라. 굳이 증명하지 않겠다).
- 이 속성은 **집합체가 아니다**not an aggregate. 즉, 단순히 개별 부분의 속성을 합한 결과가 아니라는 뜻이다. 예를 들어, 단일 물 분자에는 유동성이 없다. 따라서 단순하게 수없이 많은 개별 물 분자의 유동성을 합산하더라도 물의 유동성을 알아낼 수는 없다.
- 반드시 **하향 인과**downward causality가 있어야 한다. 이는 개별 부분의 움직임에 창발적 속성이 영향을 미쳐야 한다는 뜻이다. 예를 들어, 인간 집단의 문화는 그 구성원의 행동에 영향을 미친다.

간단히 말하면, 창발적 속성은 (시스템) 전반에 걸쳐 있고, 환원 불가능하며, (부분에) 뚜렷하게 드러난다(그림 6.2 참조).

창발 단계에 따라 과학의 경계가 달라진다. 물리학이 화학으로 발전하고, 화학이 생물학으로 발전하고, 생물학이 심리학으로 발전하고, 심리학이 경제학으로 발전한다. 그리고 각 과학은 이전 단계에서 생겨난 창발적 속성을 연구 대상으로 한다(Miller, Page, 2007:45). 이는 각 단계마다 새로운 규칙과 통찰이 생겨난다는 뜻이기도 하다. 심리학은 응용 생물학 그 이상이고, 생물학은 응용 화학 그 이상이며, 화학은 응용 물리학 그 이상이다(Waldrop, 1992:82). 이것이 바로 **맹목적 환원론**greedy reductionism이 효과를 발휘하지 못하는 이유다. 한 사람의 뇌파 관점에서는 소프트웨어 프로젝트의 실패를 설명할 수 없고, 원자 또는 끈 이론의 관점에서 배우자의 생일을 잊어버린 참사를 설명할 수 없다. 내가 시도해봤으므로 믿어도 좋다. 효과가 없었다.

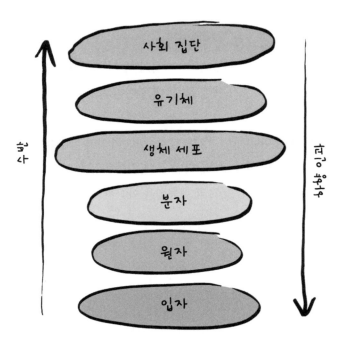

그림 6.2 창발(수반과 하향 인과)

다양한 문헌에서 자기조직화와 창발을 찾아보면 약간 혼란스럽다(그리고 동의할 수 없는 부분도 있다)(De Wolf, Holvoet, 2005). 어느 한쪽의 관점에서 다른 쪽을 정의한 과학자도 있고, 두 가지가 별도의 개념이라고 주장하는 과학자도 있다(Corning, 2002). 나는 창발적 속성이 없는 자기조직화 시스템이 존재할 수도 있고, 자기조직화 시스템이 아닌 인간이 만든 시스템에 창발적 속성이 있을 수도 있다는 피터 코닝Peter Corning의 견해에 동의한다. 그러나 이것은 단지 정의의 문제일 뿐이다. 이 책에서 나는 창발이라는 용어를 "기능적으로여러 '부분'으로 이뤄져 있고, 환원 불가능한 결합 효과를 만들어내는 조직화된 '전체'"라는의미로 사용할 것이다(Corning, 2003:23). 이 책이 자기조직화 시스템은 아니지만, 여러분에게 남게될 느낌은 분명히 창발적 속성일 것이다. 그 느낌은 책 전체에 대한 소감일 것이며, 개별 페이지로는 환원할 수는 없지만, 책을 읽고 나서 불사르기로 마음먹었다면 그 모습은 꽤나 뚜렷하게 보일 것이다.

팀 창발

창발의 개념을 팀으로 옮겨보면 흥미로운 여러 현상을 인식할 수 있다. 그중 첫 번째는 중앙의 계획이 없는 집단 의사 결정의 가능성이다. 군대개미 떼의 습격은 동물에 의한 가장 큰 조직적 행동으로 알려져 있다(Solé, 2000:166). 그러나 어떤 개미 한 마리의 머릿속에 전체 활동이 들어 있는 것은 아니다. 이와 비슷하게 어떤 팀원에게도 전체 프로젝트에 대한 완전한 그림이 없을 수도 있다. 각 팀원이 불완전한 정보만 갖고 있음에도 팀원들의 상호작용에서 좋은 계획이 창발되는 것은 흔한 일이다.

인간 의식 연구를 통해, 서로 부딪히는 여러 관점이 전체 시스템을 바라보는 (겉으로 보기에는) 하나의 관점을 낳을 수 있다는 점을 알게 됐다. 대니얼 데닛과 마빈 민스키^{Marvin Minsky}는 "하나의 의식 흐름"이란 허상이라고 말했다. 대니얼 데닛에 따르면, 의식에는 "여러 가지 초안"이 있다(Dennett, 1992). 우리의 두뇌는 세상을 바라보는 다양한 경쟁적 해석을 단일 정체성, 즉 "자아"로 바꿔놓는다. 이것이 놀랄 만한 허상을 만든다. 민스키는 이를 "마음의 사회"라고 불렀다(Minsky, 1986).

인간의 정신을 설명하는 이론과 모델은 무수히 많지만, 대부분 여러 부분이 모여 단일 의식을 이룬다고 생각하는 공통점이 있다. 이와 마찬가지로 팀이 세상을 바라보는 여러 관점이 모여 단일한 팀의 관점이 될 수 있다. 팀 정체성은 허상이지만, 팀 프로젝트에 영향을 미친다. 역설적으로, 잠재돼 있는 여러 가지 초안 덕분에 인간의 의식이 기능하는 것이고, 팀 정체성은 잠재돼 있는 이질적 관점 덕분에 기능하는 것이다. 다양한 의견이 팀 정체성 창발에 결정적일 수 있다는 것을 알게돼 반가운 사람들도 있을 것이다(나중에 팀에서 다툼이 있더라도 나를 탓하지 말길 바란다).

시스템은 부분의 합보다 크다는 사실 또한 잘 알려져 있다. 우리의 두뇌에서는 8~12Hz의 "알파파"가 안정적으로 나온다. 두뇌에 있는 개별 뉴런의 방전율은 초당 8~12번 사이로 엉성하게 구성돼 있지만, 상당히 정확한 주기로 작동한다. 그렇지만 창발된 알파 리듬은 그 어떤 뉴런보다도 믿을 만하다(Strogatz, 2003:42). 이와 마찬가지로 가장 뛰어난 팀원의 성과보다 팀 전체의 성과가 더 높은 경우도 많다. 톰 드마르코와 티모시 리스터는 이를 "단결된 팀^{jelled team}"이라고 부른다. 여기서 단결된 팀이란 강하게 연결돼 있어 전체가 부분의 합 이상인 사람들의 집단을 말한다. 이런 집단의 생산성은 같은 사람들이 그렇지 않은 팀에서 낼 수 있는 생산성보다 훨씬 높다(DeMarco, Lister, 1999:123).

마지막으로, 창발적 속성의 특성은 예측할 수 없는 경우가 많다(Solé, 2000:20). 2개의 수소 원자와 1개의 산소 원자로 이뤄진 물 분자에는 응고와 기화 같은 상태 변화가 일어난다. 수소와 산소 원자의 속성으로는 이런 물의 속성을 전혀 예측할 수 없다(Waldrop, 1992:82). 팀도 이와 마찬가지다. 개별 팀원을 별도로 분석한다고 해서 팀의 행동을 예측할 수는 없다. 팀의 창발적 행동은 팀원 간 상호 작용의 결과다. 팀은 자신들의 팀 문화, 조직 내 이미지, 때로는 이름에 대해서도 책임이 있다. 팀을 구성할 때 이런 창발적 속성을 예측할 수는 없다. 예측할 수 있는 단 한 가지는, 팀은 항상 값비싼 도구와 세미나를 요구함으로써 수익성을 해치려 한다는 점뿐이다.

자기조직화 대 자기주도 대 자기선택

자기조직화 외에도, 애자일 소프트웨어 개발 팀과 관련이 있는 (때로는 혼동을 일으키는) 유사한 용어들이 있다(표 6.1 참조).

표 6.1 자기* 용어 간의 차이점

용어	설명
자기조직화/자기관리	팀은 자신의 활동을 스스로 조직화한다.
자기선택/자기설계	팀은 자기조직화를 할 뿐 아니라 스스로를 만들어내고 유지한다.
자기주도/자기통제	팀은 자기선택을 할 뿐 아니라 외부 관리가 없다.

자기조직화와 밀접한 관련이 있는 것이 **자기선택**self-selection이다. 자기선택 팀이란, 팀원을 스스로 선택하는 팀을 말한다. 리처드 해크먼Richard Hackman 교수는 이를 자기설계 팀이라고 부른다(Hackman, 2002:53). "팀"이라는 속성을 관리자가 부여한 것이 아니기 때문에 창발적 팀이다(Lewin, Regine, 2001:282~284). 소수의 창업자들만으로 구성된 스타트업 비즈니스가 자기선택 팀의 사례다. 여전히 규칙의 테두리 안에서 운영하지만 자신들의 비즈니스를 스스로 관리한다.

자기주도self-direction는 **자기통제**self-government와 같은 말인데(Hackman, 2002:53), 팀 외부의 관리가 없고, 팀이 결정을 내린다는 점에서 특별한 형태의 자기조직화와 자기선택이라고 할 수 있다(Lewin, Regine, 2001:282~284). 비치 발리볼을 하는 또래집단이 자기주도 팀의 사례라고 할 수 있다. 이들은 게임 규칙을 직접 만든다. 범죄 조직 역시 자기주도적이다. 환경이 부여한 규칙을 의도적으로 깨뜨린다.

자기주도 팀이 특별한 유형의 자기조직화 팀이라는 것은 명백하다. 함께 모여 뭔가를 하는 집단은 모두 자기조직적이다. 그들은 항상 자기조직화의 과학적 정의에 부합한다. 조직적 맥락에서, 정말로 흥미로운 질문은 이런 자기조직화 팀에서 얼마나 자기주도를 할 수 있느냐다.

마지막으로, **자기관리**self-managed라는 용어는 다소 모호하다. 대부분의 사람이 자기관리를 자기조직화와 같다고 생각하지만, 자기주도와 같다고 생각하는 사람들도 있다. 나는 이 용어를 사용하지 않는 편이다.

무지의 원칙

지금까지 자기조직화의 의미에 대해 살펴봤는데, 이번에는 연구자들이 여기에서 이끌어낼 수 있었던 결론이 무엇인지 살펴보자.

복잡성 관점에서 보면 조직에서 팀이 함께 결정해야만 하는 이유가 있다. 무지의 원칙Darkness Principle을 보면 당연하다는 것을 알 수 있다. 이 원칙은 시스템의 각 행위자가 시스템의 행동 모두를 알 수는 없다고 말한다. 행위자가 전체 시스템을 "알고 있다면", 시스템 전체의 복잡성은 그 행위자로 인한 것이어야 한다(Cilliers, 1998:4~5).

무지의 원칙에 따르면 각 팀원은 전체 프로젝트에 대한 불완전한 멘탈 모델만을 가질 뿐이라는 것을 알 수 있다. 그렇기 때문에 팀원들이 함께 계획하고 결정한다. 이것이 바로 스크럼과 익스트림 프로그래밍에서 계획 회의와 일일 스탠드업에 팀 전체가 참여해야 한다고 주장하는 이유다. 팀원들은 자신들의 제한적 멘탈 모델을 종합하고 공동의 접근법에 동의해야 한다(그림 6.3 참조).

그림 6.3 팀원들은 자신들의 멘탈 모델을 모은다

팀이 함께 의사 결정을 내릴 수 있도록 한다는 생각에 동의하지 않는 관리자도 있다. 이들은 관리자 없이 팀이 함께 의사 결정을 하면 통제력을 잃게 된다고 생각한다. 결정은 내려보내야 하는 것이며 그렇지 않으면 아나키가 펼쳐진다고 가정한다. 그러나 바로 그 아나키가 홀로 우주 전체를 만들어냈다. 그렇기 때문에 아나키가 그렇게 나쁜 것일리 없다. 자기조직화 팀으로의 이동이 일어나는 이유는 그것이 팀이 마주치는 불확실성에 대한 통제력을 높여주는 방법이기 때문이다(Thomas, 2000:35). 관리자는 자신이 "책임은 있지만 통제력은 없다"는 것을 반드시 알아야 한다(Stacey, 2000a:4). "통제하고 억누르려는" 모든 시도는 대개 효과가 없으며 때때로 비생산적인 결과를 초래한다. 예를 들어, 경찰이 군중을 통제하고 억누르려는 시도가 오히려 경찰이 막으려고 했던 문제를 야기할 수 있다(Bond, 2009b:41).

팀에 (또는 군중 속에) 있는 그 누구도 집단 전체에서 일어나는 모든 일을 완벽하게 파악하지 못한다. 그들이 문제를 함께 해결하고 의사 결정을 내리도록 하면 상황에 대한 통제력이 높아진다. 마이크 콘Mike Cohn은 트위터에서 애자일 소프트웨어 개발이 팀에 의한 마이크로 매니지먼트라고 말했다. 무지의 원칙에 따르면, 이 마이크로 매니지먼트가 관리자에게서 팀으로 위임돼야 한다는 것이 분명해진다.

코넌트–애시비의 정리

통제를 위임하는 것이 프로젝트를 관리 가능한 상태로 유지할 수 있는 최선의 방법이다. 이 사실은 **코넌트–애시비의 정리**Conant-Ashby Theorem[5]로 시작하는 간단한 몇 단계를 통해 추론할 수 있다.

시스템을 제대로 조정하려면 그 시스템에 대한 모델을 갖고 있어야 한다.

뭔가를 제어하고 싶다면 그에 대한 모델이 필요하다. 그것이 바로 이 정리가 말하는 것이다. 그러한 모델(정신적 표현)을 구성하기 위해서는 그 시스템이 제공하는 정보를 이용해야 한다.

- 조종사는 항공기가 어떻게 움직이고 어떻게 제어해야 하는지 이해하기 위해 조종실에 있는 정보를 이용한다.
- 교통 관제사는 공항 주변의 공간을 고려하고 그 공간 내 교통을 관제하기 위해 레이더 스크린에 있는 정보를 이용한다.
- 관리자는 프로젝트 역동을 이해하기 위해 회의와 보고를 이용한다("제어 & 모니터링"(Pmi, 2008)).

그러나 시스템은 그 시스템에서 얻을 수 있는 정보의 품질만큼만 제어할 수 있다. 시스템에 대한 정보가 부족하거나 부정확하면 이 시스템에 대해 적절한 멘탈 모델을 만들어낼 수 있는 능력이 낮아진다. 코넌트–애시비의 정리에서는 좋은 모델이 없으면 좋은 조정자가 될 수 없다고 말한다.

설상가상으로 복잡성이 불난 집에 부채질을 한다. 시스템이 복잡할수록 그 시스템에 유효한 모델을 구성하는 능력이 낮아진다. 컴퓨터의 작동 방법과 제어 방법을 이해하기는 어렵다(그러나 불가능하지는 않다). 자동차의 작동 방법과 제어 방법도 이와 마찬가지다. 그러나 복잡계의 경우, 제어하려는 사람이 사용할 수 있는 정보가 지나치게 복잡하거나 적절한 모델을 구성하기에 충분하지 않다.

예를 들어, 교통에서부터 통신, 가족, 비즈니스에 이르기까지 모든 것을 제어할 수 있는 린

---

5 Distributed and Complex Systems Wiki에서 인용(http://www.vs.unikassel.de/systems/index.php/Ashby_Theorems)

던 지도를 상상해보자. 어느 쪽이든, 두뇌에 담기에는 정보가 너무 많거나 제대로 된 일을 하기에 너무 부족할 것이다. 복잡계를 제어하고자 하는 입장에서는 완전히 망한 셈이다!

시스템이 복잡해질수록 제어할 수 있는 여지가 줄어든다(그리고 소프트웨어 프로젝트는 복잡하다). 다행히 간단한 해결책이 있다.

- 교통 관제사는 항공기를 관리하지 않고, 조종사들이 관리하도록 한다.
- 조종사가 스스로 제어하는 일은 거의 없다. 대부분 자동화 시스템에 위임한다.
- (현명한) 관리자는 대부분의 활동을 팀원에게 위임한다.

제어 위임은 관리자가 복잡계를 제어하는 방법이다. 크기가 작고 더 정확한 정보를 가진 누군가가 있는 수준까지 결정과 책임을 내려보내는 것이다. 영리한 관리자는 가능한 최소한의 결정만 내려야 한다는 것을 알고 있다. 복잡계 전반을 더 잘 제어하고 싶다면 대부분의 결정이 하위 시스템에서 이뤄져야 한다.

분산 제어

나는 내 심장 박동 수, 소화계, 호흡, 혈압, 수면, 면역 체계를 능동적으로 제어하지 않는다. 이런 활동은 모두 "나"라고 부르는 큰 시스템 안에 있는 하위 시스템이 처리한다. 아예 "나"를 가상 시스템이라고 할 수도 있을 것 같다. 스스로를 제어하고 있다고 생각하거나 스스로를 제어하고 있다고 생각하는 다른 가상 시스템과 소통한다. 그러나 결국 가장 중요한 것은 신체의 하위 시스템이 스스로 모든 일을 하고 있다는 점이다. 그리고 "자유 의지"라고 부르고 싶어하는 것을 위해 작은 창만 열어두고 있을 뿐이다.

이 제어 위임은 하위 시스템에서도 멈추지 않는다. 면역 체계에는 중앙 제어가 없다. 두뇌에는 사고를 제어하는 마스터 뉴런이 없고, 심장 박동을 조절하는 마스터 페이스 메이커 세포도 없다. 다시 모든 제어가 부분으로 분산된다. 그 이유는 타당하다. 단일 제어 권한은 시스템을 강하게 그리고 회복성 있게 만들지 못한다.

중앙 제어에 분명한 장점이 있었다면, 자연 선택이 유기체의 기본 설계 철학을 분산 제어로 선택하는 일은 없었을 것이다. 이해하기 쉬운 일이다. 면역 체계가 중앙의 권한에 의해 제어됐더라면, 바이러스가 침투하기 훨씬 더 쉬웠을 것이다. 지금처럼 강하고 회복성이 있지도 않았을 것이다.

디지털 문화를 연구하는 작가이자 전문가인 케빈 켈리[Kevin Kelly]는 자신의 책 『통제 불능[Out of Control]』(김영사, 2015)에서 아홉 가지 "신이 되는 법칙"을 만들었다. 다음은 그중 첫 두 가지다.

- **존재를 분산시킨다**[distribute being] : 복잡계는 그 부분의 합보다 크다. "여분"의 부분은 그 시스템에 분산된다. 권한이 있는 어떤 한 부분 때문이라고 할 수 없다.
- **상향식 제어를 사용한다**[control from the bottom up] : 복잡계에서는 모든 일이 한꺼번에 일어나며, 문제는 중앙의 모든 권위를 무시한다. 따라서 전반적인 거버넌스는 반드시 모든 부분에 퍼져 있어야 한다.

분산 제어는 복잡계의 생존에 매우 중요하다. 인터넷의 경우, 소위 "루트 네임 서버"가 전 세계 여러 군데에 설치돼 있어 인터넷을 무력화하는 것은 거의 불가능해졌다.

조직에서도 이와 비슷한 것을 성취할 수 있다. 조직 안에서는 권한 부여를 통해 제어를 분산시킬 수 있다.

📷 사실 위임은 새롭지 않다

그렇다. 내가 위임에 대해 이야기한 것들은 새롭지 않다. W. 에드워즈 데밍이나 피터 드러커와 같은 전문가는 수십 년 전에 제어의 분권화와 위임을 주장했다.

나는 단지 사회 복잡성을 배경으로 이런 아이디어를 설명하고 요약할 뿐이다.

권한 부여의 개념

권한 부여[empowerment]는 경영학 문헌에서 되풀이하는 주제다. 이전에도 여러 차례 설명되고 권장돼왔다. 어떤 저자들은 더 이상 "권한 부여"라는 단어를 사용하지 말자고 제안하기도 했다(Thomas, 2000 · Pink, 2009). 그들은 이 단어가 부정적 의미를 담고 있으며, 하급자는 기본적으로 "권한을 부여받지 못하고" 있고, 그래서 관리자가 "권한을 줘야" 할 필요가 있다는 의미를 내포하고 있다고 말한다(Lewin, Regine, 2001). 이들은 사람들을 하급자가 아니라 "동료" 또는 "파트너"라고 부르는 방식을 선호한다(Stallard, 2007:76).

"하급자" 대신 "파트너"라는 단어를 사용하는 것은 좋은 아이디어지만, 권한 부여는 여전히 관리자의 핵심 책임이다. 조직을 구성하거나 운영하는 방법은 조직을 소유한 사람의 책임이다. 오직 그들만이 어떤 직원(또는 "파트너")에게 사람들을 고용할 자유가 있는지, 고객 및 공급자와의 계약서에 서명할 힘이 있는지, 급여를 협상할 권한이 있는지, 회사 은행 계좌에 접근할 권한이 있는지 결정할 수 있다. 이런 사람들을 관리자라고 부른다. 이렇게 더 많은 권한을 지닌 관리자는 다른 사람들에게 더 많은 권한을 줄(또는 권한을 주지 않을) 선택권이 있다. 그들의 힘으로 어떤 지시를 내리는지에 따라 다르다.

권한 부여는 비즈니스 소유자로부터 시작되지만 그렇다고 해서 조직이 반드시 계층 구조여야 한다는 뜻은 아니다. 권한 부여는 여러 가지 방법으로 조직 전체에 확대될 수 있다.

나는 우리집을 청소하는 분께 열쇠를 드렸다. 나는 매주 청소비를 지불하지만 구체적인 지시를 한 것은 아니다(어떻게 하는 것이 좋을지도 몰랐다는 사실은 인정한다). 나는 내가 상급자라고 생각하지 않는다. 우리는 단순히 급료를 대가로 업무를 위임하는 경제적 관계에 있을 뿐이다. 한 번은 내가 집에 일찍 왔을 때, 십대 딸이 청소를 돕고 있는 모습을 본 적이 있다. 틀림없이 자기 업무의 일부를 딸에게 위임한 것이다. 이제 두 사람이 우리집을 돌아다니면서 내 물건을 만지고, 제자리에 있어야 할 옷이 엉뚱한 곳에 들어가 있을 수 있다는 것을 의미하기는 하지만, 이 점에 대해서는 청소하시는 분의 판단을 믿기로 결정했다. 이것이 권한 부여다.

권한 부여의 필요성

내가 과거에 내렸던 결정이 기억난다. 내가 일했던 회사에는 3개의 대형 신규 프로젝트가 있었는데 두 군데 사무실(우크라이나와 네덜란드)에서 이 프로젝트들을 운영했다. 분명히 우리 팀은 어느 사무실에서 어떤 프로젝트를 하게 될지 알아야 했고, 여러 명이 내 결정을 기다렸다. 이유는 전혀 알 수 없었다. 나는 이목을 끌지 않으려고 애썼고, 눈에 띄는 복장을 하지도 않았다. 그러나 사람들은 확실하게 나를 찾아내서 내 영향력이나 통제를 기대했다.

2,600년 전, 중국 철학자 노자는 자신의 책 『도덕경』에서 영향력과 제어에 대해 언급했다.

> 상급의 덕을 지닌 사람은 덕을 의식하지 않는다. 그래서 덕을 지니게 된다. 하급의 덕을 지닌 사람은 덕을 잃지 않으려 한다. 그래서 덕이 없게 된다. 상급의 덕을 지닌 사람은 일부러 하는 일이 없으며, 자신의 행위를 의식하지 않는다. 하급의 덕을 지닌 사람은 일을 일부러 하며 자기 행위를 의식한다.

불행하게도 내 입장에서는 이 프로젝트들에 대해 쓸 만한 정보가 없었다. 그래서 나는 프로젝트를 비교할 수 있는 정보를 제공할 사람들을 찾았다. 복잡한 조직에서 발생하는 전형적인 문제였다. 정보는 맨 위를 제외한 모든 곳으로 흐른다. 아니면 중앙의 권위 주변으로 흐르기 때문에 국지적 활동에서 거버넌스가 생겨나야 한다(Kelly, 1994).

나는 관리자로서 두 가지 목표가 있었다. 첫 번째는 (경제적인 이유로) 가능한 한 많은 프로젝트가 우크라이나에서 진행돼야 한다는 것이었고, 두 번째는 우리와 고객의 위험이 최소화돼야 한다는 것이었다. 사실 세 번째 목표도 있었다. 세 번째는 답변할 수 없는 질문으로 사람들이 나를 괴롭히지 않길 바란다는 것이었다.

사람들이 직접 의사 결정을 충분히 할 수 있도록 하라는 것이 내 지시였다. 그러나 내가 목표를 분명하게 전달하지 못한 탓에 사람들은 내가 대신 고민해주길 바랐다. 나는 거절해야만 했다.

상급의 덕이란 그렇게 하는 것을 의식하지 않고 영향력을 발휘한다는 뜻이다. 규칙을 만드는 것은 내 권한이 아니라 사람들의 상호 작용으로부터 생겨나야 한다. 내가 잘했더라면 다음과 같이 말했을 것이다. "이것들이 내 목표입니다. 방법을 찾아보세요." 그 대신 나는 어리석게도 기술, 의존성, 가용 자원, 지식에 대해 얻은 정보를 검토했다. 그런 다음, (단순한) 최적의 해결책을 생각했고, 관련자들에게 내 제안을 보여줬고, 모든 사람에게 동의하는지 물어봤다. 물론 그들은 동의했다. 끔찍한 시간 낭비였다. 최소한 지뢰 찾기 (전문가 수준) 여섯 판 값어치만큼의 낭비였다.

역설적으로, 조직을 더 잘 조종하고 싶다면 통제라는 환상을 포기해야 한다. 권한 부여를 사람들에게 동기 부여하는 도구로 여기는 경우가 많다. 하지만 이는 잘못된 것이다. 사람들에게 권한 부여를 하는 이유는 동기 부여가 아니라 관리 효율성을 개선하기 위해서다.

어떤 개별 노드에 있는 정보보다 네트워크상에 있는 정보가 훨씬 더 낫다. 스스로를 "제어 센터"라고 간주하는 비대하고 비용이 많이 드는 곳도 말할 필요가 없다. 사람들이 좋아하든 말든 이미 갖고 있는 정보로 직접 결정을 내릴 수 있도록 권한을 부여해야 한다.

다행히 나는 상급의 덕을 지닌 관리자로서 완전히 실패하지는 않았다. 세 프로젝트에 대한 나의 제안을 사람들에게 보낸 후, 한 프로젝트 관리자가 어떤 사람들을 이 프로젝트에 할당할지 문의했다. 나는 잘 모르겠고, 그들이 직접 할 수 있을 것이라고 말했다. 그 대답을 좋아했는지 아닌지 몰랐고, 솔직히 (별로) 신경 쓰지도 않았다. 나는 사람들이 기뻐하는 모습을 보기 위해 권한을 부여하지 않는다. 나보다 좋은 결정을 내리고 싶을 때 권한을 부여한다.

마치 정원사처럼

구성된 시스템constructed system 관리와 복잡계complex system 관리 사이에는 큰 차이가 있다. 구성된 시스템(비행기, 교량, 커피머신)은 사용할 준비가 될 때까지 하나씩 쌓아올린, 생명이 없는 시스템이다. 복잡계(정원, 가정, 닭)는 성숙해서 죽을 때까지 날마다 성장하는 시스템이다.

사람들은 언어를 부주의하게 사용하고 용어를 헷갈리게 만드는 경우가 많다. 살아 움직이는 사물에게 만든다는 표현을 사용하는 경우가 많은데, 이건 불가능한 일이다. 도시는 만드는 것이 아니라 키우는 것이다. 우리가 만드는 것은 개별 주택, 도로, 쓰레기통이다. 그 모든 것이 합쳐져 도시가 되고, 도시는 성장한다. 도시는 단순히 건축물이 아니다. 이와 마찬가지로 회사도 만드는 것이 아니라 키우는 것이다. 관계 또한 만드는 것이 아니라 키우는 것이다.

또한 사람들은 소프트웨어도 만든다고 이야기한다. 그리고 (많은 경우에) 이것 역시 잘못된 말이다. 코드 라인, 설계 문서, 컴파일한 어셈블리는 만드는 것이고, 사용자 인터페이스, 데이터 저장소, 소셜 네트워크 그리고 (내가 만든 시스템에서) 광범위한 버그 데이터베이스는 키우는 것이다. 소프트웨어 시스템은 만드는 것이 아니라 키우는 것이다.

불행하게도 나는 이 똑똑한 추론을 직접 주장하기가 어렵다. 35년 전에 이미 프레더릭 브룩스Frederick Brooks가 이에 대한 이야기를 했다.

> 이 구축의 비유는 너무 오래돼 그 유용함을 잃었다. 지금은 다시 변화가 필요한 때다. 만약 내 생각처럼 우리가 오늘날 만드는 개념적 구조물이 사전에 명세하거나 오류 없이 만들기 불가능할 정도로 복잡한 것이라면, 근본적으로 다른 접근 방법을 취해야 한다. …(중략)… 이제 사람이 만든 생명 없는 사물 대신 자연으로 눈을 돌려 살아 있는 것들에 내재된 복잡함을 들여다보자. 거기서 우리는 전율할 정도의 복잡도를 가진 구조물들을 발견한다. 뇌라는 것 하나만 봐도 지도로 나타낼 수 없을 정도로 복잡하며, 모방할 수 없이 강력하고, 풍부한 다양성과 자기보호 및 자기재생 능력을 갖췄다. 그 비밀은 뇌가 구축된 것이 아니라 성장한 것이라는 데에 있다. 따라서 우리의 소프트웨어 시스템도 그래야만 한다.[6]

팀 관리에 대해서도 적절한 용어를 사용하지 않고 있다. 팀 구축team building 대신 팀 양성team growing이라고 하는 편이 더 좋다.

> 팀 구축이라 표현하는 대신 팀 양성이라 표현하기 시작했다. 농업 이미지가 적절한 듯이 보였다. 농업은 완전한 통제가 불가능하다. 토양을 비옥하게 만들고, 씨앗을 뿌리고, 최신 이론에 따라 물을 준 후 숨을 죽이고 기다린다. 수확이 있을 수도, 없을 수도 있다. 모든 것이 문제 없이 잘되면 다행이다. 하지만 내년에는 처음부터 다시 시작한다. 팀 형성도 농사와 마찬가지다.[7]

다시 한 번 말하지만 나만의 독창적인 생각은 아니다. 톰 드마르코와 티모시 리스터는 이미 23년 전에 이를 꿰뚫어 봤다. 그리고 그 이후 농업이라는 은유는 사람들을 관리하는 방법을 설명하는 데 여러 차례 사용됐다. 예를 들어, 사람들을 채용하고 해고하는 데 이 비유를 사용한다(적절한 식물을 심기 위한 위치 선정, 유용한 작물의 에너지를 고갈시키는 잡초 제거와 비교할 수 있다)(Bobinski, 2009). 그리고 비유는 여기서 멈추지 않는다. 세 가지를 더 추가하고자 한다.

---

6 Brooks, Jr., Frederick P. 『The Mythical Man-Month: Essays On Software Engineering』, ©1995, Addison Wesley Longman Inc., Reproduced by permission of Pearson Education(Brooks 1995:201). (한국어판: 『맨먼스 미신: 소프트웨어 공학에 관한 에세이』, 프레더릭 브룩스 지음, 강중빈 옮김, 인사이트, 2015)

7 DeMarco, Tom and Timothy Lister. 『Peopleware: 2nd Edition』, New York: Dorset House Pub, 1999(DeMarco, Lister 1999). (한국어판: 『피플웨어』, 톰 드마르코/티모시 리스터 지음, 박재호/이해영 옮김, 인사이트, 2014)

- 생명체는 처음에 빠르게 성장하다가 성숙 단계에 접어든다. 성숙한 시스템은 덜 성숙한 시스템만큼 자주 보살핌을 받을 필요가 없다. 성숙한 팀도 많은 보살핌을 받을 필요가 없다. 대부분의 문제를 스스로 해결할 수 있을 만큼 충분한 경험이 있다. 가끔 진단을 하는 것만으로도 모든 일이 순조롭게 이뤄진다.

- 정원을 관리하지 않으면 성장은 하겠지만 의도한 것과는 다른 방향으로 성장할 것이다. 소프트웨어 시스템과 팀도 이와 마찬가지다. 소프트웨어 시스템과 팀은 관리하지 않으면 계획하지 않은 방향으로 성장할 것이다. 그리고 그 결과는 바라는 것만큼 아름답지 않을 수도 있다.

- 성장하는 많은 시스템에는 특정 기대 수명이 있다. 이런 시스템은 점점 쇠퇴하다가 죽음에 이른다. 이에는 아무런 문제가 없다. 그것이 자연스럽다. 생명체는 나이를 먹으면서 유지하는 데 점점 더 많은 시간과 에너지가 필요하다. 정원사가 오래된 식물을 뿌리까지 뽑아내 퇴비 더미에버리고 새로운 씨앗이 자랄 곳을 마련하는 것처럼 오래된 것을 새 것으로 바꿀 때가 온다는 것을 알고 있다.

개발자와 관리자에게는 공통점이 많다. 모두 정원사다. 모두 같은 도구를 사용한다(그림 6.4 참조). 시스템이라는 씨앗을 뿌리고, 영양분을 주고, 육성한다. 덜 성숙한 시스템은 성숙한 시스템보다 더 잘 보살펴야 한다는 것을 알고 있다. 건강하게 성장하는 시스템에서 에너지를 빼앗아가는 모든 잡초를 제거하고, 때가 오면 오래된 시스템을 새로운 시스템으로 언제 바꿀 것인지 알아본다.

그림 6.4 관리 도구

8장, '목적에 따른 리드와 지배'에서 올바른 방향으로 성장하도록 울타리와 경계를 세우고 시스템의 위치를 정하는 관리자의 다른 역할에 대해 논의한다. 그러나 우선 매니지먼트 3.0 모델의 두 번째 관점인 '팀에 권한을 부여하자'의 실용적인 측면을 좀 더 자세히 살펴보자.

정리

어떤 것이 스스로를 구조화하는 과정을 말하는 자기조직화는 많은 시스템의 기본 행동이다. 사람들은 결과를 중요시하는 경향이 있기 때문에 (그 결과가 "좋은 것"일 수도, "나쁜 것"일 수도 있다), 이런 시스템이 올바른 방향으로 자기조직화를 하고 있는 것인지 논의할 수 있다.

자기조직화와 관련이 있는 용어로 아나키, 창발, 자기선택, 자기주도, 자기관리 등이 있다. 모두 비슷한 뜻이지만 미묘하면서도 중요한 차이점이 있다.

소프트웨어 팀도 이와 마찬가지다. 그 어떤 참여자도 시스템 전체를 완전히 이해할 수 없다. 그것이 바로 그들의 멘탈 모델을 모아야만 하는 이유다. 시스템을 제어하려면 좋은 멘탈 모델이 필요하기 때문에 모든 팀원에게 제어를 위임하고 분산해야 한다. 따라서 사람들에게 권한을 위임하는 것은 혜택을 줄 때 필요한 것이 아니라 프로젝트 제어를 높일 때 필요하다.

성찰과 실천

6장에서 나온 아이디어를 조직에 적용할 수 있는지 살펴보자.

- 여러분이 속한 팀의 창발적 속성을 나열해보자. 어떤 팀 속성이 팀 수준에만 존재하고 모든 특정 개인과 관계가 없는가? 아니면 팀이 창발적 속성이 없는 개인 집단에 불과한가? 그 이유는 무엇인가?
- 팀이 여러분 없이 결정할 수 있는 것들을 나열해보자. 팀 없이 여러분이 직접 결정한 것을 나열해보자. 어떤 목록이 더 긴가? 그 이유는 무엇인가?

07

팀에 권한을 부여하는 방법

결국, 사람들이 열망해야 할 유일한 힘은 스스로에게 행사하는 힘이다.

– 엘리 위젤Elie Wiesel, 작가 · 운동가 · 노벨상 수상자(1928~　)

프랜시스 베이컨Francis Bacon은 "아는 것이 힘이다"라는 명언을 남겼다(사실은 "지식 그 자체가 힘이기 때문"라고 했지만, 세월이 흐르면서 더 기억하기 쉬운 형태로 바뀌었다). 이 말은 "지식 노동자는 힘 있는 (자율적인) 노동자"라는 뜻을 담고 있다. 지식 노동자는 지식을 갖고 있기 때문에 조직 내에서 진정한 힘을 행사하는 사람들이다. 그러나 이 사실을 깨닫지 못하는 경우가 많다.

관리자에게는 직원을 채용하고 해고할 권한이 있지만, 지식이 풍부한 환경에서는 지식 노동자가 가장 중요한 업무를 담당한다. 오늘날에는 관리를 스포츠 팀을 이끄는 것과 비교하는 경우가 많다. 스포츠 팀에서 관리자(감독)는 퍼실리테이터이자 코치 역할을 하고, 진짜 일은 스타 플레이어가 한다. 관리자는 선수가 득점을 올릴 수 있도록 팀에 권한을 부여하는 데 필요한 것이 무엇인지 배워야 한다. 하지만 먼저 하지 말아야 할 일을 살펴보자.

동기 부채를 만들지 말자

강압적인 태도로 문제를 해결하는 것은 쉬운 일이다. 사람들에게 자리를 바꾸라고, 다른 프로젝트를 하라고, 다른 팀으로 옮기라고 말하기는 쉽다. 하지만 같은 문제라도 사람들에게 직접 알아보라고 요청해 해결하는 편이 훨씬 더 좋다. 안타깝지만 더 어려운 방법이기도 하다.

우선 나도 주변 사람들을 강압적으로 대해왔다는 점을 인정해야겠다. "자네, 저쪽에 앉아! 거기 당신, 이 프로젝트를 끝내! 그리고 너, 카페라떼 한 잔 가져오고 내 책상 좀 치워놔!" 이런 식의 관리는 쉽다. 그리고 권력에는 중독성이 있다. 그러나 똑똑한 관리자는 강압적인 태도가 동기 부채를 만든다는 사실을 알고 있다. 왜냐하면 사람들은 명령받는 것을 싫어하기 때문이다. 사람들은 요청받고 싶어한다.

나는 관리자들에게 (그리고 나 자신에게) 사람들에게는 지시가 아니라 요청을 하라고 자주 상기시켜준다. 사람들은 뭔가에 흔쾌히 동의하지 않으면 최선을 다하지 않는다. 사람들이 최선을 다하지 않으면 여러분에게 동기 부여 문제에 대한 책임이 있는 것이다. 사람들에게 원하지 않는 일을 시키는 것은 동기 부채를 쌓는 확실한 방법이다. 그리고 부채는 갚아야만 한다. 그렇지 않으면 커피도 없고, 책상은 더러운 상태로 사람들의 외면을 받게 될 것이다.

몇 년 전, 나는 몇몇 관리자와 함께 두 명의 직원에게 다른 팀으로 옮길 것을 요청했다. 새로운 팀의 업무가 더 도전적이었기 때문에 이 훌륭한 제안을 거절한다는 것은 말도 안 된다고 생각했다. 그런데 둘 다 거절했다! 그들은 현재 팀과 업무에 만족하고 있었다. 그들이 이동을 좋아할 것이라고 무작정 가정하지 않아서 다행이었다. 해결하려고 했던 것보다 더 큰 문제가 생길 뻔했기 때문이다. 그렇지만 당황스러운 일이었고, 다른 해결책을 찾아야 했기에 우리의 미션은 더 어려워졌다. 그러나 두 사람은 다른 팀이 자신들을 선택한 것이 뿌듯했을 것이라고 확신한다. 또는 "아니요"라고 말할 수 있어서 분명히 뿌듯했을 것이다.

좋은 관리는 단기적인 문제를 더 해결하기 어렵게 만들 수 있지만, 장기적 문제는 더 해결하기 쉽게 만든다. 좋은 관리자는 이따금 서로의 일을 더 어렵게 만드는 경향도 있다. 두 사람의 거절은 일정 부분 팀 관리자의 리더십 능력 덕분이라고 확신한다. 팀원들이 팀을 떠나고 싶어하지 않는 것보다 관리자에게 더 좋은 칭찬이 있을지 모르겠다. 당사자였던 바로 그 관리자는 다음과 같이 말했다. "흠, 제가 제대로 하고 있는 것 같긴 하네요!"

아직도 가끔씩 (살짝) 강압적인 나 자신을 발견하곤 한다. 얼마전 비즈니스 컨설턴트에게

"요구 사항은 반드시 사용자 스토리 형태로 팀에 전달해줘야 한다"라고 이야기한 일이 있었다. 미안하지만, 나는 다시 강압적인 인간이 됐다! 그렇게 해줬으면 좋겠다고 요청할 수도 있었고, 팀에게는 사용자 스토리 형태가 아닌 요구 사항은 거절할 수 있는 자유가 있다고 말할 수도 있었다. 그리고 편안하게 앉아 소란스러운 상황을 맘껏 즐길 수 있었다. 깨끗한 책상에서 카페라떼 한 잔을 마시면서.

좋다, 지금까지 하지 말아야 할 일에 대해 말했다. 이제 팀에게 권한을 부여할 때 해야 할 일들을 살펴보자. 7장에서는 그게 전부다.

> **🎛️ 사람들이 서로 부딪히도록 만드는 것은 아닐까?**
>
> 아니다. 나는 단지 차이점을 함께 해결하라고 권유할 뿐이다. 관리자가 직원들의 논쟁과 의견 불일치를 막을 수는 없다. 그러나 항상 자신을 재판관이라고 생각해서도 안 된다.

마법사의 모자를 쓰자

나는 15년 전 처음으로 관리직을 맡게 됐다. 당시 고용주는 나와 내 친구인 플로리스가 함께 제안했던 아이디어로 신규 사업을 하고 싶어했다. 우리의 아이디어는 성공적인 벤처 기업으로 성장했고, 나는 갑자기 20명의 개발자와 디자이너를 관리해야 하는 입장이 됐다. 고통스러운 경험이었다. 나는 내가 직접 아이디어를 내고 문제를 해결하는 쪽을 좋아했지, 고객 프로젝트의 성가신 세부 사항은 신경 쓰고 싶지 않았다. 공동 창업자와 나는 성가신 일들을 모두 피하고 싶어 금세 프로젝트 관리자 계층을 만들었다.

프로젝트 관리자 한 명이 휴가를 간 적이 있었는데, 나는 속세로 내려와 그 업무를 이어받아야 했다. 깊은 한숨을 쉬며 팀원들을 불러모아 짧은 회의를 했다. 팀원들의 업무를 재빨리 검토하고, 우선순위로 인한 몇몇 위험을 지적하고, 가능한 해결책을 몇 가지 알려준 후, 마법 구슬과 약병이 있는 내 자리로 돌아왔다. 며칠 후 다시 진척도를 확인하고, 앞과 같은 절차를 반복했다. 나는 절대로 풀타임 관리자가 되고 싶지 않았기 때문에 켄 블렌차드가 제안한 용어인 "1분 관리자"로 변신했다(Blanchard, Johnson, 1982).

2주 후 나는 한 팀원에게 프로젝트 관리자가 팀을 관리하던 방법보다 내 관리 스타일을 더 좋아한다는 이야기를 듣고 깜짝 놀랐다. 프로젝트 관리자는 항상 모든 것을 마이크로 매니징했는데, 나는 방향만 알려주고 귀찮은 세부 사항은 팀이 알아서 하도록 했던 것이다. 그 프로젝트 관리자는 정치가의 모자를 쓰고 있었다. 그는 말하고, 만나고, 문서화하고, 어울리길 좋아했다. 나는 마법사의 모자를 쓰고 있었다. 나는 그냥 문제 해결과 온갖 사악함을 물리치는 주문을 좋아했다.

좋아하는 캐릭터가 간달프든, 멀린이든, 덤블도어든 관리자에게 현명한 마법사는 좋은 비유인 것 같다(맞다. 우리는 이미 정원 가꾸기에 비유했었다. 내가 하고 싶은 이야기를 더 할 수 있도록 한 번만 봐줬으면 좋겠다). 내가 읽었던 모든 판타지 이야기에서는 어마어마한 힘을 가진 캐릭터라고 하더라도 현명한 마법사는 결코 자신이 직접 하는 법이 없다. 처음부터 끝까지 직접 모험을 함께하지 않아도 된다. 단지 영웅들이 성공할 수 있도록 도울 뿐이다. 관리자도 이와 마찬가지다.

정치가가 아니라 마법사를 선택하자

나는 관리 따위에 신경 쓰지 않는 팀원에게 기술 팀 관리 업무를 주는 편이다. 나는 그가 다른 사람을 마이크로 매니징하는 데 시간을 허비하지 않고 훌륭한 해결책을 만드는 데 관심이 있는 사람이길 바란다. 일을 제대로 하고 싶은 열정이 있기 때문에 다른 일을 할 때처럼 이 일에 헌신할 것이다. 또한 최소한의 시간을 사용해 일을 제대로 하는 방법을 배우게 될 것이다. 내가 이렇게 선택한 기술 관리자는 경영서를 습득하고 관리 능력 개발 훈련을 요청하는 데 가장 열심이었다는 것이 증명됐다. 이들은 지금까지 해왔던 것처럼, 어떻게 주어진 과제를 준비하는지, 어떻게 문제를 해결하는지를 조사한다.

많은 "피플 매니저people manager"가 사람을 관리하는 방법을 모른다. 『사람의 열정을 이끌어 내는 유능한 관리자First Break All the Rules』(21세기북스, 2006), 『피플웨어Peopleware』, 『리더십 불변의 법칙The 21 Irrefutable Laws of Leadership』 등과 같은 위대한 작품을 읽어본 적도 없다. 이들은 말하고, 만나고, 문서화하고, 어울리길 좋아하며, 이미 모든 것을 알고 있다고 생각한다. 그러나 모든 것을 알아내려면 모든 것을 마이크로 매니징해야 한다.

나는 절대 관리자가 되고 싶지 않았다. 나는 뭔가 만들길 더 좋아한다. 누군가가 내 책상 앞에 서서 문제를 이야기하면 아직도 이런 생각이 들 때가 있다. "왜 나를 괴롭히는 거지?" 그러나 나는 책을 읽고 이에 대처하는 방법을 익혔다. 그리고 여전히 관리자가 되기 위해 (적극적이면서도 고통스럽게) 필요한 것들을 배우고 있다. 그래서 지금은 헤드폰을 벗고 마법사의 모자를 쓴 다음 미소를 지으며 몇 가지 방향을 (그 방향이 좋은 방향이길 기도하면서) 알려주면서 나머지는 직접 해결해야 한다고 말해준다. 그들이 내 자리에서 떠나면, 다시 마법사의 모자를 벗고 헤드폰을 쓴 다음 나중에 모든 일이 잘 진행되고 있는지 확인해야겠다고 스스로에게 상기시킨다.

권한 부여 대 위임

권한 부여라는 단어는 위임과 함께 사용하는 경우가 많지만 차이점이 있다. 위임은 뭔가 해야 할 일을 다른 누군가에게 넘겨주는 행동을 말한다(대개 그 사람의 성과에 대한 책임은 그대로 남겨둔다). 권한 부여는 위임 이상이다. 권한 부여는 위험 감수, 개인의 성장, 문화적 변화를 돕는 것까지 포함한다(Quinn, Spreitzer, 1997). 권한 부여가 단순히 직원들에게 권한을 허락하는 것만이 아니라 이미 얼마나 힘을 갖고 있는지를 인정해주는 것이라고 말하는 사람들도 있다(Fox, 1998).

> 최고의 지도자는 사람들이 그가 있는 것만 겨우 알고 …(중략)… 주어진 일을 끝마치고 마침내 목표를 달성했을 때 사람들은 이렇게 말하리라. "우리 힘으로 해냈다."
>
> – 노자

연구자들은 관리자가 사람들에게 권한을 부여하는 데에는 여러 가지 이유가 있다는 것을 발견했다. 직장에서는 대개 노동자들의 만족도와 삶의 질을 개선한다. 또한 대다수의 조직에서 생산성과 서비스 품질을 개선한다. 그리고 기업 중 절반가량이 권한 부여 계획을 통해 수익과 경쟁력이 개선됐다는 결과를 보고했다(Bowen, Lawler, 1995:75). 특히, 권한 부여의 직접적인 결과로 고객 만족과 인재 유지를 지목하는 경우가 많다. 여러분이 나처럼 고집스럽고, 비합리적이고, 경험 데이터를 일부러 무시하는 사람이라고 하더라도 용서해줄 수 있다.

하지만 과학을 무시하는 사람은 용서할 수 없다. 사회 복잡성의 관점에서 방금 설명한 모든 이점이 없더라도 (이론적으로) 조직이 계속 돌아갈 수는 있다. 권한을 부여하는 진짜 이유는 복잡계 자체를 관리하기 쉽게 해주기 때문이다. 똑똑한 관리자가 권한을 부여하는 이유는 직원들의 얼굴빛이 밝아지기 때문이 아니라 전체 시스템이 무너지는 것을 막아야 하기 때문이다.

상향식 분산 제어가 없다면, 애자일 조직과 같은 복잡계는 작동하지 않는다. 소비에트 체제가 무너진 이유는 불행한 고객이나 비참한 직원 때문이 아니라 지속 불가능하기 때문이다. 따라서 여러분이 헨리 포드와 같은 기업 독재자의 21세기 버전을 선호하더라도 비즈니스를 계속 운영하고 싶다면 사람들에게 권한을 부여해야 한다.

그러나 언제나 그렇듯이 말처럼 쉽지 않다. 어떤 조직에게는 권한 부여가 쉬운 일일 수 있지만, 다른 많은 조직에서 (그리고 다른 문화에서) 직원에게 권한을 부여하려면 문화 전체가 바뀌어야 한다. 큰 변화를 이루려면 많은 작은 단계들이 수행돼야 할 수도 있다. 권한 부여 프로그램이 즉각적인 결과를 가져오지 않는 경우가 많기 때문에 조직이 그런 프로그램을 일찌감치 중단해버릴 위험이 있다(Caudron, 1995:28). 나머지 절에서 이 부분에 대해 알아본다.

두려움을 줄이면 지위가 높아진다

사람들에게 권한을 부여한다는 생각을 좋아하지 않는 관리자도 있다. 이들은 권위, 힘, 통제력을 잃는 것을 두려워한다. 또한 하급자가 관리자보다 더 많은 것을 알게 되는 상황을 두려워한다. 그리고 하급자에게 권한을 부여하고 나면 할 일이 없어져서 자신이 쓸모없게 될까봐 두려워한다(특히, 이런 문제는 주로 경제적인 어려움 때문에 일자리를 줄여야 하거나 최고 경영진이 불필요한 인력을 찾고 있는 조직에서 발생한다). 관리자가 자신의 업무에 불안감을 느끼면 더욱 강하게 자신의 힘과 자리를 유지하려 하고, 경쟁자(라고 인식하는 사람들)와 공유하길 꺼려한다.

이런 관리자에게 필요한 메시지는 다음과 같다.

> 사람들에게 힘을 준다고 해서 지위가 약해지는 것은 아니다. 오히려 그 반대로 지위가 더 높아진다.

조직 내에서 여러분의 지위는 이끌고 있는 사람들의 힘과 상관이 있다. 다음과 같은 질문에 답을 해보자. 여러분에게 더 흥미로운 것은 어느 쪽인가? 품질이 뛰어난 시스템을 만드는 업계 베테랑들로 팀을 꾸려 이끄는 것인가, 아니면 정신이 혼미해질 정도로 형편없는 시스템을 만드는 학교를 갓 졸업한 애송이 인턴들로 팀을 꾸려 이끄는 것인가? 당연히 스타 팀의 관리자가 되는 쪽이 더 높은 지위일 것이라고 많은 사람이 생각한다. 팀이 발전하면 여러분의 힘도 함께 커진다. 그리고 팀을 발전시키려면 사람들에게 권한을 부여해야 한다.

경영 분야의 거장 존 맥스웰은 자신을 꼭 필요한 사람으로 만들려면 자신을 불필요한 사람으로 만드는 것이 좋다고 말했다(Maxwell, 1998:126). 이는 과장된 표현이며, 많은 것이 여러분의 관리자가 세상을 바라보는 관점에 달려 있다. 그러나 개인적인 경험에 비춰볼 때 CEO가 인식하는 나에 대한 가치는, 내가 원하는 일을 직접 하지 않고도 사람들에게 그 일을 하도록 만드는 방법과 크게 관련돼 있다.

복잡계는 제로섬 게임이 아니다. 가난한 나라를 부유하게 만든다고 해서 부유한 국가의 부가 줄어들지는 않는다. 아메리카 대륙에 정착한 유럽인들이 아메리카 원주민들의 일자리를 빼앗은 것은 아니다(유감이지만, 다른 것들을 빼앗았다). 트위터와 링크드인에서 만난 사람들을 칭찬하거나 추천한다고 해서 나의 "사회적 자본"이 줄어드는 것은 아니다. 온라인에서의 사회적 지위는 다른 사람들을 얼마나 도와주는지에 달려 있다.

여러분이 힘, 통제력 그리고 어쩌면 직업을 잃을까봐 두려워하는 입장에 있을 때 다른 사람들의 사회적 자본에 투자하는 이유는 그것이 나의 사회적 자본을 늘려주기 때문이다. 나는 가난한 나라에 일자리를 줘야 한다고 생각한다. 그것이 일자리를 늘려주고 더 나은 일자리를 만들기 때문이다. 그리고 반드시 사람들에게 권한을 위임해야 한다고 생각한다. 그것이 조직 내의 지위를 높여줄 것이기 때문이다. 사람들이 생각하는 것만큼 상황이 단순하지 않고 역설적인 경우도 많기 때문에 복잡계라고 부르는 것이라는 사실을 잊지 말자.

개인적 경험으로 최고 경영진은 대개 자율적인 팀의 관리자는 해고하지 않는다. 관리 불가능한 시스템에 책임이 있는 관리자를 해고할 가능성이 더 높다.

올바른 성숙 단계의 선택

자율적인 직원이 되는 방법도 기술이다. 여러분은 이 방법을 배워야 하며, 이를 유지하는 데는 규율이 필요하다. 사람들이 배우는 대부분의 기술처럼, 잘못될 가능성이 거의 없고 쉬운 것부터 시작하는 것이 가장 좋다. 모든 권한 부여 계획을 낮음, 중간, 높음의 세 가지 범주로 나누기를 제안하고 싶다. 이는 모든 사람을 더 높은 단계로 이끌고자 하는 의도다. 그러나 더 높은 단계를 달성하려면 이전 단계를 먼저 거쳐야 한다. 어쨌든 첫날부터 심장 절개 수술을 하는 수련의는 없다(그러길 바란다).

낮은 권한 부여

"낮은" 권한 부여는 회사에 큰 영향을 미치지 않는 활동이다. 이 범주의 예로는 내부 워크숍 개발, 코딩 가이드라인 수립, 회사(또는 부서) 크리스마스 트리 꾸미기 등을 들 수 있다. 대부분의 조직에게 이 범주에 속하는 권한 부여는 쉬운 문제가 돼야 한다. 내가 독재적인 환경에서 권한 부여 프로그램을 시작하는 것이 바로 이 지점이다. 낮은 곳의 과실을 먼저 따는 것과 비슷하다.

그러나 해롭지 않아 보이는 겉모습에 속지 말자. 쉬워 보이는 것도 망쳐버리기 쉽다. 경영진이 어떤 워크숍을 개발할지를 결정하면, 권한 부여가 코미디라는 점만 확인될 것이다. 팀이 코딩 가이드라인을 둘러싼 소모적인 다툼에 빠졌을 때 관리자가 나서서 그 상황을 바로잡게 된다면, 의견 불일치를 해결하는 데 관리가 필요하다는 점만 확인될 뿐이다. 그리고 말할 필요도 없이, 크리스마스 트리가 임원 회의실에 설치돼서는 안 된다.

또한 권한 부여 프로그램의 목표를 너무 낮게 잡을 위험도 있다. 조직 내 사람들의 자율성과 자기효능감이 높다면, 낮은 범주에 속한 것들에 손을 댈 필요가 없다. 솔직히, 여러분이 내 관리자였는데 이런 방식으로 내게 권한을 부여하려고 했었다면, 머리에 크리스마스

장식을 뒤집어쓰게 됐을 것이다.

중간 권한 부여

"중간" 권한 부여의 예로는 팀원에 의한 채용 후보자 인터뷰, 직원들의 자체 교육, 프로젝트 팀의 자기조직화, 자율 근무 시간, 자유로운 도구 선택 등을 들 수 있다. 어쩌면 새로운 비즈니스 모델 개발에 기여할 수도 있다(아마도 크리스마스 트리 꾸미기 서비스?).

이 범주의 직원 권한 부여는 대부분의 조직에게 힘든 일이며, 일부 조직에게는 이미 너무 먼 이야기일 수도 있다. 그럼에도 "중간" 권한 부여가 (적어도) 대다수의 조직이 궁극적으로 반드시 달성해야 하는 단계라고 확신한다. 애자일 소프트웨어 개발을 하고 있다면 선택의 여지는 없다.

사람들이 낮은 권한 부여에 완전히 익숙해졌다고 확신할 수 없다면, 이 범주의 권한 부여를 아직은 고려하지 말자. 내가 운전 연수를 받을 때, 강사는 내가 운전대를 다룰 수 있다는 것을 확인한 후에야 브레이크를 건드릴 수 있도록 해줬다. 그리고 내가 운전대를 다루느라 씨름하는 동안에는 강사가 직접 브레이크를 밟았다. 그것도 엄청나게 자주!

반면, 가장 결연한 직원들에게는 이 범주가 여전히 충분하지 않을 수 있다. 마지막 범주가 하나 더 있다.

높은 권한 부여

"높은" 권한 부여의 예로는 사람들이 함께 자신들의 급여를 결정하고, 원하는 프로젝트에서만 일하며, 직함 구별 없이 모두를 "동료"라고 부르고, 원한다면 재택근무를 하거나 바하마에서 일할 수 있는 조직을 들 수 있다.

조직 문화를 높은 범주에 맞게 바꾼다는 것은 무척 어려운 일이기 때문에 현실적으로 대부분의 비즈니스에서는 달성하기 어려울 수 있다. 스스로 이 범주에 속한다고 생각하는 극소수의 조직은 대개 처음부터 이렇게 만들어졌다. 그레나다와 바베이도스[1]의 중간쯤에서

---

1 둘 다 카리브 해에 있는 섬나라다. – 옮긴이

퀸 메리 2호를 크루저에서 요트로 바꾸려고 하는 것보다 맨 처음부터 빠르고 민첩한 배를 만드는 편이 더 쉽다. 이와 마찬가지로 대기업에서 많은 기존 직원들의 사고방식을 바꾸는 것보다 스타트업 회사에서 자율적인 사람들을 적극적으로 채용하는 편이 더 쉽다. 여러분이 새로운 회사나 새로운 사업부를 시작하는 부러워할 만한 위치에 있다면, 처음부터 높은 범주에서 권한 부여 계획을 목표로 하고 싶을 수도 있다. 반드시 이런 종류의 권한 부여와 일치하는 프로필을 가진 사람들을 채용해야 한다.

지속적인 개선과 마찬가지로(15장, '모든 것을 개선하는 방법' 참조) 권한 부여는 끝이 없는 과정이다(Fox, 1998). 항상 더 많이, 더 좋게, 더 높이 노력할 수 있겠지만, 어디에서 시작하고 있는지는 알고 있어야 한다. 사람들이 낮은 단계에 충분히 익숙해졌다는 것을 증명함으로써 더 높은 단계의 권한 부여를 얻을 수 있도록 해야 한다. 아직 크리스마스 전구 색깔을 두고 다투는 중일 때 서로의 급여에 대해 투표하는 것은 지나치게 나간 것일 수 있다.

올바른 권한 단계의 선택

권한 부여를 이분법적 선택이라고 생각하는 경우가 많다. 누군가에게 권한을 부여하거나 권한을 부여하지 않거나 둘 중 하나라고 보는 것이다. 현실에서는 그것보다 더 다양한 옵션이 있다. 권한의 단계는 다음과 같이 구별할 수 있다.

첫 번째 운전 교습에서 강사가 여러분에게 운전대는 넘겨줬을지도 모르지만, 언제 왼쪽으로 꺾어야 하고 언제 오른쪽으로 꺾어야 할지는 정확히 알려줬을 것이다. 교습을 몇 차례 더 받고 경험을 더 쌓은 후에는 강사가 이렇게 말할 것이다. "지난주에 들이받을 뻔한 전화 부스가 있던 쇼핑 센터로 가볼까요?" 그러면 여러분이 할 일은 그곳까지 가는 길을 알아내는 것이다. 경험이 많은 운전자였다면 강사가 다음과 같이 말했을 수도 있다. "잠깐 눈 좀 붙일테니 주변을 좀 돌아다녀보시겠어요?"

각 개인 활동에서 일곱 가지 권한 단계를 구별할 수 있다.

- **1단계: 통보**[Tell]. 결정을 내리고 사람들에게 알려준다(사실상 권한을 전혀 부여하지 않는 것이다).

- **2단계: 설득**Sell. 결정은 내리지만, 여러분의 아이디어를 사람들에게 "설득"함으로써 그들의 헌신을 얻으려고 한다.
- **3단계: 상의**Consult. 결정을 내리기 전에 사람들의 의견을 듣고 따져본다. 그러나 의사 결정을 하는 사람이 여러분이라는 것을 분명히 밝힌다.
- **4단계: 합의**Agree. 사람들과 토론하고 의견 일치를 이룬다. 여러분의 의견과 다른 사람의 의견은 동등하다.
- **5단계: 조언**Advice. 여러분의 의견을 사람들에게 알려 영향을 미치려고 하지만, 결국 결정은 그들의 몫으로 남긴다.
- **6단계: 질의**Inquire. 팀이 먼저 결정할 수 있도록 하고, 반드시 필요한 것은 아니지만 나중에 여러분을 이해시킬 수 있었으면 좋겠다는 제안을 한다.
- **7단계: 위임**Delegate. 밖에 나가 즐거운 시간을 보내는 동안(또는 시스템을 관리하는 데 시간을 보내는 동안) 문제 해결을 전적으로 팀에게 맡긴다.

1, 2, 4, 5단계는 **상황적 리더십 이론**Situational Leadership Theory[2]에서 이야기하는 네 가지 "리더십 스타일"에 해당한다. 그러나 7단계로 확장한 이 버전이 좀 더 완전하고 유용하다고 생각한다. 5단계에서 끝나지 않기 때문이다.

주제에 따라 일곱 가지 권한 단계를 바꿀 수 있다. 예를 들어 나는 가장 최근 직장에서,

- 사람들에게 조직 내 새로운 사업부를 시작할 것이라고 **통보했다**(설득해야 할 대상은 CEO였기 때문에 직원들을 설득할 필요는 없었다).
- 내 노력에 동참하기로 한 사람들에게 비즈니스 모델과 어떤 유형의 고객을 찾아야 하는지 **설득했다**.
- 모든 팀원에게 우리 사업부의 이름에 대한 아이디어를 물어보고 **상의**해서 내가 결정했다.
- 로고를 선택할 시기가 됐을 때 모든 팀원과 디자인에 대해 논의하고, 최고의 로고를 **합의**해서 결정했다.

---

2 http://en.wikipedia.org/wiki/Situational_leadership_theory

- 몇 가지 아키텍처상의 문제에 관해 **조언**을 하긴 했지만, 제품의 기술 설계는 궁극적으로 팀의 책임이었다.

- 팀에서 누가 무엇을 하고 있는지 전혀 신경 쓰지 않았지만, 팀이 올바른 선택을 했는지 확인하기 위해 가끔 **질의**를 하기도 했다.

- 마지막으로, 어려운 일은 모두 **위임**하기로 했다. 잠시 코딩에 참여하기도 했지만 팀의 리팩토링에서 내 코드는 하나도 살아남지 못했기 때문에 나는 다른 영역에서 가치를 더하는 편이 낫겠다고 판단했다.

모든 주제마다 별도의 권한 단계가 필요하며, 단계가 높아질수록 좋다. 그러나 어떤 경우에는 통보나 설득 단계에서 시작한 다음, 팀원들의 경험이 늘어남에 따라 점차 권한 단계를 높이는 것이 최선일 수 있다.

> **권한 단계는 어떻게 선택해야 할까?**
>
> 이 질문에 쉬운 답이 있었다면, 권한 부여를 자동화해서 팀 관리를 기계에게 맡겨도 됐을 것이다.
>
> 인간이라는 요소는 직접 다뤄야 한다는 것이 정답이다. 어떤 역할을 누군가에게 위임할 때마다 매번 이런 의문이 들 것이다. "이 일을 맡겨도 될까?" 때로는 올바른 권한 단계를 선택하지 못하는 경우도 있고, 제대로 선택하는 경우도 있을 것이다. 그러나 최소한 뭔가를 배우게 될 것이다!

권한 단계는 이전 절에서 언급한 성숙 단계와는 다르다. 코딩 가이드라인을 함께 만드는 일을 할 때는 팀에게 7단계의 권한(완전한 위임)을 줄 수 있다. 이 일에는 많은 기술과 규율이 필요하지 않기 때문이다. 도구 선택에는 5단계 권한(관리자의 조언)을 줄 수 있다. 자율적인 직원으로서 적당한 경험이 필요하기 때문이다. 급여를 결정하는 데에는 높은 권한 부여가 필요하기 때문에 아직 3단계 권한만 줄 수 있다. 이 단계에서는 사람들의 의견을 중요하게 여기긴 하지만, 결정은 여전히 여러분의 것이다. 그림 7.1은 세 가지 성숙 단계에서 다양한 권한 단계를 어떻게 사용할 수 있는지 보여주고 있다.

직원들에게 점점 더 어려운 과업을 부여하고 권한 부여 수준을 점진적으로 높이면 역량이 높아진다. 기술에 대한 자신감은 성공과 함께 늘어날 것이고, 더 많은 도전을 받아들일 준비가 될 것이다.

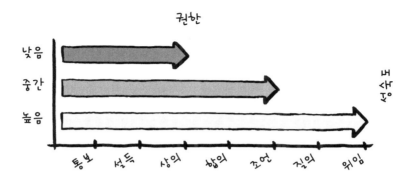

그림 7.1 세 가지 성숙도 단계 대 일곱 가지 권한 단계

만약 역량 수준이 서로 다르다면?

팀 구성원마다 또는 조직 내 팀마다 권한 부여를 다르게 해야 하는 상황이라면 어떻게 하는 것이 최선일까?

이것은 민감한 문제. 첫 번째는 누구에게도 거짓말을 하지 말라는 것이다. 두 번째는 모두에게 공정해야 한다는 것이다. 샘에게 자신의 역량을 증명하라고 요구하지 않은 채 책임을 부여한다면 맥스에게도 이와 마찬가지여야 한다는 뜻이다.

샘은 잘 해낼 것이라고 믿지만 (아직) 맥스의 능력은 아직 거기에 미치지 못한다고 생각한다면, 그 이유를 설명할 수 있어야 공정한 것이다. 맥스가 수행한 프로젝트 수가 적은 것일 수도 있고, 맥스의 지난번 업무에 문제가 많았을 수도 있다. 여러분은 반드시 공정해야 하고 정직해야 한다. 샘과 같은 권리를 얻기 위해 맥스가 해야 할 일을 분명히 해야 한다.

가능한 한 많은 사람에게 같은 권리를 부여해야 한다. 그러나 능력에 차이가 있을 때는 같은 권한 단계를 부여하지 않는 것이 좋다. 가장 능력 있는 사람들이 불공정하다고 해석해버리기 쉽기 때문이다. 정치적 정당성은 초보자와 전문가 모두에게 피해를 준다(Hunt, 2008:26). 그리고 거짓말과 불공정이라는 두 가지 악 중에서 선택해야 한다면, 나는 차라리 가장 유능한 사람들과의 의리를 지킬 것이다.

팀 할당 또는 개인 할당

지금까지 권한 부여의 두 가지 측면을 살펴봤다. 권한을 부여할 때는 필요한 성숙 단계를 선택할 수 있고, 과업마다 권한 단계를 선택할 수 있다. 세 번째 측면은 각 과업에 관련된 사람의 숫자다.

최근 우리 팀에 레이아웃과 디자인 경험이 있는 팀원이 있었다. 그에게 사업부 로고를 선택하는 과정을 담당하도록 할 수도 있었다. 그러나 모두가 회사의 목표와 연결돼 있다고 느끼길 바랐기 때문에 합의에 기반을 둔 팀 활동(4단계 권한)을 선택하기로 했다.

모든 팀원이 우리가 개발하고 있는 제품의 새로운 기능을 생각해낼 수 있다는 것을 알고 있었지만, 나 이외에 단 한 사람만이 실제로 제품 백로그에 새로운 항목을 추가할 수 있는 권한을 갖고 있었다. 팀원들이 우리 둘에게 의견을 주는 것은 당연히 환영했다(3단계 권한). 그러나 제품 책임자는 나와 그 동료였기 때문에, 최종 결정은 우리 두 사람이 함께 내렸다(4단계 권한).

여기에서 다양한 권한 부여 옵션을 볼 수 있다.

- 나는 특정 팀원에게 다른 팀원과는 다른(더 높은) 단계를 부여할 수 있다.
- 같은 권한 단계에 있는 사람들에게 서로 합의해야 한다는 요구 사항을 전달할 수 있다.
- 같은 권한 단계를 부여받은 사람들에게 스스로 판단해 행동할 수 있다고 말할 수 있다.
- 어떤 일을 팀의 누군가에게 할당해야 할 때, 팀이 그 사람을 선택할 수 있다고 말할 수 있다.

팀에서 다른 사람과 공동으로 제품 책임을 맡았다고 했던 그 상황은 첫 번째 옵션의 사례다.

내가 모든 사람이 제품의 아키텍처에 합의하길 원했던 것이 두 번째 옵션의 사례일 것이다. 아무도 다른 모두의 개입 없이 새로운 기술을 도입하거나 중요한 설계상의 결정을 내릴 수 없었다.

교차 기능 팀 중에서 누구나 어떤 기능이든 개발할 수 있다는 것이 세 번째 옵션의 사례일 것이다. 어떤 팀원은 데이터베이스 개발보다 프론트엔드 개발을 더 좋아할 수도 있고, 그 반대의 경우도 있을 수 있지만, 사용자 스토리 개발을 시작할 때 다른 사람의 허락을 받을 필요는 없었다.

마지막으로, 한 사람이 팀에게 개발 환경 배포 책임을 맡아달라고 부탁한 것이 네 번째 옵션의 사례일 것이다. 그게 누구인지는 상관하지 않았다.

팀원들에게 공동으로 책임을 지도록 하는 것이 위험을 줄일 수 있는 좋은 전략일 수 있다. 팀 전체가 같은 실수를 저지르는 것보다 한 사람이 실수를 저지르기가 더 쉽다. 어떤 상황에서는 딱 한 사람이 한 가지 중요한 과업을 책임지는 것이 더 쉽고 안전할 수 있다. 관리자가 남긴 코드를 전부 다시 작성하는 것처럼 말이다.

언제나 그렇듯이 상황에 따라 다르다.

위임 체크리스트

조한나 로스먼Johanna Rothman과 에스더 더비Esther Derby의 책『실천가를 위한 실용주의 프로젝트 관리 7 WEEKS』에는 과업을 위임할 때 사용할 수 있는 간단한 체크리스트가 있다. 성숙 단계, 권한 단계, 특성을 다루기 위해 내 질문 몇 가지를 추가해 이 체크리스트를 보완했다.

1. 업무를 위임할 때의 위험 요소를 적절히 다뤘는가?
2. 올바른 권한 부여 기술과 규율이 있는가?
3. 적절한 권한 단계를 고려해 선택했는가?
4. 개인에게 위임할지, 팀에게 위임할지에 대한 문제를 고려했는가?
5. 따로 떨어져 있는 개별적인 업무인가?
6. 특정 유형의 업무를 해낼 수 있는 기술을 갖고 있는가?
7. 사람들이 산출물에 사용했으면 하는 형식이 있는가?
8. 사람들이 성공하는 데 필요한 도구를 갖추고 있는가?
9. 사람들이 결과가 어때야 하는지를 알고 있는가?
10. 업무의 경계 조건을 정해뒀는가? (예를 들어, 예산, 시간, 자원, 품질)
11. 사람들은 기한이 언제까지인지 알고 있는가?
12. 사람들은 진척도가 어때야 하는지 알고 있는가?
13. 사람들은 얼마만큼 자주 (중간 마일스톤을 잘 지켜서) 진척도를 보고해야 하는지 알고 있는가?

14. 도움이 필요한 경우, 누군가가(여러분 또는 다른 사람이) 코치나 멘토 역할을 할 수

있는가?

출처: Rothman, Johanna and Esther Derby. 『Behind Closed Doors』. Raleigh: Pragmatic Bookshelf, 2005, 124페이지(http://pragprog.com). 허락하에 수록함(Rothman, Derby, 2005:124). (한국어판: 『실천가를 위한 실용주의 프로젝트 관리 7 WEEKS: 위대한 관리의 비밀』, 조한나 로스먼/에스더 더비 지음, 신승환/정태중 옮김, 위키북스, 2007).

다른 사람에게 업무를 위임할 때마다 위의 모든 질문에 대해 "예"(또는 "해당 사항 없음")라고 대답할 수 있어야 한다. 질문에 대한 답이 "아니요"이지만 그 업무를 위임해야만 한다면, 이 딜레마를 사람들과 공개적으로 논의하고 타협점을 찾아야 한다. 올바른 도구를 아직 갖추지 못했거나, 마감일이 언제인지 모르고 있거나, 적절한 코칭을 받지 못하고 있는 것일 수도 있다. 이 문제를 공개적으로 이야기하는 한, 여러분 그리고 업무를 위임하고자 하는 사람들 모두 의도에 동의하고 해결책과 결론을 얻기 위해 헌신해야 한다. 상황이 별로 이상적이지 않은 때도 그럴 것이다.

일을 제대로 하려면 인내심을 기르자

SF 영화 "제5원소"에서 조그는 무능한 부하들 때문에 계속 고생하는 비뚤어지고 무자비한 캐릭터다. 영화가 끝날 무렵, 조그는 또 다시 실수를 저지른 부하들에게 화가 나서 총을 집어들고 이런 대사를 한다. "일을 제대로 하려면 직접 해야 돼." 내가 가장 좋아하는 대사 중 하나다. 아마도 나는 직장 생활을 하면서 이와 똑같은 말을 수십 번 반복했을 것이다.

교수이자 연구자인 케네스 토마스Kenneth Thomas는 조그가 "마이크로 매니지먼트의 함정Micromanagement Trap"에 빠졌다는 것을 알아차렸을 것이다.

> 여러분은 더 많은 권한을 노동자에게 위임하고 싶어하며, 그들이 처리할 수 있다는 것을 증명하면 바로 위임하겠다고 결심한다. 그러는 동안, 대부분의 운영상 결정을 내리기 위해 무슨 일이 일어나는지 면밀히 살펴보고 제어해야 할 필요성을 느낀다. 비록 잠시 동안만 그래야겠다고 생각했더라도, 이런 마이크로 매니지먼트가 더 많은 권한을 소화할 수 있을지도 모르는 노동자들에게 스스로 관리할 수 있는 기회를

빼앗는다는 사실을 깨닫지 못한다. 그래서 노동자들은 계속 의존적인 방식으로 행동하고, 여러분은 그들이 왜 나만큼 책임감이 없는지 모르겠다고 생각하면서 직접 모든 결정을 내리는 소모적인 덫에 빠진다.[3]

'준비가 덜 된 노동자'라는 생각이 조직에서 권한 부여를 가로막는 가장 큰 걸림돌 중 하나다. 문제는 대개 관리자가 옳다는 것이다! 노동자가 위임받아야 할 일에 준비가 완전히 돼 있지 않은 경우가 많다. 준비가 돼 있었다면 아마도 이미 그 일을 하고 있을 것이다! 그러나 '일을 제대로 하려면 직접 해야 돼'라는 해결책은 그러한 상황에서 벗어날 수 있는 최선의 방법이 아니다.

권한 위임은 투자로 간주해야 한다(Rothman, Derby, 2005:97). 투자를 하고 나면 수익을 얻기까지 많은 시간이 걸리고, 그때까지 시간, 에너지, 돈 그리고 아마도 약간의 실망이라는 비용이 발생할 것이다. 노동자가 여러분의 감독 없이 그 업무를 할 수 있기 전에 다시 가져와 직접 해버리는 것은 이자를 받기 전에 은행에서 돈을 인출하는 것과 같다. 뭔가를 줬다 뺏는 쓸모없는 노력은 순손실만을 남길 뿐이다. 다시 말해, '일을 제대로 하려면 인내심을 기르자'가 해결책이다.

직원에게 뭔가를 위임한 후에 일이 잘못되면 "내가 뭘 잘못했지?"라고 반응하는 것이 좋다. 목표를 명확하게 설명하지 않았을 수도 있고, 제약 조건을 제대로 정의하지 않았을 수도 있으며, 아무도 그 노동자에게 코칭을 하지 않았을 수도 있다. 다른 권한 단계를 선택했어야 했을지도 모른다. 아니면 딱 한 사람이 아니라 팀에게 위임했어야 했을 수도 있다. 노동자에게 과업을 위임한 후 뭔가 안 좋은 일이 일어나더라도 그 과업에 대한 책임을 (도로) 빼앗지 말자. 그 대신, 위임한 방법에 대해 책임을 지자. 비즈니스가 여러분이 조그처럼 비뚤어지고 무자비해지길 요구할 수도 있다. 그래도 총은 집어들지 말자.

---

3 출판사 허락하에 옮김. 「Intrinsic Motivation at Work」, copyright ©2000 by Kenneth Wayne Thomas, Berrett-Koehler Publishers, Inc., San Francisco, CA. All rights reserved(http://www.bkconnection.com)(Thomas, 2000:66).

관리자의 저항에 저항하자

사람 관리에 대한 관점이 나와 다른 CEO와 일했던 적이 있었다. 그 CEO는 누군가 큰 실수를 저지르자 반사적으로 내가 사람들의 자유를 적절히 제약하지 못했다고 생각했다. 그리고 사람들에게 권한을 부여하고 원하는 만큼 실수로부터 배울 수 있도록 한 것에 대해 내가 그들의 업무 능력을 과신하고 있다고 생각했다(엄청 많이 배워야 하는 사람들도 있어서 걱정이기는 했다).

CEO가 맞기도 하고, 틀리기도 했다. 웹 사이트에서 경품으로 공짜 텔레비전 세트를 뿌려대거나, 고객 메일링 리스트에 경쟁사 링크를 걸어 이메일을 발송하는 것처럼 지금까지 일어났던 몇몇 주요 재정적 또는 기술적 재앙들을 돌이켜보면, 나도 위임 체크리스트를 제대로 활용하지 못했다. 너무 위험해서 한 사람이 아니라 팀에게 위임했어야 했던 일도 있었다. 합의를 했어야 하는데 완전히 위임하기도 했다. 기술 역량을 제대로 체크하지 않거나 의도한 최종 결과를 명확히 설명해주지 못한 경우도 있었고, 업무를 도와줄 코치가 없는 경우도 있었다. 어쨌든 내가 그 업무를 위임하지 말았어야 했다는 CEO의 말은 틀린 것이다. 그러나 책임은 내게 있고 그런 문제가 생기지 않도록 했어야 했다는 주장은 맞다. 간단히 말하면, 나는 바보는 아니었지만 부주의했다(아니면 순진했을 수도 있다. 어느 쪽이 더 나쁜 말인지 모르겠다).

회계 업무를 딱 5분 설명한 후에 위임하면, 노벨상 수상자라 하더라도 그 일을 엉망진창으로 처리할 것이다. 노벨상 수상자가 회계 업무를 수행할 만한 능력이 없다는 뜻은 아니다. 단지 그 업무를 위임하는 데 있어 5분은 충분하지 않다는 뜻일 뿐이다(회계 업무를 위임하는 데 5주가 필요한 사람들은 아마도 이런 사실을 잘 알고 있을 것이다).

최고 경영진으로부터 상황을 다시 통제하라는 압력을 받더라도 항상 그 일을 직접 하고 싶은 유혹에 빠지지 않으려고 노력해야 한다. 통제에 필요한 것은 위임 방법이다. 위임 체크리스트를 출력해 목록의 각 항목을 체크하고 고위 경영진에게 그 결과를 보여준다. 여러분의 관리자가 상황을 통제하라는 지시를 하더라도 그 일을 직접 하라는 뜻인 경우는 거의 없다. 그냥 좋은 품질의 결과를 제공하기 위해 사람들을 이끌 수 있다는 사실만 증명하면 된다. 관리자에게 그 방법이 무엇인지는 별로 중요하지 않다. 관리자에게 중요한 것은 결과다. 어떻게 할 것인지(또는 어떻게 하지 않을 것인지)를 선택하는 사람은 여러분이다.

또한 모든 것을 알려고 하는 상부로부터의 압력에도 저항해야 한다. 여러분의 관리자는, 관리하는 사람들에 대해 여러분이 모든 세부 사항을 알고 있거나, 모든 결정을 직접 내리고 있기를 기대해서는 안 된다. 다시 한 번 강조하지만 관리자에게 그 업무와 의사 결정을 위임한 이유를 말하고 체크리스트를 보여준다. 그냥 "다른 사람에게 그 일을 하도록 권한을 부여했어요"라고 말하면, 관리자는 여러분의 생각에 동의하지 않고 통제력을 잃었다고 생각하기 쉽다. 그 대신 "체크리스트를 봐주세요"라고 말해야 한다. 이것이 바로 나와 함께 일하는 사람들을 관리하는 방법이다. 누구나 전문적으로 위임하는 방법에 동의하지 않기는 어렵다(체크리스트가 정착되지 않았다면, 모두 내 탓이라고 말하자).

사람들의 열 가지 내재적 욕구를 다루자

때로는 사람들이 승인 없는 행동에 대한 두려움을 극복하지 못해 권한 부여에 실패하기도 한다. 또는 사람들이 그냥 지금보다 더 많은 책임을 원하지 않을 때도 있다. 공동의 책임 관리를 위해 팀원들이 서로를 지켜보는 것이, 마치 상사가 여러 명 있는 것 같은 느낌이라는 이야기를 들은 적도 있다.

이 문제를 해결하는 가장 좋은 방법은 권한 부여와 사람들의 내재적 욕구를 연결시키는 것이다. 우선, 무엇이 사람들에게 동기 부여를 하는지 찾아본다(5장, '사람들에게 활력을 불어넣는 방법'의 '팀 구성원의 열 가지 욕구' 참조). 예를 들어, 어떤 사람의 주요 내재적 동인이 질서(안정적 환경에 대한 필요성)일 때, 팀 프로세스 문서를 위키에 정리해달라고 부탁하는 것처럼 이 욕구에 가장 가까운 유형의 업무를 위임할 수 있다. 특정한 이념(사회적 정의에 대한 필요성)에 열정을 지닌 사람이 있을 수도 있다. 이 경우, 예산을 잘 관리한다는 전제 조건을 만족시키면 원하는 단체에 소액을 기부하겠다는 제안을 할 수 있다.

사람들의 욕구를 만족시킬 수 있도록 해주면 동기가 높아진다. 동기가 높아지면 다른 업무를 더 쉽게 맡을 수 있다. 권한 부여의 성공은 개인 그리고 업무를 위임하는 방법과 순서에 따라 다를 수 있다. 물론 주요 내재적 동인이 지위(사회적 위치에 대한 필요성)인 사람에게는 업무를 위임하기가 더 쉬울 것이다. 적어도 발생하는 문제가 다를 것이다.

환경을 조심스럽게 매만지자

작년에 나는 회사 네트워크 비밀번호를 바꿀 때마다 매번 휴대전화, 메신저, VPN 접속, 다양한 인트라넷 애플리케이션의 비밀번호도 함께 바꿔야 했다. 그뿐 아니라 어떤 이유에서인지 비밀번호가 바뀌면 내 로밍 프로파일과 여러 애플리케이션 설정이 엉망이 됐다. 내가 직접 비밀번호를 관리할 수 있는 자유를 시스템 관리자가 없애버리고 두 달마다 모든 이들이 자신의 비밀번호를 바꾸도록 하는 회사 정책이 도입됐을 때 내가 느꼈던 불쾌함을 상상해보자. 내게 그 소식은 마치 매주 치과에 가야 한다는 이야기를 들은 것 같았다.

최고 경영진과 노동자 이외에 제삼자가 권한 부여에 저항하는 것이 환경이며, 이에는 시스템 관리자, 스태프, HR, 재무 부서 등이 포함된다. 이 저항은 대개 문제를 예방하고자 하는 (이해할 수 있는) 욕구의 결과다. 그러나 그들은 조치를 취하는 데 드는 큰 비용(노력, 동기 저하)을 알아차리거나 깨닫지 못하는 경우가 많다. 도움을 주는 환경인지를 확인하는 것이 여러분이 해야 할 일이다.

사람들의 역량 발휘를 방해하는 부서가 있다면, 즉각 개입해 상황을 바로잡도록 하자. 그렇게 하면 여러분과 다른 목표를 갖고 있는 다른 관리자를 돌려세우거나 다룰 수 있게 된다.

이런 상황에서 할 수 있는 최선의 방법은 비용, 이익, 위험, 기회를 목록화하는 것이다. 예를 들어, 시스템 관리자가 소프트웨어 개발자가 실제 제품 서버에 접근하지 못하도록 하는 정책을 만들 수도 있다. 사람들이 이 서버에 접근할 수 없다는 사실로 인해 발생하는 비용(시스템 관리자를 거치는 데 드는 연간 시간)에 대해 이야기하자. 어떤 위험이 있는지에 대해 논의하고, 소프트웨어 개발자가 제품 서버에 미친 영향에 대해 이야기하자. 또한 시스템 관리자가 소프트웨어 관리자에게 업무를 위임했을 때 얻을 수 있는 이익 (시스템 관관리자에게 덜 일상적인 업무) 그리고 원격 접근이나 제한된 접근에 대한 새로운 기법과 기술을 학습하는 것과 같은 기회에 대해 논의하자. 마지막으로, 어떻게 하면 환경을 조심스럽게 매만질 수 있는지, 그 기술을 연마할 수도 있다.

대개는 비용, 이익, 위험, 기회의 균형이 결국 중간 어딘가에서 이뤄지기 때문에 적어도 어떤 형태로든 타협을 만들어내야 한다. 아무것도 없는 것보다 타협이 낫기 때문에 팀원들은 여러분에게 감사할 것이다.

지금까지 권한 부여와 위임에 대한 실용적인 측면을 모두 살펴봤다. 그러나 권한 부여를 가능하게 해주는 두 가지 기본 덕목을 다루지 않으면 지금까지 읽은 모든 것이 아무런 의미도 없을 것이다. 그 두 가지는 신뢰와 존중이며, 이제부터 논의할 것이다.

신뢰

경영 및 리더십 문헌에서 가장 자주 언급하는 주제 중 하나가 신뢰다. 두 사람 사이의 신뢰는 두 가지 방향으로 작용한다. 내가 여러분을 신뢰할 수도 있고, 여러분이 나를 신뢰할 수도 있지만, 어느 쪽이든 상대방이 필요하지 않다. 한 명의 관리자와 여러 명의 팀원이 있는 상황에서는 네 가지 신뢰 관계를 찾아볼 수 있다(그림 7.2 참조). 그 네 가지는 (1) 팀을 신뢰하는 것, (2) 팀원들의 신뢰를 얻는 것, (3) 팀원들끼리 신뢰하는 것, (4) 스스로를 신뢰하는 것이다. 각 관계에 대해서는 다음 절에서 설명한다.

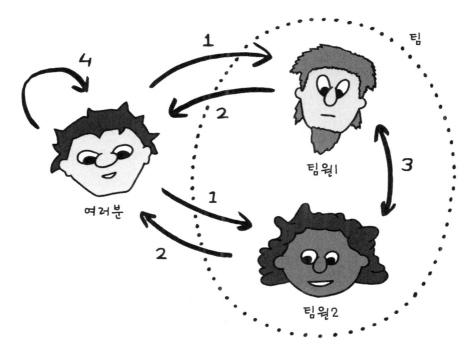

그림 7.2 네 가지 신뢰 유형

팀을 신뢰하라

사람들에게 권한을 부여하면, 여러분은 (가끔) 자리에 편안히 앉아 쿠키통을 들고 평화로움을 즐겨야 한다. 다른 사람들은 일을 하는 중이다. 하지만 여러분은 아니다. 멋진 일이다. 그러므로 계속 그대로 있으려고 노력하자.

자율적인 팀이 여러분을 만나 문제에 대한 결정을 요청하면, 그들이 문제를 직접 해결할 수 있는 방법을 찾아보자. 나는 팀이 결정을 해달라고 할 때마다 동전을 던지는 관리자 이야기를 들은 적도 있다. 팀은 동전에 운명을 맡기고 싶지 않기 때문에 금세 그들 스스로 결정을 내리게 됐다. 나는 거울을 비유로 사용하는 코치 몇 사람을 알고 있다. 여러분은 관리자로서 (또는 코치로서) 팀의 거울 역할을 할 수 있다. 여러분은 팀의 사고 과정에 도움을 줄 수 있다. 팀이 지시를 요청하면, 거울을 들고 스스로에게 지시할 수 있도록 돕는 것이다.

팀원이 여러분을 만나 예전에 다른 누군가에게 위임했던 일을 이제는 직접 해달라고 요청하면, 이제는 그 일이 다른 사람이 해야 할 일이라는 점을 분명히 전달해야 한다. 신뢰란 서로 주고받는 관계라는 것을 말해주자. 직원 A가 관리자 M의 의사 결정을 신뢰하고 관리자 M이 권한을 부여받은 직원 B가 내린 의사 결정을 신뢰한다면, 합의에 의해 직원 A 또한 직원 B를 신뢰해야 한다. 직원 B가 모르는 사이에 당신이 의사 결정을 해서 그에 대한 신뢰를 절대 저버리지 말자.

마지막으로, 아무도 여러분을 찾아오지 않더라도 자신들의 결정에 대해 여러분에게 상의하지 않은 그들을 비난하지 말자. 그 결정이 형편없더라도 말이다. 미리 상의받고 싶다면 의사를 분명하게 전달해야 한다. 물론 그러한 요구 사항을 전달했는데도 팀이 따르지 않았다면, 그들이 신뢰를 깨뜨린 것이고 바로잡아야 한다. 쿠키통을 채워놓으라고 이야기하는 것이 좋을 것 같다. 내 생각에는 그렇다.

사람들의 신뢰를 얻어라

이 절의 제목이 "사람들은 반드시 자신의 관리자를 신뢰해야 한다"가 아니라는 점에 주목하자. 신뢰는 얻는 것이다. 그리고 항상 약속을 지키면 신뢰를 얻을 수 있다(Anderson, 2004:41).

누군가에게 어떤 문제에 대해 나중에 다시 연락하겠다고 말했다면 반드시 나중에 다시 연락을 할 것이고, 문서를 이메일로 보내겠다고 약속했다면 반드시 그 문서를 보낼 것이다. 누군가에게 전적으로 책임이 당신에게 있다고 말하면, 명시적으로 내 의견을 요청할 때까지 간섭하지 않고 내 일에 집중할 것이다.

최근에 내 배우자는 브뤼셀에 있는 우리집에 자기 동료 한 명을 초대했다. 당일 아침에 우리는 기차역으로 마중을 나가기 위해 전화를 기다리고 있었다. 하지만 전화는 오지 않았다. 결국 우리가 전화를 했는데, 뭔가 애매하고 이해할 수 없는 이유로 오지 못한다고 했다. 이 사람에게 가졌던 모든 신뢰가 그 자리에서 날아가버렸다. 방문하기로 약속하고 취소 연락도 주지 않은 것은 내 입장에서 이해하기 어려운 행동이었다.

약속한 일을 하기만 해도 신뢰를 쌓을 수 있다. 신뢰란 사람들이 여러분에게 의지할 수 있다는 것을 알고 있다는 뜻이다. 신뢰는 쌓기 쉽지만 무너지기는 더 쉽다. 사람들은 예측할 수 없었던 불편한 행동 때문에 신뢰를 잃어버린다. 그러나 예측할 수 있었던 불편함(누군가가 항상 여러분이 싫어하는 바로 그 행동을 하는 것)이나 예측할 수 없었던 좋은 일(여러분이 기대하지 않을 때만 그 일을 하는 사람)에서도 신뢰 문제가 발생할 수 있다.

관리자의 행동은 예측할 수 있는 좋은 일이어야 한다는 것을 명심하자. 나는 여러분이 사람들로부터 신뢰를 얻는 데 아무런 문제가 없을 것이라고 확신한다.

사람들이 서로 신뢰하도록 도와라

여러분이 사람들을 신뢰하고 그들이 여러분을 신뢰한다고 하더라도 팀원들이 서로 신뢰하길 꺼려한다면 여전히 뭔가 해야 할 일이 있는 것이다. 새로 구성된 팀, 여러 위치에 흩어져 있는 팀, 프로그래머와 테스터처럼 서로 다른 역할을 하는 팀원들의 경우가 특히 그렇다.

(어떤 이유에서든) 팀원들 사이의 신뢰가 낮으면 소통과 약속에 관심을 쏟아야 한다.

첫째, 팀원 사이 소통의 대역폭을 늘리고 품질을 높여 개선되는지를 확인한다. 일일 (스탠드업) 회의, 함께 앉기, 짝 프로그래밍, 회식, 브레인스토밍 세션 이외에도 여러분과 팀이 서로를 알(신뢰할) 수 있도록 해주는 것들이 많다.

둘째, 팀 내 활동에 대한 약속이 타협의 여지가 있고, 존중받는지를 확인한다. 애자일 소프트웨어를 처음 개발하는 사람들은 약간의 도움이 필요할 수도 있다. 개별 팀원이 동료들로부터 신뢰를 얻을 수 있도록 하기 위해 그들이 약속한 것을 실행할 수 있게 해주자. 약속한 것을 지킬 수 없다는 것을 알게 되면, 이 사실을 보다 일찍 솔직하게 이야기할 수 있도록 도와줘야 한다.

오랫동안 함께 프로젝트를 수행해온 숙련된 팀에는 개입이 필요하지 않을 수도 있다. 그러나 팀 구성에 작은 변화가 생길 경우, 새로운 팀원이 소통과 약속에 완전히 참여해 팀의 신뢰를 얻고 있는지 세심하게 살펴보고 싶을 수도 있다.

스스로를 신뢰하라

나는 비행기를 탈 때마다 안전 수칙을 살펴보는데, 산소 마스크는 옆에 앉은 꼬마가 아무리 소리를 지르더라도 자신이 먼저 써야 한다는 사실을 일깨워준다. 먼저 자신을 구해야 다른 사람을 구할 수 있다. 이 원칙의 다른 버전으로는 "먼저 자신을 사랑해야 다른 사람을 사랑할 수 있다"가 있다.

이 원칙에서 다음 아이디어가 떠올랐다.

먼저 자신을 신뢰해야 다른 사람을 신뢰할 수 있다.

스콧 버쿤은 『Making Things Happen』(O'Reilly Media, 2008)에서 자기효능감이 왜 중요한지 설명한다(Berkun, 2008:256). 다른 사람들과 의견이 다를 때도 스스로를 믿고 자신의 이성과 상식에 충실해야 한다. 다른 사람이 다시 고려해보라고 강요할 때가 아니라 새로운 통찰에서 확신을 얻었을 때만 마음을 바꿔야 한다. 믿지 않는 뭔가를 한다는 것은 스스로에 대한 신뢰에 반하는 행동이기 때문이다. 자신을 신뢰하는 사람은 스스로에게 자신감이 있지만, 새로운 정보를 얻으면 마음을 바꿀 수 있다.

존중

신뢰와 존중은 권한을 부여하고 업무를 위임하는 데 중요한 덕목이다. 지금까지 네 가지 유형의 신뢰에 대해 논의했고, 지금부터는 이와 비슷한 방식으로 네 가지 유형의 존중에 대해 자세히 살펴볼 것이다. 하지만 너무 복잡하지 않도록 내가 가장 중요하다고 생각하는 것만 강조할 생각이다.

사람들을 존중하고 피드백을 요청하라

직원들에 대한 무례는 아마도 세상에 있는 모든 조직에서 가장 흔하게 발생하는 질병일 것이다. 그 이유는 아무것도 하지 않을 경우에는 무례한 행동이 조직의 기본 상태가 되기 때문이다.

거의 모든 조직에서 사람들은 "중요도importance"와 위임을 결부시킨다. 업무를 위임한 사람은 업무를 위임받은 사람보다 "더욱 중요"하다. 이런 생각이 "라인을 따라 아래로" 조직에서 "가장 낮은" 노동자에게 확산된다. 이런 중요도의 개념은 자동적으로 우월감을 낳는다. 다른 누군가보다 우월하다고 느끼는 사람은 상대방을 존중하지 않을 가능성이 높다. 연구 결과에 따르면 직원에 대한 무례함은 조직의 이직률을 높이는 가장 큰 요인이다.

> 20년 동안 6만 건의 이직 면담을 대상으로 한 또 다른 연구에 따르면, 80%의 이직이 상사와의 관계가 불만족스럽기 때문이었다.[4]

비밀번호 정책이나 성과 평가처럼 무례한 행동은 계층 조직에서 거의 필연적인 결과다. 복잡성 과학에서는 이를 **끌개**attractor라고 부른다. 뭔가 하지 않으면 시스템은 반드시 그 상태(또는 몇몇 상태들의 집합)를 유지한다(행위자에 대해서는 14장, '변화의 지형'에서 좀 더 자세히 논의한다).

관리자는 조직에서 무례하고, 거들먹거리고, 예의 없는 행동을 없애기 위해 할 수 있는 모든 일을 해야 한다(Stallard, 2007:65). 겁을 주거나, 거들먹거리거나, 품위를 떨어뜨리거

---

4 출판사 허락하에 옮김. 『Love'em or Lose'em』, copyright ©2008 by Beverly Kaye and Sharon Jordan-Evans, Berrett-Koehler Publishers, Inc., San Francisco, CA. All rights reserved(http://www.bkconnection.com)(Kaye, Jordan-Evans 2008:96). (한국어판: 『인재들이 떠나는 회사 인재들이 모이는 회사』, 버벌리 케이 외 지음, 박종안 옮김, 푸른솔, 2000)

나, 오만하게 굴거나, 칭찬에 인색하거나, 문을 세게 닫거나, 책상을 치거나, 욕설을 하거나, 예의 없이 행동하거나, 많은 사람 앞에서 남을 비하하거나, 부정적인 피드백을 주거나, 사람들에게 고함을 지르거나, 거짓 또는 "반쪽 진실"을 말하거나, 규칙 위에 군림하는 듯 행동하거나, 사람들이 진땀을 빼게 하거나, 다른 사람들보다 뛰어나거나 똑똑한 척 하거나, 성차별을 하거나, 편견을 드러내거나, 핵심 정보를 감추거나, 부적절한 유머를 구사하거나, 갑자기 회의를 취소하거나, 다른 사람의 공이나 주목을 가로채거나, 전직을 가로막거나, 편애를 드러내거나, 다른 사람에게 창피를 주거나, 다른 사람을 당황하게 하거나, 지나치게 빈정대거나, 사람들을 의도적으로 무시 또는 따돌리거나, 불가능한 목표나 기일을 정하거나, 실수를 다른 사람의 탓으로 돌리거나, 권위를 떨어뜨리거나, 사람들에게 무관심함을 드러내거나, 신뢰를 저버리거나, 험담이나 소문을 퍼뜨리거나, 다른 사람이 멍청하다는 듯 행동하거나, 두려움을 이용해 동기를 부여하거나, 보복하거나, 계속 끼어들어 방해하거나, 경청하지 않거나, 완벽을 요구하거나, 약속을 깨뜨리는 것 등이 좋은 사례다. 물론 이것들은 여러분이 하지 말아야 할 행동 중 몇 가지 사례에 불과하다(Kaye, Jordan-Evans, 2008:97~99).

문제는 이 목록이 여러분을 변화시키지 못할 것이라는 점이다. 무례한 행동을 하는 관리자는 자신이 어떤 행동을 하는지 그리고 자신의 행동이 다른 사람들에게 어떤 영향을 미치는지 깨닫지 못하는 경우가 많다. 그렇기 때문에 위 목록은 그냥 무시하는 것이 좋겠다. 사람들에게 피드백을 요청해야 한다는 것 하나만 빼고 말이다.

상사와의 관계가 나쁘면 사람들은 동기와 창의성을 잃고 이직률이 높아진다. 사람들에게 무례하게 구는 것은 관리자가 조직에 가장 값비싼 손실을 안겨준다. 사람들을 존중한다는 목표는 그들을 행복하게 만드는 것이 아니다. 그 목표는 생산성, 창의성, 혁신을 높이는 것이다. 행복은 부산물이며 환영할 만한 부작용이다.

좋은 관리자는 반드시 사람들이 자신을 어떻게 생각하는지 알아야만 한다. 이에는 선택의 여지가 없다. 자신의 행동에서 어떤 부분을 바꿔야 하는지 알아내야 한다. 사람들에게 물어보지 않으면 아마 알 수 없을 것이다. 정말로 간단하다. 여러분이 해야 할 일은 다음 질문뿐이다.

- 내가 그만둬야 할 것은 무엇인가?
- 내가 새로 시작해야 할 것은 무엇인가?
- 내가 지금처럼 계속 해야 할 것은 무엇인가?

피드백이 두려울 수 있다. 잘 알고 있다. 여러분이 고무닭으로 인턴을 때렸던 일을 듣고 깜짝 놀랄 수도 있다. 그러나 아무리 고통스럽더라도 모르는 것보다 아는 것이 낫다.

그러나 여러분이 할 수 있는 최선의 방법은 더 이상 위임을 중요도와 결부시키지 않는 것이다. 여러분이 누군가에게 업무를 준다고 해서 그 사람보다 더 중요한 사람이 되는 것은 아니다. 사람들의 머릿속에서 중요도라는 왜곡된 생각을 몰아내는 데 성공하면, 아마 더 이상 무례한 행동으로 인해 고심하지 않아도 될 것이다. 그렇게 되면 당연히 모두가 존중하고 존중받게 된다.

존중받고 피드백을 주어라

의도적으로 피드백을 요청하면 사람들로부터 존중을 받는 데 도움이 된다. 함께 일하는 이들에게 익명으로 비판을 요청하는 사람은 제정신이 아닌 사람이거나 멋진 사람이다. 많은 사람이 이를 선의로 받아들일 것이라고 확신한다(나는 그렇게 할 것이다).

그러나 이게 할 수 있는 일의 전부는 아니다. 또 다른 단계는 팀원들이 하는 일을 진정으로 이해하고 가치 있는 피드백을 주는 것이다. IT 전문가들의 경우에는 특히 그렇다. 왜냐하면 소프트웨어 개발자와 같은 IT 전문가들은 자신이 무슨 일을 하고 있고, 무엇을 달성하고자 노력하는지 관리자가 알아주길 바라기 때문이다. 그렇다고 해서 복잡한 제이쿼리jQuery 구문이나 로드밸런스 서버 설정 방법을 알아야 한다는 뜻은 아니다. 그러나 팀이 훌륭한 소프트웨어를 개발하는 데 있어 무엇이 필요한지 이해하고, 반드시 이에 대해 이야기할 수 있어야 한다.

기술 인력들은 논리적으로 생각하는 사람들이다. 기술적 논의에 의미 있는 방법으로 참여하기 어렵지만 존중을 받기 위해 최선을 다하는 사람보다, 사회적으로는 다소 미숙하지만 무엇이 필요한지 이해하는 관리자를 선호하는 경우가 많다. 사람들은 여러분이 지상 최악의 코드를 작성해도 용서해줄 수 있다. 그러나 아키텍처 다이어그램을 지하철 노선도로 착각한다면 망한 것이다.

팀의 권한 부여에 대한 2개의 장을 마무리했다. 이제 사회 복잡성이라는 메달의 다른 측면을 살펴볼 차례다. 정렬 없는 권한 부여란 존재하지 않기 때문이다. 경계 없는 자기조직화도 존재하지 않는다. 매니지먼트 3.0 모델의 두 번째 측면과 세 번째 측면이 영원한 다툼 관계에 있다는 것을 알게 될 것이다.

정리

관리자가 팀원들의 상사가 되거나 팀원들이 해야 할 모든 일을 논의하려고 해서는 안 된다. 최고의 관리자는 판타지 이야기에 나오는 마법사와 비슷하다. 그들은 힘겨운 도전을 극복하려는 영웅을 돕지만 결코 그 일을 대신해주진 않는다.

팀에게 권한을 부여하면 관리자의 지위가 높아질 것이다. 관리자만을 바라보는 다른 팀들보다 (궁극적으로) 더 좋은 성과를 얻게 될 것이기 때문이다. 관리자는 팀에게 업무를 어떻게 위임할지 결정할 때 세 가지 성숙도 단계와 일곱 가지 권한 단계를 참조할 수 있다.

관리자는 어떤 경우든 권한 부여가 팀에 대한 투자라는 사실을 반드시 명심해야 한다. 투자금을 회수하는 데에는 시간이 걸린다. 그동안 관리자는 자기조직화 팀에 익숙하지 않을 수도 있는 고위 관리자 및 부서와 함께 일해야만 한다.

관리자와 팀원 사이에는 반드시 필요한 네 가지 신뢰와 상호 존중이 있다. 그렇지 않으면 자기조직화는 올바르게 작동하지 않을 것이다.

성찰과 실천

7장에서 나온 아이디어를 조직에 적용할 수 있는지 살펴보자.

- 일주일에 팀과 함께 보내는 시간을 추정해보자. 그 시간을 분으로 측정하는가, 시간으로 측정하는가, 아니면 하루 단위로 측정하는가? 너무 많은가 아니면 너무 적은가? 팀은 충분히 자율적인가 그렇지 않은가?

- 여러분에게 보고하는 관리자들을 평가해보자. 그들을 정치가인가 아니면 마법사인가?

- 모든 책임을 팀에게 위임할 수 있다고 상상해보자. 할 일이 하나도 남아 있지 않을 것이기 때문에 불편한가, 아니면 흥미로운 일을 할 수 있는 시간이 늘어날 것이기 때문에 매력적인가?

- 팀원 각각을 평가해보자. 그들의 권한 부여 성숙 단계를 어떻게 평가할 것인가? 낮음인가, 중간인가, 높음인가? 단계를 높이기 위해 무엇을 할 수 있을까?

- 팀과의 불일치 또는 결정 문제를 돌이켜보자. 그 결정에 적절한 권한 단계는 무엇이었는가? 사람들이 알고 있었는가? 사람들이 그 단계를 존중했는가?

- 팀원들을 생각해보자. 위임한 업무를 완벽하게 처리할 수 있는 사람이 있는가? 그렇다면 그 사람들은 더 많은 업무를 처리할 수 있는가? (아직) 잘 해내지 못하는 사람이 있는가? 그렇다면 그 사람들에게 얼마나 오랫동안 투자해왔으며, 수익이 언제 발생할 것이라고 기대하는가?

- 조직의 최고 경영진과 다른 부서를 생각해보자. 그들 모두가 여러분의 권한 부여 방식을 지지하는가? 그렇지 않다면 이에 대해 어떻게 해야 할까?

- 네 가지 신뢰 유형을 고려해보자. 모든 신뢰가 사람들 사이에 제대로 자리 잡고 있는가? 아니면 서로를 완전히 신뢰하지 않는 사람들이 있는가? 이에 대해 무엇을 할 수 있는가?

- 가끔씩 팀에게 다음 질문을 던져보자. 내가 무엇을 그만둬야 하는가? 내가 무엇을 시작해야 하는가? 내가 무엇을 계속해야 하는가?

08

목적에 따른 리드와 지배

자연은 잔인하다기보다는 단지 무자비하고 냉담할 뿐이다. 이것은 사람들이 가장 이해하기 힘들어하는 것 중 하나다. 우리는 만물이 선의도 악의도 없고, 잔인하지도 친절하지도 않으며, 단지 냉담할 뿐일 수 있다는 사실을 인정하지 못한다.

– 리처드 도킨스, 이론생물학자 · 과학 저술가(1941~)

6장과 7장에서는 매니지먼트 3.0 모델의 두 번째 관점인 '팀에 권한을 부여하자'를 다뤘다. 여기에서는 일반적인 경우 다른 사람들에게 업무를 넘겨주는 편이 더 좋다는 이야기를 했다. 하지만 그렇다고 해서 그냥 아무런 일이나 넘겨버리고 조직이 투발루[1]에서 안식년을 즐기도록 놓아둬도 괜찮다는 말은 아니다. 넘기지 않고 계속 갖고 있어야 하는 책임도 있다.

매니지먼트 3.0 모델의 세 번째 관점을 '제약 조건을 정렬하자'라고 부르며, 여기에서 그 관련 이론을 설명한다. 8장의 첫 번째 부분에서는 경계 및 방향 정의와 관련된 세 가지 역할을 다룬다. 그 세 가지가 자기조직화 시스템의 개발, 인력 및 자원 보호, 집단의 목적에 맞는 방향 제시다(그 밖의 역할에 대해서는 이후 장에서 논의한다). 두 번째 부분에서는 관리와 리더십의 차이 그리고 목적의 중요성에 대해 설명한다.

---

1 남태평양의 섬나라 – 옮긴이

라이프 게임

라이프 게임 Game of Life은 1970년 영국의 수학자 존 콘웨이John Conway가 만든 (플레이어가 없는) 단순한 게임이다. 이제부터 제약에 대해 알아보자. 이 게임은 격자 위에서 "플레이"되는데, 각 세포에는 대각선을 포함해 각 방향으로 8개의 세포가 이웃한다. 세포는 다음 세 가지 규칙을 통해 태어나고, 살아남고, 죽는다.

1. 3개의 이웃이 살아 있으면 세포가 "태어난다." 사용할 자원이 충분하면 세포가 "탄생"한다는 것을 의미한다.
2. 2개 또는 3개의 이웃이 살아 있으면 세포는 계속 살아남는다. 자원이 충분하면 세포가 "생존"할 수 있다는 의미다.
3. 나머지 모든 경우에 세포는 죽거나 죽어 있는 상태에 머문다. 이는 "인구 과밀"(이웃이 지나치게 많음) 또는 "자원 부족"(이웃이 지나치게 적음)에 해당한다.

이 규칙은 반복적으로 그리고 모든 세포에 동시에 적용된다. 그래서 시스템에는 여러 세대가 차례대로 나타나는데, "플레이어"가 보기에 그 모습이 재미있고 놀랍다. 사실 플레이어는 경탄할 만한 패턴이 펼쳐지는 광경을 지켜보는 것 말고는 할 수 있는 일이 없다. 언제나 이기는 유일한 게임이기 때문에 나는 이 게임을 좋아한다.

콘웨이는 다양한 배치를 시도했다. 살아 있는 세포가 점점 커져 항상 격자를 뒤덮는 배치도 있고, 모든 초기 설정을 무너뜨리고 소멸하는 배치도 있다. 콘웨이가 마지막으로 찾아낸 배치는 안정적 시스템으로 성장하는 패턴이다. 그중 한 가지를 그림 8.1에서 볼 수 있는데, 초기 배치가 단 세 단계만에 안정적인 형태로 성장한다.

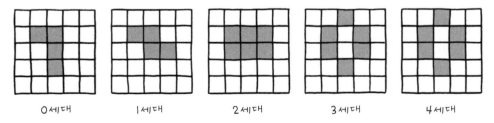

0세대　　　　1세대　　　　2세대　　　　3세대　　　　4세대

그림 8.1 단 세 세대 이후 안정화된 시스템[2]

---

2 다음 웹 사이트에서 라이프 게임을 플레이해볼 수 있다(http://www.bitstorm.org/gameoflife/).

이런 안정적인 상황의 예로는 (때로는 수백 또는 수천 세대가 걸릴 수도 있다) 변화가 없는 정지된 물체(정물), 일정한 형태를 주기적으로 반복하는 물체(진동자), 격자를 가로질러 이동하는 글라이더를 들 수 있다.

라이프 게임은 미리 정해진 규칙에 따라 세포가 다른 세포의 영향을 받는 수학적 시스템인 **세포 자동자**cellular automaton의 사례 중 하나다. 단순한 몇 가지 규칙으로 복잡한 행동과 배치를 이루는 시스템의 좋은 사례기 때문에 매우 흥미롭다.

또한 이 게임은 초기 상태가 어떤지와 관계없이 결국 시스템은 항상 안정화된다는 사실을 보여준다. 그러나 한 가지 함정이 숨어 있다. 신중하게 배치해야 한다는 점이다. 그렇다면 시스템을 안정화시키는 데 설계자가 필요하다는 뜻일까? 관리자가 규칙에 손을 대야 하는 걸까? 관리자에게는 설득력 있는 이야기로 들린다. 그렇지 않은가?

보편성 클래스

시스템을 안정화시키면서도 활발하게 만들려면 반드시 규칙을 조정해야 한다는 점이 중요하다. 다양한 배치가 다양한 행동을 하는 다양한 시스템으로 이어진다. 라이프 게임은 있을 수 있는 수많은 세포 자동자 중 하나며, 그중 상당수가 죽거나, 단조로워지거나, 혼돈에 빠진다.

최초의 복잡계 학술지의 창시자이자 울프럼 알파(Wolfram Alpha, "연산형 지식 엔진") 연구로 유명한 스티븐 울프럼Stephen Wolfram은 자신의 논문에서 세포 자동자를 네 가지 범주로 나누는 분류 체계를 제안했다. 그 분류 체계를 **보편성 클래스**universality class라고 부른다(Wolfram, 1984, Waldrop, 1992:225~226).

- **클래스 I**: "종말의 날 규칙"이 있는 시스템이다. 어떤 패턴으로 시작하더라도 몇 세대 안에 모두 죽는다.
- **클래스 II**: 이 시스템은 약간 더 활발하지만 대단한 정도는 아니다. 각 초기 패턴이 빠르게 붕괴해 매우 단조롭고 정적인 배치로 바뀐다.

- **클래스 III**: 이 시스템은 반대편에 있다. 지나치게 활발하다. 시스템의 각 초기 패턴은 배치가 안정화되지도 않고 전혀 예측할 수도 없는 완전한 혼돈으로 빠진다.
- **클래스 IV**: 이 시스템은 죽은 배치, 정적인 배치, 혼돈스러운 배치로 이어지지 않는 규칙을 지닌다. 이 범주에서 나타나는 패턴은 활발하고, 창의적이고, 때로는 놀라우면서도 안정적이기까지 하다.

동적 시스템에서 클래스 I과 II는 질서, 클래스 III는 혼돈에 해당하며, (잘 알려진 사례로 라이프 게임을 들 수 있는) 클래스 IV는 복잡성에 해당한다. 복잡성을 대개 질서와 혼돈 사이영역에 있다고 설명한다는 점을 생각하면, 클래스 IV가 II와 III 사이에 위치한다는 뜻이다(그림 8.2 참조, 이렇게 이상한 방식으로 숫자를 사용한다는 점이 울프럼 연산 지식 엔진을 더욱 이해하기 어렵게 한다).

그림 8.2 질서 대 복잡성 대 혼돈

잘못된 비유

복잡계를 구별할 때 보편성 클래스를 비유적으로 사용할 수도 있다(잘못 사용할 수도 있다고해야 할까?). 인간의 두뇌를 예로 들어보자. 클래스 I 두뇌는 죽은 상태여서 아무런 일도 일어나지 않는다. 클래스 II 두뇌는 혼수 상태 또는 긴장 상태여서 침묵 또는 예측 가능한 반복성을 드러낸다. 클래스 III 두뇌는 정신병 또는 발작 상태여서 예측 불가능하고, 통제할수 없는 행동을 보여준다. 그리고 마지막으로 클래스 IV 두뇌를 활발하고 건강한 유일한두뇌로 볼 수 있다. 과학자들이 내 두뇌를 클래스 III 표본으로 분류하지 못하도록 하기 위해 이 분류법을 오직 비유적으로만 사용해야 한다고 강조하고 싶다.

조직을 분류할 때도 이처럼 비유적으로 질서 조직, 혼돈 조직, 복잡 조직으로 구분할 수 있다(죽은 조직을 무시한 것에 대해서는 양해해줄 것이라 생각한다).

- **질서 조직**ordered organization에서는 창의와 혁신이 일어나지 않는다. 누구에게도 스스로 결정을 내릴 수 있는 권한이 부여돼 있지 않다. 관료주의가 모든 업무 수행 방식을 규정하며, 조직의 움직임은 규칙적이고 예측할 수 있다(대개는 실패가 규칙적이고 성과가 좋지 않다는 것을 예측할 수 있다는 의미다).
- **혼돈 조직**chaotic organization에서는 창의성이 풍부하지만 체계적이고 예측 가능한 방식은 아닐 수 있다. 조직에서 질서를 찾기 힘들다. 사람들이 그냥 알아서 일을 한다는 뜻이다. 모두가 자기 하고 싶은 대로 한다.
- **복잡 조직**complex organization은 그 가운데에 위치한다. 복잡 조직에서 직원은 자율적으로 행동하지 않는 경우가 많다(직접 공급자를 선택하고, 자기 가족을 채용하고, 스스로 급여를 받아가지 않는다). 관리자가 권한을 부여한다. 관리자는 지시와 위임, "자애로운" 통제와 허용의 균형이라는 문제에 직면해 있다.

이 조직 분류법은 과학적이지 않으며 유용한 비유인 것처럼 보일 뿐이다. 유용한 것처럼 보인다고 말하는 이유는 (나를 포함해) 자신이 질서와 통제 사이에 올바른 균형을 찾아야 한다는 결론을 내리는 관리자가 있기 때문이다. 그러나 (이제 곧 살펴보겠지만) 이런 결론은 흔한 잘못이다.

여러분은 게임 설계자가 아니다

앞서 세포 자동자의 배치가 시스템의 클래스를 결정한다는 내용을 살펴봤다. 라이프 게임을 설계하면서 존 콘웨이가 발견한 사실은 어떤 배치는 지나치게 질서정연하고, 또 어떤 배치는 지나치게 혼돈스럽다는 점이었다. 콘웨이는 오랜 시간이 걸려서야 제대로 균형을 이루고 있어서 결과적으로 복잡한 행동을 하는 시스템으로 바뀌는 일련의 배치를 발견할 수 있었다. 지나치게 질서정연하지도 않고, 지나치게 혼돈스럽지도 않아야 했다.

지금껏 가장 인기 있는 보드 게임 중 하나인 '카탄의 개척자The Settlers of Catan'를 설계한 클라우스 튜버Klaus Teuber도 이와 비슷한 접근 방식을 사용했다. 튜버는 자기 가족과 계속 게임을 플레이하면서 규칙, 카드, 말을 바꿔가며 몇 번이고 게임을 다시 설정했다. 그는 복잡한 게임 플레이와 가족 간 열띤 경쟁을 가능케 하는 제대로 균형잡힌 규칙을 찾을 때까지 4년이나 걸렸다(Curry, 2009).

(대부분의) 게임이 살아 있는 시스템과 다른 점은 "적응" 부분이 부족하다는 점이다. 전통적인 게임은 진행 도중 규칙이 바뀌지 않는다. 그러나 살아 있는 시스템은 그렇게 한다. 복잡 적응계는 복잡성의 최적 지점으로 가는 길을 스스로 찾을 수 있는 시스템이다. 최적 지점은 질서와 혼돈의 한가운데에 있으며, 생명이 번창하고 창의성이 무성하게 자라나는 곳이다. 과학자들은 이곳을 "혼돈의 가장자리"라고 부른다. 복잡성은 혼돈과 질서 사이의 영역에 있기 때문에 질서의 가장자리라고 부를 수도 있다(과학자들이 이해하기 쉬운 이름을 내놓을 것이라는 기대는 하지 말자).

여기서 문제는 조직이 지나치게 질서정연하지도 않고, 지나치게 혼돈스럽지도 않은 혼돈의 가장자리로 나아가기 위해 (그리고 머물러 있게 하기 위해), 누가 또는 무엇이 조직의 규칙을 조정하는가다. 관리자는 흔히 여기에 어떤 책임이 있다고 오해한다(예전에 썼던 글을 돌아보면 나도 이에 한몫을 했다).

그러나 관리자는 자기조직화에 전혀 책임이 없다. 책임이 있다면 그건 자기조직화가 아니다. 그리고 관리자는 자기조직화 팀에서 창발되는 것이 어떤 구성일지 선택할 수 없다. 그렇게 할 수 있다면 그것은 창발이 아니기 때문이다(Stacey, 2000a:145).

관리자를 존 콘웨이와 클라우스 튜버와 같은 게임 설계자로 생각하고 싶을 때도 있다. 관리자가 조직에 잘못된 규칙을 선택하면 클래스 II 시스템(지나친 관료주의)이나 클래스 III 시스템(지나친 혼돈)이 될 것이다. 그리고 관리자가 조직을 완전히 망쳐버리면 클래스 I 시스템(죽음)이 될 것이다. 비유적으로는 이런 관점이 흥미롭긴 하지만 과학적으로는 헛소리다. 자기조직화 시스템은 스스로 진화해 참신한 전략을 만들어낸다는 개념을 잊어버린 것이다(Stacey, 2000a:146).

모든 조직은 복잡 적응계다. 복잡 적응계는 즉석에서 규칙이 바뀌고 참여자에게 설계 역할이 주어진 게임과 같다. 관리자가 해야 할 일은 조직에 적절한 양의 규칙을 만드는 것이 아니라 사람들이 스스로 함께 규칙을 만들 수 있는지 확인하는 것이다. 그리고 시스템이 혼돈의 가장자리로 가는 길을 (원한다면 질서의 가장자리라고 해도 좋다) 함께 노력해 찾을 수 있도록 해주는 것이다.

자기조직화는 특정 인수가 임계 범위에 들어갈 때 혼돈의 가장자리를 향해 나아간다. 관리자는 게임 설계자가 아니다. 관리자는 저수준의 게임 규칙에 직접 신경 쓸 필요가 없다. 관리자가 건드려야 하는 것은 팀원의 다양성, 사람들 간의 정보 흐름, 팀 사이의 연결과 같은 고수준의 인수다.

조직에 제약 조건을 설정할 때 관리자의 역할 중 하나는 자기조직화 시스템을 개발하는 것이다. 존 콘웨이나 클라우스 튜버가 되려고 애쓰지 말자. 게임판의 경계는 정의할 수 있겠지만, 게임의 규칙은 정의할 수 없다. 직접 규칙을 만들면 자기조직화에 심각한 영향을 미치고, 시스템의 창의성, 혁신, 적응성은 큰 해를 입을 것이다.

자기조직화로는 충분하지 않다

로베르토 사비아노Roberto Saviano의 베스트셀러를 스크린으로 옮긴 영화 '고모라Gomorrah'를 본 적이 있다(Saviano, Jewiss, 2008). 이 영화는 마피아 내부 그리고 주변에서 살아가는 사람들의 충격적이고 가혹한 삶에 대한 이야기다. 이 영화는 정부가 사람들의 자유와 안전을 지켜주지 못하면 어떤 일이 벌어지는지를 분명하게 보여준다.

무정부 사회에서 자유와 안전이란 자동차, 아이팟, 체 게바라 티셔츠처럼 노력을 통해 얻어내는 것이다. 살 수도 있고, 팔 수도 있고, 잃어버릴 수도 있다. 보호 비용을 지불할 방법이 없다면 자유와 안전을 도둑맞아도 보호를 받지 못하게 된다.

자기조직화는 모든 복잡계의 기본이다. 그러나 인간의 사회 시스템은 자기조직화만으로 충분하지 않다. 마피아는 자기조직적이다. 자기조직화가 반드시 "좋은" 것만은 아니다. 리처드 도킨스는 다음과 같이 말했다.

"만물에는 선의도 악의도 없고, 잔인하지도 친절하지도 않으며 단지 냉담할 뿐일 수 있다."

자유론자인 내가 이런 말을 하긴 싫지만, 정부가 있는 것은 바로 이 때문이다. 좋은 정부는 사회 전체를 자유롭고 안전하게 만들어야 한다. 비용을 지불할 수 있는 사람에게만 그렇게 해서는 안 된다.

그러면 이것이 관리와 무슨 상관일까? 모두 상관이 있다! 프로젝트 관리 전문가인 글렌 앨먼Glen Alleman은 관리의 필요성을 다음과 같이 설명했다.

> 자기조직화와 자기주도는 다르다. 이것이 관리의 역할이다. 명령과 통제를 위한 "주도"가 아니다. "필수 비즈니스 가치"를 위한 주도다. …(중략)… 자기조직화 팀이 고객을 상대하는데 고객은 "예의 바르게" 행동할 준비가 돼있지 않다면, 누가 고객을 "관리"하는가? 같은 프로젝트에 여러 자기조직화 팀이 있다면, 누가 이 팀들 간의 활동을 조율하는가? 자원, 재정, 요구 사항에 충돌이 있다면, 누가 그 해결책을 조율하는가?[3]

때때로, 사람들은 자기조직화를 아나키와 다른 뭔가로 바라보려고 한다. 그러나 이전에 이야기했듯이 이런 관점에는 동의하지 않는다. 내 생각에는 자기조직화가 (복잡할 수도 있고, 혼돈스러울 수도 있는) 아나키다. 아나키스트 팀이 환상적인 결과를 만들어낼 수도 있고, 가치 있는 결과를 만들지 못할 수도 있다. 따라서 자기조직화만으로는 충분하지 않다. 시스템에 속한 모두에게 가치 있는 방향으로 자기조직화를 조종하려면 최소한의 관리가 필요하다. 산지브 어거스틴Sanjiv Augustine은 이를 "가볍게 건드리는 리더십light-touch leadership"이라 부르고(Augustine, 2005), 나는 "제약 정렬"이라 부른다(우리가 제어할 수 있는 것은 제약뿐이기 때문에 사람 정렬이 아니라 제약 정렬이라 부르고자 한다. 사람들이 제약에 관심을 갖길 바랄 뿐이다).

조직에 제약 조건을 설정할 때, 관리자의 두 번째 역할은 시스템을 보호하는 것이다. 관리자는 일하기 좋고 안전한 조직이 되도록 기본적인 제어를 마련한 후, 조직 구성원과 공유 자원들이 공정하게 대우받는지 확인한다. 그렇지 않으면 총무 담당자의 덩치 큰 이탈리아인 남자 친구가 가만 있지 않을지도 모른다.

---

3 Alleman, Glen B. "Self Organized Does Not Mean Self Directed."(http://herdingcats.typepad.com/my_weblog/2008/12/self-organized-does-not-mean-self-directed.html) Herding Cats. December 24, 2008. 글렌 앨먼 허락하에 옮김(Alleman 2008).

사람이 아니라 시스템을 관리하자

노벨상 수상자인 일리야 프리고진Ilya Prigogine은 주변에 경계가 있을 때만 복잡계가 자기조직화할 수 있다는 것을 발견했다. 그러한 경계가 자기조직화를 통해 만들어질 "자기self"를 정의한다(Eoyang, Conway, 1999).

축구팀은 경기장 그리고 축구 협회가 규정한 규칙이라는 경계 안에서 자기조직화하고, 영양떼는 그들이 살고 있는 남아프리카 생태계라는 경계 안에서 자기조직화한다. 그리고 범죄 조직은 무엇이 금지돼 있고, 무엇이 그렇지 않은지에 따라 자기조직화한다. 경계가 없다면 시스템에는 스스로를 조직화할 동인과 제약이 사라진다.

경계가 필요하다고 해서 관리가 필요하다는 뜻은 아니다. 흔히 거버넌스가 없는 시스템에는 경계가 없다고 오해한다. 경계는 항상 있다. 나는 그 사실을 잘 알고 있다. 나는 여기에 앉아 출판사, 고용주, 배우자, 내 지능, (무엇보다 최악인) 컴퓨터라는 내게 주어진 경계 안에서 책을 쓰는 중이다. 그렇지만 나는 프리랜서 작가기 때문에 관리자가 없다.

우주는 그 자체가 경계다. 지구는 경계를 형성한다. 자연도 경계를 형성한다. 인간 집단의 문화적 제약 역시 경계를 형성한다. 여기에서 배울 수 있는 것은 언제나 자기조직화가 일어날 수 있는 기회는 충분하며, 최소한 여기에서 뭔가 상당히 자주 창발될 것이라는 점이다. 하지만 이제 관리자가 돼 제일 먼저 시스템을 정의하고, 시스템을 보호하기 위해 관리하고, 창발된 것이 여러분과 환경에 가치가 있는지 확인하는 기회를 가져야 한다. 복잡성 과학에서는 올바른 해결책이 창발될 때를 그냥 기다리라고 하지 않는다. 관리자가 경계와 제약을 어떻게 정의하느냐가 자기조직화 팀에서 무엇이 창발되는지에 많은 영향을 미친다(Lewin, Regine, 2001). 사람을 관리하는 것이 아니라 시스템을 관리하는 것이다.

생물학에서는 이를 인위적 진화directed evolution라고 부른다(Kelly, 1994:301~302). 생명공학 회사는 의약품을 설계할 때 진화의 힘을 이용한다. 선택압을 조절하고 나머지는 자연의 자기조직화에 맡긴다. 인위적 진화는 경계를 바꾸는 문제기 때문에 자연이 가치 있는 분자를 만들어낸다. 비즈니스에서 인위적 자기조직화는 제약을 조작하는 문제기 때문에 인간 집단이 조직 전체에 가치 있는 결과를 만들어낸다.

인간 집단에 제약 조건을 정렬할 때, 관리자의 세 번째 역할은 자기조직화 시스템의 방향을 정의하는 것이다. 그렇다. 관리자는 조작자다. 그러나 관리자는 사람이 아니라 시스템을 조작한다.

조직에서 제약 조건을 설정할 때 관리자에게 세 가지 역할이 있다는 것을 알아봤다. 이 세 가지는 시스템의 개발, 시스템의 보호, 시스템의 방향 제시다(그림 8.3 참조).

그림 8.3 제약 조건 설정에서의 세 가지 역할

> **자기조직화 팀을 시작하는 방법은 무엇일까?**
>
> 자기조직화 팀을 시작하기 위해 해야 할 일은 없다. 경계와 목적을 가진 모든 인간 집단은 자기조직화를 할 것이다. 그냥 인간 집단을 한데 모으고, 제한을 설정하고, 목표를 주고, 지켜보기만 하면 된다. 그러면 자기조직화 팀을 볼 수 있을 것이다.

9장, '제약 조건을 정렬하는 방법'에서는 실용적 관점에서의 세 가지 역할에 대해 논의한다. 그러나 8장의 후반부에서 관리와 리더십의 차이 그리고 목적의 의미에 대해 논의할 필요가 있다.

관리자인가 리더인가?

경영서에서는 관리자와 리더를 구별한 후, 리더십을 관리보다 더 과장해 묘사하는 경우를 자주 보게 된다. 리더는 "방향을 정의"하지만 관리자는 그냥 "방향을 유지"할 뿐이라고 말한다(Maxwell, 1998). 그래서 직원을 양떼처럼 모는 것이 아니라 기꺼이 따르는 사람들로 바꾸려면, 관리자는 리더로 변신해야 한다고 조언한다. 그 하나가 짐 콜린스Jim Collins의 『좋은 기업을 넘어 위대한 기업으로』에 나와 있는 5단계 계층인데, 관리자는 리더보다 더 아래 단계에 위치한다(Collins, 2001:20). 이런 계층 구조는 관리자가 발전해 리더가 된다는 오해를 하게 만든다.

흥, 말도 안돼!

리더십과 관리를 구분 짓는 것은 여성과 인간을 비교하는 것과 같다. (여성들은 알고, 나는 모르는 뭔가가 있는 게 아니라면) 말이 안 된다. 여성은 남성과 비교하는 것이 더 논리적으로 보인다(하지만 나는 그냥 남성일 뿐이다). 이와 마찬가지로 나는 리더는 지배자ruler와 비교하는 것이 더 맞다고 생각한다. 둘 다 관리라고 부르는 직무 안에서 볼 수 있는 책임 또는 행동 스타일이다.

올바른 구별: 리더십 대 거버넌스

세스 고딘Seth Godin은 역사상 그 누구도 리더가 되기 쉽지 않았다고 말했다(Godin, 2008). 특히 요즘은 인터넷과 소셜 미디어의 폭발적인 성장 덕분에 각자가 자신을 따르는 사람들을 끌어들일 수 있다. 고딘은 무리에 리더가 생기면 부족이 되고, 사람들은 자유 의지로 리더를 따른다고 설명한다. 이를 **적응형 리더십**adaptive leadership(Marion, Uhl-Bien, 2007:151) 또는 **창발적 리더십**emergent leadership이라 부르기도 한다. 이런 유형의 리더십은 사회 시스템이 적응하면서 나타난다. 고딘은 사람들이 서로 다른 이유로, 서로 다른 리더를 따를 수 있다는 점이 흥미롭다고 말한다.

소프트웨어 프로젝트에서도 이와 같다. 아키텍처 수준에서 리드할 수 있는 사람도 있고, 기능 수준에서 리드할 수 있는 사람도 있다. 도구나 프로세스에 대한 조언이 필요할 때 사람들이 가장 먼저 떠올리는 사람도 있다. 복잡계에는 리더가 한 명일 필요가 없다. 사실 교차 기능 팀은 관심사가 서로 다른 여러 명의 리더가 있을 때 더 효과적일 수 있다.

사회 시스템에서 지배자는 리더^{leader}와 다르다. 리더는 끌어당기는 힘을 통해 사람들에게 무엇을 해야 하는지에 대한 확신을 심어주지만, 지배자는 권위의 힘을 통해 사람들에게 무엇을 해야 하는지 알려준다. 다른 사람들을 지배하는 것이 지배자의 목적이다. 그리고 지배에는 입법, 집행, 제재 등이 있다(입법부, 행정부, 사법부의 **삼권 분립**^{trias politica}이라 부르기도 한다).

불행하게도 지배자는 수세기 동안 나쁜 평판을 얻어왔다(하지만 그중 대부분은 반드시 그래야만 했다). 그러나 지배가 모두 나쁜 것은 아니다. 법률, 집행, 제재는 필요악이며, 많은 사회 시스템에서 지배자는 평화롭게 때로는 긴장 속에서 리더와 공존한다. 예를 들어, 모든 축구 경기에는 리더(각 팀마다 여러 명)와 지배자(주심과 부심)가 있다. 그들은 모두가 만족스러운 경기를 위해 각자의 역할을 수행한다.

관리자는 명백히 리더이기도 하면서 지배자이기도 하다. 관리자는 고용하거나 해고하고, 팀이나 부서에 배치할 (또는 다른 곳으로 보낼) 권한이 있는 유일한 사람이다. 이를 **거버넌스**^{governance} 또는 **관리적 리더십**^{administrative leadership}이라 부르기도 한다(Marion, Uhl-Bien, 2007:153). 사람들에게 어떤 프로젝트를 수행하고, 어떤 종류의 옷을 입고, 수익을 얼마나 올려야 하고, 정기 주차 요금을 얼마나 내야 하는지 알려준다.

리더가 되는 것이 관리자의 가장 큰 목적은 아니다. 그대신 얼마만큼 지배하고 얼마만큼 리드할지 결정하는 것이 관리자가 해야 할 일이다. 지배지향적인 관리자도 있고, 리드지향적인 관리자도 있지만, 모든 관리자는 두 가지 역할을 모두 수행한다. 지배자로서의 행동은 권한 단계 1(통보), 2(설득), 3(상의)에 해당하고, 리더로서의 행동은 권한 단계 4(합의), 5(조언), 6(질의)에 해당한다(이 단계에 대한 설명은 7장, '팀에 권한을 부여하는 방법' 참조). 사람들에게 권한을 부여하면 주로 지배를 하는 사람에서 리딩하는 사람으로 바뀔 수 있다는 것은 사실이다. 그러나 권한 단계는 각 행동마다 달라진다. 그리고 권한 단계 7(완전한 위임)을 사용하면 더 이상 리더로서 관여하지 않아도 된다.

경영 분야의 거장들은 두 가지를 왜곡하는 경향이 있다. 첫째, 리드와 지배의 균형을 맞추기 위한 행동은 모든 관리 계층에서 일어날 수 있다. 가장 위의 관리 계층은 주로 리드해야 하고 가장 아래의 관리 계층은 주로 지배해야 한다는 것은 노골적인 거짓말이다. 나는 모든 관리 계층에 지배자와 리더가 둘 다 존재하는 환경에서 일해왔다. 지배 행동에 뛰어난 관리자도 있고, 리드 행동에 뛰어난 관리자도 있다(나는 둘 다 잘하지는 못하지만 잘하는 척하는 데는 따라올 자가 없다).

둘째, 관리자가 지배자와 리더 두 가지 역할 모두를 할 필요는 없다. 좋은 지배자로서 행동하는 것도 이미 충분히 어려운 일이다. 위대한 리더까지 되고 싶다면 스스로를 힘겹게 하는 것이다. 심판은 좋은 지배자가 돼 훌륭한 축구 경기에 기여한다. 그들이 리드까지 하지는 않는다. 이는 심판이 할 일이 아니다. 심판은 축구 경기를 책임지고 있지만 자부심이 가장 큰 사람이 되는 것을 삼간다. 이를 **실행 중심의 리더십**enabling leadership이라 부르기도 한다 (Marion, Uhl-Bien, 2007:152). 즉, 다른 사람이 리드할 수 있도록 권한을 부여하는 것이다.

조나단 위티Jonathan Whitty는 "혼돈에서 물러나Step Back from Chaos"[4]라는 발표에서 관리자가 집단 사회 연결망에서 허브가 아닌 경우가 많다는 것을 보여준다. 연결망에서 창발되는 리더는 대부분의 소통의 흐름이 통과해 지나가는 사람들이다(창발적 리더십). 그러한 리더십이 (실행 중심의 리더십을 통해) 육성되고 있는지 확인하고, 창발적 리더가 (관리적 리더십 또는 거버넌스에 의해 정의된) 규칙을 따르고 있는지 확인하는 것이 관리자가 해야 할 일일 수 있다(표 8.1 참조).

표 8.1 리더십의 세 가지 유형

리더십 유형	설명	실행자
관리적 (거버넌스)	권위의 힘: 사람들을 지배함	관리자
창발적	끌어당기는 힘: 사람들을 리드함	누구나
실행 중심	관리자가 아닌 사람들이 리드할 수 있도록 함	관리자

---

4 http://video.google.com/videoplay?docid=9010523214247487421

삶의 의미

이제 자기조직화를 위해 제약 조건을 정의할 때 관리자의 역할에 대해 그리고 리더십 대 거버넌스에 대해 알고 있다. 실용적인 결과를 논의하기에 앞서, 목표 설정의 기초를 잘 이 해할 필요가 없었다면 8장은 이것으로 끝났을 것이다. 이 기초는 목적의 개념에 대한 것이 며, 8장의 마지막 주제다. 우리는 왜 여기에 있는가? 우리는 왜 이 일을 하고 있는가? 그 리고 내 포스트잇은 왜 정수기에 붙어 있는가?

철학자들은 만물의 "이유"에 대해 끝없이 논쟁해왔으며, 대개는 철학적으로 의도와 목적 을 연구하는 **목적론**teleology으로 나타난다. 많은 과학자는 천문학, 물리학, 화학과 같은 자연 과학에서 목적은 무의미하다고 말한다(Corning, 2003:172).

그러나 사회 복잡계에서 목적이 중요한 주제인 두 가지 이유가 있다(사회 복잡계 연구는 확 실히 자연 과학이 아니다). 첫째, 목적을 살아 있는 시스템의 창발적 속성이라고 볼 수 있다.

> 잘 들여다보면, 생기론적[5] 설명이나 초자연적 설명을 끌어올 필요 없이 생물의 진화 에서 방향과 목적이 없는 부분들의 집단으로부터 방향과 목적이 나타나는 것을 발 견할 수 있을지도 모른다. 컴퓨터 진화 실험들은 이 내재적 목적론, 스스로 만들어 낸 이 '추세'를 확인해준다. …(중략)… '목적과 진화'가 합쳐진 소리에 깜짝 놀라는 사람들은 이 추세를 의식적 목표나 계획 또는 의도적 목적으로 생각하는 대신 '충동' 이나 경향으로 생각하면 도움이 된다.[6]

유전자의 "목적"은 복제, 종의 "목적"은 생존이라고 할 수 있다. 이것은 어떤 설계자나 소 유자가 이 시스템에 목적을 부여하기 때문이 아니다. 단지 시스템에 내부 충동이나 경향 이 없다면 소멸해버리기 때문이다. 리처드 도킨스는 이를 시스템의 자연스러운 **내재적 목 적**intrinsic purpose이라 부르며, 이와 반대로 **외재적 목적**extrinsic purpose은 (양치기 개의 주인이 개에 게 목적을 부여하는 것처럼) 시스템의 소유자가 시스템에 부여하는 것이다(Dawkins, 2009). **목 적지향성**teleonomy 대 **목적론**teleology이라는 용어를 선호하는 사람들도 있다(나에게는 똑똑해 보 이려는 목적이 있기 때문에 이 용어를 모두 사용하는 것을 좋아한다).

---

5 생물에는 무생물과 달리 목적을 실현하는 특별한 생명력이 있다는 설이다. 활력설이라고도 하며, 기계론에 대립하는 생명론이 다. – 옮긴이

6 Kelly, Kevin, 『Out of Control』, Boston: Addison-Wesley, 1994. 허락하에 옮김(Kelly, 1994:411). (한국어판: 『통제 불능: 인간과 기계의 미래 생태계』, 케빈 켈리 지음, 이충호/임지원 옮김, 김영사, 2015)

생물학자들이 생물 내부의 목적론을 나타나는 데 요즘 가장 자주 사용하는 용어가 "목적지향성"이다. 이 용어는 자연에서 발견된 목적이 거대한 계획이 아니라 진화의 산물이라는 뜻을 함축하고 있다. …(중략)… 살아 있는 시스템의 목적지향성은 오늘날 의심 없이 받아들여지고 있다.[7]

목적이 중요한 두 번째 이유는 사회 복잡계에 사회적 측면을 추가하기 위해서다. 인간의 행동에는 목적이 있기 때문에 목적이라는 개념을 버리는 것은 부적절하다(Stacey, 2000a:14).

인간의 의식과 자유 의지가 단순한 허상 이상의 것이라고 가정하면, 이것들이 사회 체계에 의미라는 층을 추가한다. 인간에게는 목표가 있다. **자율적 목적**autonomous purpose(또는 삶의 의미)의 필요성은 우리의 기본 내재적 욕구 중 하나다. 이는 우리의 선형 사고 및 결정론적 사고방식과 다시 연결된다.

사람들이 어쩔 수 없이 목적을 중요시한다는 데에는 수많은 증거가 있다. 우리는 어딘가로 가는 동안, 즉 중요한 목적을 추구하는 길에서 스스로를 바라볼 필요가 있는 듯하다.[8]

살아 있는 시스템에는 세 가지 종류의 목적이 있다는 것을 알아봤다(그리고 조직은 살아 있는 시스템 집단에 속한다(De Geus, 1997).

- (유전자, 유기체, 사람, 조직을 포함해) 모든 살아 있는 시스템에는 **내재적 목적**intrinsic purpose이 있다.
- 모든 살아 있는 시스템에는 "소유자" 또는 "보호자"가 부여한 **외재적 목적**extrinsic purpose이 있을 수 있다.
- 모든 살아 있는 시스템에는 스스로 가정한 **자율적 목적**autonomous purpose이 있을 수 있다.

우리는 모두 목표의 필요성에 공감하지만 우리의 목표는 사람마다 서로 다르며, 속해 있는 사회 체계의 내재적 · 외재적 목적도 서로 다르다. 모든 소프트웨어 프로젝트 팀이 사

---

7 Corning, Peter. 『Nature's Magic』. Cambridge: Cambridge University Press, 2003(Corning, 2003:172).

8 출판사 허락하에 옮김. 『Intrinsic Motivation at Work』, copyright ⓒ2000 by Kenneth Wayne Thomas, Berrett–Koehler Publishers, Inc., San Francisco, CA. All rights reserved.(http://www.bkconnection.com)(Thomas, 2000:22).

회 복잡계라고 가정하면, 우리는 이 팀들에 목표가 있길 바라며, 따라서 나는 8장의 중요한 목표가 목적이라 부르는 것을 끝까지 파헤쳐보는 것이라고 생각한다.

팀의 목적

여러분 인생의 목표는 무엇인가? 행복을 찾는 것인가? 부유하고 유명해지는 것인가? 세계에서 가장 큰 하모니카 컬렉션을 갖추는 것인가? 내 목표는 세계 정복이다. 여러분의 목표는 무엇인가? 무엇이든 아마 유전자를 더 어린 세대에게 복제하는 것이 가장 중요한 목표는 아닐 것이다.

리처드 도킨스는 우리 유전자의 "목표"가 복제라고 했다(Dawkins, 1989). "이기적" 유전자는 우리가 유전자 전달의 매개체 역할을 하도록 프로그래밍했다. 그러나 그것이 인간의 목표가 번식이라는 의미는 아니다. 인간성은 인간 유전자 풀의 창발적 속성이다. 유전자가 우리를 탄생시켰지만, 감사하게도 이제는 스스로 계획을 세우는 쪽을 선호한다는 사실을 알고 있다.

부분의 상호 작용에서 창발된 어떤 목적은 그 부분들의 목적에 의해 결정되는 것이 아니라 그 부분들의 복잡한 상호 작용에 의해 결정되는 것이다.

- 두뇌의 목적은 뉴런의 목적에서 나오는 것이 아니라 뉴런의 상호 작용에서 나오는 것이다.
- 도시의 목적은 시민의 목적에서 나오는 것이 아니라 시민의 상호 작용에서 나오는 것이다.
- 팀의 목적은 팀원의 목적에서 나오는 것이 아니라 팀원의 상호 작용에서 나오는 것이다.

인간의 마음에는 "모든 곳에서 목적과 의도를 찾을 수 있도록 만드는 인과 관계 감각이 지나치게 발달해 있다. 심지어 목적과 의도가 없는 곳에서도"(Brooks, 2009)…

이는 리처드 도킨스가 다음과 같이 이야기한 것과 같다.

> 우리 인간은 목적에 집착한다. …(중략)… 반드시 답을 찾아야 할 필요가 없는 목
> 적에 대한 의문은 그것이 적절하든 그렇지 않든 인간의 마음 맨 앞에 놓여 있다.[9]

그렇다면 조직의 목적이 무엇인지 질문하는 것이 적절할까?

1970년 노벨상 수상자이자 20세기에 가장 유명한 경제학자 중 한 명인 밀턴 프리드먼
Milton Friedman은 "기업의 사회적 책임은 이윤을 늘리는 것이다The Social Responsibility of Business Is
to Increase Its Profits"라는 유명한 글을 썼다(Friedman, 1970). 프리드먼은 회사에 비영리적 또
는 사회적 책임이 있다는 것을 부인했다. 이 관점은 1980년대에 주주를 부유하게 하는 것
이 비즈니스의 유일한 목표라는 아이디어인 주주 가치를 통해 실현됐다. 이 개념은 많은
회사의 미션 선언문에 빠르게 반영됐다. 제너럴 일렉트릭의 전 CEO인 잭 웰치Jack Welch
는 많은 사람에게 주주 가치 운동의 아버지로 여겨져왔다. 그러나 최근 경제 위기로 인해
주주 가치라는 아이디어에는 단점이 있다는 것이 드러났다(그리고 이 회사 중 상당수가 실제
로 단명했다).

> 주주 가치를 추구하는 것은 반사회적인 도그마(독단적 신념)다. 민주주의 사회에서
> 는 용납할 수 없는 것이다. 주주 가치를 추구하는 사고는 인간과 사회 제도를 희생
> 양으로 하는 사회를 낳는다. 이는 기업에 대한 존경과 신뢰를 갉아먹기 때문에 기
> 업에 있어서도 결코 바람직하지 않다. 엔론이나 아더 앤더슨의 기업 비리를 보라.[10]

큰 문제는 위대한 경제학자와 사업가들이 다양한 종류의 목적을 혼동하고 있다는 것이다.
조직은 창발적 현상이다. 조직은 주주, 관리자, 직원, 고객, 공급자 사이의 상호 작용에서
탄생한 것이다. 이 모든 이해관계자들에게는 자신만의 목표가 있지만, 그중 누구도 자신
의 목표가 창발된 시스템 전체의 목표라고 주장하지는 못한다.

여기가 (몇몇 사람들에게는) 가장 힘든 부분이다.

주주가 조직의 모든 것을 소유하는 것은 아니다. 그들은 단지 조직의 자산을 소유할 뿐이
다. 주주는 사람, 그들의 생각, 그들의 상호 관계를 소유하지 못한다. "사람이 가장 중요

---

9   Dawkins, Richard "The Purpose of Purpose"(http://richarddawkins.net/articles/3956), June 18, 2009(Dawkins 2009).

10 출판사 허락하에 옮김. 『Managers Not Mbas』, copyright ©2005 by Mintzberg, Henry, Berrett-Koehler Publishers, Inc.,
    San Francisco, CA. All rights reserved(http://www.bkconnection.com)(Mintzberg 2005). (한국어판: 『MBA가 회사를 망친다』,
    헨리 민츠버그 지음, 성현정 옮김, 북스넛, 2009)

한 자산입니다"라는 말은 진부한 표현이다. 사람은 대차대조표에 들어 있지 않으며, 그래야 마땅하다.

관리자와 직원은 서로 목표가 다르고 고객과 공급자도 이와 마찬가지다. 조직은 상호 작용을 통해 자신의 목표를 만족시키고자 하는 다양한 이해관계자로 이뤄진 사회 구조다. 그러므로 주주 가치는 조직의 목표가 될 수 없다는 결론에 이른다. 주주 가치는 주주의 개인적 목표다. 주주가 자신의 소유물에 외재적 목적을 부여할 수는 있을지 몰라도 단지 조직의 자산에만 그 목적을 부여할 수 있을 뿐이다. 직원을 소유하는 것은 아니기 때문에 직원에게 자신과 같은 목적을 부여할 수는 없다. 주주는 양치기가 아니다.

밀턴 프리드먼이 사업가의 목표는 돈을 벌어들이는 것이라고 생각한 점은 옳았다. 그러나 프리드먼이 그 유명한 글을 썼을 때는 복잡성 이론이 거의 존재하지 않던 시절이다. 당시에는 여전히 대부분이 회사를 기계로 여겼고, 주주를 그 기계의 소유자로 간주했다. 조직이 정말로 기계라면 주주 가치라는 프리드먼의 생각이 옳았을 것이다. 그러나 그렇지 않다. 조직은 살아 있는 시스템이다. 잭 웰치의 발언을 보면 주주 가치에 대한 그의 관점이 30년 후에는 좀 더 미묘해졌다는 점을 알 수 있다. "주주 가치는 전략이 아니라 결과다."(BusinessWeek, 2009)

사람들에게 소프트웨어 프로젝트 팀의 목표가 무엇이라고 생각하는지 물어본 적이 있다. 다음은 내가 들었던 답변 중 일부다.

> 혁신, 행복한 고객, 작동하는 소프트웨어, 예산 및 일정 준수, 훌륭한 소프트웨어, 재구매 고객, 기뻐하는 사용자, 행복한 개발자, 수익 창출, 더 효율적인 사용자, 비즈니스 문제 해결, 비즈니스 가치 부가, 프로세스 및 제품의 유연한 변경, 비용 절감, 더 많은 이익, 자동화, 지식 공유, 학습 경험, 장기적인 상업적 성공, 새로운 뭔가의 창조 등

질문에 약간 속임수가 숨어 있었다. 소프트웨어 프로젝트 팀의 내재적 목적은 소프트웨어를 만들어내는 것이다. 내 생각에는 그것만이 모든 소프트웨어 프로젝트가 타고난 "경향" 또는 "욕구"다. 팀이 소프트웨어(또는 소프트웨어 중간 산출물)를 만들어내는 일을 멈춘다면, 소프트웨어 프로젝트 팀은 멈출 것이다. 그러나 보다 흥미로운 것은 팀은 살아 있는 시스템이기 때문에 팀이 스스로 자율적 목표를 정의할 수 있다고 생각한다.

프로젝트 팀은 다양한 이해관계자로 이뤄진 사회 시스템이다. 예를 들어, 내가 사람들에게 트위터를 통해 전해 받은 목표는 모두 개별 이해관계자의 목표다. 고객도 팀원도 관리자도 자신의 목표를 그냥 프로젝트 팀 전체의 목표로 끌어올릴 수 없다. 오로지 제품 책임자만을 만족시키기 위해 존재하는 팀은 없다. 그리고 오로지 여러분만을 만족시키기 위해 존재하는 팀도 없다. 그런 일을 시도한다면, 밀턴 프리드먼과 같은 실수를 하고 있는 것이며, 프로젝트를 살아 있는 시스템이 아니라 기계처럼 취급하고 있는 셈이다. 하지만 프리드먼은 노벨상 수상자다. 그와 동급이 되는 것이 나쁜 일인지는 모르겠다.

외재적 목적 부여

제품 책임자 또는 관리자(만)를 만족시키는 것이 아니라면, 소프트웨어 팀의 목적은 무엇이란 말인가?

소프트웨어 프로젝트를 군사 작전과 비교할 수 있다. 지시가 필요하기 때문이다. 지휘관은 부대의 움직임에 주의를 기울여야 한다. 그렇지 않으면 군인들은 아무데로나 행군하거나 포복할 것이다. 군대에 외재적 목표를 정의할 때 중요한 것은 적절한 방향으로 자기조직화를 제시하는 것이다(자기조직화와 자기주도는 다르다는 점을 기억하자. 관리는 방향을 정의할 수 있고, 자기조직화 팀은 그 방향으로 가는 방법을 찾는다).

지휘관이 외재적 목적을 명시하고, 군대는 그곳에 도달하는 방법을 스스로 알아낼 수 있을 만큼 똑똑하기 때문에 자기조직화에 맡긴다. 그렇지 않으면 모두 전사해버릴 것이다(7장에서 사람들이 스스로 뭔가를 알아내야 하는 이유에 대해 논의했고, 11장에서 그렇게 할 수 있는 방법을 살펴볼 것이다).

비교해보면, 소프트웨어 프로젝트 팀의 내재적 목표는 약간 식상해 보인다. 유일한 목적은 단지 존재하는 것 그리고 소프트웨어를 만들어내는 것이다. 이와 같은 목적하에서는 전쟁에서 승리할 수 없다.

그렇기 때문에 새로운 외재적 목표를 팀에게 명시해야 한다. 그것이 내재적 목표를 무효화하지는 않는다. 그러나 경계를 정의하고, 제약을 설정하고, 올바른 방향으로 자기조직화가 일어나도록 하는 데는 도움이 된다. 여러분의 팀은 그곳까지 가는 방법을 알아낼 수 있을 만큼 충분히 똑똑하다. 그렇지 않으면 모두 전사할 것이다(비유하자면 그렇다).

왜 관리자가 소프트웨어 프로젝트 팀 전체에 외재적 목적을 부여해야 하는가? 관리자가 시스템 전체를 책임지는 유일한 사람이기 때문이다. 다른 이해관계자는 그렇지 않다.

8장에도 목적이 있었다. 관리자는 반드시 자기조직화를 위한 제약 조건을 정의하면서 동시에 팀을 개발하고, 보호하고, 방향을 제시해야 하며, 리더십과 거버넌스 둘 다 관리의 일부며, 팀에는 세 가지 목적이 있다고 말하는 매니지먼트 3.0 모델의 세 번째 관점을 설명하는 것이었다. 그러나 이 주제를 아직 마치지 못했다. 이것으로 '제약 조건을 정렬하자'의 이론 부분을 마친다. 9장에서는 실용적인 면에서 아직 남아 있는 것들을 살펴본다.

정리

자기조직화 시스템은 스스로 규칙을 만들어낼 수 있다. 이런 시스템이 작동하는 데 필요한 것은 몇 가지 단순한 제약뿐이며, 이를 경계라 부르기도 한다. 관리자에게 이런 제약을 조정하는 것은 중요한 일이지만 모든 규칙을 만들려고 하지는 말자. 이는 관리자가 해야 할 일이란 사람이 아닌 시스템을 관리하는 것이라는 의미다.

사람들이 비유를 활용해 조직을 질서, 복잡, 혼돈으로 구별하는 경우가 있다. 엄밀히 말해 이런 비유는 잘못된 것이다. 모든 조직이 복잡하기 때문이다. 그렇기는 하지만 유용할 수는 있다.

잘못된 용어 사용의 또 다른 경우가 관리자와 리더의 구별이다. 관리자와 리더는 서로 다른 사람이 아니다. 리더십과 거버넌스는 동전의 양면이며, 둘 다 관리자가 해야 할 일 중 일부다.

마지막으로 자기조직화 팀에는 세 가지 목적이 존재할 수 있다. 내재적 목적은 원래 팀이 갖고 있는 목적, 외재적 목적은 관리자가 부여한 목적, 자율적 목적은 팀 자체가 스스로 정의한 목적이다.

성찰과 실천

5장에서 나온 아이디어를 조직에 적용할 수 있는지 살펴보자.

- 여러분의 팀이 아무런 간섭이나 지시가 필요 없이 완전히 자기주도적이라고 상상해보자. 어떤 결과가 두려운가? 좋지 않은 일이 일어나지 않도록 하기 위해 어떤 경계를 유지하고 싶은가?

- 자신의 관리 능력을 생각해보자. 여러분은 무엇을 잘하는가? 리드인가 지배인가? 어느 쪽을 강조하고 싶은가? 어떻게 할 것인가?

- 스스로 생각해보자. 여러분이 갖고 있는 직업의 목적은 무엇인가? 그 목적은 다른 사람과 어떻게 다른가?

09

제약 조건을 정렬하는 방법

내 인생은 목적도 없고, 방향도 없고, 목표도 없고, 의미도 없지만, 나는 행복하다.
왜 그런지는 모르겠다. 내가 제대로 하고 있는 게 뭘까?

— 찰스 슐츠Charles Schulz, 만화가(1922~2000)

많은 사람이 비전, 미션, 목표를 설정한 후 이를 글로 표현하지만 이런 것들이 정말 무엇을 의미하는지는 전문가마다 생각이 다른 듯하다. 어휘 사전에서 하는 설명과 백과사전에서 하는 설명이 다르고, 프로세스 프레임워크에서 하는 설명과 유명한 컨설턴트가 하는 설명이 다르다.

9장에서는 8장에서 마치지 못한 이야기를 이어가려고 한다. 목적, 비전, 미션, 목표 그리고 '제약 조건을 정렬하자'의 실용적인 측면에 대한 것이다. 내가 정의하는 이 용어의 의미들에 약간의 차이는 있겠지만 (순전히 우연의 일치로) 기존 정의와 매우 비슷할 수 있을 것이다. 적어도 내 글에서는 일관성을 유지해보려고 한다. 그러나 9장에서 적절한 제약을 통해 팀을 개발하고, 보호하고, 방향을 제시하는 유용한 방법을 제공한다는 점이 가장 중요하다.

9장도 두 부분으로 이뤄져 있다. 첫 번째 부분에서는 목표 설정을 다룬다. 목표 설정이 전적으로 자기조직화 팀에게 방향을 제시하기 위한 것이라고 생각할 수도 있지만, 실제로는 그렇지 않다. 팀을 개발하고 보호하기 위해 목표를 설정할 수도 있다. 목표가 단지 사람들의 일상 업무가 특정 방향으로 가도록 경로를 정해주는 것만은 아닐 수도 있다. 하지만 관리자는 흔히 그렇게 생각한다. 따라서 두 번째 부분에서 자기조직화 팀을 개발하고 보호할 수 있는 몇 가지 방법을 제시한다.

공동의 목표를 제시하자

8장, '목적에 따른 리드와 지배'에서 나는 목표, 의미, 목적이라는 용어를 섞어 사용했다. 그러나 개인적으로는 점차 "목표"라는 용어는 외재적 또는 자율적 목적의 경우에만, "의미"라는 용어는 내재적 목적에 대해 이야기하는 경우에만 사용하게 됐다. 나의 목표는 환경 변화에 따라 자주 바뀔 수 있지만, 내 삶의 의미는 별로 바뀌지 않는다(지금까지의 대답은 항상 42였다).[1]

실행 측면에서는 상당히 형편없는 경우가 많지만, 경영서들을 보면 목표 설정의 가치에 대한 의견이 거의 일치한다. 목표는 방향을 표현하고자 할 때 꼭 필요하다. 또한 팀원들의 사기를 높이는 데도 많은 도움이 된다. 원 플러스 원이라고 할 수 있다!

리더십 연구자들은 팀의 가장 강력한 욕구 중 하나가 리더의 비전이라는 사실을 발견했다(Thomas, 2000:57). 팀의 목적을 정의해 실현 가능한 공동의 꿈을 제시하면(Thomas, 2000:56~57) 관리자는 사람들을 단결시키고 동기를 부여할 수 있다(Stallard, 2007:17). 아마도 가장 중요한 것은 목표가 사람들에게 "상황 인식"을 하게 해준다는 점이다(Fox, 1998) (여기서는 비전, 미션, 목표, 목적을 같은 것이라고 간주하자).

조직에 명시적인 목표가 없다면 관리자는 오로지 자기의 개인 목표만 생각하게 될 수도 있다. 이는 관리자도 시스템의 다른 이해관계자와 똑같이 행동한다는 뜻이다. 이해관계자에게는 조직 전체를 희생시켜 자신이 해야 할 일을 최적화하는 경향이 있다(Lencioni, 2002).

메시지는 분명하다. 관리자에게는 집단 전체가 공유하는 목표를 정의할 책임이 있다. 과거에는 이를 **목표에 의한 관리**MBO, management by objectives[2]라고 불렀다. 그러나 MBO는 애자일 전문가들에게 좋지 못한 평가를 얻어왔다. 많은 관리자가 MBO를 오랫동안 너무나 잘못

---

1 영화 '은하수를 여행하는 히치하이커를 위한 안내서'에 나오는 삶, 우주 그리고 모든 질문에 대한 궁극적인 해답 – 옮긴이

2 http://en.wikipedia.org/wiki/Management_by_objectives

된 방식으로 실행해왔기 때문이다. 대개는 최고 경영진이 "공동"의 연간 목표를 정의하고 그 목표를 달성하면 연말에 보너스를 지급하는 형태로 목표 설정이 이뤄진다. 분명히 말하지만 이것은 애자일이 아니다!

공동의 목표(외재적 목적)는 관리자가 담당하고 있는 모든 개인 또는 (하부) 팀의 목표를 초월하는 것이기 때문에 기업의 목표 또한 CEO의 목표를 초월하는 것이어야만 한다. 문자 그대로, 공동의 목표란 "더 높은 목적"이며, 방향을 제시하고 직원 만족을 개선하기 위해 관리자가 집단 전체에 부여하는 것이다.

공동의 목표는 (단지 이해관계자일 뿐인) 고객의 목표와도 다르고, (단지 이해관계자일 뿐인) 프로젝트 관리자의 목표와도 다르며, (단지 이해관계자일 뿐인) 주주의 목표와도 다르고(내가 무슨 이야기를 하고 싶은 건지 이해하리라 생각한다), 관리자 자신의 목표와도 다르다. 이런 이해관계자의 목표를 집단 전체의 목표로 삼으면 부분 최적화와 잘못된 측정으로 이어질 것이다(그림 9.1 참조).

그림 9.1 이해관계자별 목표와 관리자가 만드는 공동의 목표

공동의 목표를 정의할 때 도움을 줄 수 있는 사례를 정리해봤다.

- 우리의 목표는 신뢰성과 고객 서비스 측면에서 많은 사람이 우리나라 최고라고 생각하는 수익성 있는 백업 서비스 제공자가 되는 것이다.

- 우리 제품의 첫 번째 버전을 10월 31일까지 고객에게 배포할 예정이며, 올해 4/4
  분기에 사용자들에게 얻은 긍정적 피드백이 그 이전 분기에 얻었던 부정적 피드
  백보다 많아야 한다.
- 내년 말에 대중은 우리가 아이폰을 꺾었다는 사실을 알게 될 것이다.
- 내년에는 모든 팀원이 자격 시험에 합격할 것이다.
- MyBigCalc.com은 가장 방문자가 많은 온라인 세액 공제 계산 사이트가 될 것
  이다.
- 내년에 우리는 업계 최고 제품상을 수상할 것이다.
- FlimsyTool 3.5는 성능 및 보안에 부정적 영향을 미치지 않으면서 보고된 모든
  사용자 문제를 해결할 것이다.

공동의 목표가 반드시 측정 가능한 과학적 목표일 필요는 없다. 사람들이 대략적인 방향
을 향할 수 있도록 하자는 말이지, 우주선에 태워 초광속 텔레포트를 하자는 것이 아니다.

애자일 목표 체크리스트

목표는 하나만 정의해야 할까, 아니면 여러 목표를 정의해도 될까? 스콧 버쿤은 여러 개
의 목표를 정의해 순서대로 나열할 수 있다고 말한다(Berkun, 2008:262). 켄 블렌차드도 여
러 개의 목표를 250자 이하로 각 페이지에 하나씩 작성하라고 말한다(Blanchard, Johnson,
1982:34). 나는 목표가 하나인 것이 이론적으로는 가장 좋다고 말하고 싶다. 하지만 이론에
는 많은 연습이 필요하기 때문에 결국 여분의 목표가 몇 개 더 필요할 수도 있다.

목표를 정의할 때 다음과 같이 엄청나게 긴 체크리스트에 대입해볼 수 있다(나는 동의하지
않지만). 그 유명한 S.M.A.R.T. 기준[3]이나 할머니 집 화장실 타일에 적혀 있는 여러 가지
지혜로운 문구 등 다양한 출처를 한데 모아 체크리스트를 만들었다.

---

3 http://en.wikipedia.org/wiki/SMART_criteria

- 이해할 수 있을 만큼 충분히 **구체적**이고 **이해**할 수 있는가?
- 작은 카드나 접착식 메모지에 적을 수 있을 만큼 충분히 **단순**하고 **간결**한가?
- 성공을 판단할 수 있도록 **관리**와 **측정**이 가능한가?
- 다른 사람들에게 쉽게 전달할 수 있도록 **기억**하기 쉽고 **재현** 가능한가?
- 실제로 성취할 수 있도록 **달성** 가능하고 **현실적**인가?
- 성취가 (너무) 쉽지 않을 만큼 충분히 **도전적**이고 **고무적**인가?
- 구체적 행동으로 옮길 수 있도록 **실행**과 **할당**이 가능한가?
- 사람들이 실제로 책임감을 느낄 수 있도록 **합의**되고 **약속**할 수 있는가?
- 사람들이 실제로 관심을 기울일 만큼 충분히 **적절**하고 **유용**한가?
- 언제 해야 할지 알 수 있도록 **시간 제한**이 있고 **구체적인 일정**을 제시했는가?
- 성취했을 때 그 효과를 볼 수 있도록 **실체**가 있고 **실질적**인가?
- 사람들이 최선을 다할 수 있도록 **신바람**나고 **불타오르게** 만드는가?
- 사람들이 더 큰 그림을 볼 수 있도록 **영감**을 불러일으키고 **비전**을 제시하는가?
- 회사 가치, 팀 가치, 개인 가치를 기반으로 할 수 있는 **가치 중심**이고 **본질적**인가?
- **재검토** 및 **평가**가 가능한가?

애자일 관리자가 설정하는 새로운 스타일의 애자일 목표가 MBO 같은 예전 스타일의 목표 설정과 크게 다른 점은 목표 기준이 상황에 따라 달라져야 한다는 점이다. 예를 들어, 모든 목표가 S.M.A.R.T. 해야 한다(구체적이고, 측정 가능하고, 달성 가능하고, 적절하고, 시간 제한이 있어야 한다)는 것은 지나치게 단순화한 것이다. 노르웨이에서 휴가를 즐기는 것이 목표라면 어떻게 측정해야 할까? 스릴 있는 경험을 몇 번이나 했는지, 하루에 평균 몇 번이나 웃었는지를 추적할 것인가? 그런 수치가 지금 내려야 하는 결정에 중요한 수치인가? 내년에 경쟁자를 꺾는 것이 목표라면, 매출, 순익, 시장 점유율, 직원 수, 고객 수로 측정할 생각인가? 이런 수치가 지금 당장 사람들에게 영감을 불어넣는 데 정말 중요한가?

앞서 나열한 모든 기준을 충족시키는 목표를 정의하기란 불가능하다. 그냥 현재 상황에서 중요한 몇 가지 기준만 고르면 된다. 단순해야 하는 목표도 있고, 실행 가능해야 하는 목표도 있다. 측정 가능해야 하는 목표도 있고, 영감을 불어넣어야 하는 목표도 있다.

중요한 것은 이 목표가 사람들이 지금 당장 필요한 결정을 내리는 데 도움이 돼야 한다는 점이다.

또한 목표를 설정할 때 피해야 하는 몇 가지 사항도 있다. 수잔 히스필드Susan Heathfield는 다섯 가지 위험을 설명했다(Heathfield, 2010a).

- 목표를 달성하지 못한다고 사람들을 위협하거나 일자리를 잃을 것이라고 겁을 주는 목표를 만들어서는 안 된다.
- 주주처럼 곁에서 조직을 지켜보는 사람들에게 단지 보여주기 식의 목표를 정의해서는 안 된다.
- 장기 손실을 불러오는 단기 이익을 목표로 삼아서는 안 된다.
- 목표가 행동 계획에만 초점을 맞춰 사람들이 바람직한 결과를 헷갈리게 만들어서는 안된다.
- 목표가 너무 많아서는 안 된다. 이건 내게 괜찮은 목표처럼 들린다.

그러나 목표를 만들 때 가장 큰 위험은 단연코 관리자가 목표와 보상을 연결시키는 것이다. 5장, '사람들에게 활력을 불어넣는 방법'에서 우리는 외재적 동기 부여가 낳는 결과에 대해 논의했다. 외재적 동기 부여는 좋은 경우보다 나쁜 경우가 더 많다. 팀이 나아갈 경로를 정하려 할 때 예측할 수 없는 비선형 역동을 불러들여서는 안 된다. 목표를 항상 사람들의 내재적 욕구와 연결하자. 즐거운 휴가 그 자체가 보상이다. 하루에 몇 번이나 웃었는지를 금전적 보너스와 연결해 그것을 보상이라고 부를 수는 없다.

애자일 관리에서 목표를 설정하는 방법이 예전 스타일의 목표 설정과 다른 점을 요약하면 다음과 같다.

- 애자일 목표는 모든 개인의 목표를 초월하는 "더 높은 목적"이다. 단지 CEO 또는 주주의 목표가 아니라 살아 있는 시스템 전체의 목표다.
- 애자일 목표는 "구체적이고", "측정 가능하고" 등과 같은 기준을 모두 충족시킬 필요가 없다. 목표는 상황에 따라 달라진다. 영감을 불어넣는 목표가 필요할 때도 있고, 측정 가능한 목표가 필요할 때도 있다.

- 애자일 목표를 보상 또는 인센티브와 연결해서는 안 된다. 외재적 동기 부여는 시스템을 왜곡하고 비선형 결과를 불러와 목표 그 자체의 목적을 무너뜨리는 경우가 많다. 목표는 사람들의 내재적 욕구를 다뤄야 한다.
- 목표는 1년에도 여러 번 바꿀 수 있어야 한다. 목표는 주주를 기쁘게 해주기 위한 것이 아니라 직원들의 방향 감각을 길러주기 위한 것이다.

목표를 알리자

이사회에서 이런 질문을 들은 적이 있다. "올해 우리 회사가 공유하는 가치가 무엇인지 다시 알려줄 수 있나요?" 그 질문에 COO는 이렇게 답변했다. "용기입니다." 나는 올해의 회사 가치가 있었는지도 몰랐다. 크리스마스 무렵이었다. 용기가 중요하고 권장된다는 사실을 조직 내의 몇 사람만 더 알았더라면, 아마도 연말 비즈니스 성과가 조금은 더 좋았을 것이다. 누가 알겠는가? 누가 알았겠는가?

목표를 달성하는 데 가끔 도움이 되는 나만의 비밀 기법을 알려주겠다. 내 목표를 모두에게 말하는 것이다!

내게 목표가 있다고 친구들에게 말한다. 내 목표가 무엇인지 사람들이 알면, 그 목표를 정말로 달성할 수 있도록 자신의 결심을 굳히기 쉽다. 나는 이런 질문을 자주 받는다. "책이 언제 나오나요?", "새로운 비즈니스는 어떤가요?, 고객은 좀 있나요?", "억만장자가 되려면 얼마나 남았죠?" 이런 질문들이 내가 세웠던 목표를 상기시켜준다. 친구와 동료에게 목표를 알려줌으로써, 주변 환경이 나를 은근히 압박하고 진척도를 확인하도록 만든다. 자기관리를 환경에 위임하는 셈이다. "그럴 줄 알았어. 해내지 못할 거라고 생각했다니까."라는 말은 듣고 싶지 않다. 혼자만의 결심은 실패하기 쉽다. 실패하면 인지 부조화가 생겨 애당초 중요한 목표가 아니었다고 스스로를 납득시켜버리기 때문이다. 사람들에게 목표를 이야기하는 이유는 실패하고 싶지 않기 때문이다. 그렇게 하면 용기를 얻을 수 있다.

> **사실 이 방법이 항상 통하지는 않는다**
>
> 목표를 혼자 결심할 때 실제로 더 성과가 좋다는 연구 결과가 있다는 것을 몇몇 검토자들이 알려줬다. 다른 사람들에게 개인적인 목표를 알리면, 자아 정체감이 적당히 충족돼 목표를 달성하는 데 실제 필요한 일을 할 동기가 분명히 줄어든다(Sivers, 2009).
>
> 따라서 내가 완전히 헛다리를 짚은 것일 수도 있다. 그러나 직원들의 방향 감각을 길러주려면 회사의 목표를 알려줄 필요가 있다는 것을 여러분에게 확신시키는 것이 내 목표다. 단지 그것만 바랄 뿐이다.

누군가가 내게 목표를 문서화해도 소프트웨어 프로젝트의 성공에 측정 가능한 영향을 미치지 못한다는 연구 결과가 있다고 알려줬다(출처는 모르겠다). 그러나 목표를 종이 위에 쓰는 행위가 중요한 것은 아니다. 종이 위에는 쓰고 싶은 말은 무엇이든 쓸 수 있으므로 그게 프로젝트에 아무런 영향을 미치지 못하는 건 당연하다. 목표 설정이란 조직의 모든 사람이 날마다 항상 여러분이 정한 경계와 방향에 따라 행동하도록 만드는 것이다. 운전대를 조종하는 것과 마찬가지로 조직의 방향을 유지하는 데 종이, 액자, 포스터는 아무런 의미가 없다. 사람들이 목표를 그냥 읽기만 해서는 안 된다. 그들이 하는 모든 일에서 목표를 느끼도록 해야 하고, 모든 행동에 영향을 미쳐야 한다.

어떻게 그렇게 할 수 있을까?

사람들과 목표에 대해 이야기하고, 그들의 행동을 검토한다. 또한 "목표가 뭔지 아직 알고 있나요?", "이 행동이 목표를 달성하는 데 어떤 도움이 될까요?"와 같은 질문을 던져보자. 목표는 시스템에 있는 사람들이 자신의 행동을 평가하는 데 사용할 수 있어야만 의미가 있다. 사람들이 줄줄 외울 수 있어야 목표다. 연말 크리스마스 때 여러분만 외울 수 있다면, 그건 목표가 아니다.

따라서 사람들이 위와 같은 질문에 대답하지 못한다면, 목표 설정 방식을 약간 바꿀 필요가 있다는 뜻일 수도 있다. 어쩌면 약간의 용기가 필요할 수도 있다.

> **그렇다면 목표를 보너스와 연결시키면 어떨까?**
>
> 절대로 안 된다!!! 생각도 하지 말자!

비전 대 미션

칩 히스Chip Heath와 댄 히스Dan Heath는 자신들의 책 『스틱Made to Stick』(엘도라도, 2009)에서 지휘관의 의도Commander's Intent라는 개념에 대해 이야기한다.

> CI(지휘관의 의도)는 모든 명령서의 가장 윗부분에 첨가되는 짧은 서술로, 계획의 목표와 작전 활동의 바람직한 최종 상태를 명시한다. …(중략)… 지휘관의 의도는 직속 상사로부터 상세한 지시가 없다 하더라도 모든 계급의 병사들이 행동을 취할 수 있도록 해준다.[4]

조직에서 지휘관의 의도와 같은 역할을 하는 것이 비전 선언문과 미션 선언문이다. 비전과 미션은 서로 다르지만 목표 구체화와 밀접한 관계가 있다. 다음은 위키백과에 있는 정의다.[5]

> **비전 선언문**vision statement은 조직이 되고 싶은 모습을 요약한 것이다. 비전 선언문은 미래에 초점을 맞추며, 영감의 원천이자 명확한 의사 결정의 기준을 제시한다.[6]
>
> **미션 선언문**mission statement은 조직의 근본 목적을 알려준다. 미션 선언문은 현재에 초점을 맞추며, 고객과 중요 프로세스를 정의하고 바람직한 성과 수준을 알려준다.[7]

비전 선언문은 대개 비즈니스, 프로젝트, 제품을 위한 것이라는 것이 내 해석이다. 비전 선언문은 바깥쪽을 향하고 있으며, 시스템이 세상에서 차지하는 위치와 환경에 가져올 변화를 다룬다. 반면, 미션 선언문은 집단과 팀에 더 자주 사용한다. 미션 선언문은 안쪽을 향하고 있으며, 시스템 내부의 역동을 조종한다. 비전은 바람직한 최종 상태를 나타내며, 미션은 거기에 도달하는 방법을 나타낸다. 지구 평화는 비전이고, 테러 근절은 미션이다. 유명한 저자로서 콘퍼런스에서 기조 연설을 하는 것이 내 비전이고, 이 책을 마무리 짓는 것이 내 미션이다.

---

4 Heath, Chip and Dan Heath. 『Made to Stick』, New York: Random House, 2007. Used with permission(Heath, 2007)(한국판: 『스틱: 1초만에 착 달라붙는 메시지 그 안에 숨은 6가지 법칙』, 칩 히스/댄 히스 지음, 안진환/박슬라 옮김, 엘도라도, 2009)

5 http://en.wikipedia.org/wiki/Strategic_planning#Mission_statements_and_vision_statements

6 크리에이티브 커먼즈 라이선스하에 옮김.

7 크리에이티브 커먼즈 라이선스하에 옮김.

다양한 조직의 실제 비전 및 미션 선언문을 살펴보면, 그중 대부분이 비전 선언문만 갖고 있거나 미션 선언문만 갖고 있지, 둘 다 있는 경우는 거의 없다는 사실을 알게 됐다. 심지어 어떤 경우에는 하나의 선언문에 두 가지 용어를 혼용하기도 한다. 비전 선언문과 미션 선언문을 별도로 만드는 것이 누구에게도 도움이 되지 않기 때문에 이해할 수 있는 일이다. 지휘관의 의도에서는 미션과 비전을 구별하지 않는다. 그 미션은 적을 물리치는 것이고, 비전은 병사들을 안전하게 집에 있는 DVD 컬렉션 앞으로 돌려보내는 것이다. 물론 가족들 앞으로도. 지휘관이 그렇게 하는 데 두 선언문이 별도로 필요하지는 않다.

문제를 분명히 하기 위해 (또는 더 혼란스럽게 하기 위해), 나는 팀 관리자들에게 "비전 선언문"이라는 용어를 팀에 사용하지 말라고 조언한다. 이해관계자 중 하나가 이미 비전 선언문을 작성한 경우도 있다. 일부 스크럼 전문가는 이를 제품 책임자의 역할이라고 말한다 (Sterling, 2010).

그러나 다른 이해관계자들은 어떤가? 자신의 비전 선언문을 내놓아도 될까? 내가 보기에는 그렇다. 모든 이해관계자에게는 목표가 있으므로 (총무 담당자가 허락해줬다고 가정하면) 그들도 사무실 전체를 자신의 비전 선언문으로 도배할 수도 있다고 생각한다. 하지만 그렇다고 해서 제품 책임자(또는 다른 이해관계자)가 팀 전체의 목적이 무엇인지 말해줄 수 있다는 뜻은 아니다. 팀은 이해관계자들의 단순한 합 이상이다. 주주들이 조직 전체에게 "주주 가치"의 개념을 부여한다는 잘못된 생각과 비슷한 실수를 저지르게 될 수도 있다.

요약하면 비전 선언문은 제품과 프로젝트에 정의하라는 것이 내 조언이다. 비전 선언문을 통해 기뻐하는 사용자, 시장 지배, 세계 평화와 같은 행복한 그림을 그릴 수 있다. 미션 선언문은 조직과 팀에 정의한다. 미션 선언문을 통해 기술적 탁월함, 혁신적 성취, 누구일지는 모르겠지만 경쟁자 타도(그게 내가 아니길 바란다)에 대해 이야기할 수 있다.

조직 목표 사례

목표(비전 또는 미션)를 정의할 때 사람들이 자제력을 잃고 너무 멀리 나가버리기도 한다. 흥미로운 회사 미션 선언문 사례를 살펴보자(죄없는 사람들을 보호하기 위해 이름과 세부 사항은 바꼈다).

파슬익스프레스는 훌륭한 고객 경험을 제공하고, 환상적인 일터가 되며, 환경에 진심어린 책임을 다하고, 우리가 일하고 살아가는 공동체에 유용한 기여를 하기 위해 최선을 다하고 있다. 파슬익스프레스는 지속 가능한 방식으로 사람과 장소를 연결하고, 전 세계 사람들의 삶의 질을 향상시키기 위해 노력한다.

소프트웨어 업체로서 그리고 직원으로서, 우리는 온전함, 개방성, 정직, 건설적 자기비판, 상호 존중, 지속적인 자기개선, 개인의 탁월함을 가치 있게 여긴다. 우리는 고객과 파트너를 위해 노력하고 훌륭한 기술을 제공하기 위해 헌신한다. 도전적인 프로젝트에 착수해 끝까지 완수해낸다. 우리는 성과를 제공하고 최고의 품질을 유지함으로써, 고객, 파트너, 주주, 직원에게 최선을 다하고 있다.

이 목표들이 간결한가? 영감을 불러오는가? 유용한가? 측정 가능한가? 동기를 부여하는가? 그런 것 같지 않다. 기억할 수 있는가? 사람들이 미션 선언문을 기억해낼 수 없다면, 이 목표가 사람들이 일상적인 결정을 내릴 때 어떻게 방향을 제시해줄 수 있을까? 제때 쓸모없는 제품을 배포하거나 뒤늦게 쓸 만한 제품을 배포해야 하는 상황에서 빠른 결정을 내려야만 하는 직원이 있다고 생각해보자. 그 직원은 어떤 선택을 할 수 있을까? 앞서 본 것과 같은 미션 선언문은 모두 읽어보기도 전에 이미 때를 놓쳐버릴 것이다.

회사 미션 선언문 중에서 흥미로운 사례가 있다.

구글의 미션은 전 세계의 정보를 체계화해 모두가 편리하게 이용할 수 있도록 하는 것이다.[8]

바로 이것이다!

같은 딜레마에 빠진 구글 직원을 상상해보자. 그는 어떤 선택을 할까? 쓸모없는 제품을 배포하는 것은 분명히 전 세계의 정보를 체계화하는 데 도움이 되지 않을 것이다. 구글의 미션 선언문은 이해할 수 있고, 간결하며, 기억할 수 있고, 도전적이며, 실행 가능하고, 유용하며, 분명하고, 실체가 있으며, 신바람나고, 영감을 불러일으킨다. 목표 기준에서 절반 정도는 만족시키는 듯한데, 이 정도면 높은 점수다. 그리고 결정을 더 빨리 내릴 수 있도록 해준다. 당연히 미션 선언문이 모든 질문에 답을 해주지는 않으며, 그렇게 되지도 않

---

8 구글 웹 사이트(https://www.google.com/about/our-company/)에서 인용

을 것이다. 그러나 사람들에게 방향을 제시하기 때문에 많은 경우 스스로 질문에 대한 답을 할 수 있다.

팀이 자율적으로 목표를 정하도록 하자

지금까지 팀에게 목표를 제시하는 방법에 대해 논의했는데, 그렇다면 자기조직화 팀이 스스로 목표를 만들어내는 방법은 무엇일까?

모든 참여자들의 목표를 초월하는 목표를 스스로 만들어내려면 재능 있는 사람들이 필요하다. 그러나 자기조직화 시스템 자체가 목표(또는 "목적")를 만들어낼 수 있는 가능성을 배제해서는 안 된다. 현실적으로 직원은 자기 목표를 가질 수 있고, 그 목표는 아마도 회사의 목표와는 다를 것이다. 이와 마찬가지로 현실적으로 팀은 자기 목표를 가질 수 있고, 그 목표는 아마도 여러분이 그 팀을 위해 준비한 목표와 다를 수 있다.

대부분의 팀은 목표를 스스로 수립하지 않는다. 만약 팀에 모두가 동의하는 공동의 목표가 있다면, 대개는 "우리는 조직에서 가장 생산성이 높은 팀이 된다.", "무슨 일이 있어도 재미있어야 한다." 또는 "우리는 전문가다. 복사해 붙여넣지 않는다."처럼 암묵적이고 비공식적인 방식으로 생겨난다. 그러나 함께 모여 더욱 정교하거나 미묘한 차이를 갖는 공동의 목표를 이야기하고, 모든 팀원이 그 목표를 명시적으로 약속할 수 있는 역량을 갖춘 전문가 팀도 있다.

암묵적이든 명시적이든, 팀이 목표를 스스로 정의한다면 그렇게 하도록 내버려두자. 그들에게 자유를 주자. 그들이 만족스러워하는 목표에 지나치게 간섭해 팀에게 좌절감을 안겨주지 말자. 그 대신, 자기조직화 팀을 두고 있다는 사실에 스스로를 자랑스러워하자. 나를 포함해 다른 많은 관리자가 여러분을 부러워할 것이다.

팀이 스스로 목표를 만들지 않으면, 목표가 무엇인지 물어보는 것도 나쁘지 않다. 흥미로운 아이디어를 던져줄 수도 있다. 그러나 절대로 스스로 목표를 세워보라고 말하지는 말자. 그렇게 하면 자기조직화라고 보기 어렵지 않겠는가?

여러분의 목표와 팀의 목표를 절충하자

배우자에게 칠레 여행 안내서를 찾아달라고 부탁하면 두 가지 중요한 일이 일어난다. 첫째, 배우자는 여러분의 의도가 무엇인지에 대해 온갖 가정을 할 것이다. 여행 안내서에 대한 제약 조건을 명시해야 한다는 뜻이다(즉, 7장, '팀에 권한을 부여하는 방법'에 있는 위임 체크리스트를 사용하자). 배우자가 글씨는 하나도 없고 사진만 있는 20페이지짜리 소책자를 들고 올 수도 있기 때문이다. 주말 내내 쇼핑할 생각에 러프 가이드와 론리 플래닛을 자세히 비교해볼 생각은 하지 않고 있을 수도 있다.

업무를 위임할 때 목표가 서로 부딪힐 수도 있다. 팀이 조직(또는 프로젝트)의 (하위) 목표를 달성해야 하는데, 이 팀이 스스로 공동의 목표를 만들어내는 자기조직화 팀인 경우 그런 일이 일어난다. 조직 또는 팀 차원의 (하위) 목표를 개별 직원 차원으로 위임할 때도 비슷한 상황이 발생한다.

컨설턴트나 경영 분야의 거장들은 진행하는 프로젝트 또는 조직의 목표에 맞게 인력과 팀을 정렬하라고 조언한다. 그러나 이런 조언은 살아 있는 시스템이 스스로 자율적 목적을 정의할 수 있다는 것을 인정하지 않는 것이다.

따라서 관리자가 부여한 외재적 목적과 시스템이 스스로 정의한 자율적 목적과 서로 부딪히는 경우에는 절충이 있어야 한다는 것이 내 결론이다. 팀에 부여하는 하위 목표(예를 들어, "기한에 맞춰 출시한다")와 스스로 정의한 목표(예를 들어, "복사해 붙여넣지 않는다")는 서로에게 맞출 필요가 있다. 한 목표가 다른 목표에 우선하지 않는 상황을 받아들이기 어려워하는 관리자도 있다.

내 목표가 배우자나 아이들의 목표에 우선하지 않길 바란다. 나는 그들이 내게 뭔가를 해주기 바라는데 그들 자신의 욕구와 부딪힌다면, 그 문제를 함께 해결해야 할 것이다. 이와 마찬가지로 팀과 목표가 부딪히면 그걸 해결해야 할 것이다. 팀의 결정을 무시하면 매우 갚기 어려운 동기 부채가 생길 것이고, 그건 상황을 더욱 어렵게 만들 뿐이다.

권한 경계 목록을 만들자

9장의 전반부는 모두 목표 설정에 대한 것이었다. 목표 설정은 팀의 방향을 정하는 데 중요할 뿐 아니라 팀을 개발하고 보호하기도 한다. 관리자가 팀의 방향을 정할 때 목표를 가장 자주 사용하긴 하지만, 후반부에서는 자기조직화 팀의 개발과 보호에 특히 집중할 것이다.

관리자는 사람들에게 "권한 부여"를 하면서 명확한 경계를 제시하지 않는 경우가 많다. 사람들이 감정적 상처를 입으며 시행착오를 통해 그 경계를 알아내야 한다는 뜻이다. 도널드 라이너슨Donald Reinertsen은 이를 "투명 전기 철조망 찾기"라고 부른다(Reinertsen, 1997:107~108). 시간과 자원의 낭비다. 더 나쁜 것은 반복적으로 투명 전기 철조망에 부딪히다보면 동기가 사라지기 쉽다는 점이다. 자기 주변에 어떤 투명 철조망이 있는지 모르면, 사람들은 더 이상 움직이려 하지 않는다.

라이너슨은 이 문제를 해결하기 위해 핵심 결정 영역Key Decision Area 목록을 만들었다(Reinertsen, 1997:107). 일곱 가지 권한 단계와 개인 또는 팀의 권한 선택을 결합하면, 권한 경계를 정의할 수 있는 강력한 도구가 된다(표 9.1 참조).

표 9.1 권한 경계 목록

핵심 결정 영역	방법 (권한 단계)	대상 (팀/개인)
기능 정의	…	…
예산 정의	…	…
팀 선택	…	…
위치 선택	…	…
기타	…	…

앞에서 언급한 것처럼, 권한 단계 1, 2, 3은 여러분을 리더보다는 지배자로 만들 것이다. 최종 결정을 내리는 사람이 여러분일 것이기 때문이다. 대상(팀/개인) 열에는 여러분의 결정에 관련시키고자 하는 개인 또는 팀 이름을 적을 수 있다. 단계 4, 5, 6은 방향은 제시하지만 결정은 다른 사람에게 넘기는 리더로 행동하기 위한 것이다. 이 경우, 마지막 열에 최종 결정을 위임한 팀이나 개인의 이름을 적는다.

권한 경계 목록을 만들면 사람들이 전기 철조망에 뛰어들지 않아도 되기 때문에 사람들에게 동기를 부여하고 생산성을 유지할 수 있다.

적절한 관리 관점을 선택하자

질서 조직 대 혼돈 조직이라는 비유(8장 참조)는 올바른 관리 방식을 고려할 때 유용하다. 조직에 사람들이 지켜야 할 규칙이 많은가? 아니면 규칙이 있다는 사실을 인식조차 못하고 있는가? 사람들이 관료주의를 불평하고 있는가? 아니면 주변에서 망해버린 프로젝트에 대해 불평하고 있는가? 사람들이 규칙을 깨뜨리는 것을 두려워하고 있는가? 아니면 더 많은 규칙을 요구하고 있는가? 조직이 "나름의 방식"으로 일을 할 수 있도록 해주지 않아 마지못해 일을 하고 있는가? 아니면 고객을 짜증나게 하고 비즈니스를 망치면서도 "나름의 방식"을 고수하고 있는가?

관리 방식이 지나치게 엄격한 조직도 있고, 너무 느슨한 조직도 있다. 조종사를 마치 원숭이처럼 대해서도 안 되지만, 원숭이한테 비행기 조종을 맡겨서도 안 된다. 비행기의 경우라면 차라리 조종 기술의 차이를 비교적 쉽게 알 수 있을 테지만, 컴퓨터의 경우에는 좀 더 어렵다(나는 최근에 사진을 찍어 페이스북에 올리는 오랑우탄 이야기를 읽은 적이 있다. 신기한 일이다).

핵심 결정 영역을 살펴보고 실제 권한 단계와 바람직한 권한 단계를 비교해 이 문제를 해결한다. 질서 조직에서는 단계가 너무 낮게 설정된 경우가 많다. 혼돈 조직에서는 너무 높다.

예를 들어, 핵심 결정 영역에 "테스트 절차에 대한 결정"이 있다고 생각해보자. 팀이 관료적인 테스트 절차에 대해 불평하고 있다면 권한 단계가 너무 낮다는 신호일 수 있으며, 사람들이 스스로 함께 (더 애자일한) 절차를 정의할 수 있도록 권한을 부여해야 한다. 물론 출시하는 제품에 특정한 품질 제약을 이행해야 한다. 제품의 품질이 낮고 아무도 테스트 절차를 모른다면, 아마도 권한 단계를 낮추고 사람들로부터 권한을 돌려받아 품질 보증 및 테스트를 재구성할 수 있는 누군가에게 권한을 넘겨줘야 할 때일 것이다.

핵심 결정 영역마다 최상의 관리 관점이 다를 수 있다. 예를 들어, 나는 많은 조직에서 채용 및 HR 방식은 (지나치게) 엄격한 반면, 적절한 소프트웨어 엔지니어링 원칙은 너무 느슨하게 적용하고 있다는 것을 알게 됐다. 회사가 전체적으로 질서정연하다거나 혼돈스럽다고 주장하기는 너무 쉽다. 어떤 부분은 너무 질서정연한데 어떤 부분은 너무 혼돈스러울 수도 있다. 어느 쪽이 더 위험할까? (내가 지나친 비유를 하고 있는 걸까?)

권한은 사람들에게 좋은 결과를 내기에 충분하면서도 가능한 높은 단계로 설정해야 한다. 규칙 제정은 가급적 관리자가 아니라 조직에 있는 사람들이 해야 한다는 원칙을 따른다. 관료적 조직이라면 규칙 제정(그리고 규칙 준수)이 일어나는 지점까지 권한 단계를 높인다. 더 높이면 사람들의 규칙 제정 역량(그리고 그에 따른 창의성과 생산성)이 흔적도 없이 사라질 것이다. 반면, 혼돈 조직에 있다면 규칙 제정이 효과를 발휘하기 시작하는 지점까지 권한 단계를 낮춘다. 하지만 그 이하여서는 안 된다. 두 경우 모두 최대한 가속 페달을 밟지만 교통 단속 카메라에 걸리거나 경찰과 불편한 말다툼을 하지 않아도 되는 임계점을 유지하면서 운전하는 것과 같다. 성공한다면 거의 문자 그대로 비즈니스를 질서의 가장자리, 혼돈의 가장자리까지 몰고 간 셈이다. 바로 그곳이 창의적이고 생산적이며 두려움 없는 모든 비즈니스가 존재하는 곳이다.

사람들을 보호하자

지금까지는 주로 자기조직화 팀의 개발 그리고 목적을 향한 팀의 방향 제시에 대해 논의했다. 그러나 사람과 자원 보호도 잊지 말자.

내 인생에서 고등학교 첫 3년은 최악의 시기였다. 우리 반 몇몇 친구들이 괴롭히고 놀릴 대상으로 나를 선택했다. 그 친구들은 내게 악의적인 농담을 하거나, 괴롭히거나, 욕을 하기도 하고, 내 물건을 망가뜨리기도 했으며, 교실에서 내 책가방을 내 머리 위로 던지며 주고받기도 했다. 당시에 나는 대처 방법을 몰랐기 때문에 이에 맞서지 못했다.

아이들이 가득한 교실은 자기조직화 시스템의 좋은 사례다. 사실, 선생님들은 아이들의 출석, 숙제, 시험과 관련한 몇 가지 제약을 줄 수 있지만, 학교 규칙과 지시 사항이 아무리 많아도 학교 안팎에서 일어나는 다른 일은 아이들 스스로 처리해야 한다. 그리고 이것 때문에 고통받는 아이들이 항상 있다.

자기조직화가 반드시 좋은 것은 아니다. 소심한 아이를 괴롭히는 깡패들은 자기조직화가 만든 근절해야 할 결과다. 자기조직화는 암묵적으로 사람들이 스스로를 보살필 것이라고 가정하지만 모두가 그렇게 하지는 못한다.

경영서를 보면 직장에서 동료들을 학대하는 사례가 매우 많다. 그들도 악의적인 농담, 괴롭힘, 욕하기, 부서진 물건, 머리 위로 날아다니는 도시락통의 희생자가 될 수 있다.

관리자는 자기조직화를 촉진하면서 동시에 사람들을 보호할 책임이 있다. 학교가 아이들이 놀 수 있도록 해주면서 동시에 보호할 책임이 있는 것과 같다(학교가 그리 대단한 일을 하지는 못했으므로 이 말을 덧붙여야겠다).

그러나 누군가가 괴롭힘을 당하고 있다는 사실을 어떻게 알아낼 수 있을까?

솔직히 내가 심리학자는 아니다. 하지만 개인적 경험에 따르면 누군가에게 "잘 지내고 있니?"라고 묻는 것이 아마 도움이 되지 않을 것이라고 말할 수 있다. 눈이 검게 멍든 아이를 포함해 모두가 "예, 물론이죠."라고 이야기할 것이기 때문이다. 직원들이 자신의 개인 문제를 털어놓을 수 있도록 상담사를 두는 조직도 있다. 그러나 내가 다녔던 학교에도 상담사는 있었다. 물론 나는 거기에 간 적이 한 번도 없다. 그들이 무엇을 기대했을까? 내가 상담실에 가서 "안녕하세요, 다른 아이들이 내 가방에 초콜렛 우유를 부어 얼마나 슬픈지 알려드리려고 왔어요."라고 말하길 바랐을까?

도움이 될 수 있는 두 가지 방법이 있다고 생각한다. 첫 번째는 이렇게 질문하는 것이다. "친구가 누구니?"(교사들이 신경 써서 물어봤다면) 학교에서 나는 그 질문에 대답할 수 없었을 것이다. 사실이 그랬기 때문이다. 나는 친구가 없었다. 질문을 받는 사람이 땀을 흘리거나 침을 삼키지 않고 순식간에 몇 명의 친구 이름을 댈 수 있는지 세심하게 살펴본다. 물론 직장에서는 친구가 별로 없다고 해서 반드시 뭔가 나쁜 일이 일어나고 있다는 뜻은 아니다. 그러나 그 사람에게 진심어린 관심을 보여주면서 시작할 수 있다. "글쎄, 그게 꼭 끔찍한 일은 아니지만, 같이 점심 먹고 업무에 대해 이야기해보는 건 어때?" 그것이 누군가에게 큰 차이를 만들 수 있다. 분명히 나의 방어 기제는 친근한 얼굴 앞에서 금세 무너졌을 것이다.

두 번째 방법은 다른 사람들에게 물어보는 것이다. 물론, 내가 계속 방어할 수도 있고, 중립적인 학급 친구 몇 명이 나를 "친구"라고 할 수도 있다. 그러나 선생님은 그들에게 이렇게 물을 수 있다. "반에 있는 다른 아이들도 같이 잘 대해주니?" 또는 "반에서 힘든 시간을 보내고 있는 아이가 있니?" 다른 많은 아이가 나의 불행한 서열상 위치를 알고 있었다. 그러나 아무도 그 아이들에게 질문하지 않았다. 그리고 나는 남자 탈의실에서 교과서 페이지마다 묻은 초콜렛 우유를 티셔츠로 닦으며 시간을 보냈다.

여러분에게는 아직 선택의 여지가 있다. 질문할 수 있다.

어쨌든 지금의 나를 걱정할 필요는 없다. 뒷감당하기 어려울 정도로 되받아치는 방법을 배웠으니까.

공유 자원을 보호하자

내가 이 글을 썼을 때는 로테르담 판 넬레 팩토리Van Nelle Factory의 커다란 개방형 사무 공간에 자리 잡은 ISM eCompany에서 일하고 있었다(그림 9.2 참조). 100명 정도가 한 사무실에서 일하는데 그곳은 1929년에 만들어진 유럽 최초의 개방형 사무 공간이었다. 80년이 지난 지금도 전 세계 건축 애호가들이 감탄하면서 사진을 찍고 그림을 그리러 온다. 나는 가끔 그 사람들에게 손을 흔들어주기도 했다.

그림 9.2 ISM eCompany, 판 넬레 사무실[9]

커다란 개방형 사무 공간에는 장단점이 있다. 장점은 유연하고 소통이 쉽다는 점이고, 단점은 그 장소가 그곳에서 일하는 모두를 위한 공유 자원이라는 점이다. 이 공간에서는 분위기, 소리, 조명을 관리하기 어렵다. 모두에게 최적의 구성은 누구에게도 최적이 아니다. 그러나 사무실 관리자는 상황을 제어하기 위해 엄격한 규칙을 유지하면서도 쾌적한 근무 조건을 극대화하기 위해 최선의 노력을 다했다. 공유 개방형 사무 공간은 사람들에게 자신의 업무 공간에 대한 책임을 전적으로 맡기기에 이상적인 환경은 아니다.

중앙의 권한이 공유 자원을 관리하지 않으면, 자기조직화에서는 **공유지의 비극**[Tragedy of the Commons10]이라는 결과로 이어지는 경우가 많다. 여러 자기조직화 시스템이 모두 자신의 사익에 따라 행동해서 공유 자원이 고갈되는 상황을 가리킨다. 그런 일이 일어나면 누구에게도 이익이 되지 않는다는 것을 모두가 알면서도 그렇게 한다. 인류가 대기중 CO_2 농도, 산림, 어류에 미치는 영향이 현재 가장 논란이 많고 활발히 연구 중인 공유지의 비극 사례다.

---

9 스티븐 메이어 허락하에 옮김(NoPicsPlease.com).

10 http://en.wikipedia.org/wiki/Tragedy_of_the_commons

조직에도 예산, 사무 공간, 시스템 관리자와 같은 공유 자원이 있다. 우리가 숨 쉬는 공기, 우리가 바꾸는 풍경, 우리가 먹는 물고기와 마찬가지라고 볼 수 있다.

연구에 따르면 공유 자원의 지속 가능성을 위해서는 (4I라고 부르는) 네 가지 요소가 필요하다(Van Vugt, 2009:42).

- 공통의 규칙을 더 많이 받아들이도록, 경쟁하는 시스템 (팀) 사이에 신뢰 관계를 구축하는 **기관**institutions(관리자)
- 불확실성을 줄이기 위해, 물리적 사회적 환경의 이해를 높이는 **정보**information(불확실성은 사익을 추구하는 편향을 낳기 때문이다)
- 공동체 의식을 높이고 경쟁을 낮추기 위해, 모든 참여자를 포함하는 **정체성**identity 또는 사회적 "소속감"의 필요성
- 지나친 사용에는 불이익을 주고 책임 있는 사용에는 보상하면서, 자기 개선 욕구를 다루는 **장려책**incentives

연구에 따르면 공유 자원을 보호하기 위해서는 4I를 통한 이런 관리 방식이 반드시 필요하다(오늘날 대부분의 정부가 이 부분에 좋은 모범을 보여주지 못하고 있다는 사실을 깨달았다). 공유 자원의 경우 비용, 공간, 시스템 관리자 그 무엇이든, 개발 팀 외부의 누군가가 단기적 개별 이득이 아닌 장기적 지속 가능성을 지켜봐야만 한다.

품질 제약 조건

내가 성자는 아니다. 내가 직간접적으로 맡았던 제품에는 끔찍한 품질 문제가 있었다. 아니, 10,000명의 회원에게만 보내야 했던 이메일을 1,000,000명의 일반인들에게 보냈던 사고는 내 책임이 아니었다. 수천 명의 온라인 구매자의 집주소를 엉망으로 만들어 제품을 배송할 수 없도록 만든 것은 내가 아니었다. 그리고 추첨에서 열 명 중 아홉 명이 대상을 받도록 했던 버그와 나는 아무런 관련이 없다. 그러나 내 프로그래밍 오류에 대해서는 기꺼이 설명해줄 수 있다. 여러분의 오류를 내게 보여주면, 나도 내 오류를 털어놓을 것이다.

모든 사람이 품질 문제를 단순하게 생각하는 경우가 많다. 이것은 유명한 제약의 삼각형 triangle of constraints 또는 **프로젝트 관리 삼각형**project management triangle[11]에 잘 드러난다. 이에는 세 가지 중요한 제약 조건(범위, 비용, 일정)이 포함돼 있지만, 거기에 품질은 없다. 고객은 그냥 품질이 훌륭한 제품을 얻게 될 것이라고 가정하고, 관리자는 그냥 직원들이 품질이 훌륭한 제품을 만드는 방법을 알고 있다고 가정한다. 그리고 안타깝게도 사람들 중 80%는 실제로 자신이 하는 업무의 품질이 평균 이상이라고 믿는다. 분명히 그렇지 않다.

올바른 제약을 제공하는 한 자기조직화는 많은 품질 문제를 해결할 수 있다. 관리자는 측정한 것을 얻는다는 말이 있다. 마감일 전에 고객에게 제품을 전달해야 한다는 점을 분명히 하면, 자기조직화 팀은 정확히 그렇게 할 것이다. 그들은 마감일 당일에 (엉망일 수도 있겠지만 어쨌든) 제품을 내보낼 것이다. 제품이 믿을 만하고, 확장할 수 있고, 성능이 뛰어나고, 안전해야 한다는 점을 분명히 하면, 자기조직화 팀은 정확히 그렇게 만들 것이다. 그들은 고객이 기다리다 지쳐 포기하고 다른 곳으로 가버린 몇 달 후에 품질이 뛰어난 제품을 전달할 것이다. 그리고 제품이 제때 훌륭한 품질로 출시하도록 제약을 관리한다면, 다시 한 번 말하지만 정확히 원하는 것을 얻게 된다. 그러나 제품에는 고객이 요청한 기능의 절반 이하만 포함돼 있을 것이다.

나는 철의 삼각형에 품질을 추가해서 사각형으로 바꿔 이런 선택을 설명하길 좋아한다(그림 9.3 참조). 한쪽 모서리를 바꾸면 인접한 두 모서리 중 하나에 비슷한 효과가 일어나거나 반대쪽 모서리에서 역효과가 발생하게 된다. 예를 들어, 기능이 많아지면 더 많은 자원이나 시간이 필요하게 되거나, 품질이 낮아진다는 뜻이다. 그리고 자원이 줄어들면 기능이나 품질이 떨어지거나 일정이 늘어나게 된다.

---

11 http://en.wikipedia.org/wiki/Project_triangle

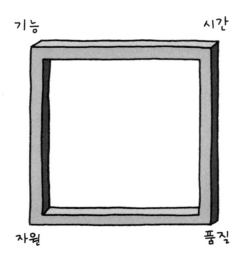

그림 9.3 제약의 사각형

관리자가 해야 할 일 중 하나는 자기조직화 팀에 부여하는 제약의 종류를 진지하게 생각해 보는 것이다. 요구하는 것만 얻을 수 있고 요구하지 않은 것은 얻지 못한다. 관리자가 제 품의 품질에 대한 명확한 제약을 정의하지 않고 잊어버리는 경우가 너무 많다. 정의하지 않으면 얻을 수 없을 것이다(11장, '역량을 개발하는 방법'에서 역량을 달성하는 다양한 방법을 논의 하면서 이 주제에 대해 다시 살펴본다).

사회계약을 만들자

9장의 끝부분에 이르렀다. 이제 조직에 있는 사람들을 위해 목표, 규칙, 경계를 정의하는 방법을 배웠으며, 팀에게 훌륭하고 영감을 불어넣는 미션을 부여했다.

그러나 그 대가로 사람들은 무엇을 얻게 될까? 왜 사람들이 여러분의 비전에 동의해야 하 는가? 거기에 그들을 위한 무엇이 있는가? 오직 급여뿐일까?

이스라엘 가트Israel Gat는 관리자가 자신의 직원에 대해 갖는 의무를 정의하는 데 **사회계약** social contract이라는 아이디어를 어떻게 사용하는지 설명했다.

팀원 여러분, 내게 아주 중요한 조직적 목표는 우리 회사와 앞으로 몇 년간 찾아올 고객을 위해 우리 팀과 그 지식을 보존하는 것입니다. 현재의 금융 위기가 초래한 영향보다 더 큰 이익을 얻을 수 있는 수준으로 우리의 소프트웨어 엔지니어링 능력을 향상시켜 이 목표를 달성할 것입니다. …(중략)… 여러분이 향후에 회사와 함께하든 아니든, 나는 여러분이 애자일 실천가로서의 전문성을 개발하고 교육/훈련에 투자하고자 하는 마음에 진심으로 감사합니다.[12]

이 사회계약에서 이스라엘 가트는 미션(의 일부)뿐 아니라 팀원에 대한 자신의 책임을 인정했다. 이 경우는 스스로의 전문성을 더욱 개발하고자 하는 욕구를 다루기 위해 교육에 투자했던 것이다.

사회계약설social contract theory[13]은 집단이 자신들의 자유를 일정 부분 권위에 넘겨줌으로써 사회 질서를 유지하는 방법을 설명하는 철학적 개념이다. 지배받는 사람들이 만든 규칙에 의해 지배받는다는 합의이며, 대개 사회와 정부에 적용된다. 그러나 이 아이디어는 조직에도 꽤 잘 어울린다. "피지배자"들에게 "지배자"를 선출할 권리가 없더라도 그렇다. 비슷한 점은 계약이 사람들에 대한 권한의 의무를 나열하고, 모든 사람이 자동적으로 계약에 동의한다고 가정하며 동의하지 않으면 자유롭게 떠날 수 있다는 점이다(이런 말을 덧붙이기는 안타깝지만, 어떤 나라의 경우에는 이게 쉽지 않을 수도 있다).

사회계약에서는 사람들에게 기본적으로 필요한 것들을 다뤄야 한다. 사회에서는, 음식, 주거, 안전과 같은 것들뿐 아니라 언론의 자유, 기초 교육, 평등 그리고 (운이 좋아서 선진국에서 태어났다면) 보건과 같은 것들이 있다. 조직 맥락에서는, 의견을 이야기할 수 있는 자유, 전문성 개발, 차별 금지, 몸이 안 좋을 때 받는 약간의 도움 같은 것들이 비슷하다고 할 수 있다.

이것은 이 책 앞부분으로 돌아가 매니지먼트 3.0 '제약 조건을 정렬하자'의 마지막 부분과 이어진다. 그곳에서 우리는 관리란 사람이 모두이며 기본적인 내재적 욕구를 인정해야 한다고 했다. 10장, '규칙을 만드는 기술'과 11장, "역량을 개발하는 방법"에서도 사람들이

---

12 Gat, Israel. "A Social Contract for Agile"(http://theagileexecutive.com/2009/02/03/a-social-contract-for-agile/). The Agile Executive. February 3, 2009. 허락하에 옮김(Gat, 2009).

13 http://en.wikipedia.org/wiki/Social_contract

자신이 하는 일에서 유능하다고 느끼고자 하는 욕구 그리고 관리자는 자신이 유능한 사람들과 함께 일하고 있다는 것을 알고자 하는 욕구라는 내재적 욕구를 다룬다.

정리

자기조직화 팀은 반드시 목표를 공유해야 하며, 관리자가 그 목표를 부여할 수 있다. 이 목표를 훌륭하게 정의하는 방법(예를 들어, 단순하고, 측정할 수 있고, 달성할 수 있고 등등)은 상황에 따라 다르다.

가장 중요한 것은 목표를 보상과 연결해서는 안 되며 (특히 경제적 보상) 팀원들이 업무와 잘 연결될 수 있도록 제대로 소통하는 것이다.

또한 팀이 스스로 자율적 목표를 정의할 수 있도록 해주는 것이 좋다. 그렇다면, 여러분이 할당한 목표와 팀의 자율적 목표를 절충하는 것이 중요하다.

자기조직화 팀은 명확한 경계 목록을 갖는 것이 좋다. 이 목록은 팀이 스스로 할 수 있는 것이 무엇이며 이런 활동을 수행할 수 있는 권한 수준이 무엇인지 정의한다.

자기조직화 팀은 무의식적으로 팀원이나 주변 환경을 보호하지 않는다. 그렇기 때문에 관리자에게는 각 개인과 모든 공유 자원을 살펴볼 책임이 있다.

성찰과 실천

9장에서 나온 아이디어를 조직에 적용할 수 있는지 살펴보자.

- 자신을 포함해 모든 개인의 목표를 초월하는 팀의 외재적 목표를 정의해보자.
- 모두가 목표를 이해하고 있는지 확인하자. 팀원들을 정기적으로 확인해서 그들이 목표를 일상적 의사 결정에 활용하는지 알아보자.
- 팀에게 그들의 자율적 목표가 무엇인지 물어보자. 팀에 자율적 목표가 없더라도 정의하라고 하지는 말자. 그냥 여러분이 왜 그런 질문을 했는지 궁금하도록 놔두자.

- 팀의 외재적 목표와 자율적 목표를 비교해보자. 두 목표가 서로 부딪히는가? 그 충돌을 어떻게 해결할 수 있는지 팀과 논의해보자.

- 권한 경계 목록을 만들어보자. 어떤 결정을 내릴 수 있는지 뿐 아니라 어떤 경우에 어떤 권한 단계를 적용할 수 있는지도 분명하게 만들자.

- 팀원들이 자신의 위치와 서로에 대해 정말로 어떻게 느끼고 있는지 이해하는 것을 자신의 목표로 삼아보자.

- 조직의 공유 자원에 대해 생각해보자. 어떤 것들이 있는가? 모두 적절히 관리하고 있는가? 여러 팀이 남용하는 것을 막기 위해 무엇을 할 수 있는가?

- 자기조직화 팀의 제품이 지켜야 할 품질 수준을 제약하는 방법을 논의해보자. 그 일을 하는 데 무엇이 필요한가?

- 팀과의 사회계약을 고려해보자. 여러분이 팀에게 기대하는 것들이 있다. 그러나 팀은 여러분에게 무엇을 기대할 수 있을까? 그것을 문서로 작성할 준비가 돼 있는가?

10

규칙을 만드는 기술

비판하는 것이 장인 정신을 발휘하는 것보다 더 쉽다.

— 제욱시스^{Zeuxis}, 화가(기원전 5세기)

사람들은 "상황 X가 일어나면 Y를 해야 한다" 같은 형태의 규칙을 조직에 도입해서 나중에 일어날 문제를 예방하려 하는 경우가 많다. 이에는 내게도 책임이 있다는 것을 기꺼이 인정한다. 그러나 지금은 관리자가 규칙을 만드는 것이 조직의 안정성을 유지하는 데 최선의 방법이 아님을 확신한다.

8장과 9장에서, 규칙을 찾아내고 만드는 일은 팀원에게 위임하고 관리자는 주로 방향을 정의하고 올바른 제약 조건을 도입하는 쪽으로 힘을 쓰면, 비즈니스는 스스로를 가장 잘 조직화해서 혼돈의 가장자리로 갈 수 있다는 것을 알게 됐다. 그러나 많은 팀이 팀원의 역량 수준이 충분하지 않아 그렇게 하지 못한다.

10장은 매니지먼트 3.0 모델의 네 번째 관점인 '역량을 개발하자'의 전반부다. 여기에서는 규칙을 만드는 프로세스를 자세히 살펴본다. 규칙을 만드는 일이 선형 사고를 하는 사람들이 생각하는 것처럼 간단하지 않다는 사실을 알 수 있을 것이다. 바로 우리처럼 복잡성 사고를 하는 사람들은 물론 이미 그 사실을 알고 있다.

학습 시스템

컴퓨터 과학자이자 심리학자인 존 홀런드John Holland는 자신의 책 『숨겨진 질서Hidden Order: How Adaptation Builds Complexity』(사이언스북스, 2001)에서 **학습 분류 체계**LCS, learning classifier systems[1]라는 아이디어를 설명한다(Holland, 1995:42~80). LCS란 복잡 적응계의 학습 역량에 대한 포괄적 패턴을 말한다.

수행 체계

존 홀런드는 LCS의 첫 번째 부분을 **수행 체계**performance system라고 부른다. 수행 체계는 잠재적으로 많은 **자극-반응 규칙**stimulus-response rules들로 이뤄져 있으며, 환경으로부터 받은 메시지에 따라 어떻게 행동할지 결정하는 규칙을 갖고 있다. 이런 규칙을 수행 체계에 적용하면 새로운 메시지를 내보내는데, 그 메시지를 후속 규칙이 받을 수도 있고 외부 환경이 받을 수도 있다.

소프트웨어 개발자로서 내 안에는 수많은 소프트웨어 개발 규칙으로 가득하다. 동료가 진행하고 있는 일 (또는 진행하고 있다고 말만 하고 있는 일), 내가 작성 중인 코드, 고객의 요구사항, 개발 환경의 기능과 제약 등을 환경으로부터 입력받는다. 나는 내 안에 있는 수천까지는 아니지만 수백 가지 규칙을 사용해서 의식적으로 그리고 무의식적으로 환경으로부터 받은 메시지를 병렬적으로 평가하고, 그것이 신규 코드 작성, 기존 코드 변경, 동료와의 대화, 고객과의 논의 같은 여러 새로운 행동으로 이어진다.

너무 뻔하게 들린다는 사실을 알고 있다. 그러나 수행 체계는 잠재적으로 상반되는 많은 규칙으로 이뤄져 있으며, 환경으로부터 받은 다양한 메시지가 서로 다른 상황에서 서로 다른 규칙을 촉발시킨다는 것이 핵심 개념이다. 수행 체계는 규칙이 서로 경쟁하기도 하고 협력하기도 하는 규칙의 생태계라고 할 수 있으며, "최적" 규칙은 복잡 적응계 전체에 가장 효과적으로 기여하는 규칙이다.

---

1 http://en.wikipedia.org/wiki/Learning_classifier_system

신뢰도 평가

LCS의 두 번째 부분을 **신뢰도 평가**credit assignment라고 부른다. 전체 시스템의 성과를 개선시키는 규칙은 신뢰를 얻고, 그 규칙은 수행 체계 내에서 힘이 더 커진다. 촉발되긴 했지만 그 결과가 신통치 않았거나 심지어 전체 시스템에 해를 끼치는 규칙은 그 힘이 줄어들 것이다. 비슷한 입력 메시지를 받았을 때 어떤 규칙이 촉발될지는 그 규칙이 지닌 힘에 따라 결정된다.

어떤 규칙은 강화시키고 어떤 규칙은 약화시켜서 시스템에 경험이 쌓이도록 해주는 것이 신뢰도 평가다. 여러 규칙이 모여 바깥 세상을 어떻게 바라보고 시스템은 거기에 어떻게 반응해야 하는지 결정하는 **내부 모델**internal model을 형성한다. 환경이 바뀌면 강력한 규칙이 실패하기 시작하고 약한 규칙이 전보다 자주 성공하게 될 수도 있다. 수행 체계는 이를 통해 새로운 상황에 적응하고 내부 모델을 지속적으로 수정하고 조정하는 것이다.

규칙 발견

LCS의 마지막 부분은 **규칙 발견**rule discovery이다. 복잡계의 행위자는 어디에서 규칙을 얻는 것일까? 존 홀런드는 구성 단위를 재조합해서 기존 규칙으로부터 새로운 규칙을 구성하는 방법을 설명한다. DNA가 이런 방식으로 작동한다. 기존 유전자와 그 대립 형질을 재조합하는 것이다.

존 홀런드는 복잡 적응계에서 규칙 기반 의사 결정의 진화 모델을 처음으로 만든 사람 중한 명이었고, 덕분에 유전 알고리즘의 아버지라는 명성을 얻었다. 존 홀런드는 이런 수행 체계가 복잡 적응계에서 지식을 학습하고 개발하는 흥미로운 모델인 이유를 설득력 있게 설명했을 뿐 아니라 강력한 문제 해결 능력을 갖춘 진화 알고리즘을 만드는 데 쉽게 이용할 수 있다는 것을 보여주기도 했다.

규칙 대 제약

컴퓨터 그래픽 전문가 크레이그 레이놀즈[Craig Reynolds]는 떼를 지어 날아가는 새들을 컴퓨터를 이용해서 쉽게 모델링할 수 있다는 사실을 발견했다(Reynolds, 1987). 다른 여러 동물에게서도 이런 움직임이 나타나는데, 단순한 몇 가지 제약 조건만 적용하면 된다(그림 10.1 참조).

- 같은 방향으로 날아간다(정렬).
- 서로 부딪히지 않는다(이격).
- 무리에서 멀어지지 않는다(응집).

새, 박쥐, 물고기, 펭귄 등을 컴퓨터 애니메이션으로 만드는 영화 업계에서 이런 제약 조건을 자주 사용한다.[2]

사람에게는 (트위터 관련 행동을 제외하고) 대개 떼를 짓는다는 표현을 사용하지는 않지만, 팀과 새떼에는 비슷한 점이 많다. 소프트웨어 개발자에게는 떼를 짓는다는 개념을 대략 다음과 같은 원칙으로 바꿀 수 있다.

- 팀의 방향에 합의한다. 마음대로 하지 않는다(정렬).
- 팀원들과 부딪히지 않고, 문제를 예방한다(이격).
- 팀과 함께 일한다. 혼자 떨어지지 않는다(응집).

---

2 떼를 지어 날아가는 새들의 움직임 모델 예시(http://www.red3d.com/cwr/boids/)

그림 10.1 새떼(세 가지 잘못된 부분을 찾아낼 수 있는가?)

간단한 몇 가지 규칙만으로 시스템에 얼마나 복잡한 행동이 생겨날 수 있는지를 보여주는 사례로 떼를 짓는 행동을 드는 경우가 많다. 그러나 여기에서 규칙이라는 용어는 정확하지 않고 심지어 오해를 불러일으킬 수도 있다.

우리는 복잡계에서 규칙이 **자극-반응 메커니즘**stimulus-response mechanisms의 중추라는 사실을 알고 있다. 행위자가 어떤 입력을 받으면, 내부의 수많은 규칙을 사용해서 그 입력을 처리한 다음, 출력을 내보내는 방식으로 반응한다. 행위자가 사용하는 규칙을 If-Then-Else 구문으로 (어느 정도) 설명할 수 있다.

자, 컴퓨터를 이용한 동물 모델링에 대해 잘 알지는 못하지만 분명히 세 가지 "규칙"만으로는 충분하지 않다. 가상의 새, 박쥐, 물고기, 펭귄이 기대하는 대로 행동하도록 만들려면 더 많은 코드가 있어야 한다. 실제 규칙을 프로그래밍 언어로 작성한다면 아마 다음과 같은 모습일 것이다.

1. 내가 볼 수 있는 새들의 평균 위치를 계산한다.
2. 내가 볼 수 있는 새들의 평균 방향을 계산한다.
3. 나와 평균 위치의 거리 〉 상수 A라면, 내 방향을 X만큼 평균 쪽으로 조정한다.
4. 나와 어떤 다른 새와의 거리 〈 상수 B라면, 그곳에서 Y만큼 떨어진다.
5. 내 방향이 평균 방향에서 C 이상 벗어났다면, 내 방향을 Z만큼 평균 쪽으로 조정한다.
6. 기타 등등
7. 누군가가 착륙하자고 꽥꽥거릴 때까지 반복한다.

이런 규칙이 집단 내 각 행위자가 실제로 하는 행동을 더 잘 반영한다. 결과적으로 각 개별 새는 길을 잃거나 부딪히거나 집단에서 멀어지지 않는다. 진화가 새에게 요구하는 행동이 정확히 바로 그것이다(아니면 값비싼 항공 관제 센터가 필요했을 것이다). 각 개체가 수행하는 실제 규칙을 만드는 프로세스는, 신뢰도 평가와 규칙 발견 메커니즘이 작동하는 다양한 수행 체계의 결과다.

미숙한 관리자는 팀원이 규칙을 따르도록 하기 위해 팀원을 직접 "프로그래밍"하려는 실수를 한다. "(IF) 이런 문서를 받으면, (THEN) 저런 행동을 수행해야 한다.", "(IF) 고객이 버그를 보고하면, (THEN) 이러저러한 절차를 시작해야 한다." 그러나 복잡 적응계가 가진 힘은 행위자가 자신만의 규칙을 만드는 프로세스를 관리할 수 있다는 점이다. 관리자가 해야 할 일은 자신의 역할을 제약 조건 설정으로 제한하고 팀원에게 내재된 수행 체계가 깨어나 타고난 문제 해결 잠재력을 발휘할 수 있도록 허용해주는 것이다. 게다가 관리자가 만드는 규칙은 어쨌든 대개 원하는 바를 이루지 못한다. 조직이 확실히 제대로 돌아가지 못하도록 만들려면, 사람들이 정확히 규칙대로만 행동하도록 만들면 된다(Stacey, 2000a:59).

분명한 것은 조직이 잘 돌아가는 때는 사람들이 규칙을 정확히 따를 때가 아니라 규칙을 활용하거나 규칙을 피해서 일할 때라는 점이다. 지금 내가 말하는 규칙이란 사람들이 함께 일하면서 상호 합의한 비공식적이고 일상적인 협력 규칙이 아니라 관리자가 부여한 공식 규칙 체계를 뜻한다. 전자가 지식 노동자들이 일할 때 선호하는 바로 그 방식이다.

창의성을 발휘하려면 통상적인 방식과는 다르게 일을 하거나 심지어 사회 규범에 저항할 필요가 있다. …(중략)… 보기에 따라서 겉으로는 반사회적 행동을 하지 않는 사람일지라도 창의적인 사람이라면 규칙에 저항한다. 따라서 창의성이란 사회 규범에 순응하는 데 "실패"한 것이라고 볼 수 있다.[3]

애자일 소프트웨어 개발은 소프트웨어 프로젝트를 관리하고 창의적인 사람들과 함께 일하기 위한 자연스러운 방식이다. 애자일에서는 "고객과의 협력", "잦은 변경 허용", "오직 작동하는 산출물만 제공"과 같은 제약 조건을 설정한다. 그런 다음 "(IF) 눈보라 때문에 출장이 어려우면, (THEN) 스카이프로 주간 데모를 한다." 또는 "(IF) 변경 요청이 있으면, (THEN) 소스 제어에 새 브랜치를 만든다.", "(IF) 누군가 빌드를 깨뜨리면, (THEN) 우스꽝스러운 토끼귀를 착용한다."와 같은 규칙을 선택하고 실행하는 것은 팀의 책임이다.

애자일 소프트웨어 개발은 애초에 짝 프로그래밍, TDD, 사용자 스토리에 대한 것이 아니다(애자일 선언에는 이런 것들에 대한 언급조차 없다!). 물론 잘 알려진 실천법은 중요한 지식과 경험의 소중한 원천이다. 그러나 이런 것들을 규칙으로 더 많이 정해놓을수록, 규칙을 만드는 팀원들의 타고난 역량을 더 많이 제약하게 된다.

그렇게 되면 진정 애자일하게 될 수 있는 능력을 잃게 된다.

애자일의 맹점

나는 소프트웨어 프로젝트에 참여하는 모든 사람이 똑똑하고, 규율을 잘 지키고, 진정성 있어야 한다는 사실을 (명시적으로) 언급하지 않은 것이 애자일 선언의 "약점"이라고 생각한다. 팀이 트롤 두 마리, 앵무새 한 마리, 미용사 한 명으로 이뤄져 있고, 그나마 똑똑해 보이는 프로젝트 관리자가 장님에 벙어리라는 사실을 알기 전까지 "프로세스보다 사람이 중요하다"는 패러다임도 나쁘지는 않다. 그런 팀에는 아무리 코칭을 많이 하더라도 마법처럼 자기조직화를 이루고 성공적인 제품을 출시하도록 도울 수 없다. 나는 이를 애자일의 "맹점"이라고 부른다. (선언에서 말하는) 애자일은 팀이 훌륭할 때만 (최소한 괜찮은 수준은

---

3 『Encyclopedia of Creativity』, Arthur Cropley, Definitions of Creativity, 518페이지, Copyright Academic Press 1999. 허락하에 옮김(Cropley 1999:518).

돼야) 훌륭하다. 애자일이 아닌 환경이라면 훌륭한 팀의 필요성이 아마 두 배는 더 중요하겠지만, 그렇더라도 애자일 선언 역시 역량 문제를 해결해주지는 못한다.

나는 이 문제를 다룰 때 애자일 관리와 교통 통제를 비교하곤 한다. 교통 통제란 대부분의 운전자가 바보, 미치광이, 송장인 상황에서도 교통 사고 사상자를 줄이는 방법이다.

위키백과를 보면 우리 나라인 네덜란드가 세계에서 교통 사고 사망률이 가장 낮다고 나온다.[4] 하지만 네덜란드는 웨스트 버지니아보다 작은 땅덩어리에 1,700만 명의 인구와 136,000 km의 도로가 꽉 들어차 있다. 그리고 나는 내 주변 운전자들이 다른 나라의 운전자보다 똑똑하지는 않다는 점을 확실히 안다(솔직히 말해, 산마리노 또는 마셜 군도 같은 몇몇 섬나라의 점수가 더 좋긴 하다. 하지만 그런 작은 나라들과 비교하는 건 조금 곤란하지 않겠는가?).

네덜란드의 사고율이 이렇게 낮은 것은 상호 보완적인 일곱 가지 방법을 사용하기 때문이다. 프로젝트의 치사율을 낮추고 싶은 애자일 관리자라면 이 방법의 기본 원칙을 응용할 수 있다.

- **문화**: 교통 통제 전문가인 친구에게 (비교적) 안전한 도로에 가장 큰 기여를 하는 요소가 네덜란드의 문화라는 말을 들은 적이 있다. 네덜란드 사람들은 자동차, 돈, 다른 사람들의 삶에 관심이 많다(내 생각에는 이 순서대로 관심이 많은 것 같다). 해석: 사회 시스템의 역량을 높이기 위해 어떤 방법을 적용하든, 결국 모든 것은 사람들이 진심으로 관심이 있는지 아닌지에 달려 있다.

- **강사**: 네덜란드에서는 강사의 도움이 있어야만 운전을 배울 수 있다. 차 지붕 위에 "연습 중"이라는 표지판을 올려두거나 아빠의 도움을 받는 것으로는 안 된다. 적어도 20~30회는 하루 종일 시내를 돌아다니며 강사의 연수를 받아야 하고, 강사 보수는 꽤나 두둑하다(일주일에 40번씩 같은 풍경은 봐야 한다면, 나도 그 정도 금액을 요구할 테다). 해석: 사람들에게 제대로 일하는 방법을 가르친다. 계속, 계속 반복해서.

- **운전 면허증**: 시험을 쳐서 (네덜란드) 자동차를 운전할 능력이 있다는 것을 입증해야 한다. 그렇지 않으면 혼자 도로 위로 나갈 수 없다. 해석: 사람들을 (도전적인)

---

4 http://en.wikipedia.org/wiki/List_of_countries_by_traffic-related_death_rate

프로젝트에 참여시키기 전에 적절한 테스트를 해야 한다.

- **도로 표지판**: 내 생각에는 우리 나라가 세계에서 표지판이 가장 많은 나라일 것이다. 깔끔하게 배치된 표지판, 노면 표시, 신호등, 카메라 따위가 없는 곳은 단 한 평도 남아 있지 않다(비가 오는 날에는 젖소들도 같은 방향으로 줄을 선다). 해석: 현명하고 혁신적인 도구, 체크리스트, 경고, 알림 등을 사용해서 팀에 문제가 생길 가능성을 낮춘다.

- **교통 경찰**: 그렇다. 우리 모두는 그들을 싫어한다. 나도 그렇다. 작년에는 과속 단속에 걸려 수백 유로를 지불했다("속도세"라고 부르는 게 낫겠다). 해석: 프로젝트 결과로부터 표본을 수집하고 품질이 높은 결과를 만들어내는지 확인하는 프로세스 관리자를 둔다. 그러고 싶지 않다면, 맘대로 해도 좋다.

- **경적**: 내가 차에서 가장 좋아하는 부분이다. 다른 사람들에게 여러분 또는 다른 누군가가 위험에 빠졌음을 알리는 것은 사상자를 최소한으로 줄이는 데 결정적인 역할을 한다. 해석: 팀원들에게 일상 업무를 어떻게 개선할지 서로 이야기할 수 있는 용기가 있는지 확인한다. 그들이 경적을 울리거나 서로에게 가운뎃손가락을 올릴 수 있도록 하자. 당연히 비유적으로 말한 것이다.

- **정부**: 모든 방법이 실패하면 정부가 개입할 것이다. 정부는 무엇이 잘못됐는지 조사하고, 새로운 규칙이나 제약 조건을 만들며, 누가 옳고 그른지 결정한다. 해석: 관리자는 혼란을 정리할 필요가 있다.

똑똑하고, 규율을 잘 지키고, 진정성 있는 사람들에게는 운전 면허증이나 도로 표지판이 필요치 않다. 경찰이 차를 세우는 일도 없고, 다른 사람이 그들의 위험한 행동을 꾸짖지 않아도 된다. 그냥 알아서 잘한다. 이 부분이 바로 대부분의 애자일 개발 방법론에서 내리고 있는 가정이다. 이것이 애자일의 맹점이다. 하지만 세상은 완벽하지 않고, 대부분의 운전자, 미안하지만 직원들도 마찬가지로 완벽하지 않다. 따라서 관리자는 맹점을 어떻게 다뤄야 할지 그리고 안전하게 운전하려면 어떻게 해야 할지 알아내야만 한다.

무엇이 중요한가: 장인 정신

내가 운전 이야기를 좋아한다는 사실을 눈치챘을지도 모르겠다. 내 생각에 운전은 남성적이다. 내 Y 염색체 어딘가에 그런 부분이 있다. 나는 차에 올라타 운전할 수 있는 모든 기회를 환영한다. 그리고 (지구상의 모든 남성들이 그렇게 생각하는 것처럼) 모두 돌머리인 주변 운전자와는 달리 나는 괜찮은 운전자다.

나는 항상 운전 중에 주위의 다른 차들을 살펴본다. 차선을 변경할 때는 모든 방향과 거울을 확인한다. 가끔 갑자기 속도를 줄여야 할 때를 대비해서 앞 차와의 간격도 넉넉하게 확보해둔다. 나는 날씨에 따라 속도를 조정한다. 차 안에 음악을 (크게) 틀어놓지만 헤드폰을 쓰지는 않는다. 자동차를 운전할 때는 휴대폰을 사용하지 않는다. 그리고 내가 알기로 좌회전이나 우회전을 할 때 차선을 절대 밟지 않는 사람은 세상에 나뿐이다.

나는 이런 행동을 스스로 선택했다. 비록 다른 사람의 아이디어를 따라했을 수는 있지만, 이런 규칙을 배우고 사용하기로 한 것은 내 선택이었다.

소프트웨어 개발에서도 마찬가지다. 우리는 동료, 책, 세미나, 웹 캐스트 등에서 실천법을 배운다. 그러나 그것들을 찾아내고 적용하는 것은 개인의 선택이다. 차이를 만드는 것은 조직 내 공식 규칙이 몇 개나 되는지가 아니다. 정말로 중요한 것은 사람들이 그 규칙을 기꺼이 배우고 사용하는가다.

애자일 선언의 최초 서명자 중 한 명인 브라이언 매릭Brian Marick은 "6년 후: 애자일 선언이 남긴 것Six years later: What the Agile Manifesto left out"에서 **기술**skill과 **규율**discipline을 분명히 언급하지 않았던 것이 유감스럽다고 했다(Marick, 2007)(선언문 두 번째 페이지에 있는 12가지 원칙에서 "기술적 탁월성에 대한 지속적 관심"을 언급하고 있긴 하다).

기술과 규율에 대한 명시적 언급이 부족해서, 결과적으로 많은 사람이 애자일을 "규율이 부족하다"고 잘못 해석하거나(이것은 사실이 아니다), 소프트웨어 팀의 기술과 규율에 노력을 기울여야 한다는 사실을 망각하는 문제가 생겼다. 스콧 앰블러Scott Ambler는 "애자일의 규율The Discipline of Agile"이라는 글에서 이 부분을 지적했다(Ambler 2007). 규율은 소프트웨어 개발에 (그리고 다른 많은 직업에서도 마찬가지로) 필수적이다. 많은 전문 소프트웨어 개발자도 비슷한 결론에 이르렀고, 그래서 "정교하고 솜씨 있게 만들어진 소프트웨어"와 "프로페셔널 커뮤니티"를 명시적으로 언급하는 소프트웨어 장인 정신 선언이 생겨났다.

많은 사람이 자신을 좋은 운전자라고 생각하지만 적극적으로 좋은 운전자가 되는 방법을 배우는 사람들은 안타깝게도 많지 않다. 나는 발표에서 다음과 같은 표현을 사용했던 적이 있다.

> 애자일리스트들은 장인 정신을 당연하게 여긴다.
>
> 그러나 장인 정신을 추구하는 사람이 거의 없다.

의사한테 갈 때 그 의사가 숙련된 기술을 갖춘 의사이길 기대한다. 다른 사람의 차에 동승할 때는 그 운전자가 규율을 잘 지키길 기대한다(루마니아 택시는 제외하자). 소프트웨어 개발자를 채용할 때는 그 개발자가 필요한 기술을 잘 알고 있으리라고 기대한다(이 부분은 검증도 해야 한다!).

애자일을 한다고 해서 장인 정신이 저절로 생겨나지는 않는다. 그리고 단순히 생각과 말만으로는 프로젝트가 성공하지 못한다. 더 나은 결과를 원하는 관리자라면 사람들의 태도와 행동을 적극적으로 바꿔야만 한다는 사실을 인정해야 한다. 반드시 장인 정신과 규율을 촉진시켜야 한다. 그렇지 않으면 사고가 발생한다.

양성 피드백 루프

치명적인 사고에 대해 이야기해보자. 10장을 쓰는 동안 나는 라디오에서 세 명의 양로원 직원이 실수로 주사를 잘못해 사망 사고가 일어나 해고됐다는 뉴스를 들었다. 이 사고는 규율이 부족해서 발생한 것일까? 아니면 기술이 부족했던 것일까?

다른 뉴스를 통해 네덜란드 양로원 종사자들이 심각한 자원 부족으로 인해 힘들고 스트레스가 많은 상황이라는 사실을 알게 됐다. 노인을 치료하면서 발생한 치명적인 실수는 직원의 문제가 아니라 시스템의 문제로 보인다. 세 직원의 해고는 아마도 남은 직원들이 더 많은 일을 해야 함을, 즉 더 많은 실수가 일어날 위험이 높아지리라는 의미일 것이다.

피드백feedback은 과학에서 시스템이 스스로에게 미치는 영향을 나타낼 때 사용하는 용어다. **양성 피드백**positive feedback은 어떤 변수의 변화를 강화해서, 결국 같은 방향으로 변수의 변화를 증가시킨다는 뜻이다. 변수가 전체에 영향을 미치고 전체가 변수에 영향을 미쳐서, 그 효과가 자체적으로 증가한다. 비전문가의 용어로는 **악순환**vicious cycle이라고 할 수 있다(그림 10.2 참조).

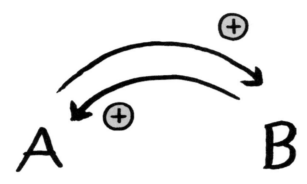

그림 10.2 강화 피드백: 증가는 더 큰 증가로 이어지고, 감소는 더 큰 감소로 이어진다

스피커에 마이크 소리가 들어가서 피드백되면 그 소리가 급격히 커져 끔찍하게 날카로운 소리가 나온다(Gleick, 1988:61). 하이테크 회사들은 실리콘 밸리 지역에 뒤죽박죽 섞여 있는데, 이미 그곳에 더 오래된 하이테크 회사들이 있었기 때문이다(Waldrop, 1992:17). 개발 팀은 이미 알고 있는 프로그래밍 환경을 계속 고수하는데, 그 이유는 단지 팀이 코드를 빠르게 짤 수 있고 같은 프로그래밍 환경에서 더 많은 경험을 쌓을 수 있기 때문이다(Weinberg, 1992:11). 핵심 인력이 조직을 떠나면 직원 사기가 떨어지고 남은 사람들이 더 큰 압력을 받아 결국 사기가 더 엉망이 된다(Yourdon, 2004:154). 그러나 강화 피드백 순환이 모두 나쁜 것은 아니다. 예를 들어, 제품의 품질이 높아지면 비용이 줄어들고 생산성이 개선돼 그것이 더 높은 품질로 이어질 수 있다(DeMarco, Lister, 1999:22).

양성 피드백에서 "양성positive"이라는 말은 단지 수학적 수식어일 뿐이다. 관련된 사람들이 그 영향을 긍정적으로 평가할 수도 있고 부정적으로 평가할 수도 있다. 악순환도 선할 수 있다. 사실, 강화 피드백 루프는 자기조직화의 중심이다(Waldrop, 1992:34).

강화 피드백 루프는 **종속 효과**lock-in effect와 **눈덩이 효과**snowball effect가 갖는 불안정과 힘 모두의 원인이 된다. 이것들이 경제학에서 말하는 **수확 체증**increasing returns, 즉 "부익부 빈익빈"이나 "성공이 성공을 낳는다"를 뒷받침하는 메커니즘이다. 케빈 켈리는 양성 피드백 루프를 "신이 되는 세 번째 법칙"이라고 불렀다(Kelly, 1994:469). 이것이 삶과 불행 모두를 가능케 한다.

양성 피드백 루프를 인식하는 방법을 알고 나면 조직이 왜 특정 행동에 계속 얽매이는지 이해할 수 있다. 피드백 루프를 인식하는 것은 (그리고 거기에 영향을 미치는 것은) 시스템 사고의 핵심 아이디어 중 하나다(3장, "복잡계 이론" 참조). 그러나 음성 피드백 루프를 인식하는 것도 그만큼 중요할 수 있다. 시스템의 변화가 때로는 왜 그렇게 어려운지 이해할 수 있기 때문이다.

음성 피드백 루프

음성 피드백negative feedback은 반대로 작용한다. 음성 피드백이란 시스템이 내부 변수 중 하나에 대항하는 효과를 갖는 것이다. 변수가 한 방향으로 변화하기 시작하자마자 시스템은 거기에 대항해서 변화를 늦춘다(그림 10.3 참조).

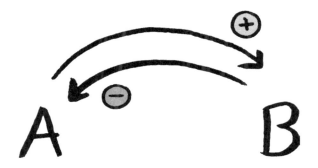

그림 10.3 대항 피드백: 증가는 감소로 이어지고, 감소는 증가로 이어진다

혈액 속의 이산화탄소 농도가 높아지면 폐 운동을 자극해 호흡이 가빠지고, 그래서 이산화탄소 농도가 낮아진다(Solé, 2000:90). 벌집이 너무 추워지면 벌들은 한데 모여 날개짓을 해서 온도를 다시 높인다(Miller, Page, 2007:15). **수확 체감의 법칙**The Law of Diminishing Returns[5]이란 제품의 가용성이 높아지면 시장에서 가격이 낮아져 더 생산을 늘릴 가치가 없는 순

---

5 http://en.wikipedia.org/wiki/Diminishing_returns

간이 오는 현상을 말한다(Waldrop, 1992:34). 조직이 커지면 간접비는 그 크기의 제곱으로 증가하지만 조직의 생산력은 선형으로 증가하기 때문에 생산 대비 수익이 감소하게 된다 (Coplien, Harrison, 2005:104). 팀원 하나가 집단의 규범을 어기면 팀원들이 시정 조치를 논의해 합의한다(Arrow, 2000:202). 그리고 통제가 안 되는 프로젝트 기술 리뷰에 상황을 통제할 수 있도록 대항 피드백 루프를 도입할 수 있다(Weinberg, 1992:95).

음성 피드백 루프의 목적은 시스템에 **안정성**stability을 가져오기 위한 경우가 많다. 안정성을 **항상성**homeostasis이라 부르기도 하는데, 양성 피드백 루프의 효과가 비록 가치가 있더라도 통제 불능까지는 이르지 않도록 하기 위한 것이다. 사실, 복잡성 과학자 피터 코닝은 피드백에 목적이 있을 때만 "피드백"이라고 주장한다.

> 고전적 사례가 방안 온도를 감지해서 보일러를 켜거나 끄는 가정용 온도 조절기다. 시스템 과학자 윌리엄 T. 파워William T. Power의 고전적 공식을 사용하면, 피드백 "신호"를 내부의 "기준 신호"와 비교하는데 두 신호 간의 관계가 시스템의 동작을 결정한다. 이런 목표 지향적이고 정보 기반의 모델이 아닌 경우에 "피드백"이라는 용어를 사용하는 것은 기껏해야 비유적인 것이며 최악의 경우에는 오해를 낳는다.[6]

과학자들이 이런 의도적 음성 피드백 루프에 대해 말하는 한 가지는, 주기가 짧은 것이 긴 것보다 더 좋은 경우가 많다는 점이다. 혈액의 산소 농도 회복은 가능한 빨리 이뤄질 수록 좋다. 집안 온도의 측정과 조정은 시간 단위가 아니라 분 단위로 이뤄져야 한다. 그리고 프로젝트 평가와 수정은 한 달에 한 번 하는 것보다 하루에 한 번 하는 것이 더 좋다.

흥미롭게도 대항 피드백 그 자체도 음성 피드백 루프의 영향을 받는다. 순환이 짧으면 대개 비용이 더 많이 드는데, 이는 피드백 순환의 길이를 줄이더라도 더 이상 의미가 없는 지점이 있다는 뜻이다. 스크럼 스프린트 길이는 4주에서 1주로 줄이는 것이 좋다. 그러나 하루로 줄일 필요는 없을 것이다. 칸반에서처럼 간접비와 주기를 별도로 처리하는 경우가 아니라면, 어떤 지점에서는 더 이상의 성과 개선이 이뤄지지 않고 간접 비용 및 측정 비용이 더 많이 들게 된다. 그러나 그건 나중에 할 이야기다(이런 음성 피드백 순환이 의도적인 것은 아니기 때문에 피터 코닝은 이것이 비유적 의미에서만 음성 피드백이라고 주장할 것이다).

---

6 Corning, Peter. 『Nature's Magic』, Cambridge: Cambridge University Press, 2003(Corning, 2003:180).

사회 시스템에는 시스템 참여자들 사이에 수많은 상호 작용이 있고, 그중 상당수가 때로는 의도적으로 때로는 비의도적으로 강화 및 대항 피드백 루프가 생겨나게 하기 때문에 복잡하다. 양성 피드백 루프는 시스템을 불안정하게 하고, 평형으로부터 멀어지게 하며, 죽음에서 벗어나 삶을 향해 나아가게 만든다. 음성 피드백 루프는 시스템을 안정화시키고, 평형을 이루도록 하며, 혼돈에서 멀어지게 만든다. 단 하나의 변수만 바뀌어도 시스템은 수많은 결과로 이어질 수 있고, 그중 상당수가 서로 모순돼 시스템에 무슨 일이 일어날지 예측할 수 없는 이유는 엄청나게 많은 양성 및 음성 피드백 루프 때문인 경우가 많다. 이런 경우 남은 선택은 단 하나뿐이다. 무슨 일이 일어날지 실험해보는 것이다.

> **📊 양성 피드백이 음성 피드백보다 더 좋은 것일까?**
>
> 내가 이번 절에서 언급한 피드백에는 좋고 나쁜 것이 없다. 지금은 수학적 의미에서 강화(양성) 피드백과 대항(음성) 피드백에 대해 논의하고 있다.
>
> 누군가의 행동을 지지하기 위해 긍정적인 말을 한다는 의미에서의 "긍정적(positive)" 피드백이나 뭔가를 비판하기 위해 부정적인 말을 한다는 의미에서의 "부정적(negative)" 피드백과 혼동하지 말자. 이것은 완전히 다른 주제며, 여기에서는 다루지 않는다.

규율 * 기술 = 역량

다음과 같은 상황을 겪어본 일이 있을 거라고 생각한다. 서둘러 집을 나오다 소지품을 모두 챙겼는지 확인하는 절차를 건너뛰었다. 30분 후에 집으로 다시 돌아가면서 지갑을 두고 온 것에 짜증이 나서, 이번에는 전보다 더 서두르게 된다.

나는 **규율**discipline이 역량의 중요한 두 측면 중 하나라고 생각한다. 엔진 점검을 자주 잊어버리는 조종사를 어떻게 평가하겠는가? 또는 손씻기를 빼먹는 외과 의사는 어떠한가? 무대에서 대사를 깜박하는 배우는? "죄송합니다. 서둘다 보니 그렇게 됐네요."라는 변명을 소비자나 환자가 받아들이겠는가?

어떤 기술에서도 규율의 중요성은 분명하다. 제럴드 와인버그는 절차를 따르지 않았을 때 생기는 부메랑 효과Boomerang Effect에 대해 말했다. 품질 보증의 일부를 생략해서 출시한 제품에 문제점이 늘어나고, 그것이 고객으로부터 보고된 문제의 증가로 이어지며, 그래서 하던 일을 긴급하게 중단하는 상황이 많아지고, 개발 팀에 더 많은 시간 압박으로 작용해서, 더욱 많은 절차를 생략하게 된다(Weinberg, 1992:278~282). 우리 모두 개인적 경험으로 이 사실을 알고 있다. 규율을 생략하면 결국에는 더 빨라지는 것이 아니라 더 느려진다. 명백한 악순환이다.

같은 맥락에서, 메리 포펜딕과 톰 포펜딕은 제품의 품질을 확보하지 않으면 소프트웨어 개발 팀은 더 빨라질 수 없다고 설명한다(Poppendieck, 2007:190). 체크리스트와 절차를 생략하면 처음에는 더 빨라지는 것처럼 보인다. 그러나 금세 제품의 품질 문제(또는 **기술 부채** technical debt[7])로 좌절할 것이다.

제럴드 와인버그는 프로세스 준수를 통해 여섯 가지 성숙도 수준을 설명했다(Weinberg, 1992:23).

- **무의식** Oblivious : "프로세스를 따르고 있다는 사실조차 모른다."
- **변동** Variable : "지금 이 순간에 하고 싶은 일은 뭐든지 한다."
- **관습** Routine : "(공황 상태만 아니라면) 관습을 따른다."
- **조종** Steering : "관습이 만들어내는 결과를 통해 관습을 선택한다."
- **예측** Anticipating : "관습에 대한 과거 경험을 기반으로 관습을 만든다."
- **일치** Congruent : "모든 사람이 언제나 모든 것을 개선하려고 노력한다."[8]

제럴드 와인버그는 조직을 분류하는 데 이 여섯 단계를 사용했지만, 나는 특정 활동을 하는 개인에 대해서만 분류하는 쪽을 선호한다. 조직에서 일어나는 일은 사람들 사이의 상호 작용에 의해 나타나는 결과며, 그중 다수가 다양한 활동에서 보여주는 규율 수준이 다르다. 내 책쓰기 수준이 5단계(예측) 또는 6단계(일치)일 것이라고 칭찬받는 경우도 있다. 그러나 동시에, 여러분이 누군가의 비명과 욕설을 듣는다면, 그 소리는 지갑을 가지러 집으로 돌아가면서 내가 지르는 소리일 수 있고, 분명히 나는 그 부분에서 1단계(무의식) 수준에 불과하다(아니면 내 배우자일 수도 있다. 놀랍게도 내가 이 문단을 쓰는 동안 외출한 지 10분만에 지갑을 찾으러 집으로 돌아왔다).

---

7 http://en.wikipedia.org/wiki/Technical_debt

8 Weinberg, Gerald. 『Quality Software Management』, New York: Dorset House Pub, 1992(Weinberg, 1992:23).

로스 페티트Ross Pettit도 퇴보Regressive, 중립Neutral, 협력Collaborative, 운영Operating, 적응Adaptive, 혁신Innovating이라는 이름으로 비슷한 여섯 단계를 만들었다.[9] 페티트가 만든 6단계의 의미는 제럴드 와인버그와 조금 다른데 프로세스 선택과 적용의 성숙도를 가리키는 것으로 보인다.

역량에서 중요한 두 번째는 **기술**skill이다. 기술 수준이 높은 소프트웨어 개발자가 규율을 지키지 않을 수도 있지만, 규율을 잘 지키는 개발자라고 해서 반드시 기술 수준이 높은 것은 아니다. 따라서 내가 보기에 기술 수준이 성숙도를 결정할 수 있는 또 다른 측면이다.

장인의 기술 수준을 가리키는 비슷한 두 가지 방식이 있다. 중세 유럽에서 유래한 **길드 시스템**guild system에서는 특정 기술을 연마하는 사람들을 견습공, 숙련공, 달인이라는 세 단계로 구분한다.[10] 이 시스템은 무술 연습의 3단계 수(守), 파(破), 리(離)를 설명하는 일본어 **슈하리**Shuhari와 사실상 동일하다.[11] 두 시스템 모두에서 첫 단계에 있는 사람들은 기본적인 기술을 배우고, 두 번째 단계에 있는 사람들은 예외와 성찰에 집중한다. 세 번째 단계에 있는 사람들은 어렵게 생각할 필요가 없으며 모든 것이 자연스럽다.

기술 습득에 관한 유명한 또 다른 모델이 **드라이퍼스 모델**Dreyfus model[12]인데, 기술 향상에 따른 단계가 세 단계가 아닌 초보자, 고급 입문자, 중급자, 숙련자, 전문가의 다섯 단계로 돼 있다. 하지만 내 생각에 3, 4, 5 또는 17단계로 기술을 측정할 수 있는지 아닌지가 가장 흥미로운 토론거리는 아니다. 기술과 규율은 다르기 때문에 별도로 개발시켜야 한다는 편이 더 적절하다.

규율과 기술을 두 가지 축으로 삼아 그림을 그려보면 규율—기술 도표Discipline-Skill Grid를 얻을 수 있다(그림 10.4 참조). 성숙도를 두 방향으로 측정할 수 있다는 사실을 잘 나타내고 있다. 어떤 이는 나이를 먹거나, 부상을 당하거나, 기술 발달로 인해 기술력을 잃을 수 있고, 어떤 이는 동기 저하나 방해 요인 때문에 규율을 잃을 수 있다. 역량에는 둘 다 필요하기 때문에 관리자는 두 가지 측면 모두를 신경 써야 한다.

9　"Agile Made Us Better, But we Signed Up for Great" 발표에서 인용(http://www.thoughtworks.com/sites/www. thoughtworks.com/files/files/AgileMadeUsBetter.pdf)(Pettit, 2008).

10　http://en.wikipedia.org/wiki/Master_craftsman

11　http://en.wikipedia.org/wiki/Shuhari

12　http://en.wikipedia.org/wiki/Dreyfus_model_of_skill_acquisition

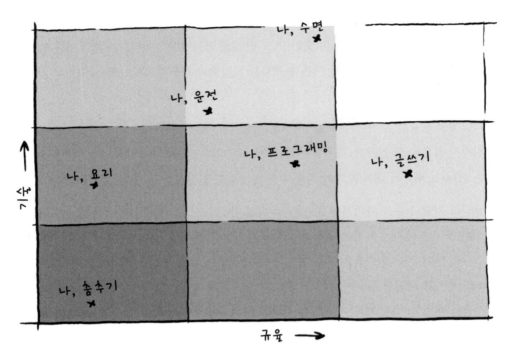

그림 10.4 규율-기술 도표

규칙의 다양성

팀의 행동은 규칙을 따라간다. 요구 사항을 문서화하는 방법, 업무를 추정하는 방법, 소스 코드를 커밋하는 방법, 테스트 코드를 작성하는 방법, 솔루션을 배포하는 방법 등이 규칙이다. 그리고 각 팀원에게는 자신만의 규칙이 있다. 어떤 개발자는 제품 코드를 작성하기 전에 소스 제어 브랜치에 테스트 코드를 커밋하는 반면에, 일단 보류해둔 채 아무런 결함 없이 돌아간다는 것을 확인한 다음에야 트렁크에 커밋하는 쪽을 선호하는 개발자도 있다. 어떤 디자이너는 인터랙션 디자인을 비지오 와이어프레임으로 만드는 반면에, 칠판과 분필보다 더 나은 것이 없다고 주장하는 디자이너도 있다. 어떤 테스터는 협업 도구를 커스터마이징해서 요구 사항과 인수 테스트를 함께 문서화하는 반면에, 단순한 구글 스프레드시트를 선호하는 테스터도 있다. 그리고 나는 소스 코드에 주석을 가끔씩 다는 편이지만,

미국의 무역 수지 적자에 비할 만한 분량의 소스 헤더를 선호하는 사람도 있다.

사람들이 자신만의 규칙을 따르는 것이 나쁜 걸까?

음, 그럴 수도 있고 아닐 수도 있다. 경우에 따라 다르다.

스크럼 마스터라면 각 팀원이 서로 다른 방식으로 사용자 스토리를 추정하면 불편하다. 팀은 스토리 포인트를 사용할 것인지 이상적 시간을 사용할 것인지 다 함께 합의해야 하며, 그렇지 않으면 팀 속도를 계산할 수 없다. 이와 마찬가지로 회의 일정과 시간, 스프린트 길이 등에 대해서도 합의를 해야 한다.

반면에 소스 코드를 작성하는 방식은 완전히 맞출 필요가 없는 경우가 많다. 팀원으로서 트렁크에 있는 코드를 완전히 테스트했다면, 나는 커밋 보류, 브랜치 생성, 주석 달기 등에 대한 사람들의 서로 다른 취향을 감수할 수 있다. 그리고 인터랙션 디자인에 어떤 도구를 사용해도 상관없다. 나는 팀원의 동기 부여에 더 관심이 많다. 그리고 나 자신의 동기 부여에도 관심이 있어서, 그럴 기분이 아닐 때는 (꽤 자주 있는 일이다) 다른 사람과 짝을 이뤄 작업하지 않을 것이다. 나는 내가 일하는 방식이 아니라 내 결과물의 가치로 평가받고 싶다. 내가 최고 품질의 소스 코드를 만들어낼 수 있다면, 콘퍼런스 룸에 벌거벗고 앉아 머리에 박스 팬티를 쓰고 있더라도 누가 불평하겠는가?(물론, 그냥 예를 든 것이다. 시도해 봤지만 효과가 없었다)

관리자는 팀에 무의미한 규칙이 퍼지는 것에 조심해야 한다. 사람들이 자신만의 방식으로 일할 수 있도록 해줘야 한다. 이런 자유는 동기를 유지하는 데 도움이 된다. 다른 사람의 결과물이 자기 것보다 더 좋다는 것을 알게 되면 팀원들은 서로의 규칙을 따라하기로 선택할 수도 있다(내가 콘퍼런스 룸에서 작성한 코드가 굉장했었더라면 분명히 다른 사람들은 나를 따라했을 것이다).

마지막으로, 팀에서 서로 경쟁하는 규칙이 실제로는 전체를 강화할 수도 있다. 모든 팀원이 같은 규칙을 사용해서 같은 방식으로 코드를 다루면, 소스 코드 문제를 감지하지 못할 수도 있다. 4장, '정보-혁신 시스템'에서 다양성이 팀의 유연성과 회복 탄력성을 높여준다는 이야기를 했다. 이것은 사람에게만 적용되는 것이 아니라 사람들이 따르는 방법에도 적용된다.

> **팀은 대개 규칙에 합의를 잘 안 하지 않는가?**
>
> 그렇다. 모든 팀원이 팀 규칙에 적응하는 것은 자기조직화의 자연스러운 부분이다. 그러나 모든 팀에는 여전히 많은 다양성과 변동이 존재한다. 사람들이 팀에서 할 수 있는 가능한 모든 행동을 규제하고 공식화하는 것은 불가능하다(불필요하기도 하다).

그것이 새로운 실천법을 계속 만들고 실험하는 또 다른 이유다. 여러분 자신을 개선할 뿐 아니라 팀의 품질을 높여줄 것이다. 다음 번에는 이사회실에서 코딩을 해보려고 한다. 사각 팬티를 수영복으로 바꿔볼 수도 있다.

보완성의 원칙

사람들이 서로 다른 실천법을 따르도록 하는 것도 좋을 수 있지만, 같은 방법을 따라야 할 때도 있다. 그러나 어떤 사람들이 어떤 규칙을 따르는 것이 좋을지 어떻게 결정할 수 있을까? 이 문제의 해답은 **보완성의 원칙**Subsidiarity Principle[13]에 있다.

> 보완성이란 중앙에서 가장 먼 관할 기관이 문제를 다뤄야 한다는 조직 원칙이다. 옥스포드 영어 사전을 보면 보완성을 중앙 권한은 즉각적으로 또는 지역 수준에서 효과적으로 수행할 수 없는 과업만을 수행하도록 부수적인 기능만을 가져야 한다는 의견이라고 정의한다. 이 개념을 정부, 정치학, 사이버네틱스, 관리 분야에 적용할 수 있다.

기본적으로 규칙은 개별 노동자의 책임이며, 개별 노동자가 과업을 효과적으로 수행할 수 없는 경우라면 계층의 바로 위 단계에서 규칙을 설정해야 한다. 이것은 팀 차원에서 설정한 통일된 규칙이 더 효과적이라는 사실을 팀이 입증할 수 없다면, 내가 자신만의 단위 테스트 작성 규칙을 따를 수 있다는 뜻이다. 동시에 스프린트 계획 회의를 내가 개인 차원에서 효과적으로 해낼 수 없다는 사실이 분명하면, 자동적으로 팀이 책임을 맡아야 한다. 이 패턴을 되풀이한다. 바로 위 단계(중간 관리자)에서 설정한 통일된 부서 차원의 규칙이

---

13 http://en.wikipedia.org/wiki/Subsidiarity, 크리에이티브 커먼즈 라이선스하에 옮김.

더 효과적이라는 사실을 입증할 수 없다면, 팀은 자신만의 스프린트 계획 회의 규칙을 따를 수 있다.

몇 번이나 동일한 결론을 내리고 계속 같은 소리를 해서 미안하다. 앞서 무지의 원칙과 코넌트—애시비의 정리 같은 개념을 살펴봤다. 이번에는 보완성의 원칙이 같은 말을 하고 있다. 사람들은 자신만의 규칙을 만들 수 있다. 그 일에는 관리자가 필요치 않다.

개별 노동자와 팀이 관리자의 지시 없이 서로의 아이디어를 모방하고 규칙을 맞추는 것은 괜찮다. 사람들이 규범에서 벗어나 새로운 실천법을 실험하는 것도 괜찮은 일이다. 권한 수준이 더 높은 사람이 "그렇게 하면 안돼"라고 말할 때 최선의 답변은 이러할 것이다.

> 당신의 상위 수준 규칙이 나의 개인 규칙보다 더 효과적인 이유를 설명해주시겠어요?

이런 방법을 사용할 때 보완성의 원칙은 효과성이라는 경계 안에서 아이디어와 실천법의 흐름을 자유롭게 한다. 관리자는 목표를 달성하기 위해 일하는 방식을 맞추는 것이 더 효과적이라는 것을 입증할 때까지 사람들은 자신만의 규칙을 따를 수 있다.

따라서 다음 번에 사람들에게 어떤 규칙을 따르라고 말할 때는 "그 방법이 어떻게 더 효과적인지 설명해주시겠어요?"라고 하는 것이 합리적인 답변이다. 그들은 여러분이 말한 것을 무작정 따를 필요가 없다. 그들의 업무가 어떻게 더 큰 그림에 들어맞는지 알 수 있도록, 예의바르게 설명해주는 것이 마땅하다.

위험 인식과 거짓 안전

나는 로테르담에서 가장 붐비는 로터리인 호프플레인에서, 신호등이 꺼져 있을 때 교통 흐름이 더 원활하다는 느낌을 여러 번 받았다. 그러한 상황이 거리에 가져오는 아나키 상태에도 사람들은 신호등이 작동할 때보다 더 빠르게 로터리 건너편으로 넘어간다. 그리고 이것은 운전자뿐 아니라 보행자와 자전거 운전자도 마찬가지다.

"교통은 규칙이 없을 때 더 안전하다Traffic is safer without rules"라는 기사를 쓴 교통 전문자 한스 몬더르만Hans Monderman은 교차로에서 신호등과 표지판을 모두 없애면 교통량이 늘어나도 사고율이 감소한다고 설명한다(Sprangers, 2007). 그 이유는 규칙이나 지침이 없는 상태에서 사람들은 책임감을 갖고 안전하고 다친 데 없이 건너편으로 갈 수 있는 방법을 스스로 판단해야 한다고 느끼기 때문이다.

이 역설의 원인을 **위험 인식**risk perception과 **거짓 안전**false security에서 찾을 수 있다. 녹색 신호등(거짓 안전)을 없애면 자동차 운전자는 자기가 다른 사람들보다 우선순위가 높다고 가정한 채 무작정 전속력으로 달리지 않을 것이다. 횡단보도를 지워버리면 보행자는 위험한 차량(위험 인식 증가)을 조심할 것이다. 이것이 **위험 보정**risk compensation[14]이라고도 부르는 심리 현상이다. 한스 몬더르만은 이 개념을 도입한 모든 상황에서 사고가 감소하고 교통량이 증가한다고 주장했다. 이 아이디어를 **공유 공간**shared space이라 부르는데, 모든 교통 참여자가 동등한 관계에 있으며 모두 서로를 조심해야 한다. 아무도 자신이 다른 사람들보다 우선순위가 높다고 가정해서는 안 된다.

나는 공유 공간 원칙이 소프트웨어 개발 실천법에도 적용된다고 과감히 주장하고 싶다. 코드를 개발하는 방법, 테스트하는 방법, 새 버전을 빌드하고 배포하는 방법 등에 대한 규칙이 자동으로 품질이 훌륭한 제품으로 이어지지 않을 수도 있다. 반대로, 특정 프로젝트 특성을 고려하지 않은 문서화된 테스트 절차는 팀원 사이의 거짓 안전으로 이어질 수 있다. 팀원들이 의도적으로 무시한 공식 요구 사항 명세 프로세스가 실제로는 그들의 위험 인식을 높이고, 조심해야 한다는 것을 알기 때문에 문제를 더욱 명확히 파악하는 데 도움이 될 수 있다.

대부분의 프로젝트에서, 기존 규칙은 반드시 지켜야 하는 법이 아니라 경험 법칙으로 간주해야 한다. 종종 기존 규칙이 문제를 깔끔하게 해결하는 방향으로 이끌어주기도 하지만 항상 그런 것은 아니다. 때로는 사람들이 규칙을 맹목적으로 따르지 못하도록 완전히 없애버려야 할 때도 있다. 내가 참여했던 대부분의 성공적인 프로젝트에서는 규칙을 무시하고 즉석에서 더 나은 결정을 내리기도 했다. 장애물을 우회하고 신호등을 무시해서 제시간에 안전하게 건너편에 도달했다.

---

14 http://en.wikipedia.org/wiki/Risk_compensation

프로젝트에 불쾌한 사고가 일어나면 나는 대개 판단을 유보하는데, 그러면 나중에 비슷한 문제가 발생하는 것을 예방하기 위해 새로운 규칙이 필요하다고 누군가 말한다. 그들이 시키는 대로 한다면, 이전에 마주쳤던 모든 잠재적인 위험을 예방하기 위해 교차로에 새로운 표지판을 세우는 평범한 공무원과 다를 바가 없을 것이다. 이 방식을 **사전예방 원칙** Precautionary Principle15이라 부르는데, 유럽 연합을 포함해 많은 정부에서 이것이 공식 정책이다. 기본적으로 언젠가 뭔가 잘못될 수도 있는 일이 생기면, 그냥 그 사건을 예방할 수 있는 딱 그 경우에 맞는 새로운 법을 만드는 것이다. 나는 정말로 이런 방식을 좋아하지 않는다.

사전예방 원칙을 기반으로 하는 것처럼 보이는 방법론과 프레임워크도 있다. 모든 종류의 잠재적 문제에 대해 프로세스 설명을 추가하라고 제안한다. 안타깝게도 상황을 개선하기 위해 프로세스를 없애야 할 수도 있다는 제안을 하는 경우는 한 번도 본 적이 없다. 물론 이해할 수는 있다. 정치인과 교통 담당자가 규칙을 만드는 자신들의 노력이 헛된 경우가 많으며, 어떤 경우에는 비생산적이기까지 하다는 사실을 인정하는 경우는 없을 것 같다.

다행히 요즈음 소프트웨어 개발 전문가들은 더 똑똑한 것 같다. 적절한 한 가지 방법론은 존재하지 않는다는 사실을 점차 인식하고 있다. 통합 프로세스의 창시자 중 한 명인 이바르 야콥슨Ivar Jacobson은 "프로세스는 충분하다: 실천법을 실행하자Enough of Processes: Let's do Practices" 3부작에서 이 사실을 인정했다(Jacobson, 2007). 아무도 자신의 프로세스가 당면한 상황을 전혀 모르는 누군가가 만든 규칙에 의존해서는 안 된다. 일반적으로는 그 날의 상황에 적절하게 그때그때 자신만의 규칙을 만들면 최상의 결과를 달성하게 된다. 애자일 소프트웨어 방법론을 연구해온 세 명의 연구자들도 애자일 프로세스를 실행하는 가장 좋은 방법은 자신만의 방법을 사용하는 것이라고 주장하며 같은 결론에 이르렀다(Wailgum, 2007).

나는 거의 20년 동안 네덜란드에서 운전을 해왔는데, 다른 사람과 사고가 난 적은 한 번도 없었다. 그 이유는 내가 주변의 모든 차량, 자전거 운전자, 보행자를 계속 살펴보며, 신호등보다 내 자신의 판단을 우선하기 때문이다. 반면에 내 배우자는 녹색 불만 믿고 운전하다가 빨간색 불을 무시하고 무단횡단을 하는 보행자를 거의 칠 뻔하다 첫 운전 면허 시험

---

15 http://en.wikipedia.org/wiki/Precautionary_principle

에서 떨어졌다. 그 이후 내 배우자는 자신의 판단을 먼저 믿고, (시간이 허용한다면) 공식 규칙은 두 번째라는 사실을 알게 됐다.

밈학(Memetics)

제일 성공적인 과대망상 사례 중 하나인 크리스마스 직후에 이 글을 쓰고 있다. 언제나 일년 중 가장 기대하는 시기지만, 꼭 음식 때문만은 아니다. 내가 크리스마스 트리 꾸미기, 촛불 켜기, 선물 구입, 영화 관람, 크리스마스 캐럴 부르기 등의 철없는 행동에 참여하길 다른 사람들만큼 즐긴다는 사실을 인정한다.

아이디어, 개념, 신념, 이론, 이념, 유행, 인기 등을 종종 밈meme이라고 부른다(Dawkins, 1989). 사람들은 흉내내기, 상호 작용, 상관관계, 교육, 학습을 통해 서로에게 이런 정보 단위를 복제한다(Stacey, 2000a:168) 산타클로스는 밈이다. 크리스마스 트리는 밈이다. 양말에 (여기 네덜란드에서는 신발에) 선물을 넣는 것도 밈이다. 코가 빨간 사슴 루돌프도 밈이다. 예수 그리스도의 탄생도 밈이다. 그리고 천사와 요정도 밈이다.

소프트웨어 개발 규칙, 절차, 실천법도 똑같다. 그것들은 사람들이 흉내내기, 상호 작용, 학습을 통해 서로에게 복제한 아이디어, 개념, 신념이다. 스탠드업 회의는 밈이다. 짝 프로그래밍도 밈이다. 리팩토링도 밈이다. 반복 개발도 밈이다. 사용자 스토리도 밈이다. **밈학**memetics이란 정보 전달의 진화 모델에 대한 연구를 말하며, 문화적 맥락에서 이야기하는 경우가 많다.

상호 의존적 밈의 모음을 **밈플렉스**memeplex라고 부른다(그림 10.5 참조). 크리스마스는 전형적인 밈플렉스다. 애자일 소프트웨어 개발도 그렇다. **보편적 다윈주의**Universal Darwinism[16]는 밈이 밈플렉스로 무리 짓는 것은 "팀을 이뤘을 때" 더 성공적으로 스스로를 복제할 수 있기 때문이라는 것을 보여준다(유전자도 같은 방식인데, 그 경우에는 **유전자 복합체**gene complexes라고 부른다). 크리스마스는 다양한 모든 밈이 서로 다른 유래에도 이제는 서로를 강화해서 사실상 무너뜨릴 수 없는 상태가 됐다는 점에서 성공적인 밈플레스다. 루돌프 혼자서는 아

---

16 http://en.wikipedia.org/wiki/Universal_Darwinism

마도 살아남지 못했을 것이다. 그러나 산타클로스와 팀을 이뤄 이제는 불멸의 위치에 올라선 것처럼 보인다.

이와 마찬가지로 애자일 소프트웨어 개발 실천법 또한 서로를 강화하는 경향이 있다. 리팩토링은 테스트 주도 개발과 연결되고, 주 단위 반복은 사용자 스토리 사용와 연결되며, 스탠드업 회의는 작업 현황판과 함께 사용하면 더 좋다. 대부분의 애자일 실천법은 이미 애자일 소프트웨어 개발보다 훨씬 오래전부터 있어 왔다는 주장을 애자일 회의론자들로부터 듣는 경우가 많다. 그러나 그건 핵심을 벗어난 것이다. 중요한 것은 애자일 밈플렉스의 등장이 많은 애자일 실천법의 폭발적 복제를 스스로는 도저히 도달할 수 없는 수준에 이르도록 촉진했다는 점이다(Kruchten, 2007).

그림 10.5 크리스마스: 밈플렉스

애자일 밈플렉스가 개별 밈보다 훨씬 더 강력하다는 사실은 내가 직접 경험한 것이다. 가장 최근 직장에서 타임 박스와 고수준 요구 사항을 도입하려고 처음 시도했을 때 완전히 실패했었는데, 그건 (내 생각에) 유익할 것 같은 실천법을 개별적으로 선택했기 때문이다. 이 방법들은 인기를 얻지 못했는데 내 노력이 부족했기 때문은 아니었다. 마치 한여름에 모두에게 루돌프 사슴코 노래를 따라 부르도록 하려는 것 같았다. 전혀 효과가 없었다. 밈

그 자체로는 충분히 강력하지 않다. 그러나 문득 스크럼을 규칙대로 엄격하게 시도해보는 편이 더 좋겠다는 생각이 들었다. 스크럼은 내가 시도했던 어떤 프로세스 개선보다 더 구체적이고, 더 광범위하고, 훨씬 더 성공적이었다. 스크럼은 밈플렉스다. 밈은 사람들의 마음속에 복제되도록 서로를 강화하고 돕는다. 그래서 타임 박스와 고수준 요구 사항만 실행하는 것보다 규칙대로 스크럼을 실행하는 편이 훨씬 더 쉽다.

> **⚞ 그렇다면 거대한 하향식 혁명이 필요한 걸까?**
>
> 전혀 아니다. 조직 변화는 하향식으로도 가능하고 상향식으로도 가능하다(많은 사람이 상향식이 가장 좋다고 주장하겠지만 말이다). 관리자(하향식)와 팀원(상향식) 모두의 변화 노력에 밈플렉스 전체를 채택하면 이익을 얻을 수 있다.
>
> 그렇다고 해서 거대한 혁명의 일부로써 모든 실천법을 한꺼번에 적용해야 한다는 뜻은 아니다. 사람들이 크리스마스를 준비하는 데에는 어쨌든 몇 달이 걸린다.

애자일 실천법을 밈으로 보면 몇 가지 흥미로운 관찰을 할 수 있다.

- 사람들이 딱 한 가지 아이디어, 개념, 실천법을 채택하도록 하는 것보다, 여러 가지를 한꺼번에 채택하도록 하는 편이 더 쉬울 수 있다(사례: 단위 테스트만 적용하는 것보다 익스트림 프로그래밍을 가르친 다음, 곧바로 조직 상황에 맞게 XP를 시작한다).

- 밈플렉스의 모든 아이디어, 개념, 실천법이 유익할 필요는 없다. 그중 일부는 해로울 수도 있다. 그러나 이것들은 모두 같은 밈플렉스의 일부이기 때문에 나쁜 아이디어가 좋은 아이디어의 복제를 돕기도 하며, 그것이 나쁜 효과를 중화시킨다(위험할 수도 있는 사례: 코드 공동 소유의 가치에 대해 확실한 근거를 본 적은 없지만, 이 실천법이 다른 애자일 실천법을 강화하는 것처럼 보이기 때문에 계속 복제되도록 두어도 나쁘지 않을 것이다).

- 밈플렉스에서 개별 밈을 제거하면 밈플렉스의 힘이 약해지거나 완전히 사라질 수도 있다(사례: 코드 공동 소유를 없애면 애자일 채택에 완전히 실패하는 결과에 이를 수도 있다).

- 서로를 강화하고 필요로 하는 경쟁 관계의 여러 밈플렉스가 있을 수도 있다. 경쟁 덕분에 대안으로부터 관심을 끌어오기 때문이다(사례: 애자일 세계에서 XP, 스크럼, 칸반의 경쟁이 일반적으로 애자일 브랜드로의 관심을 끌어모은다).

- 밈의 기원은 서로 다를 수 있으며 다양한 밈플렉스를 서로 주고받거나 공유하기도 한다(사례: 사용자 스토리는 XP의 밈으로 출발했지만, 이제는 스크럼 밈플렉스 내에서도 확고히 자리 잡았다).

나는 애자일 브랜드와 방법론을 밈플렉스로 생각하는 것이 유용하다고 생각한다. 이들의 유일한 목적과 가치는 애자일 실천법의 복제를 촉진하는 것이다. 애자일이 소프트웨어 개발 분야에 원래 없던 새로운 것들을 그다지 가져오지 못했다고 주장하는 사람은 진화적 관점에서 핵심을 완전히 놓친 것이다.

스스로를 복제하는 분자가 서로의 복제를 돕기 위해 유전자 복합체 내에서 팀을 이루기 시작한 순간이 진화 생물학에서 중심 역할을 했다. 이와 마찬가지로 문화인류학 관점에서 볼 때, 인간이 아이디어를 하나의 이름 아래에 모으고 복제하는 개념을 만들어내지 않았더라면, 문화, 종교, 과학은 없었을 것이다. 따라서 나는 우리가 유명한 실천법의 모음이나 다름없는 애자일 브랜드의 등장을 소프트웨어 개발 진화의 중요한 발걸음으로 돌아보게 될 것이라고 믿는다.

깨진 유리창

우리집 책상은 엉망진창이다. 한 번 살펴보니, 책, 잡지, 청구서, 안경, 흉물스러운 작은 크리스마스 트리, 스피커, 외장 하드 드라이브, 2개의 계산기, 스캐너, 프린터, 포스트잇 메모지, 약, 명함, 연필, 펜, 컬러 마커, 자, 배터리, 심지어 (키에프에서 가져온) 도토리와 (헬싱키에서 가져온) 밤도 있다. 내 책상은 지저분할수록 점점 더 지저분해진다. 책상 위는 가득 차 있어 내가 솔방울을 하나 더 던져놓아도 아무도 눈치채지 못할 것이다.

시간이 지나면서 문제가 점점 악화된다는 개념은 **깨진 유리창 이론**Broken Windows theory을 통해 널리 알려져 있는데, 무질서하고 가벼운 범죄 행위의 징후가 더욱 무질서하고 무거운 범죄 행위를 유발해 결국 그 행동이 널리 퍼진다는 개념이다. 사람들이 주변 환경을 망칠 수 있는 온갖 사소한 방법에 대처해서 상황을 자주 정리하면, 더 심각한 범죄를 예방할 수 있다는 믿음이다(Wilson, Kelling, 1982:2~3).

많은 학자가 깨진 유리창 이론을 비판해왔다. 그들은 『티핑 포인트^{The Tipping Point}』(21세기북스, 2004)에서 설명하는 유명한 뉴욕시 범죄율 사례를 포함해(Gladwell, 2002) 여러 사례의 연구에서 잘못된 견해를 갖도록 할 수 있는 상관관계와 인과 관계상의 문제를 발견했다. 그러나 최소한 깨진 유리창 이론의 원리는 옳다는 증거는 충분하다(Keizer, 2008). 이 이론은 **레빈의 방정식**^{Lewin's Equation}이라 부르는 일반적 아이디어를 논리적으로 확장한 것이기도 하다.

$$B = f(P,E)$$

심리학자 쿠르트 레빈^{Kurt Lewin}이 만든 이 방정식은 행동이 사람과 환경에 따라 달라진다고 말한다. 이 아이디어는 과학적인 방정식이 아니라 경험에서 얻은 것이다. 사람들이 자신의 환경에 따라 행동하는 경향이 있다는 것을 나타낸다.

사람들 또한 서로의 규범과 행동을 복제하고 (밈학), 나쁜 행동이 더 나쁜 행동으로 이어질 가능성이 높다는 점을 감안할 때(양성 피드백 루프), 이 모든 개념이 자연스럽게 깨진 유리창 이론으로 이어진다는 것을 쉽게 알 수 있다.

하지만 여기서 무엇을 배울 수 있을까? 내 생각에는 두 가지다.

- 큰 문제는 관리 가능할 때 미연에 방지하지 않았던 작은 문제에서 출발하는 경우가 많다.
- 문제가 너무 커서 처리할 수 없다면, 관련은 있지만 더 작은 다른 문제를 목표로 삼는다.

'역량을 개발하자'의 실용적인 측면을 살펴보게 될 11장에서 그런 아이디어를 더 자세하게 논의한다. 그동안, 나는 집 전체가 내 책상처럼 무질서하고 엉망이 되지 않도록 하기 위해 책상을 깨끗하게 유지하려고 노력할 것이다!

정리

학습 시스템을 경쟁하는 규칙으로 이뤄진 복잡계로 모델링할 수 있다. 이런 규칙은 다양하며 반드시 팀 전체에 동시에 적용되는 것은 아니다.

팀 규칙을 만든다는 것은 역량 문제다. 애자일 선언에는 역량에 대한 명시적 언급이 없는 맹점이 있으며, 그것이 장인 정신 운동이 성장한 이유 중 하나다. 역량 개발에는 규율과 기술이라는 두 가지 측면이 있다.

규칙은 가장 낮은 관할 기관에서 만들어야 한다는 것이 보완성의 원칙이며, 규칙을 만드는 일은 반드시 (역량 있는) 팀에게 위임해야 한다는 뜻이다.

하지만 규칙을 만드는 것이 아니라 없애야 하는 때가 있다. 팀에 규칙이 너무 많으면 거짓 안전을 불러오고 위험을 보정하는 경향이 생긴다.

집단에서 행동이 어떻게 전파되는지 그리고 조직에 좋은 실천법을 어떻게 도입할 수 있는지를 배우고 싶다면 밈학과 깨진 유리창 이론을 살펴볼 수 있다.

성찰과 실천

10장에서 나온 아이디어를 조직에 적용할 수 있는지 살펴보자.

- 팀의 규율-기술 도표를 그려보자. 사람마다 규율과 기술이 어느 지점인지 알고 있는가? 모른다면 그 이유는 무엇인가? 그림을 그려보니 원하던 결과였는가? 그렇지 않다면 어떻게 할 생각인가?
- 조직의 중요한 규칙(또는 제약 조건이 더 좋다)을 목록으로 만들어보자. 사람들이 그 규칙을 알고 있는지 확인하고 그 목록이 10개를 넘지 않도록 하자. 11번째 규칙이나 제약 조건이 추가되면, 다른 규칙을 없애야 한다. 사람들은 중요한 것을 수십 가지 기억하는 데 능하지 않기 때문에 그 수를 작게 유지한다.
- 프로젝트 중 하나를 미리 정의한 규칙이 없어서 위험 인식을 높이고 거짓 안전을 낮추는 "공유 공간 프로젝트"로 지정해보자. 이에는 오직 공유 공간과 경계만 존재한다. 모든 규칙이 팀에서 생겨나도록 하고 그 효과를 평가해보자.

- 조직에 애자일 소프트웨어 개발 방식을 생각해보자. 그 방법에 쉽게 알 수 있는 이름이 붙어 있는가? 실천법 모음이 하나의 포괄적 용어 아래에서 쉽게 사람들 사이에 복제되는가? 아니면 새로운 팀원이 배우기 어려운 파편화된 방식인가?

- 여러분을 괴롭히는 작은 문제들을 목록으로 만들어보자. 그 문제들을 어떻게 다루고 있는가? 큰 문제를 해결하는 데에만 시간을 쏟고 있는가? 작은 문제가 큰 문제가 되도록 내버려두고 있는가?

11

역량을 개발하는 방법

구제불능인 아이가 보이면 커서 결혼한 다음에도 계속 그렇게 살지 않도록 열두 살이 됐을 때 너그럽고 침착하게 모가지를 날려야 한다.

— 돈 마퀴스^{Don Marquis}, 미국 유머 작가 · 언론인 · 저자(1878~1937)

10장에서 소프트웨어 개발 분야 및 그 밖의 비즈니스 환경에 대한 수십 가지 **성숙도 모델** maturity model을 자세히 언급하지 않은 채 성숙도를 논의했다는 사실을 눈치챘을지도 모르겠다. 그건 성숙도 모델이라는 개념이 거의 사용되지 않고 있으며, 또한 그것들이 조금은 불편한 느낌마저 주기 때문이다.

광고 대행사의 "성숙도"를 어떻게 평가할 수 있을까? 그래픽 파일 변환, 광고 게재 협상, 검색 엔진 최적화 같은 과업을 얼마나 잘 수행하는지 측정할 것인가? 아니면 그냥 광고가 얼마나 계속 성공적인지 살펴볼 것인가? 배관공의 "성숙도"는 어떻게 평가할 수 있을까? 파이프, 펌프, 게이지, 밸브 사용 능력을 측정할 것인가? 아니면 그냥 주부들이 얼마나 만족해 하는지를 따질 것인가? 일부 다른 관리자와 작가들처럼, 나는 성숙도 모델이 지나치게 프로세스에 집중하고 있다고 생각한다.

> **성숙도 모델은 결과에 대한 것이 아닐까?**
>
> 그렇다. 성숙도 모델은 프로세스 독립적이어야 한다는 주장이 있는데 그건 바람직하다. 그러나 이런 주장은 품질 수준이 지속적으로 신뢰할 만한지 알고 싶다면 프로세스 실행 부분을 살펴봐야 한다는 가정을 포함하는 것이다(그 프로세스가 무엇인지는 관계없다). 성숙도 모델은 조직이 복잡한 환경에서 혁신하고 적응하는 능력을 측정하는 것이 아니라 프로세스를 학습하고 적용하는 능력을 측정한다.

의도는 좋지만 이런 모델 중 상당수가 기계적이며 …(중략)… 회사가 전사 차원에서 비즈니스 프로세스 관리 실천법을 개발해야 하는 유일한 이유가 조직 성과를 개선해서 고객과 이해관계자에게 가치를 전달하는 것임을 항상 깨닫지 못한다. 따라서 많은 '프로세스 성숙도' 모델이 기본적인 두 가지 현실을 명시적으로 고려하지 않고 있다. 1) 조직은 복잡한 비즈니스이면서 동시에 복잡한 사회 시스템이라는 점과 2) 모범적인 비즈니스 프로세스 관리 성과를 얻으려면 리더가 협력적이고 교차 기능적으로 일할 필요가 있다는 점이다.[1]

조직은 살아 있는 시스템이다. 조직 전체에 하나의 (성숙도) 등급을 부여하는 것은, 나 위르헌 아펄로라는 존재, 내가 만들어낸 것, 내가 상징하는 것 모두를 점수 하나로 평가하는 것처럼, 쓸모도 없고 불쾌감을 줄 수도 있다(좋다, 사실 여러 개의 점수를 매기는 모델도 있지만, 많은 컨설턴트와 비즈니스에서는 딱 한 가지 등급을 사용하는 쪽을 선호한다). 따라서 나는 비즈니스에 성숙도 모델을 사용하는 것이 조직의 전문성을 다루고 가늠하는 적절한 방법이 아니라고 믿는다. 조직 전체에 등급을 부여하는 것이 아니라 특정한 사람이 수행하는 특정 활동에 대해서만 등급을 부여해야 한다.

11장에서는 복잡성을 바탕으로 성숙도와 전문성에 대한 내 견해를 논의한다. 나는 조직의 "성숙도"가 다양한 사람들이 수행하는 다양한 활동의 성숙도가 이뤄낸 창발적 속성이라고 본다. 그리고 성숙도 모델과 엮이고 싶지 않기 때문에 성숙도가 아니라 **역량**competence 이라는 용어를 사용한다.

---

1 Spanyi, Andrew. "Beyond Process Maturity to Process Competence." BPTrends, June, 2004(http://processownercoach. com/To%20Process%20Competence.pdf) 허락하에 옮김(Spanyi 2004).

성과가 정말로 중요하다면, 조직의 비즈니스 프로세스 역량 개발 방식을 살펴보는
성숙도를 극복해야 한다.[2]

로버트 C. 마틴은 다음과 같이 말했다. "십대들이나 성숙에 대해 이야기한다. 성인들은
그렇지 않다."

일곱 가지 역량 개발 방법

다양한 발표를 준비하면서, 전문 연사들의 업무를 대행해주는 사람에게 연락해본 적이 있
다. 나는 내 소개와 함께 유럽과 미국 콘퍼런스에서 했던 발표, 내가 쓴 책, 새로운 비즈니
스에 대해 설명하는 이메일을 보냈다. 3주를 기다렸지만 답장을 받지 못했다. 메일을 한
번 더 보내자 며칠 내로 연락을 주겠다는 약속이 담긴 사과 메일을 곧바로 받았다. 그리고
나서 기다리고 또 기다렸다. 사흘이 지난 후 나는 비즈니스 이메일 및 고객 문의 담당자를
고용하겠다는 생각을 접었다.

10장, '규칙을 만드는 기술'에서 교통 질서를 지키도록 해주는 일곱 가지 방법을 논의했다.
이 방법을 소프트웨어 개발(그리고 일반 비즈니스)에 적용하고 규율이라는 개념을 역량으로
넓히면, 조직 역량을 개발하는 일곱 가지 방법이 나온다. 첫 번째 방법은 모든 사람이 출
발하는 지점이며, 나머지 방법들 각각은 이전 방법이 통하지 않을 때를 대비한 "예비 시
나리오"라고 할 수 있다.

- **자기**: 자기수련과 자기개발이란 스스로 특정 행동 패턴을 받아들이고자 하는 계획
  을 말한다. 적당한 시간 안에 다른 사람의 전화나 이메일에 답변해야 한다고 아무
  도 내게 말해줄 필요가 없다. 그런 행동은 스스로 받아들이고 지켜야 하는 것이다.
- **코치**: 코칭이란 특정한 기술과 행동을 개발하고자 하는 사람을 훈련시키는 방법
  이다. 코치는 다른 사람의 이메일을 방치하지 않도록 적절한 이메일 사용 패턴을
  만드는 데 도움을 줄 수 있다.

---

2 Spanyi, Andrew. "Beyond Process Maturity to Process Competence." BPTrends, June, 2004(http://processownercoach.
com/To%20Process%20Competence.pdf) 허락하에 옮김(Spanyi 2004).

- **테스트**: 테스트란 작동하는 전화기를 집어들고 올바른 번호를 누르는 것처럼, 누군가에게 어떤 과업을 수행하는 데 필요한 기술, 행동, 의지가 있다는 것을 어떤 권위자가 확인한다는 뜻이다(또는 그런 뜻이어야 한다).

- **도구**: 표지판과 신호는 사람들에게 무엇을 해야 하는지 확실하게 해줌으로써 행동을 이끄는 방법이다. 이 문단을 쓰기 딱 한 시간 전에, 나는 할 일 목록에서 "고객에게 회신하기"에 체크 표시를 했다. 나는 중요한 항목을 잊어버릴 경우에 대비해 시스템에 알림을 설정해놓았다.

- **동료**: 동료 압력이란 집단의 규범에 순응해서 행동이 변화하도록 동료가 미치는 영향을 가리킨다. 누군가 나를 기다리도록 만들면, 첫 번째에는 아직 답변을 기다리고 있다고 정중하게 상기시킨다. 두 번째에는 솔직하게 불편함을 전달한다. 세 번째에는 따끔하게 꾸짖는다.

- **감독자**: 감독이란 조직의 관리자를 대신해 사람들이 할 일을 제대로 하고 있는지 확인하는 행동이다. 예를 들어, 사람들이 전화와 이메일을 적절하게 제때 처리하고 있는지 가끔씩 확인하는 것이 어떤 조직에서는 좋은 아이디어일 수도 있다.

- **관리자**: 리딩과 지배는 관리자가 해야 할 일 중 일부다. 리딩이란 좋은 모범을 보이는 것이고, 지배란 잠재적인 고객을 완전히 무시해서 기업의 평판에 해를 끼치는 것처럼 조직의 이익에 반하는 행동을 한 경우를 어떻게 할지 결정하고 판단하는 것이다.

조직의 역량 개발은 일곱 가지 방법에 걸쳐 있다고 볼 수 있다. 제일 먼저 역량은 개인 책임이다. 스스로 역량 있는 행동을 개발할 능력이 없다면 코칭을 받아야 할 수도 있다. 코칭이 불가능하거나 코치의 역량이 부족하면 아마도 몇 가지 테스트의 조합, 적절한 도구 사용, 동료를 통한 역량 개발을 이룰 수 있을 것이다. 마지막으로 이 모든 것이 불가능하고 감독자마저 활용할 수 없다면 (또는 감독자마저 역량이 부족하다면) 비즈니스 실패에 대해 (마땅히) 비난받아야 할 사람은 관리자다.

> **만약 관리자마저 실패한다면?**
>
> 일곱 가지 방법을 모두 사용해도 역량 문제를 해결하지 못하고 관리자마저 실패한다면, 고객이나 최고 경영진은 (또는 양쪽 모두) 고통스러운 결과를 받아들여야만 할 것이다.

> **소프트웨어 장인 정신과는 어떤 관계가 있을까?**
>
> 소프트웨어 장인 정신 선언은 애자일 선언 단독으로는 소프트웨어 개발 조직이 충분한 역량을 갖출 수 없음을 깨달았던 사례 중 하나다.
>
> 소프트웨어 개발자의 장인 정신은 멋진 목표이며, 장인 정신 운동에서는 주로 여기에서 언급하는 첫 두 가지 방법(자기수련과 코칭)을 통해 이를 해결하고자 한다. 따라서 나는 장인 정신이 조직 역량이라는 큰 그림의 일부라고 생각한다.

전체 최적화: 여러 계층

4장, '정보–혁신 시스템'에서 시스템의 잘못된 부분을 측정하는 (그리고 보상하는) 문제를 논의했는데, 이러면 끔찍한 부작용으로 이어진다. 9장, '제약 조건을 정렬하는 방법'에서는 공유지의 비극 그리고 충실한 자기조직화가 시스템 그 자체만을 최적화하는 결과로 이어진다는 개념을 논의했는데, 이것은 시스템과 그 방향이 어떤 방식으로든 환경의 제약을 받을 필요가 있다는 의미다. 시스템 이론에서 이런 개념은 **부분 최적화의 원칙**Sub-optimization Principle[3]으로 알려져 있다.

> 별개로 간주되는 각 하위 시스템을 최대한 효율적으로 운영하면, 시스템 전체는 최대한의 효율로 작동하지 않을 것이다.[4]

이 문제의 해답이자 린 소프트웨어 개발의 기본 원칙 가운데 하나가 항상 전체를 최적화하라는 것이다(Poppendieck, 2007:38). 피터 드러커는 다음과 같이 말했다. "측정되는 것

---

3 Principia Cybernetica Web에서 인용(http://pespmc1.vub.ac.be/asc/princi_subop.html)

4 Skyttner, L. 『General systems theory: Ideas and applications』, River Edge, NJ: World Scientific. 2001. 허락하에 옮김 (Skyttner, 2001:93).

이 관리된다." 이 말을 다음과 같이 표현할 수도 있다. "측정하는 것을 얻게 된다^{WYMIWYG,} What you measure is what you get." 논리적으로 따져보면, 전체를 최적화하고 싶다면 전체를 측정해야 한다. 처음부터 끝까지, 맨 위부터 맨 아래까지 모든 것을 측정(및 제약)해야 하며, 그렇지 않으면 시스템에서 측정하지 않고 제약하지 않은 부분이 부분 최적화된 결과를 향해 자기조직화할 것이다.

나는 부분 최적화 원칙 때문에 거듭 고생했다. 프로젝트의 일정 및 예산이 초과 상태인지 팀 차원에서 측정하면, 일부 팀원은 자신이 프로젝트 후반에만 참여했기 때문에 초과 상태에 책임이 없다고 불평했다. 개인 기술을 측정하면, 제품을 출시하는 데 아무 관련도 없는 기술을 측정한다고 불평했다. 내가 유일하게 신뢰할 만한 지표는 사람들이 지표에 대한 꾸준히 불평한다는 사실 뿐인 것처럼 보이기도 했다.

애자일 전문가들은 팀원의 자기조직화가 팀원 개인을 위해서가 아니라 전체 팀의 결과를 최적화하기 위한 것이어야 한다고 굳게 믿는다. 나도 동의한다. 하지만 많은 애자일리스트가 개인이 아니라 오직 팀만을 측정해야 한다고 말한다. 그런데 이 부분은 나와 견해가 다르다.

이것이 옳다면, 사업부에 속한 팀과 조직에 속한 사업부에도 같은 논리를 적용할 수 있을 것이다. 하위 시스템(만)을 측정하면 언제나 바로 위 단계의 부분 최적화로 이어진다. 극단적으로 받아들이면, 올바른 지표는 "조직 전체와 그 환경의 지속적인 생존과 성공" 단하나뿐인데, 그건 별로 유용한 지표처럼 보이지 않는다(참고: "수익성" 조차도 조직 차원에서는 좋은 지표가 아니다. 지금은 이 지표 하나만 사용하면 부분 최적화로 이어진다는 사실을 금융 위기가 입증했다).

"전체 최적화"를 하려면 모든 지표를 조직의 더 상위 단계로 올려야 한다는 뜻은 분명히 아니다. 몇 단계를 되풀이하고 나면 사용할 만한 합리적인 지표가 남아 있지 않을 것이다. 지표의 조합이 전체 시스템의 측정과 전체 시스템의 이해 사이의 간극을 만들지는 않는지 확인하는 것이 더 논리적인 방법이다. 개인 성과 지표는 팀 차원의 지표로 보완한 경우에만 유효하다. 그리고 개별 팀 지표는 사업부 전체와 조직 전체의 지표로 보완한 경우에만 유효하다.

이를 애자일의 다섯 번째 가치처럼 바꿀 수도 있다.

　지역 지표보다 전역 지표를.

왼쪽에 있는 것도 가치가 있지만, 우리는 오른쪽에 있는 것에 더 높은 가치를 둔다는 것이다. 그렇다고 해서 왼쪽에 있는 것이 중요하지 않다는 뜻은 아니다.

전체 최적화: 여러 측면

9장에서는 품질 제약을 잊지 않도록 전통적인 제약의 삼각형triangle of constraints을 사각형으로 확장하는 방법을 살펴봤다. 그러나 삼각형이든 사각형이든 여전히 복잡한 소프트웨어 프로젝트의 역동을 완전히 표현하기에는 역부족임을 알게 됐다. 때로는 완전히 불가능해 보이는 제약의 에셔 큐브Escher cube5가 더 현실적으로 보인다(그림 11.1 참조).

삼각형과 사각형을 좀 더 유용하게 사용해보자. 이미 9장에서 첫발을 떼었다. 다르게 관리해야 하는 동전의 양면인 기능과 품질을 범위와 분리하는 것이다. 이렇게 하면 품질을 기능과는 별도로 고려해야 한다는 점을 강조해준다.

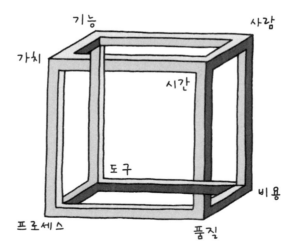

그림 11.1 제약의 에셔 큐브

5　에셔가 착시 현상을 이용해 그린, 실제로는 존재할 수 없는 형태의 정육면체 – 옮긴이

그러나 프로젝트를 더 분석해볼 수도 있다. 사람들이 "자원"이라 부르는 것이 실제로는 사람과 도구의 조합인데, 각각 매우 다른 방식으로 관리해야 한다. 게다가 앨리스터 코번은 프로세스가 원래 삼각형에서 놓친 추가적 측면이라고 주장한다(Cockburn, 2003). 그리고 짐 하이스미스는 새로운 측면으로 (비즈니스) 가치를 추가해서 (그리고 다른 제약 조건을 조정해서) 삼각형을 바꿨다(Highsmith, 2009:21).

이렇게 보면 소프트웨어 프로젝트에서 최소한 일곱 가지의 측정 가능한 측면 또는 관점이 나온다(표 11.1 참조). 이 표가 전부는 아니다(이론 물리학의 M 이론에는 11가지 측면이 있다.[6] 3차원은 너무 20세기적이다). 사람들은 분명히 몇 가지 측면 그리고 내가 여기에서 이야기하는 것보다 더 나은 지표를 예시로 들 수 있을 것이다.

표 11.1 일곱 가지 프로젝트 측면과 지표 예시

측면	측정 예시
기능	완료한 스토리 점수(속도)
품질	테스터가 보고한 문제
도구	월간 비용
사람	팀원이 보고한 장애
시간	라이브 배포까지 남은 날짜
프로세스	완료한 체크리스트
가치	분당 사용량 증가

이 활동의 요점은 여러 관점을 측정해야 하며 프로세스나 기능 하나에만 집중하지 않도록 주의해야 한다는 점이다. 앞서 논의한 것처럼, 많은 조직 모델이 다른 모든 프로젝트 측면보다 프로세스를 중요시하는 경향이 있다.

결과를 측정하는 것이 프로세스를 측정하는 것보다 더 중요하다. 그러나 둘 다 측정하는 것이 훨씬 더 중요하다. 내 실제 체중이 일일 섭취 칼로리, 심장 박동 수, 혈압, 아직 구매하지 않은 전신 운동 기구가 소모시킬 수 있는 전체 칼로리를 측정하는 것보다 더 중요하다. 그러나 이 모든 측정을 함께 고려하면 "나"라고 부르는 시스템에 실제로 무슨 일이 일어나고 있는지 보다 잘 이해할 수 있다.

---

6 http://en.wikipedia.org/wiki/M-theory

이상적으로, 부분 최적화 원칙은 지표가 반드시 시스템 전체를 포괄해야 하며 그렇지 않으면 부분적으로 최적화될 것이라고 말해준다. 작동하는 기능 전달(기능)이나 스프린트 데모 승인(프로세스)에만 집중하면 품질 악화, 팀원 동기 저하, 고객의 비즈니스 가치 감소로 이어질 수 있다. 시스템은 측정한 것을 제공할 것이다. 따라서 일곱 가지 프로젝트 측면 모두를 간단하게 측정하려고 노력하자. 그렇게 하면 시스템이 자기조직화하고 역량을 개발해서 전체 시스템 최적화를 얻게 된다.

시스템 전체를 포괄해 여러 측면에 지표를 만드는 방법으로는 로버트 카플란Robert Kaplan과 데이비드 노튼David Norton이 10여년 전에 만든 **균형 성과표**BSC, balanced score card가 잘 알려져 있다(Kaplan, Norton, 1996). 개발 관리자라면 원래의 다섯 가지 측면(재무, 고객, 내부 비즈니스, 혁신, 학습)을 소프트웨어 개발에 더 유용한 일곱 가지 측면으로 바꿔서 사용하라고 제안하고 싶다.

성과 지표 팁

성과 지표는 중요하다. 학교에서, 스포츠에서, 예술 분야에서, 사람들은 자신이 얼마나 잘하고 있는지 알고 싶어한다. 학생들은 수학, 언어, 지리 지식으로 성적을 받고, 축구, 야구, 테니스 선수들은 실력으로 순위를 결정짓고, 책, 연극, 텔레비전 쇼에는 등급이 매겨진다. 얼마나 잘하고 있는지 모른다면 다음 번에 더 잘하고 있는지 알 수 없다. 그래서 사람들은 마이크로소프트 인증 시험에서 몇 점을 받을 수 있는지 알고 싶어한다. 또한 나이키 운동화와 아이팟으로 달리기 기록을 추적하기도 한다. 그리고 여러분이 이 책에 아마존 평점을 몇 점이나 줄지 기대하는 이유기도 하다.

관리자가 해야 할 일 중 하나는 직원들이 자신의 업무를 얼마나 잘하고 있는지 알고 이해할 수 있도록 해주는 것이다. 개인 지표 또는 집단 지표를 만들 때마다, 성과를 측정할 때는 다음과 같은 팁을 명심하는 것이 좋다.

- **기술과 규율을 구분한다.** 10장에서 기술과 규율이라는 두 가지 성숙도 등급을 다뤘다. 두 가지 모두 사람과 팀마다 별도로 평가할 수 있다. 이렇게 하면 (실패하기에

는 너무 뛰어나다고 생각할 수도 있는) 기술이 숙련된 사람들이 규율을 잊지 않도록 해준다. 또한 (절차를 따르기 때문에 뛰어나다고 생각할 수도 있는) 규율을 잘 갖추고 있는 사람들이 자만에 빠지지 않도록 해준다. 규율 측정 사례: 작업 현황판이 최신 상태이고, 회의는 정시에 시작하며, 코드 커버리지는 항상 95% 이상이다. 기술 측정 사례: 빌드 실패가 없고, 보고된 버그도 거의 없으며, 고객 데모는 항상 승인을 받는다.

- **지식이나 경험을 평가하지 않는다.** 기술과 규율의 전제 조건이 지식과 경험이지만, 지식과 경험을 측정하는 것은 별로 의미가 없다. 지식과 경험은 존재하는 것이고, 기술과 규율은 전달하는 것이다. 작가로서 나는 작가라는 존재로 평가받는 것이 아니다. 나는 전달하는 글로 평가를 받는다. 게임으로 시간을 낭비하고 있지만 지식과 경험이 높기 때문에 좋은 평가를 받는 사람이 조직에 없어야 한다.

- **다양한 활동을 평가한다.** 우리는 각자 잘하는 부분이 있고 그렇지 않은 부분이 있다. 점수를 잘 받는 활동이 있다면 나쁜 점수를 받는 활동에 대한 창피함을 받아들일 수 있다. 이와 마찬가지로 직원들이 어떤 영역에서 칭찬으로 보상받는다면 비판을 좀 더 쉽게 받아들일 수 있다. 점수가 여러 개라면 솔직하고 공정하게 평가하기가 더 쉽기도 하다. 소프트웨어 배포의 품질과 그 적시성, 고객 만족과 비용 효율성, 공식 표준 준수와 팀 유연성에 대해 사람들을 평가한다.

- **여러 번의 성과를 평가한다.** 고등학교 시절 어떤 선생님이 한 명당 1년에 최소한 10번의 테스트 점수가 필요한 체계를 만들면서, "우리 모두 때로는 운이 나쁜 날이 있다"면서 가장 낮은 점수는 계산에 포함하지 않겠다고 약속했다. 사람들은 일반적으로 비슷한 활동에 대해 여러 번 평가받는 쪽을 선호한다. 그리고 다음 번에 더 잘할 수 있는 기회를 얻고 싶어한다. 프로젝트 각각을 그리고 제품에 포함되는 새로운 배포 각각을 평가하자.

- **가능하면 상대 평가를 사용한다.** 시간에 따른 팀의 성과를 이전 성과와 비교한다("지난 번보다 15% 좋아졌다"). 조직의 다른 팀과 비교한다("프로젝트 X를 하는 사람들보다 20% 좋지 않다"). 외부 비즈니스와 비교한다(회사 B보다 32% 더 잘하고 있다). 상대 지표를 사용하면 팀은 하나의 목표에 만족하고 거기에 머무르는 대신, 매번 더 잘하려고 노력할 수 있다(Highsmith, 2009:353).

- **피드백 루프를 가능하면 짧게 유지한다.** 활동 시간과 지표에 대한 피드백 지연은 가능하면 없어야 한다. 이것이 내가 책을 쓰기 전에 블로그를 시작한 이유 중 하나다. 나는 글을 더 잘 쓰는 방법을 알기 위해 블로그 독자들의 즉각적인 피드백이 필요했다. 딱 1년 반 후에 나는 피드백 순환이 훨씬 더 긴 책 쓰기를 시작하기에 충분한 자신감을 얻었다.

- **선행 지표와 후행 지표를 모두 사용한다.** 선행 지표는 지표가 바뀌었을 때 목표 달성을 향해 올바르게 가고 있다는 것을 가리키는 지표를 말한다(사례: 단위 테스트 코드 커버리지가 늘어나면 제품 품질이 더 높아진다는 것을 가리키는 것일 수도 있다). 후행 지표는 작업을 마친 후에 목표를 달성했는지 아닌지 확인하는 지표를 말한다(사례: 고객이 보고한 결함이 줄어들면 제품 배포 후 품질을 확인할 수 있다). 일반적으로 선행 지표와 후행 지표 모두 사용하는 것이 좋다(Cohn, 2009:440).

- **여러분이 직접 평가하지 않는다.** 사람이나 팀 성과에 대해 관리자로서 여러분의 의견이 지니는 가치는 아주 작다. 질적이든 양적이든 환경이 모든 점수를 만드는지 확인하자. 점수는 여러분이 평가하는 것이 아니다. 전달자가 될 수는 있겠지만 평가자는 아니다. 검사가 아니라 판사가 되자.

그렇다. 나는 (또 다시) 유죄를 인정한다. 세상의 다른 많은 무지한 관리자처럼, 나도 개인적으로 1년에 한 번 5점 척도 점수 하나로 직원들에게 등급을 부여하고 평가했다. 그러나 지금은 후회한다. 나는 사람들이 여러 점수로, 여러 번, 가능한 빨리 평가받아야 한다고 생각한다. 내가 평가하지는 않는다. 세상이 내 미안한 마음을 알아줬으면 좋겠다. 그런 일이 다시는 생기지 않을 것이다.

지금까지 조직에서 역량을 측정하는 다양한 방법을 논의했다. 이제 그 역량을 달성하기 위한 일곱 단계를 살펴보자.

자기개발의 네 가지 요소

글을 써야만 하는데 가끔씩 그럴 기분이 아닐 때가 있다. 차라리 좋아하는 소설을 읽고 싶다.[7] 하지만 여전히 나는 글을 쓴다.

왜 그렇게 할까?

그것을 **자기수련**self-discipline이라고 부른다

> 자기수련이란 다른 일을 하는 편이 더 나은 상황에서도, 어떤 과업을 달성하거나 특정 행동 패턴에 익숙해지기 위해 스스로에게 부여하는 훈련을 가리킨다.[8]

연구에 따르면 졸업 학년 학생들에게 자기수련은 IQ보다 두 배나 더 중요하다. 역량을 달성하는 데 재능보다 노력이 중요한 것이 분명하다(Jensen, 2006).

나는 무엇이 수련을 지속하도록 만드는지 항상 궁금했다. 다음은 그에 대한 내 의견이다.

1. 뭔가의 **중요성**important을 깨닫기 시작한다. 뭔가의 가치를 이해하지 못한다면 그것을 시작할 (그리고 유지할) 생각이 절대 생겨나지 않을 것이다(나는 운동하기, 가계부 쓰기, 요리하기의 중요함을 알고 있기 때문에 이에는 문제가 없다).

2. 기본적인 **시간 관리**time management 기술이 있어야 한다. 바쁜 주간 일정에 중요한 일을 넣지 못하면 그 일을 할 수 없을 것이다(나는 운동 일정을 잡기가 어렵다. 나는 항상 읽고 쓰는 일을 더 중요하게 여긴다).

3. 이해도 하고 있고 시간 관리도 적절히 하고 있다면, **잊지 않는 것**not to forget이 매우 중요하다(일정에 가계부 쓰기를 넣는 것은 쉬울 수 있지만, 그걸 잊어버리는 경우가 많다. 한 달 후에 내 돈이 모두 어디로 가버렸는지 알아내는 건 정말 어려운 일이다).

4. 아마도 가장 힘든 것은, 사람들에게 동기 부여가 필요하다는 사실일 것이다. **동기 부여**motivation가 없다면 수련도 없다(내가 먹어야 한다는 사실은 다행히 절대 잊지 않는다. 그러나 혼자 있을 때는 직접 요리를 해야 한다는 동기는 잘 생기지 않는다. 장사가 아주 잘되는 테이크아웃 레스토랑 몇 군데를 알고 있다. 그리고 내 돈이 모두 어디로 갔는지

---

7 http://en.wikipedia.org/wiki/Malazan_Book_of_the_Fallen
8 http://en.wikipedia.org/wiki/Discipline#Self_discipline, 크리에이티브 커먼즈 라이선스하에 옮김.

도 알 것 같다).

이것이 수련을 지속하기 위한 네 가지 요소다. 그리고 이 각각으로 사람들에게 도움을 줄 수 있다.

1. 사람들이 뭔가의 중요성을 이해할 수 있도록 도움을 준다. 리팩토링이 중요하다는 것을 가르쳐준다. 버전 관리가 중요하다는 것을 가르쳐준다. 면대면 소통이 중요하다는 것을 가르쳐준다. 사람들에게 좋은 가르침을 주면 수련 문제의 첫 20%를 해결할 수 있다.

2. 사람들에게 기본적인 시간 관리 기술을 가르쳐서 도움을 줄 수 있다. 중요도와 긴급도를 구별하는 방법을 보여준다. 일정표에 정기 활동을 예약하는 방법과 일정을 만드는 방법을 보여준다. 세균을 없애기 위해 매일 이를 닦을 수 있다면, 버그를 없애기 위해 매일 코드를 깨끗하게 만들지 못할 이유가 있을까? 이것이 사람들의 수련 문제 중에서 또 다른 20%를 해결해줄 수 있다.

3. 사람들에게 잊지 않는 기법을 가르쳐서 도움을 줄 수 있다. 평범한 과업을 좋은 습관으로 바꿀 수 있도록 알림을 설정하는 방법과 일일 반복을 설정하는 방법을 보여준다. 데이비드 앨런David Allen의 『쏟아지는 일 완벽하게 해내는 법Getting Things Done』(김영사, 2016)이나 짐 벤슨Jim Benson의 『Personal Kanban』(CreateSpace Independent, 2011)[9]과 같은 개인 관리 방법 또한 사람들이 과업과 프로젝트를 제어할 수 있도록 도와준다. 이것이 자기수련 문제의 또 다른 20%를 해결해줄 수 있다.

4. 사람들에게 과업을 더 즐겁게 만드는 방법을 보여준다. 크리스 스파뉴올로Chris Spagnuolo는 재미가 동기 부여의 결정적인 부분이라고 말했다(Spagnuolo, 2008). 이것이 베스트셀러인 『Fish! 펄떡이는 물고기처럼Fish!』(한언, 2017)에서 다루는 주제 중 하나기도 하다(Lundin, 2000). 따분하고 일상적인 과업을 더욱 즐겁게 만들면 사람들에게 더 많은 동기가 부여될 것이다. 그곳에서 다른 20%를 얻게 된다.

자, 모두 더하면 80%가 된다. 그러면 나머지 20%는 어디에 있는 걸까?

---

9 짐 벤슨의 웹 사이트 주소(http://personalkanban.com/)

사람들이 중요성을 이해하고, 시간도 있고, 잊지도 않았으며, 동기 부여돼 있더라도, 혼자 하고 있다는 사실을 깨닫는 순간 그 활동을 생략해버릴 수도 있다!

따라서 마지막 20%는 여러분이다! 바로 여러분이 모범을 보여서 이끌어야 한다. 사람들이 비슷한 행동을 하길 바란다면 반드시 자기수련하는 모습을 보여줘야 한다. 회의에 늦게 참석한다면, 사람들은 늦어도 괜찮다고 생각할 것이다. 리팩토링도 하지 않고 버전도 지정하지 않은 코드를 작성한다면, 다른 사람들도 똑같이 할 것이다. 이메일 회신을 잊어버린다면, 사람들이 여러분에게 (또는 고객에게) 더 이상 회신하지 않을 것이다.

내 책장에 있는 스티븐 에릭슨Steven Erikson[10]의 책을 읽고 싶었지만, 결국 11장을 쓰게 됐다. 책 품질은 내게 중요한 문제다. 나는 글을 쓸 시간을 확보하기 위해 다른 활동을 정리한다. 맞춤법 검사기 실행, 주석 및 참조 확인, 저작권 알림 추가, PDF 버전 생성 등을 잊지 않도록 체크리스트로 만들었다. 그리고 내가 책을 쓰고 있다는 사실을 트위터에 알리고, 직접 삽화를 그리고 멋진 레이아웃의 초안을 만들면, 전체 과정이 더 재미있어지기 때문에 나 자신에게 동기 부여가 된다.

여기에 덧붙여, 한두 명 정도는 내 사례에서 영감을 얻었기 바란다.

관리 대 코칭 대 멘토링

많은 조직에서 기능 관리자가 사람들의 개인 개발을 도와야 한다는 생각에 익숙하다. 우리는 관리자로서 사람들의 기술, 그들의 지식과 경험, 교육, 수련에 (어떤 경우에는 이런 것들의 부족함에 대해) 관심을 기울인다. 좋은 행동은 칭찬하고, 나쁜 행동은 꾸짖거나 고민을 들어주기도 한다.

기능 관리자가 사람들의 개인 **코치**coach인 것처럼 보인다.

> 관리자 업무 가운데 하나로, 조직 내에서 부하의 능력과 효율을 올리기 위해 그들의 직접적인 보고에 대해 코칭하는 일이 있다. 이때 코칭은 대인 관계 역량이나 업무와 관련된 기술적인 작업 중 어느 하나에 집중할 수 있다. …(중략)… 실행력 문제

---

10 캐나다의 SF/판타지 소설가 – 옮긴이

를 해결하려고 결심한 사람을 코칭할 수도 있고, 새로운 역량이나 통찰력을 키우려고 결심한 사람을 코칭할 수도 있다.[11]

그러나 다른 옵션도 있다.

사람들을 관리하는 일과 사람들을 코칭하는 일은 다르다. 라인 관리자로서 여러분은 채용 후보자 면접, 예산 관리, 연봉 협상, 일일 보고 확인, 주간 보고 확인, 월간 보고 확인, 연간 보고 확인 그리고 이런 보고서를 제출하는 일이 얼마나 중요한지 사람들에게 상기시키기 등의 업무를 담당한다. 그러면서 사람들을 확인할 수도 있다.

라인 관리자로서, 여러분은 또한 개인 코치가 필요한 사람이 있는지 확인해야 한다. 그러나 그 코치가 꼭 여러분일 필요는 없다! 이 역할을 위임해서 (고참) 인력들에게 (신입) 동료의 기술과 역량을 개발하도록 코칭하는 권한을 부여할 수 있다. 옛날에는 달인이 견습공의 코칭을 숙련공에게 위임하는 일이 흔했다. 숙련공이 달인보다 코칭을 더 잘하는 경우가 많았는데(Snowden, 2010a), 그래서 교육생과 역량 수준이 비슷한 코치를 활용하라는 조언도 있다(Hunt, 2008:31).

조직에 있는 모든 개인에게 관리자는 한 명뿐이지만, 코치는 없을 수도, 한 명일 수도, 다양한 개인 개발 영역마다 여러 코치가 있을 수도 있다. 직급이 높은 직원들만 코치가 돼야 할 필요도 없다. 외부 컨설턴트를 채용해서 위임할 수도 있다. 그렇게 하면 여전히 모두의 관리자 역할을 하면서 많은 시간을 절약할 수 있고, 사람들에게 (코치로서 유망하다면) 코치 역할을 주고 권한을 부여해서 모든 것을 한방에 해결할 수 있다! 조직에 좋은 코치가 없다면, 코치를 고용하거나 육성해야 한다(Adkins, 2010).

관리자의 코칭 역할은 경영서에 되풀이해서 등장하는 주제다. 나는 이것이 관리자가 하급자보다 더 역량이 뛰어나다고 가정하는 전통적인 계층 사고에서 생겨난 오류라고 생각한다(그것이 명령 계통에서 위로 올라가려는 주된 이유인 경우가 많다). 복잡계 관점에서 보면 말도 안 되는 소리다. 최고 관리자가 슈퍼히어로가 될 수는 없다. 관리자도 하급자만큼이나 실수를 저지른다(이해관계가 걸려 있는 경우에는 더욱 그렇다). 필요한 것은 조직 내부나 외부의

---

11 Rothman, Johanna and Esther Derby. 『Behind Closed Doors』, Raleigh: Pragmatic Bookshelf, 2005. http://pragprog.com 허락하에 옮김(Rothman, Derby, 2005:124). (한국어판: 『실천가를 위한 실용주의 프로젝트 관리 7 WEEKS: 위대한 관리의 비밀』, 조한나 로스먼/에스더 더비 지음, 신승환/정태중 옮김, 위키북스, 2007)

누가 사람들이 개발해야 하는 다양한 역량에 도움을 주는 좋은 코치가 될 수 있는지 잘 찾아내는 것뿐이다. 메리 포펜딕과 톰 포펜딕은 이런 역할을 **역량 리더**competency leader라고 부르는데, 역량 리더는 표준을 설정하고 사람들을 개발하는 역할을 한다.

> 역량 리더가 실제로 하는 일은 무엇인가? 무엇보다 먼저 조직에서 탁월한 기술을 개발하는 데 최선을 다한다. 그들은 일을 가능케 하는 아키텍처, 실수를 방지하는 프로세스, 점진적 개발, 기술 전문성 면에서 좋은 소프트웨어 개발의 틀을 잡으며 시작한다. …(중략)… 그들은 표준을 설정하고, 코드의 명료성을 고수하며, 코드 리뷰가 학습을 향상시키는지 확인한다. …(중략)… 아마도 역량 리더의 가장 중요한 역할은 개발 전문성에 필요한 목적 의식이 있는 실천법을 안내하는 교육자일 것이다. …(중략)… 역량 리더가 라인 관리자인 경우가 많지만, 라인 관리자가 항상 역량 리더인 것은 아니다.[12]

마지막 조언은 **멘토**mentor를 찾는 사람들에게 적합하다. 멘토가 코치는 아니지만, 두 단어를 동의어처럼 혼용하는 경우가 많다. 멘토는 직원의 개인 생활이나 경력을 다루고, 특별한 어젠다는 없으며, 오직 개인에게만 초점을 맞춘다. 코치는 개인의 과업과 역할을 다루고, 구체적인 어젠다 또는 개발 방식이 있으며, 개인의 성과에 초점을 맞춘다(Starcevich, 2009). 여러분은 관리자로서 코치를 할당할 수도 있지만, 누군가의 멘토에 대해서 딱히 뭘 해야 할 필요는 없다. 멘토는 애인이나 정부와 비슷하다. 애인이나 정부가 있는지 없는지는 흥미로운 일이지만 여러분이 상관할 바가 아니다.

인증을 고려하자

많은 애자일 소프트웨어 개발 에반젤리스트들과 마찬가지로 나도 사람들이 자신의 인증을 자랑스러워하는 모습에 회의적이다. 내 경험상, 인증은 과거의 어떤 순간에 일부 측정 가능한 방법으로 어떤 정보를 알고 있었다는 것 이외에 개인의 능력을 그다지 증명해주지 못한다. 그것이 전부다. 추측건대 개인의 지식이 아닌 기술을 테스트하는 "기술 기반" 인증조

---

12 Poppendieck, 『Leading Lean Software Development: Results Are Not The Point』, ©2009 Poppendieck LLC. Pearson Education, Inc. 허락하에 옮김(Poppendieck, 2009:96 – 97).

차도, 특정 활동을 샌드박스 안에서 수행할 수 있다는 것 이상을 거의 증명해내지 못한다. 물론 실제 프로젝트를 성공적으로 완료하는 데 필요한 기술을 테스트하는 것도 아니다.

인증이 개인 역량에는 거의 효과가 없는 것으로 보인다. 교통 통제 전문가인 내 친구 루디는 네덜란드가 세계에서 운전하기에 가장 안전한 나라라는 위치에 오르는 데 기여한 바가 가장 적은 것이 운전 면허증이라고 생각한다. 그는 네덜란드 도로가 (비교적) 안전한 가장 큰 요인은 면허증이 아니라 문화와 관련이 있다고 말했다.

소프트웨어 개발 및 프로젝트 관리에도 비슷한 문제가 있다.

> 프로젝트 관리 연구소PMI, The Project Management Institute의 PMPProject Management Professional 인증에는 PMP들이 지속적으로 교육 과정에 참석하고, 일정 정도의 경험을 갖춰야 하는 등 상당히 엄격한 요구 사항이 있다. 이렇게 말해서 미안한데, 좋은 PMP들도 알고 지내지만, 내가 만났던 최악의 프로젝트 관리자 역시 절대로 프로젝트를 맡아서는 안 되는 PMP였다. 또한 그들은 자신의 인증을 자랑스럽게 생각하면서, 자신의 부족한 점은 깨닫지 못하는 사람들이었다. 나는 PMP가 무엇을 의미하는지 모르지만, "기본적인 최소 역량"이라는 뜻은 아니다.[13]

이 비판을 어떤 인증에도 적용할 수도 있지만, 잘못하면 성급한 일반화의 오류[14]에 쉽게 빠질 수 있다. 알다시피 인증은 있으나 성과가 형편없는 사람들도 많지만, 이것이 인증이 조직에 아무런 효과도 없다는 뜻은 아니다. 인증이 (내가 믿는 바에 따르면) 역량 문제를 다루는 더 크고 복잡한 방식의 일부가 될 수 있다. 사실, 인증 그 자체는 거의 효과가 없을 수도 있다. 그리고 인증은 역량이 있다는 것을 공식적으로 인정받았다고 사람들이 오해하도록 만들 수도 있다. 인증 자체는 쓸모가 없다. 그러나 다른 조치들과 함께 활용하면 긍정적인 효과를 얻을 수 있다. 인증(그리고 인증을 얻기 위해 필요한 교육 과정과 자기 학습)은 저 바깥에 무엇이 있고 무엇이 중요한지에 대한 인식의 기반을 마련해준다.

케빈 켈리는 지식이 고르지 않고 울퉁불퉁하며 몇몇 좁은 영역이 무지의 사막으로 나뉘어 있다고 했다(Kelly, 1994:454). 인증은 개인의 마음속에 있는 이런 사막을 비옥하게 만드는

---

13 Shore, James. "Why I Don't Provide Agile Certification." The Art of Agile, March 31, 2009(http://jamesshore.com/Blog/Why-I-Dont-ProvideAgile-Certification.html), 제임스 쇼어 허락하에 옮김(Shore, 2009).

14 http://en.wikipedia.org/wiki/Hasty_generalization

방법이다. 개인 코치, 사회적 압력, 적절한 도구, 약간의 감독, 유능한 관리와 합치면, 인증은 몇 배나 큰 값어치를 할 수 있다.

네덜란드인들은 운전 면허증만으로 교통 사고를 최소화할 수 없다는 것을 알고 있다. 그러나 규율, 도로 표지판, 경적, 교통 경찰, 법률을 갖추면 운전 면허증을 얻기 위한 노력이 다른 모든 조치가 더욱 효과를 발휘하도록 하는 촉매가 될 수 있다.

사회적 압력을 활용하자

사람들이 **동료 압력**peer pressure(또는 **사회적 압력**social pressure)을 언급할 때 약물, 알콜, 도박, 담배, 파티에 빠진 십대를 가리키는 경우가 많다. 부모들은 대개 동료 압력에 "부정적"이며, 그것이 유흥이나 쾌락과 강한 연관이 있다고 가정한다. 개인적으로는 그런 경험에 대해 잘 모르는데, 그건 내가 십대 때 사회 집단의 일원이 아니어서 (애석하게도) 아무도 나를 꼬시려들지 않았기 때문이다.

부모들은 동료 압력을 나쁜 것으로 생각하는데, 그래서 "동료 압력을 처리하기Dealing with Peer Pressure15"나 "동료 압력의 극복Beating Peer Pressure16"과 같은 제목의 기사들이 나오기도 했다. 그러나 동료 압력이 모두 십대를 유혹하는 쾌락인 것은 아니다. 더 열심히 일하도록 사회 집단이 스스로를 압박하는 것을 가리키기도 한다(어떤 이유에서인지 부모들은 이를 "긍정적" 압력이라고 말한다). 더 높은 점수를 받기 위해 같이 하는 공부, 스포츠를 더 잘하기 위한 훈련, 더 높은 코드 커버리지 달성, 쾌락이 아니라 성과를 얻기 위한 다른 많은 활동을 예로 들 수 있다.

"긍정적"이든 "부정적"이든, 성과를 위해서든 쾌락을 위해서든, 큰 틀에서 보면 사회적 압력은 양성 피드백 루프 사례다. 사회 집단에 어떤 행동을 보이는 구성원이 더 많을수록, 나머지 구성원들은 같은 행동을 해야 한다는 압박감을 느낀다. 그래서 눈깜박할 사이에

---

15 사례 기사(http://kidshealth.org/kid/feeling/friend/peer_pressure.html)
16 사례 기사(http://teenadvice.about.com/cs/peerpressure/a/blpeerpressure.htm)

집단 전체가 바로 그 똑같은 행동을 하게 되는 것이다. 그것이 TDD든 LSD[17]든 순식간에 한통속이 돼버린다.

소프트웨어 개발에서 동료 압력이 중요한 역할을 할 수 있다. 그러나 동료 압력을 적절하게 활용하려면 반드시 알아야 하는 몇 가지가 있다.

1. 집단의 사회적 압력은 사람들이 집단에 속하길 원할 때만 작동한다. 즉, 관리자는 반드시 팀 구축(또는 팀 양성)을 해야만 한다. 하나의 커다랗고 특색 없는 소프트웨어 개발자 풀을 만들지 말고, 사람들을 팀으로 구성한다. 이런 팀을 깨뜨리려고 하는 사람들과 맞서 싸운다. 사람들을 다른 팀에 강제로 재배치하려는 사람들에게 저항한다. 팀원이 원한다면 다른 팀으로 옮길 수 있도록 해준다. 팀이 뚜렷한 정체성을 갖도록 해주는 모든 계획을 지지한다. 사람들은 자신이 유일무이한 팀의 일원이라고 느낄 때만 기꺼이 행동을 바꾸고 팀 규칙을 받아들일 것이다.
2. 집단이 공동의 **목표**goal를 달성하는 책임을 갖는 방향으로 사회적 압력을 가한다. 스포츠 팀은 함께 승리하고 함께 패배한다. 개발 팀도 마찬가지다. 팀이 갖는 책임은 공동의 책임이다.
3. 뒤로 물러난다. 자기조직화가 그 일을 하도록 하고, 사람들의 행동을 바꾸는 사회적 압력을 기다린다. 팀 모두가 같은 활동을 수행하고 동일한 절차를 사용하면 변화를 경험할 가능성이 높다.

물론 이것은 이론이다. 현실에서는 때때로 더 많은 밀고당기기가 필요하겠지만, 이것이 동료 압력이 작동하는 기본 패턴이다. 팀을 만들고, 목표를 설정하고, 뒤로 물러난다.

집단의 일원이라고 생각하지 않는 사람은 동료 압력의 영향을 받을 수 없다는 사실을 잊지 말자. 나는 십대 시절에 집단 사고에 빠지지 않았고, 지금도 그런 티가 난다. 나는 술도 안 마시고, 담배도 피우지 않고, 약물도 하지 않고, 도박도 하지 않는다. 그리고 파티에 갈 기회도 몇 번 놓쳤던 것 같다.

---

17 리세르그산 디에틸아미드(Lysergic Acid Diethylamide). 엄청나게 강력한 환각을 유도하는 약물이다. – 옮긴이

> **사람들이 배우지 않으려고 하면 어떻게 할까?**
>
> 사람들이 자기개발, 코칭, 인증, 사회적 압력을 통해 자신의 역량을 키우지 않으려고 한다면, 해야 할 일은 세 가지다.
>
> 그 사실을 이야기해준다.
>
> 그 사실을 마지막으로 한 번 더 이야기해준다.
>
> 내보낸다.

적응성 있는 도구를 사용하자

자기조직화와 업무 수행에 대해 이야기할 때 무시되는 경우가 많은 자원 유형이 있다.

바로 **도구**tool다.

도구는 생산성, 품질, 효율성을 높이기 위해 사용한다. 그러나 생산성이 높은 자기조직화 팀의 도구는 그 이상이어야 한다. 가장 좋은 도구는 오류를 지적하고, 잠재적인 문제를 알려주고, 더 높은 품질의 결과물을 내놓을 수 있도록 코칭해주는 동료 팀원과 비슷하다. 팀 동료와 유일한 차이점은 15분씩 하는 일일 스탠드업 회의에 참석할 필요가 없다는 점이다. 물론 작업 현황판은 예외다.

도구는 조직의 규율을 높이는 데 중요한 역할을 할 수 있다. 린 소프트웨어 개발 실천가들은 프로세스상의 **실수 방지**mistake-proof("포카 요케poka yoke"라고도 부른다)를 위해 도구 설정을 이용한다. 즉, 도구 설정으로 사람들이 잘못된 제품을 출시하기 더 어렵게 만드는 것이다(Poppendieck, 2007:196). 실수 방지란 더 높은 수준의 규율로 이끌어주는 코치를 기술적 형태로 바꾼 모습이라고 할 수 있다.

가장 마지막 직장에서 나는 내부 애플리케이션 개발을 담당하고 있었다. 그 애플리케이션에는 프로젝트 관리자에게 예산 및 일정의 초과 상태를 알려주고, 팀원들에게 적극적으로 프로젝트 평가 점수를 수집하고, 항상 두 명의 이해관계자가 등록 데이터를 검증했는지 확인하고, 사람들에게 비정상적인 주간 근무 시간을 알려주고, 팀 목록과 활동 중인 프로젝트 목록이 최신인지 사전에 확인하는 등의 기능이 있었다. 맞다, 몇몇 사람들은 이 애플리케이션을 아주 성가시게 생각했다. 하지만 사전 경고 시스템이 멈췄을 때 더 많은 동료들이 불평했다.

비즈니스의 중심에는 사람과 프로세스가 있으며, 도구도 거기서 예외는 아니다. 즉, 사람 및 프로세스와 마찬가지로 도구를 선택하고 적용할 때는 비즈니스 요구에 제대로 맞는지 신중을 기해야 한다. 절대로 도구에 맞춰 비즈니스를 바꿔서는 안 된다. 조엘 스폴스키는 다음과 같이 말했다.

> 무슨 일이 있어도, 핵심 비즈니스 기능은 직접 수행하라.[18]

이 원칙을 도구로 확장할 수 있다고 제안하고 싶다.

> 무슨 일이 있어도, 그 도구가 핵심 비즈니스 기능이라면 직접 만들자.

내 말을 오해하지는 말자. 모두가 자신만의 비주얼 스튜디오나 이클립스를 직접 개발해야 한다는 말은 절대 아니다. 그러나 비주얼 스튜디오나 이클립스 수준의 적응성을 지닌 도구를 선택해야 한다. 사용자 설정만 가능한 도구를 선택하지 말자. "사용자 설정"이란 거의 대부분 표준 목록 항목을 바꿀 수 있고, 메뉴를 재정렬할 수 있고, 선호하는 색상을 선택할 수 있는 기능을 의미한다. 그러나 내가 말하는 적응성은 그게 아니다. 이와 마찬가지로 자칭 애자일 도구라고 안심하지 말자. 대개 "애자일"이라는 용어는 도구의 아키텍처가 아니라 마케팅을 반영한다. 빙하에 갇힌 김정일보다 더 애자일하지 못했던 "애자일" 도구를 본 적도 있다.

도구를 적이 아닌 동지로 삼으려면, 도구는 비즈니스와 사람에 따라 바뀌어야 한다. 도구는 실수를 방지해주는 프로세스, 즉 포카 요케에 도움이 될 것이다. 불일치 확인, 잘못된 데이터 차단, 알림 전송, 중요한 정보 사전 확인 등이 도구의 역할이다. 도구를 스스로 만들지 않으면, 최소한 도구 데이터베이스와 API에 접근할 수 있고, 스크립트를 적용할 수 있고, 플러그인을 확장할 수 있고, 알림과 리포트를 직접 추가할 수 있는 도구인지 확인한다. 단순히 사용자 설정만 가능한 도구가 아니라 적응성이 있는 도구여야 한다(도구는 사용

---

18 Spolsky, Joel. "In Defense of Not-Invented-Here Syndrome." Joel on Software, 14 Oct. 2001(http://www.joelonsoftware. com/articles/fog0000000007.html)(Spolsky, 2001).

하는 사람들을 즐겁게 해야 한다. 이것이 효과적 학습을 자극하기 때문이다).

감독자를 고려하자

나는 "관리가 프로그래밍보다 더 어렵다. 당신이 원하는 것을 사람들이 실행하도록 만드는 것이 컴퓨터가 실행하도록 만드는 것보다 훨씬 어렵기 때문이다."라는 말을 본 적이 있다(동의하지 않더라도 나한테 뭐라고 하지는 않았으면 좋겠다. 출처는 잘 모르겠다).

이 문구를 보면 만감이 교차한다. 왜냐하면 다음과 같이 내가 최근에 마주친 수많은... 음... 이런 것들을 규율에 대한 도전이라고 부르자.

- 요청을 수락하고도 예고 없이 회의에 불참함
- 시스템 또는 작업 현황판에 과업/스토리 상태를 최신으로 유지하지 않음
- 예산을 초과해도 적극적으로 확인하지 않음
- 치명적인 문제를 약속한 시간 안에 대응하지 않음
- 프로젝트 문서를 공유 저장소에 저장하지 않음

이런 것들이 부끄러운 일일까? 사실 그렇지 않다. 우리 모두가 똑같이 사람이고, 직원이며, 관리자다. 우리는 컴퓨터가 아니며, 모두 실수를 한다. 여러분의 조직에 비슷한 문제가 없다면, 아마도 사람이 아니라 로봇과 일하는 중일 것이다.

그렇기는 하지만 이런 문제들은 여전히 골칫거리다. 내 컴퓨터가 이 정도로 믿을 수 없다면, 창 밖으로 던져버렸을 것이다(진짜로 사무실 7층으로 가져가서 창 밖으로 던져버릴지도 모른다). 그러나 요즘에는 더 이상 직원들을 그렇게 대할 수 없다. 관리자는 스스로 인간이 되는 방법을 발견했다. 그들은 사람들이 이런 변명과 함께 규율 없는 행동을 하는 이유를 이해할 수 있다. 규칙인지 몰랐어요. 깜박해서 죄송합니다. 너무 생각이 많았네요. 중요한 몇 가지 문제를 처리하느라 바빴어요. 아팠어요. 내 개가 아팠어요. 내 개가 문서를 먹어버렸어요. 내 개가 도망갔어요. 물론 내 개가 죽었어요 버전도 있다.

자, 우리가 인간이라는 것을 이해했다. 그런데 문제는 어떻게 해야 할까?

사람들이 곧잘 생각해내는 한 가지 해결책은 모든 일을 확인하는 **감독자**supervisor가 있어야 한다고 주장하는 것이다. 이것은 관료주의로 가는 첫걸음이며, 애자일과 린을 하는 사람들이 강력하게 반대하는 방향이다.

예를 들어, 메리 포펜딕과 톰 포펜딕은 결함을 찾는 인스펙션이 낭비라고 주장하며, **제로 인스펙션**zero-inspection을 부르짖는다. 또한 문제를 수정하는 데가 아니라 예방하는 데 자원을 사용해야 한다고 주장한다. 예방 비용이 더 저렴하기 때문이다(Poppendieck, 2007:7).

다른 한편으로 소프트웨어 인스펙션 연구로 유명한 톰 길브Tom Gilb와 카이 길브Kai Gilb는(Gilb, 1993), 결함을 찾아내고 측정하기 위해 문서를 검사하는 방법을 사람들에게 가르친다.[19] 인스펙션 리더와 인스펙션 프로세스 책임자 같은 인스펙션 인증도 있다!

이게 무슨 일인가? 이렇게 다른 관점을 일치시킬 수 있을까? 제로 인스펙션 인증을 따야 하나? 아니면 소프트웨어 개발 분야에서 가장 유명한 두 가족의 충돌을 지켜보는 중인 것일까?

내 생각에 이들의 관점은 그저 동전의 양면일 뿐이다. 그렇다. 문제를 예방하는 것이 문제를 수정하는 것보다 더 비용이 적게 들지만 98%의 경우에만 그렇다. 마지막까지 남은 소수의 문제는 예방하는 데 너무 많은 비용이 들기 때문에 몇몇 다른 사람들은 무결함을 달성할 수 없다는 점을 지적했다.

> "무결함"이라는 구호는 비생산적이고, 도움이 되지 않으며, 통계적으로 불가능하고, 엄청난 비용이 든다. 통계적으로, 무결함이란 결함 수준이 무한 시그마라는 의미인데, 가능하지 않은 일이다. 대부분의 사람이 무결함이라고 말할 때 그것은 프로세스 개선을 바라보는 태도를 이야기하는 것이지만, 구호가 거기에 방해를 한다. "무결함" 운동은 암묵적으로 모든 결함이 동등하다고 가정한다. 그것은 사실이 아니다. 실제로는, 대부분의 기업과 제품은 결함을 찾아내서 우선순위를 부여하고, 가장 중요한 결함부터 가장 사소한 결함 순서로 대처해야 한다. 우선순위 목록 가장 아래에 있는 결함의 경우 그냥 넘겨버리고 제거 또는 감소시키지 않아도 괜찮을 수 있다.[20]

---

19 인스펙션에 대한 톰 길브와 카이 길브의 자료(http://www.gilb.com/Inspection)

20 Abilla, Pete. "Zero Defects Is Wrong Approach"(http://www.shmula.com/376/zero-defects-is-wrong-approach), shmula April 3, 2007. 피트 아빌라 허락하에 옮김(Abilla, 2007).

어떤 문제는 다음 단계 프로세스로 넘겨도 괜찮은 것처럼 보인다. 그렇게 하면 결함을 감지하고 수정하는 (또는 수정하지 않아서) 비용이 더 낮아질 수 있다.

인스펙션의 한 가지 전형적 형태가 **평가**ᵃˢˢᵉˢˢᵐᵉⁿᵗ다. 조직에서 애자일 팀이 얼마나 수행을 잘하고 있는지 확인하는 데 사용할 수 있는 다양한 애자일 평가 도구들이 있다(Cohn, 2009:430~438). 개발 팀을 검사하는 것은 애자일 실천법을 채택한 다음이기 때문에 본질적으로 평가는 인스펙션이다. 애자일 실천법 채택의 실수를 방지할 수 있는 방법은 없다. 소프트웨어 팀에게는 안타까운 일이지만 길브와 포펜딕을 포함해 컨설팅 업계에는 좋은 소식이다.

역량은 자기수련, 코칭, 인증, 동료 압력, 도구, 감독을 통해 달성할 수 있다. 거의 언제나 이 목록 앞쪽에 있는 방법을 사용할수록 비용이 더 적게 든다. 감독과 인스펙션은 문제를 감지하고 관리자 선에서 수습할 수 있는 마지막 관문이며, 그렇지 않으면 고객에게 넘어간다. 인스펙션할 필요가 적은 편이 더 좋다. 그러나 제로 인스펙션은 100% 코드 커버리지와 같다. 멋진 목표이긴 하지만 실제로는 기하급수적으로 비용이 늘어나기 때문에 이룰 수 없는 목표다. 감독자가 인스펙션해서 승인할지 말지 결정해야 할 일은 항상 남아 있을 것이다(동의하지 않으면, 실수 방지를 통해 어려운 인스펙션 업무를 예방할 수 있는 방법을 알고 싶어하는 이 책의 검토자들에게 여러분을 소개시켜줄 수 있다).

일대일 대화를 하자

이전 절에서 조직이 역량을 달성하는 1단계부터 6단계까지를 설명했다. 일곱 번째는 관리에 대한 것이다. 아마도 여러분이 해야 할 일이 될 것이다.

조한나 로스먼과 에스더 더비는 『실천가를 위한 실용주의 프로젝트 관리 7 WEEKS』에서 팀원과 일대일 대화를 하는 방법을 설명했다(Rothman, Derby 11,150). 전체 관점에서 보면, 개별 직원과의 정기적인 면대면 만남은 완벽하게 합리적이다. 시스템의 정보 흐름과 피드백 속도를 자극한다.

로스먼과 더비의 훌륭한 조언을 여기에서 다시 되풀이할 필요는 없다고 생각한다. 그 책을 찾아보길 바란다. 그러나 나를 비롯한 일부 관리자가 모든 소속 직원들과 격주 면대면 회의 일정을 유지하는 데 어려움을 겪고 있다는 사실을 지적하고 싶다. 지속하기 어려운 다른 모든 중요한 활동과 마찬가지로 해야 할 일은 딱 한 가지뿐인 듯 싶다. 자기수련의 네 가지 요소를 적용하는 것이다.

1. 일대일 대화가 중요하다는 사실을 깨닫는다. 물론 그것이 바로 내가 11장에 이 절을 마련한 이유며, 여러분이 이 부분을 읽고 있는 이유다.

2. 인당 30분처럼, 이 만남을 일정표의 고정 시간대에 할당해서 시간 관리 문제를 해결한다. 모든 팀원의 일정을 2주마다 같은 요일 오후에 잡으면 도움이 된다는 사실을 알게 됐다. 이렇게 해서 다른 긴급한 활동으로부터 일괄적으로 약속을 지키기가 더 쉬워졌다.

3. 드물게 일정을 깜박해도 직원이 내 자리로 바로 오기 때문에 잊어버리는 문제는 없었다.

4. 일대일 대화를 더 즐겁게 (또는 신나게) 만들어서 스스로에게 동기를 부여한다. 점심을 같이 먹으면서 짝 프로그래밍을 하거나, 엄청나게 지루한 회의를 하는 동안 몰래 메시지를 주고받으면서 할 수도 있다.

마음만 먹으면 모든 일상 과업을 재미있는 활동으로 바꿀 수 있다. 그러나 무얼 하든 직원과 자주 사적인 대화를 나누는 일을 무시하지 말자. 그들이 시스템의 핵심이기 때문이다.

360도 만남을 갖자

4장, '정보-혁신 시스템'에서 설명했던 필수 다양성의 법칙은 단순한 지표와 제어로는 결코 복잡계를 적절하게 평가할 수 없다고 설명한다. 그리고 6장, '자기조직화의 기본'에서 설명한 무지의 원칙으로는 관리자가 직원을 절대로 정확하게 평가할 수 없는 이유를 설명할 수 있다. 그러면 사람들을 어떻게 평가해야 할까?

데밍과 품질 전문가들은 객관적 성과 평가에 대해 다른 관점에서 의문을 제기한다. 그들은 조직이 직원에게 원하는 모든 행동을 포괄할 수 있는 성과 지표를 정의하는 것은 불가능하다고 주장한다. …(중략)… 경험적 연구에 따르면 관리자에게는 시간에 따라 변화하는 성과를 믿을 만하게 평가할 수 있는 능력이 없다.[21]

나의 가장 최근 고용주는 12월을 직원 성과를 평가하면서 보냈다. 이 일에 부담을 느낀 관리자들은 진퇴양난에 빠졌다. 관리자에게 직원 평가는 실패하기 가장 쉬운 길이기 때문이다. 중간 관리자는 상위 관리자와 부하 직원이 사이에 끼어 모두에게 손가락질을 받는다. 직원 평가는 이스라엘과 팔레스타인 국경에 앉아서 "나는 어느 편도 아닙니다. 그런데 이야기 좀 나눌 수 있을까요?"라는 표지판을 들고 있는 것만큼이나 엄청 웃기는 일이다.

연간 성과 평가 프로세스는 여러 가지 이유로 모든 면에서 아무런 쓸모가 없다.

- "꼼꼼함", "의사소통", "열정"과 같은 일반적인 용어로 사람들을 평가해서는 안 된다. 일반적인 양식은 본질적으로 퇴행적이며, 사람들과 그 업무에 내재하는 다양성을 담아내지 못한다(Bobinski, 2010).
- 연간 리뷰 프로세스는 의미를 지니기에는 지나치게 늦다. 사람들은 열두 달 동안 무슨 일이 있었는지 기억할 수 없다. 조직에서 사람들을 조정하는 일은 훨씬 더 자주 일어나야 한다(Derby, 2010).
- 연간 리뷰를 하는 직원과 최고 경영진 모두에게는 자신만의 숨겨진 어젠다가 있으며, 그것이 리뷰를 "정직하지 못하고 기만적"으로 만든다(Culbert, 2010).
- 마지막으로, "직원을 회사의 소유물로 다루는 구식이고, 가부장적이며, 하향식이고, 독재적인 관리의 느낌을 준다"(Heathfield, 2010c).

다행히도 성과 평가를 올바르게 하는 방법이 있다. **360도 피드백**360-degree feedback[22]의 개념을 적용하는 것이 시작이다(Heathfield, 2010b). 하나의 관점으로는 직원의 성과를 적절히 반영할 수 없다는 가정을 기반으로 한다. 따라서 조직에 대한 개인의 기여도를 보다 정확히 파악하려면 여러 사람의 다양한 관점이 필요하다(Dent, 1999:16).

---

21 Dent, Eric B. "Complexity Science: a Worldview Shift" Emergence. Vol. 1, Issue 4, 1999. 허락하에 옮김(Dent, 1999:15).
22 http://en.wikipedia.org/wiki/360-degree_feedback

안타깝게도, 구식이고, 가부장적이며, 하향식이고, 독재적인 많은 관리자가 360도 평가를 오용하고 있다(그림 11.2 참조). 애자일 관리자가 원하는 바가 아니다.

그림 11.2 360도 피드백

다음은 더 좋은 대안이다.

(안전하고 격식이 없는 환경에서 점심이나 저녁 식사처럼) 편안한 분위기의 만남에 모든 팀원을 초대하고, 각 팀원의 성과를 직접 만나 평가할 것이라고 미리 알려준다. 관리자 또는 팀 리더로서 여러분은 첫 번째 피평가자로 자원할 수 있다. 이것이 용기와 존중을 드러낸다. 그리고 사람들이 자기가 피드백을 받을 차례가 됐을 때 어떤 상황이 될지 (그리고 어떻게 행동해야 하는지) 알 수 있도록 분위기를 누그러뜨리는 데 도움을 준다. 덧붙여, 솔직하고 가치 있고 건설적인 피드백을 준 모든 사람에게 감사하는 것이 매우 중요하다. 때로는 솔직하기가 쉽지 않을 수 있기 때문이다. 사람들이 솔직할 때는 그에 대해 보상해야 한다.

다른 모든 사람에게 (여러분의 성과에 대해) 질문하고 기록하는 한 사람을 지정한다(가능하다면 공식적인 HR 양식을 사용하는 것이 좋다). 여러분에 대한 평가가 끝나면, 다음 사람으로 넘어간다. 아마도 다른 사람이 기록할 차례일 것이다.

360도 만남을 왜 해야 할까? 이 방법이 사람들을 평가하는 전통적 방법보다 더 좋은 이유는 무엇일까?

- 누군가의 성과 문제를 두고 논의를 할 수 있다. 그렇게 하면 어떤 관심사를 팀 다수가 공유하고 있는지 아닌지 금세 분명해진다. 아무도 관심없는 "관심사"를 문서화하는 것은 의미가 없다.

- 문제가 명확하지 않을 때, 피평가자는 진짜 문제가 무엇인지 이해할 수 있도록 문제를 명확히 해달라고 요청할 수 있다. 너무 추상적으로 들리는 비판에 대해 좀 더 구체적인 사례를 요청할 수 있다. 그 문제를 완전히 새로운 시각으로 볼 수 있도록 상황을 설명할 수 있다. 진짜 문제가 아주 다른 문제로 밝혀질 수도 있다.

- 사람들은 면대면 상황에서 스스로 공정해지고 더 이해심이 깊어진다. 누군가를 뒤에서 익명으로 비판하기란 (무척) 쉬운 일이다. 함께 앉아 집중하게 하는 것이 더 좋고 세련된 방법이다. 아마도 동료 팀원은 악의와 복수로 왜곡되지 않은 적절한 그림을 신중하게 그려서 도움을 줄 수 있을 것이다.

- 팀원이 함께 앉아 있을 때가 모두가 같은 척도로 평가받는다는 것을 확인할 수 있는 좋은 기회다. 완벽한 사람은 없으며 모든 사람이 자신에 대해 더 많은 것을 배울 수 있다. 한 사람이 다른 사람들보다 더 많은 피드백을 받게 된다면 팀은 그것을 공정하다고 생각하지 않을 것이다. 그런 식으로 팀은 비판의 양을 적절하게 조정하는 경향이 있다.

- 사람들이 장기 기억을 너무 깊이 파고들 필요가 없도록, 이런 360도 만남을 1년에 여러 번 할 수 있다. 그리고 서명해서 HR 부서에 제출할 수 있도록 매년 한 번 팀원들에게 공식 평가 양식을 완료해서 보내달라고 요청할 수 있다. 서명은 하겠지만 혼자 평가하지 않은 진정한 360도 평가가 될 것이다.

나는 당연히 팀원을 신뢰하고 존중하고 배려하는 팀에만 360도 만남을 시도하라고 조언할 것이다. 팀원들에게 개방적이고, 솔직하고, 건설적인 피드백을 주고받을 수 있는 능력이 없다면, 다른 문제를 먼저 해결해야 한다.

마지막으로 했었던 360도 만남은 몇 달만에 내게 가장 성취감을 주는 저녁 중 하나였다. 사람들은 내가 스스로 깨닫지 못했던 나 자신에 대해 이야기해줬다. 그리고 동료 팀원의 도움을 받아 몇몇 사람들의 문제를 더 잘 표현할 수 있었다. 우리는 서로 이런 대화를 나눌 수 있어서 너무 기뻤다. 우리 모두는 음식, 괴로움, 즐거움, 음료를 같이 나눴다.

표준을 발전시키자

나는 미국에 갈 때마다 육체적, 정신적으로 표준을 바꾸는 데 시간을 낭비한다. 모든 거래에서 유로를 달러로 바꾸고, 달러를 유로로 바꾼다. 마일을 킬로미터로 바꾸고, 갤런을 리터로 바꾸고, 오전/오후를 24시간으로 바꾼다. 여행 체크리스트에 적어놓았음에도 짐을 쌀 때 깜박한 덕분에, 지금까지 유럽 전기 플러그를 미국 플러그로 바꾸는 어댑터가 최소한 4개 이상이다(여러분이 역량에 대한 내 조언을 읽고 있는 이유가 궁금하다).

전 세계를 여행하는 사람들이 참아내야 하는 번거로움에도 미국의 플러그, 화폐, 측정법을 국제 표준으로 강제하라고 요구하는 일이 좋은 아이디어라고 생각하지는 않는다. 복잡계의 서로 다른 부분은 항상 스스로를 최적화하려 하므로 지역 시스템은 국제 표준을 따르는 것이 자신에게 최선이 될 때 스스로 바뀔 것이다. 이런 일이 바로 유럽에서 일어났었다. 16개 유럽 국가가 자발적으로 범유럽 화폐로 전환했다. 기회 비용과 장기적인 절약 비용이 한 번의 전환 비용보다 더 높다는 것을 알았기 때문이다. 다른 몇몇 유럽 국가들은 (아직) 이 단계를 밟지 않았는데, 그것은 아직 이익보다 (금융, 정치, 문화) 비용이 커보이기 때문이다.

대개 표준화는 강제해야 하는 것이 아니다. 전 세계 수십억 명이 24시간제[23], 그레고리력[24], 영어[25], 우측 방향 주행[26]을 사용하도록 하는 전 세계 정부를 필요로 하지 않았다. 사실, 국제 표준에는 많은 편차가 있다. 그럴 가치가 있을 때만 양성 피드백 루프가 표준 채택으로 이어지게 될 것이다.

23 http://en.wikipedia.org/wiki/24_hour_clock

24 http://en.wikipedia.org/wiki/Gregorian_calendar

25 http://en.wikipedia.org/wiki/English_language

26 http://en.wikipedia.org/wiki/Right-hand_traffic

우리는 업무와 표준을 비교함으로써 성과를 모니터링한다. 과거에는 이런 표준을 외부에서 관리자가 고정 수준으로 설정했다. 그러나 자기조직화 팀은 역량 표준을 내부에서 스스로 관리할 수 있다. 자기조직화 팀은 시간이 흐르고 사람들의 역량이 높아지면서 스스로를 성장시킬 수 있기 때문에 더 역동적이다(Thomas, 2000:31).

소프트웨어 개발에서 역량 리더는 경영진이 부여한 표준이 아닌 스스로의 내부 표준을 사람들과 함께 논의한다. 명명 규칙, 코딩 표준, 사용자 인터랙션 규칙, 파일 구조, 형상 관리 방식, 도구, 오류 로그 표준, 보안 표준과 같은 것들이 있다(Poppendieck, 2007:193). 경영진이 하향식으로 표준화할 필요가 없다. 변화하는 것이 더 최적이라는 것이 분명히 드러나면 목표와 측정 지표의 상향식 표준화가 일어날 것이다.

규칙이나 사람이 아닌 시스템을 다루자

조직 역량을 개선하고자 하는 관리자에게 몇 가지를 덧붙이면서 11장을 마무리하고자 한다. 여러분이 해야 할 일은 규칙이나 사람이 아니라 시스템을 개선하는 것임을 기억하자. 올바른 제약 조건을 설정하면 규칙과 사람은 저절로 따라올 것이다.

- 양성 피드백 루프를 통해 역량의 표준이 창발되도록 하자. 예를 들어, 애자일리스트들은 사람들을 같은 공간에 위치시키고, 지표 결과를 눈으로 볼 수 있도록 공개하면, 사람들이 서로의 (바람직한) 행동을 모방하게 된다는 것을 알고 있다.
- 좋은 실천법의 채택을 가속화하도록 개별 아이디어 대신에 밈플렉스를 도입하자. 예를 들어, 데이비드 앨런의 GTD^Gettting Things Done 방법에 있는 대부분의 아이디어는 그가 책을 쓰기 오래전부터 이미 존재하던 것들이다. 그러나 GTD의 장점은 이것이 종합 패키지이고 기억하기 쉬운 브랜드이기 때문에 사람들이 그 방법을 더 쉽게 적용할 수 있도록 해준다는 점이다.
- 사람들이 잘하는 일에 집중할 수 있도록, 일부 영역에 대해서는 역량 수준이 "최소한의 기준"만 충족시킬 수 있어도 괜찮도록 하자. 사람들은 자신이 관심없는 분야에서 "기대 이상"을 목표로 하기보다, 좋아하는 일을 추구할 수 있을 때 조직의 결실이 더 높다. 직원을 동질화한다는 것은 말이 안 된다. 그 대신, 사람들의 서

로 다른 재능을 활용하고 서로의 약점을 보완하도록 하는 것이 훨씬 더 효과적이다. 예를 들어, 언어적 소통과 개인 상호 작용에 그다지 뛰어나지 못한 사람이 아키텍처 설계에서 슈퍼히어로일 수도 있다. 이 사람이 "의사소통 기술 개선"에 시간을 쓰도록 하는 것은 "제품의 확장성을 높이는 방법 학습"에 시간을 쓰는 것만큼 결실이 없을 것이다.

- 큰 문제는 작은 문제에서 시작된다. 사소한 부주의가 결국은 전체 품질 재난으로 이어진다. 큰 문제에만 시간을 쓰지 말자. 작은 문제가 커지도록 방치하는 셈일 수 있다. 예를 들어, 깨진 유리창 효과가 프로젝트 전체를 소말리아 전장으로 바꿔버리는 상황을 막기 위해 코드 품질에 제약 조건을 설정한다(Hunt, Thomas, 2000:5).

전문 조직에는 사람들이 자신이 하는 일에서 역량을 높이도록 압박하는 시스템을 갖고 있다. 그리고 역량 개발이 매니지먼트 3.0 모델의 네 번째 관점이다. 나는 역량을 자기조직화하는 시스템이 여러분에게 필요한 단 하나의 성숙도 수준이라고 믿는다.

정리

비즈니스 역량을 평가하는 데 다양한 성숙도 모델을 사용할 수 있지만, 대부분 소프트웨어 개발의 모든 측면을 고려하고 있지 않다. 그리고 조직이 복잡한 사회 시스템이라는 점도 고려하고 있지 않다.

비즈니스가 어떻게 수행되는지 알고 싶다면 측정이 필요하며, 조직의 여러 계층 그리고 사람, 도구, 기능, 품질, 시간, 프로세스, 가치라는 여러 측면을 측정할 필요가 있다.

교통 통제로부터 자기개발, 코칭, 인증, 동료 압력, 적응성 도구, 감독, 관리라는 역량 개발의 일곱 가지 방법을 배울 수 있다. 각각의 중요성은 서로 다르지만, 모두 규율 및 기술을 개발하는 역할을 한다.

역량 개발을 위해 관리자가 해야 할 일에는 일대일 대화, 360도 만남, 상향식 표준 발전, 사람이 아닌 시스템 다루기와 같이 다양한 것이 있다.

성찰과 실천

11장에서 나온 아이디어를 조직에 적용할 수 있는지 살펴보자.

- 소프트웨어 프로젝트의 일곱 가지 측면(기능, 품질, 도구, 사람, 시간, 프로세스, 가치)을 검토하고, 각 측면에서 조직에게 중요한 지표를 적어도 한 가지씩 만들어보자. 이 측정 지표를 실행해보자.

- 자신만의 수련법을 생각해보자. 사람들이 따르도록 모범을 보이고 있는가? 사람들은 여러분이 일하는 모습을 지켜보면서 수련한다는 것이 무슨 의미인지 이해할 수 있을까?

- 조직에서 코치의 필요성을 다뤄보자. 역량 개발이 필요한 사람들에게 코치가 있는가? 그렇지 않다면 그 이유는 무엇인가?

- 사람들에게 인증을 부여하는 방안을 다뤄보자. 다른 방식의 역량 개발을 촉진할 수 있도록, 어떤 사람들이 기초 지식을 체계적으로 배워야 하는가?

- 조직의 팀 구성을 생각해보자. 사회적 압력의 긍정적 측면이 업무에 도움이 될 수 있을 만큼 사람들이 연상할 수 있는 팀 정체성이 존재하는가?

- 팀이 사용하는 도구에 대해 논의해보자. 소프트웨어 프로젝트에 필요한 주요 도구에 모두 충분한 적응성이 있는가?

- 감독의 필요성을 논의해보자. 감독이 없어도 될 만큼 팀 역량 수준이 충분한가? 아니면 누군가 팀 결과에서 표본을 찾아 검토하는 일이 가치 있는가?

- 사람들과 일대일 대화를 하자. 잊지 않도록 일정표에 반복 일정 알림을 설정해두자.

- 1년에 몇 차례 360도 만남을 하자. 팀원들이 그 결과를 스스로 문서로 만들도록 하고 거기에 서명한다.

- 조직의 표준을 검토해보자. 모든 사람이 표준을 알고 사용하는지 확인하자. 아니면 그냥 없애버리자(사람이 아니라 표준을).

12

소통과 구조

> 소통의 속도는 바라만 봐도 놀랍다. 그 속도가 거짓 정보의 유통을 배가시키는 것 또한 사실이다.
>
> — 에드워드 머로Edward Murrow, 언론인(1908~1965)

애자일 선언의 첫 줄은 개인 간 상호 작용의 가치에 대해 이야기한다. 나는 가장 최근 직장에서, 내 주변에 앉아 있는 팀원과 나 사이의 상호 작용 수준이, 유리, 강철, 콘크리트, 컴퓨터를 사이에 두고 떨어져 있고, (운 좋은 날에는) 영양가 없는 잡담이나 나누는 동료 관리자 및 경영진 사이의 상호 작용 수준과 꽤나 다르다는 사실을 깨달았다. 사람들이 서로 소통하는 방법에 조직 구조가 커다란 영향을 미치는 것처럼 보인다. 다섯 명을 관리하든 500명을 관리하든, 관리하고 있는 조직의 형태를 생각해볼 필요가 있다는 뜻이다. 어떤 구조로 만들어져 있는가? 정보가 어떻게 퍼지도록 하고 있는가? 사람들이 소통하고 상호 작용하는 방법에 어떻게 영향을 미치고 있는가? 컵케이크를 언제 나눠먹는지 어떻게 알 수 있는가?

복잡계 이론은 시스템 구조와 정보 흐름에 대해 몇 가지를 이야기한다. 12장에서는 복잡계에서 가장 중요한 발견을 검토해보고, 균형을 이루기 위한 다양한 활동을 논의한다. 이를 통해 조직 구조를 발전시키는 데 어떤 방법이 더 좋은지 판단할 수 있다. 그것이 바로 매니지먼트 3.0 모델의 다섯 번째 관점이다.

이제 이 책의 3분의 2를 지나왔기 때문에 과학 참고 문헌이 (지나치게) 방해가 되지는 않을 것이라고 가정해도 무방할 듯하다. 아직 다뤄야 할 범위가 넓다는 점을 감안할 때, 이제 학문적 논쟁은 미뤄두고 서서히 속도를 끌어올리고자 한다. 지금까지와 마찬가지로 12장에서는 주로 이론적인 부분을 다루고 실용적인 면은 13장에서 다룬다. 자, 이제 출발해보자.

버그인가 기능인가?

내가 가장 아끼는 물건인 내 차와 관련된 소통 이야기를 들려주려 한다.

몇 년 전 차를 구입하고나서 변속 기어 손잡이가 느슨하다는 사실을 발견했다. 손잡이가 360도로 빙글빙글 돌아갔다. 이 상태로 출고하면 안 되는 것 아닌가 하는 생각이 들긴 했지만 별로 신경 쓰지는 않았다. 사실 1년 동안 운전하면서 이 "문제"에 익숙해졌고 그 상태가 맘에 들기까지 했다. 기어를 바꿀 때면 손잡이도 함께 매끄럽게 회전했는데 그게 멋지다는 생각이 들었다. 신호등이 녹색으로 바뀌길 기다리는 동안 만지작거리는 느낌도 좋았다(우리나라에서는 아주 오랫동안 만지작거리면서 기다려야 한다).

차를 구입한지 1년 후 첫 번째 정기 점검을 의뢰할 때가 됐다. 점검이 끝난 차를 찾아서 기분 좋게 집으로 돌아오는데 갑자기 뭔가 잘못됐음을 깨달았다. 손잡이를 만지작거리다가 어색한 느낌이 들었다. 더 이상 변속 기어 손잡이를 돌릴 수가 없었다. 아마도 정비사가 그걸 고정시켜버린 듯했다! 온몸에 화가 치밀어올랐다. 이런 젠장, 버그를 고쳐버리다니!(이 나쁜 놈들!)

이 이야기는 **허위 합의 효과**False Consensus Effect[1]에 대한 고전적인 사례다. 다른 사람이 무엇을 원하는지 안다고 가정하는 누군가가, 거기에 자신의 사고방식을 투사해버리는 것이다 (Arrow, 2000:125). 하지만 어떤 사람에게는 "문제"로 보이는 것이 다른 사람에게는 "기능"으로 보일 수도 있다.

---

1 http://en.wikipedia.org/wiki/False_consensus_effect

내 차에 있던 그 작은 문제를 나는 정말로 좋아했다. 회전하는 변속 기어 손잡이는 내게 혜택이었다. 그런 기능이 있는 차는 아마도 전 세계에 한 대뿐이었을 것이다. 그런데 더 이상은 아니다. 누군가가 내 문제와 혜택이 무엇인지 알고 있다고 가정한 것이다. 여기에는 소통도 없었고 피드백을 통한 검증도 없었다.

소통과 피드백

대부분은 당연히 자동차 변속 기어를 고치고 싶을 것이다. 그리고 나도 고치고 싶어했을 것이라는 정비사의 생각을 "정당한 가정"으로 여기는 사람도 있을 것이다. 그렇지만 그것이 가정이라는 사실에는 변함이 없다. 그 정비사는 내게 묻지 않았다. 그리고 카센터에서 "느슨한 부분은 모두 수리하겠다"라고 내게 미리 말했더라도, 여전히 단방향 메시지를 "소통"으로 볼 수는 없기 때문에 별반 차이가 없었을 것이다. 『AGILE 소프트웨어 개발^{Agile} Software Development』에서 앨리스터 코번은 "한 사람에게서 다른 사람에게로 정보를 전송하는 것"이 소통이라고 생각하는 종래의 사고방식은 잘못됐다고 말했다(Cockburn, 2007:8~13).

이를 설명하기 위해, 여러분이 나와 뭔가를 "소통"하려 할 때 실제로 어떤 일이 일어나는지 살펴보자(그림 12.1 참조). 여러분이 실제 생각했던 의도는 세상을 바라보는 여러분 내면의 모델에 따라, 단어 선택, 목소리의 높낮이나 빠르기 또는 크기, 손동작, 얼굴 근육의 움직임, 텍스트 입력, 글쓰기 등과 같은 물리적 행동으로 변형돼 나온다. 이런 소통의 첫 부분에서 이미 많은 문제가 일어날 소지가 있다. 사고에서 행동으로의 변형은 왼쪽과 오른쪽을 헷갈리는 것처럼 (나는 자주 헷갈리는데) 일정하지가 않다. 또는 지구상 어떤 곳에서는 고개를 끄덕이면 "예", 가로저으면 "아니요"라는 의미가 통하지 않는데, 이처럼 상황이나 문화에 따라 달라지는 가정을 해버릴 수도 있다(Adams, 1986).

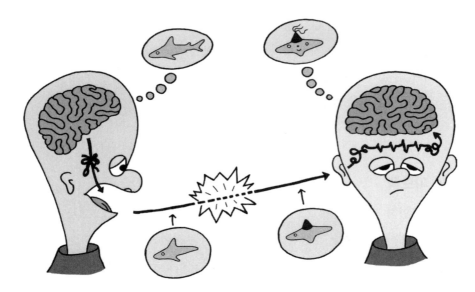

그림 12.1 생각을 다른 사람에게 전달하려 할 때는 문제가 생길 수 있다

결과적으로, 전파 방송, 컴퓨터 네트워크, 우체국 같은 매체를 통해 잘못되거나 모호한 신호가 전달된다. 내 감각 기관에 도달하기 전에 (우리집 와이파이에 장치가 접속되는 순간처럼) 매체의 잡음이나 불완전한 메커니즘 때문에 여러분의 메시지가 왜곡될 수도 있다는 뜻이다.

신뢰할 수 없는 신호가 내게 전달된 그때, 어젯밤에 마신 잡다한 것들 때문에 여러분의 기대와는 달리 나의 눈과 귀는 정상이 아닐 수도 있다. 그때 전달받은 메시지 중 일부를 패턴 매칭 방식으로 처리하고, 나는 여러분이 내게 말을 하려고 한다는 결론에 도달한다. 그러나 여러분의 말이나 표정, 손동작이 내게 낯설 수도 있다. 정보가 올바르게 전달됐다 하더라도 내 머릿속에 들어 있는 내부 참조 모델이 여러분의 모델과는 많이 다를 수 있기 때문에 여전히 나는 여러분의 신호를 전혀 다른 의미와 연결시켜버릴 수도 있다. 여러분은 계속 스크럼에 대해 이야기하고 있는데, 내 마음속에는 16명의 덩치 크고 지저분한 남정네들이 잔디밭에서 공을 갖고 뒹구는 광경이 떠오르는 것이다.

그래서 여러분의 머릿속에 든 것이 내 머릿속으로 오는 과정에서 많은 것들이 잘못될 수 있으며, 여러분이 보내려 했던 의미와 내가 받아서 부여한 의미가 같지 않을 확률은 거의 100%다. 앨리스터 코번이 이야기한 것처럼 이것은 소통이 아니다. 이것이 오해이며 혼란과 갈등을 초래하기도 한다.

> **하지만 SOS 신호를 보내는 것도 소통이라고!**
>
> 나는 그렇게 생각하지 않는다. "한 사람에게서 다른 사람에게로 정보를 전달하는 과정"을 소통으로 간주하더라도 이에는 여전히 두 번째 사람이 그 정보를 적절하게 수신해야 한다는 요구 사항이 존재한다.
>
> 5살짜리 꼬마가 본 SOS 신호는 소통으로 이어지지 않을 것이다. 그 신호가 무엇을 의미하는지 모르기 때문이다. 정보에 의미가 담겨 있지 않다면 그것은 그냥 데이터일 뿐이다. 따라서 SOS는 그냥 신호에 불과하다. 받는 쪽에서 적절히 이해하고 그에 따라 행동할 때만 소통이 된다. 그렇지 않으면 소통은 실패한다.

실제 통신을 보면 메시지에 할당한 의미가 양쪽에서 동일한지 확인한다. (인터넷의 TCP/IP 모델과 HTTP 프로토콜과 같은) 통신 프로토콜에는 한 시스템이 전송한 정보를 다른 시스템에서 적절히 수신했는지 (최대한으로) 확인하기 위한 다양한 기법이 있다. 인간의 소통에서도 요구 사항은 같다. 양 당사자가 정보를 적절히 교환하고 양쪽 모두 거기에 같은 의미를 부여했음에 동의한 경우만 진정한 소통이다. 그렇기 때문에 스크럼 팀은 제품 책임자와 서로의 이해를 검증할 수 있는 면대면 회의를 갖는 것이다.

> **완전히 동의한다는 것은 불가능하지 않을까?**
>
> 사실 맞는 말이다. 사람들이 서로의 마음을 직접 읽을 수 있을 때까지, 의미에 동의한다는 것은 최대한의 근삿값에 불과할 것이다.
>
> 의미에 대한 구두상의 검증은 텔레파시 다음의 차선책이다.

오해는 일상이다

잘못된 소통이 너무나 흔해서, 복잡성 연구자 랄프 스테이시는 많은 조직에서 그것이 일상적인 일이라고 봤다. 사람들은 항상 잘못된 소통을 불평한다. 새로운 시스템, 절차, 보고를 얼마나 많이 도입하는지와는 별개로 불평은 항상 변함이 없다. 잘못된 소통은 여전히 그대로다. 스테이시는 "잘못된 소통"에 대한 불만은 단지 지식을 발전시키는 가장 효과적인 방법이 지닌 부작용일 뿐이라고 말한다(Stacey, 2000a:5).

나는 스테이시가 여기에서 흥미로운 언급을 했다고 생각한다. 소통 문제는 모든 조직에서 일상적인 일이라, 해볼 수 있는 일이 거의 없는 것처럼 보인다. 소프트웨어 프로젝트 문제가 (거의) 항상 서투른 **소통**communication의 결과라는 사실을 알고 있는가?

내 관찰 결과 소통은 정보, 관계, 피드백이라는 세 가지 현상으로 이뤄진 함수라고 할 수 있다.

소통 = 정보 * 관계 * 피드백

로저 르윈Roger Lewin은 거의 모든 조직 문제는 나쁜 관계가 그 원인이라고 했다(Lewin, 1999). 그가 설득력 있는 주장을 하긴 했지만, 나는 관계가 방정식의 일부일 뿐이라고 생각한다. 좋은 정보가 없다면 가치 있는 소통은 이뤄지지 않을 것이다. 그리고 좋은 피드백 메커니즘이 없다면 정보가 한 사람에게서 다른 사람에게로 적절히 건네졌는지 검증할 수 없을 것이다.

> **🔗 협업은 어떨까?**
>
> 12장에서 내가 소통에 대해서는 거듭 언급하는데 비해 협업에 대해서는 잊어버린 것처럼 보일 수 있다. 그러나 소통과 협업은 적절한 비교 대상이 아니라고 생각한다. 다양한 자료를 보면 소통은 협업의 전제 조건이며, 협업에는 커뮤니티, 연결, 결정, 행동, 감정 등이 필요하다고 말한다(Cockburn, 2007:372).
> 따라서 협업은 관리의 모든 측면 그리고 이 책의 모든 장에 스며들어 있는 주제라고 할 수 있다. 12장에서는 (그리고 13장, '구조를 발전시키는 방법'에서는) 소통과 구조에 초점을 맞춘다.

스테이시처럼 나도 충분한 소통이란 결코 존재하지 않는다고 생각한다. 그러나 충분한 돈, 충분한 자원, 충분한 시간도 마찬가지다. 그렇다. 항상 불만은 여전하겠지만 분명히 지금 가진 것으로도 최선의 노력을 다할 수 있다. 그러기 위해서는 모든 조직이 네트워크라는 인식을 시작으로 시스템의 구조를 이해해야 한다.

의사소통자의 역량

수학과 사회학에서 말하는 **작은 세계 네트워크**small-world network[2]란 모든 행위자가 네트워크 상에서 서로 맞닿아 있지 않은 거의 모든 다른 행위자에게 단 몇 단계만 거쳐도 도달할 수

---

2 http://en.wikipedia.org/wiki/Small-world_network

있는 시스템을 말한다. 조직은 그러한 작은 세계 네트워크다. 한 두 사람(대개는 비서, 총무, 관리인)을 통하면 직접적 또는 간접적으로 모두가 모두를 안다. 그런데 흥미롭게도, 지구상의 모든 사람 또한 작은 세계 네트워크다. 이것이 **6단계 분리 이론**six degrees of separation[3]이라는 유명한 개념이다. 지구상의 모든 사람은 사회적으로 기껏해야 6단계 떨어져 있다고 한다(Gladwell, 2002:47).

사회 연결망 분석은 사회 연결망을 다루는 네트워크 이론의 한 갈래이며, 사회 연결망을 통해 정보가 어떻게 흐르는지 설명한다. 기업 인류학자 캐런 스티븐슨Karen Stephenson은 사회 연결망에서 의사소통자의 세 가지 원형을 밝혀냈다(Stephenson, 2005).

- **허브**hub는 정보를 모아서 사방에 널리 알리는 사람이다.
- **게이트키퍼**gatekeeper는 정보의 흐름을 신중하게 관리하는데 탁월하다. 누구에게 무엇을 전하고 전하지 않을지 알고 있다.
- **펄스테이커**pulsetaker는 사람과 추세를 잘 관찰하는 훌륭한 멘토이자 코치다.

캐런 스티븐슨은 다음과 같이 말했다. "허브는 대부분의 사람들을 알고 있고, 게이트키퍼는 적절한 사람들을 알고 있으며, 펄스테이커는 적절한 사람들을 알고 있는 대부분의 사람들을 알고 있다."

말콤 글래드웰Malcolm Gladwell은 자신의 베스트셀러인 『티핑 포인트』에서 사회 연결망에 있는 사람들을 다른 방식으로 분류했다(Gladwell, 2002:34).

- **커넥터**connector는 많은 사람과 정보를 교환하지만 깊은 관계를 나누지는 않는다.
- **메이븐**maven은 더 소수의 사람들을 알고 있지만, 그 사람들에게 시간을 좀 더 들여서 보다 깊이 아는 경향이 있다.
- **세일즈맨**salesmen은 대인관계 소통의 달인으로서 다른 사람들이 해낼 수 없는 곳에 메시지를 전달한다.

캐런 스티븐슨은 말콤 글래드웰의 (주관적인) 분류 원형이 자신의 (수학적인) 원형을 다르게 조합한 것이라고 주장한다. 어쩌면 캐런 스티븐슨이 옳을 수도 있다. 그러나 어떤 모델을

---

3 http://en.wikipedia.org/wiki/Six_degrees_of_separation

사용하든, 이렇게 배타적이지 않은 원형은 오해를 불러일으키거나 고정관념으로 이어지기 쉽다. 지나치게 단순화된 접근법이다.

진정한 소통이란 정보가 관계를 따라 한 사람에게서 다른 사람에게로 이동하고, 그 과정에서 많은 장애물을 극복하면서 피드백의 형태로 돌아와야 한다고 했다. 그래서 다른 방법을 알려주고자 한다(그림 12.2 참조).

사람들을 분류하는 것이 아니라 그들의 역량을 구별하는 방식이다. 의사소통자의 역량에는 아홉 가지가 있다.

- **연결**^{connecting}. 다른 사람과 관계를 잘 맺는 사람들이 있다. 이들은 잠재적으로 소통이 이뤄질 수 있는 많은 통로를 만든다. 이런 사람들은 페이스북이나 링크드인에 친구가 많고, 모임이나 콘퍼런스에 자주 참여하며, 사무실에 있는 모두를 알고 지낸다. 허브와 커넥터 둘 다 이런 능력이 탁월하다.

그림 12.2 의사소통자의 아홉 가지 역량

- **여과**^{filtering}. 많은 사람을 알고 있다고 해서 실제로 모든 메시지를 듣는 것은 아니다. 여과를 잘하는 사람들은 다른 사람들의 사회 연결망 상태의 업데이트나 복도에서의 잡담을 적극적으로 듣기도 하지만 어떤 사람과 어떤 메시지를 무시해야 하는지도 알고 있다. 관계를 잘 맺는 사람이 여과의 질은 나쁠 수도 있고, 관계를 별로 맺지 않는 사람이 더 의도적이고 선택적으로 들을 수도 있다. 펄스테이커와

메이븐 둘 다 여과를 잘한다.

- **공감**empathizing. 사람들의 말을 적극적으로 듣는다고 해서 그 말에 관심을 가진다는 뜻은 아니다. 누군가의 메시지에 관심을 느끼려면 어느 정도 정서적 유대가 있어야 한다. 예를 들어, 사교성이 없는 시스템 관리자는 사교적인 프로젝트 관리자의 말보다 개발자의 말에 더 관심을 기울일 수 있다. 펄스테이커와 세일즈맨 둘 다 다른 사람이 하는 말에 공감을 잘한다.

- **이해**understanding. 그런 다음에는 무슨 말을 하고 있는지 정말로 이해해야 한다. 여러분이 프로젝트 아키텍처 문제에 열중하고 있고 내가 거기에 공감할 수도 있지만, 내가 만약 아키텍처에 대해 아무것도 모른다면 무슨 말을 하는지 모를 테고, 듣는 말에 적절히 반응할 수 없다.

- **발전**developing. 배운 것과 이미 알고 있는 것을 바탕으로 새로운 정보를 발전시키고, 그런 다음 다른 사람들에게 전달할 수 있다. 나는 지금 앨리스터 코번, 캐런 스티븐슨, 말콤 글래드웰의 연구를 한데 엮어 거기에 내 생각을 보탠 역량 목록으로 발전시키는 중이다. 다른 모델에서는 사람들이 새로운 정보를 발전시키는 (만들고 쌓는) 역량을 간과하고 있는 것처럼 보인다.

- **관리**managing. 기존 정보를 잘 관리(분류 및 평가)하는 사람들이 있다. 무엇이 중요한지, 누구에게 무엇을 전달해야 하는지, 최소한 누구에게 무엇을 전달하지 말아야 하는지 만큼은 잘 알고 있다. 게이트키퍼가 이 영역에 매우 능숙하다.

- **전파**broadcasting. 의도적이든 아니든 정보를 널리 퍼뜨리는 데 전문인 사람들도 있다. 그 결과가 긍정적이든 부정적이든 누구에게나 알고 있는 것들을 모두 나눠준다. 프로젝트, 고객, 경영진, 개인 관계, 그 무엇에 대해서라도 이 사람들은 모두 말할 수 있고 그렇게 할 것이다. 허브는 분명히 전파 역량이 탁월하다.

- **영향**influencing. 그러나 많은 정보를 전파하는 사람이 반드시 동료에게 영향력도 있다고 할 수는 없다. 뭔가를 입 밖으로 꺼내는 경우가 거의 없는 과묵하지만 똑똑한 소프트웨어 아키텍트가 조직에서 최고의 영향력을 지닌 사람일 수도 있다. 그런 사람들은 소수의 몇몇에게만 메시지를 보내지만, (지위나 힘 때문에) 영향력이 높은 사람이 다른 사람을 설득할 확률이 훨씬 높다. 특히 메이븐은 이런 역량을 타고났다.

- **대화**conversing. 마지막으로 영향력이 높은 사람이 반드시 의사소통자인 것은 아니다. 나는 내 블로그 글 중 몇 개가 사람들에게 영향을 미쳤다고 들었지만, 직접 많은 독자와 아이디어를 주고받지는 못했다. 내가 독자들의 행동을 직접 조종할 수는 없는데, 내가 준 정보로 무슨 일을 할지 알 수 없다는 뜻이다. 커넥터와 세일즈맨 둘 다 이 부분에서 (나보다 더) 높은 점수를 올린다.

이것이 사회 연결망에서 의사소통자의 아홉 가지 역량이다. 나는 사회 연결망을 이 아홉 가지 영역 각각에서 다양한 역량 수준을 갖고 소통하는 사람들로 이뤄진 시스템이라고 보는 것이 현실적이라고 생각한다. 이 각각의 역량은 시간이 지나면서 변하고 관심 영역에 따라 오르내린다. 우리가 예상한 바처럼 이것이 사회 연결망을 복잡계로 바꿔놓는다! 그리고 복잡계 네트워크는 여러 흥미로운 효과를 낳기도 한다.

> **훌륭한 비유: 라디오**
> 초안을 검토해준 옌스 샤우더(Jens Schauder)는 흥미롭게도 라디오의 원리에 비유했다.
> 알맞은 케이블이 필요하고(연결), 잡음이 커지는 것을 방지해야 하며(여과), 올바른 주파수에 맞춰야 한다(공감).
> AM과 FM 신호를 다룰 수 있는 경험이 있어야 하고(이해), 증폭과(발전) 이퀄라이저가 필요하다(관리).
> 그리고나면 쇼를 방송할 수 있다(전파). 잡음은 가능하면 적어야 한다(영향). 그리고 콘텐츠가 훌륭하다면 청취자들과 소통할 수도 있다(대화).

네트워크 효과

트위터가 내 인생을 바꿔놓았다. 나는 내성적이라 나 자신에 대해 열심히 이야기한 적이 없었다. 그러나 트위터에서는 달랐다. 내 머릿속과 내 트위터 피드를 잇는 통로가 네덜란드와 영국 사이의 거리보다 더 넓어 보이는 경우도 있었다. 온라인 사회 연결망 활동이 실제 세계에서 이뤄지는 나의 "평범한" 생활을 잠식하지 않도록 조심해야 한다. 나의 오프라인 사회 연결망의 크기는 파리 호텔방 만하다.

네트워크 이론 및 사회 연결망 분석 연구를 통해 (온라인 및 오프라인) 사회 연결망에 나타나는 여러 가지 흥미로운 현상이 밝혀졌다. 예를 들어, **티핑 포인트**tipping point[4](Gladwell, 2002)란, 영화 아바타, 수전 보일의 비디오, 해리 포터, 스크럼 프레임워크 또는 이 책의 인기처럼 이전에는 드물었던 뭔가가 갑자기 모든 사람에게 널리 퍼지는 순간을 말한다(나는 손가락이 파랗게 될 때까지 이 책을 트윗하고 있다. 이 책이 뜨지 않으면 그건 분명 내 잘못이 아니다). 물리학에서 티핑 포인트란 **상전이**phase transition[5]를 말하지만 의미는 똑같다. 시스템이 한 상태에서 다른 상태로 갑자기 변형되는 것이다.

두 번째는 소수의 강한 연결보다 다수의 약한 연결을 통해 정보가 더 잘 전달된다고 말하는 **약한 연결의 힘**strength of weak ties이다(Granovetter, 1973). 트위터 팔로워를 약한 연결의 완벽한 사례라고 할 수 있다. 그들은 나와 이야기를 나누기도 하지만 생일 파티 초대장을 보내서 내 기분을 망치는 일은 없다.

그 다음은 사회 연결망에 드문드문 존재하는 정보의 가치를 합한 것이 보편적인 정보의 가치보다 더 클 수도 있다고 말하는 **롱테일**long tail[6]이다(Anderson, 2008). 다시 말해, 팔로워가 거의 없는 트위터 사용자가 함께 모이면 팔로워가 많은 소수의 사용자보다 강력하다(그리고 비즈니스 관점에서도 더 가치 있다).

마지막으로, 작은 세계 네트워크에서 가장 흥미로운 현상 중 하나인 **동질화 효과**homogenization effect다. 연구자들은 롱테일 효과가 사람들의 관심이 "머리"(가장 인기 있는 것)에서 "꼬리"(가장 인기없는 것)로 옮겨가고 있다는 뜻은 아니라는 증거를 발견했다. 오히려 그 반대다. 연결이 잘돼 있는 네트워크에서는 복제되는 정보가 훨씬 더 많이 복제된다. 인기가 인기를 부르는 것이다. "무릇 있는 자는 받아"라는 마태 복음 구절에서 따온 매튜 효과Matthew effect로도 알려져 있다(Webb, 2007:54).

사회 집단, 단체, 조직에서 일어나는 동질화는 문화, 유행, 풍습의 공유를 가능케 하는 메커니즘이다. 사회 연결망의 엄청난 다양성 덕분에 많은 사람이 같은 것을 좋아하거나 싫어하기 시작하는 것이다. 전 세계 모든 개발 관리자가 이 책을 좋아하게 될 수도 있고 싫어

---

4   http://en.wikipedia.org/wiki/Tipping_point_%28sociology%29

5   http://en.wikipedia.org/wiki/Phase_transition

6   http://en.wikipedia.org/wiki/Long_Tail

하게 될 수도 있다. 어떤 연구자들은 이를 "사회적 전염"이라고 부른다. 아이디어, 좋아하는 것, 싫어하는 것, 욕구 같은 것들이 친구에게서 친구의 친구에게로 이어진다.

> 행복과 우울, 비만, 음주와 흡연 습관, 선거에서 표방하고 투표하는 성향, 특정 음악과 음식 취향, 온라인 저작권 침해에 대한 견해, 심지어 자살 시도 또는 자살을 바라보는 생각의 경향성 등, 모든 범위의 현상이 전적으로 이해되지 않은 상태로 친구들과의 네트워크를 통해 전달되고 있다는 것이 분명해지고 있다. 마치 "연못에 던진 돌처럼" 네트워크에 파문을 일으킨다. …(중략)… 사회적 전염이 일으키는 효과를 인식함으로써, 그것을 극복할 방법을 찾을 수도 있고 자신의 이익을 위해 이용할 수 있다.[7]

같은 연구자들은 사회 연결망에서 세 단계를 넘으면 동질화 현상이 대개 그 효과를 잃는다는 사실을 발견했다. 여러분이 아이디어를 모방하는 대상은 친구, 친구의 친구, 친구의 친구의 친구까지라는 뜻이다. 거기까지 가면 그 효과가 서서히 사라진다.

그럼에도 모두는 아니더라도 대부분의 조직에서는 최대 세 단계 떨어져 있다고 가정할 수 있는데, 그 말은 아이디어, 유행, 풍습의 동질화가 조직 전반에서 쉽게 일어날 수 있다는 뜻이다.

이제 내가 트위터에서 나 자신과 프로젝트에 대해 그렇게 많이 공유한 이유를 이해할 수 있을 것이다. 나의 140자짜리 두뇌 배출은 롱테일 위에 있는 사람들과의 약한 연결 수를 쉽게 늘려주는데, 이는 내게 세 단계 안쪽에 있는 사람 수를 크게 늘려줬다. 그리고 지금은 티핑 포인트를 참을성 있게 기다리는 중이다.

연결 조정

나는 내가 하는 일에 관해서는 전파자임에도 감각 기관과 두뇌 사이의 대역폭이 정말 좁다. 좁아도 너무 좁다. 내가 아는 사람들을 보지 못한 채 지나쳐가기도 하고, 한 번에 다섯 명 이상의 친구는 사귀지 못한다. 누군가가 하는 말을 들으면서도, 가끔 내 두뇌는 다

---

7 Bond, Michael. "Three degrees of separation" New Scientist, 3 January 2009(http://www.newscientist.com/article/mg20126881.600-how-your-friends-friends-can-affect-your-mood.html)(Bond, 2009a:24-27).

음과 같은 단어만 받아들이기도 한다. "너... ... ... 나 ... ... 컴퓨터 ... ... 빅 버드 ... ..."

모두 연결 균형 조정과 관련이 있다. 복잡계에서는 행위자 사이의 연결이 많을수록, 행위자들이 서로에게 부과하는 제약과 제한 사항이 늘어난다. 이것이 자유로운 움직임을 제한하고 최고 성능을 이룰 수 있는 능력을 감소시킨다(Stacey, 2000a:114). 복잡계에서 연결은 지나치게 많지도 않고 지나치게 적지도 않도록 조정해야 한다.

복잡계에서는 행위자 사이의 평균 소통량이 거의 일정하다. 시스템에 얼마나 많은 행위자가 있는지 그리고 서로 얼마나 많이 연결돼 있는지와 상관없이, 복잡 적응계는 자신에게 최적의 소통량을 찾아낸다.

> 일정 연결 수 이상에서는 적응도가 감소하는 것으로 보인다. …(중략)… 상대적으로 적은 최적의 노드당 연결 수는 네트워크 크기에 따라 크게 달라지지 않는다(이 경우에 노드란 소통 네트워크에서 고유한 수신자로 정의할 수 있는 사람이나 집단을 말한다). 네트워크가 커지고 더 많은 노드가 추가돼도, 각 노드의 연결 수는 반드시 비교적 일정하게 유지돼야 한다.[8]

시스템에는 최적의 소통량이 있다. 사회 집단에 속한 다양한 유형의 사람을 지금까지 관찰해보니, 대인 관계 연결이 거의 없는 사람들이 경청을 더 잘하며, 많은 사람을 알고 있는 이들이 더 많은 정보를 여과하는 경향이 있었다. 그것이 바로 소통량을 일정한 수준으로 유지하는 방법이다. 그리고 책, 블로그, 소프트웨어, 텔레비전, 신문 등 모든 형태의 매체 또한 우리의 소통 수준을 높이는 데 기여하고 있다는 것을 잊어서는 안 된다.

> 여기에서 부족한 것은 정보가 아니라 관심이다. 주어진 정보 처리 한계를 감안할 때, 행위자는 마주치게 되는 대부분의 잠재적 정보를 적극적으로 무시해야 한다. …(중략)… 그것이 오히려 행위자가 적은 정보를 보다 효과적으로 운용하는 경우일 수 있다.[9]

---

8 Highsmith, Jim. 『Adaptive Software Development』, New York: Dorset House Pub, 1999(Highsmith, 1999:286).

9 Miller, John H. and Scott E. Page. 『Complex Adaptive Systems』, Princeton: Princeton University Press, 2007. 허락하에 옮김(Miller, Page, 2007:94).

사람들이 정보 과부하를 처리하는 자연스러운 방법이 있다. 받아들이는 신호가 많을수록, 그 신호에 포함된 메시지에 대한 면역력이 더욱 강해진다(Gladwell, 2002:274). 따라서 정보 과부하는 전혀 문제가 아니라고 생각한다. 3초만 창 밖을 바라보고 눈을 감은 다음, 봤던 장면을 모두 떠올려보자. 생각나는 것이 분명히 거의 없을 것이다. 우리의 두뇌는 받아들인 거의 모든 것을 자연스럽게 무시하도록 돼 있다. 진짜 문제는 사람들이 여과 능력을 적절히 수련하지 않아서 그른 것을 듣고 옳은 것을 무시할 때다.

> 어떤 팀은 다른 팀보다 정보의 홍수에 더 잘 대처한다. 멤버들이 함께 일하고 정기적으로 같이 일하는 팀은 예외 없이 전략을 연마하고, 가장 어렵고 정보 집약적인 일을 처리하는 데 익숙하게 된다.[10]

복잡계는 소통을 처리할 때 자신에게 무엇이 최적인지 찾아낼 수 있다. 사회 연결망을 통해 흐르는 정보량에는 거버넌스가 필요없다(가능하지도 않다). 그러나 관리자가 마땅히 해야 할 일은 어떤 정보를 이용할 수 있는지, 어떤 연결이 사람들 사이에 형성되는지, 사람들이 그들의 감각 여과를 얼마나 잘 수련하는지에 영향을 미치는 것이다. 여기에서 한 가지 중요한 교훈은, 팀이 이용 가능한 정보를 여과하는 방법을 익히고 함께 일하는 방법을 배우는 데에는 시간이 필요하다는 점이다. 팀을 너무 자주 깨뜨려서는 안 되며, 그렇게 하면 매번 처음부터 다시 시작해야 한다.

경쟁과 협력

나는 이기적인 사람이다. 기꺼이 다른 사람을 위해 일하고 공짜로 나눠주지만, 나에게 이익이 된다고 생각할 때 그렇게 하는 경향이 있다. 나 자신의 행복을 추구한 덕분에, 두 번째 기회가 필요한 불행한 실업자에게 일자리를 제공하고, 경험이 절실히 필요한 사람들에게 프로젝트를 주고, 가난한 나라 사람들에게서 물건을 구입하고, 국제 앰네스티의 후원자가 됐다. 모두 내가 이기적이기 때문이다.

---

10 Hackman, J. 『Leading Teams』, Boston: Harvard Business School Press, 2002. 허락하에 옮김(Hackman 2002:153).. (한국어판: 『성공적인 팀의 5가지 조건』, 리처드 해크먼 지음, 최동석/김종완 옮김, 교보문고, 2006)

수십 년 전 리처드 도킨스가 지적한 것처럼 유전자도 이기적이다(Dawkins, 1989). 그러나 그 이기심에도 불구하고 인간 게놈에 있는 1,195개의 유전자는 협력해서 심장을 만들어 내고, 2,164개의 유전자는 팀을 이뤄 백혈구 세포를 만들며, 3,195개의 유전자는 인간의 두뇌를 함께 책임진다(Corning, 2003:107). 모두 이기적 유전자로 이뤄진 팀이며, 혼자 하지 않는 것이 이익이 된다는 것을 알기 때문에 온갖 이기심 속에서도 함께 진화한다. 함께 일하면 유전자 풀이라는 가혹한 환경에서 살아남을 가능성이 높아진다.

한 종 안에서 팀을 구성하는 흥미로운 모습을 극동혹개미에게서 찾아볼 수 있다. 극동혹개미는 작은 일개미와 큰 병정개미로 구성돼 있다. 침입자가 개미집에 들어오려고 할 때, 일개미는 침입자의 목을 자를 수 있는 병정 개미가 모이는 동안 그 제물을 꼼짝 못하게 붙잡는다(Anderson, McMillan, 2003:32)(팀이 자연으로부터 배울 수 있다는 사실이 멋지지 않은가?).

서로 다른 종이 팀을 구성하는 경우도 많다. 한 가지 사례가 지의류인데, 지의류는 조류와 균류의 파트너십, 즉 **공생체**symbiotic association다. 조류는 태양으로부터 에너지를 받아 광합성을 하고, 균류는 물을 저장하는 능력이 뛰어나다. 지의류는 이런 공생 관계 덕분에 척박한 환경에서도 생존할 수 있다. 두 종으로 이뤄진 팀은 개별 종이 단독으로 할 수 없는 일들을 할 수 있다(Corning, 2002:67).

이기적 협력은 비용 대 이익의 문제다. 적은 비용을 제공하거나 공유해서 더 큰 이익을 즉시 또는 나중에 얻는 것이다. 어떤 이들은 이를 **상호 이타주의**reciprocal altruism, 상생 호혜, '서로 등 긁어주기'라 부르기도 한다. 그것이 안트베르펜의 많은 보석상이 다이아몬드 지구라고 부르는 가까운 몇몇 구역에 함께 붙어 있는 이유다. 또한 구글, 마이크로소프트, 애플과 같이 극심한 경쟁자들이 정기적으로 함께 일하는 모습을 보이는 이유다. 그리고 내가 사람들의 질문에 무료로 답변을 해주고, 경쟁자들의 책을 홍보하며, 반골 기질이 있는 이들에게 일자리를 제공하는 이유기도 하다.

경제학자이자 철학자인 애덤 스미스Adam Smith의 235년 된 책 『국부론The Wealth of Nations』에서 경쟁 대 협력의 역설(**협조적 경쟁**coopetition11이라 부르기도 한다)의 근본 원인을 찾을 수 있다. 그는 **분업**division of labor의 개념을 개인적 이익을 위해서 서로 다른 과업에 **전문화**specializing된

---

11 http://en.wikipedia.org/wiki/Coopetition

사람들이 함께 일하는 것이라고 설명했다. 그러면 마치 "보이지 않는 손"에 이끌리는 것처럼, 시스템 전체는 관련된 모든 사람의 삶을 개선하는 데 이바지한다.

조직에서도 마찬가지다. 직원들은 개별적으로 고용됐기 때문에 경쟁자다. 그들은 같은 일자리, 같은 멋진 프로젝트, 같은 관리직, 사무실 건물 입구 근처에 있는 같은 주차 공간을 탐내기도 한다. 그러나 더 즐겁고, 더 성공할 수 있고, 더 좋은 연말 평가를 받을 수 있기에 함께 팀을 이룬다.

우리 모두는 이기적이다. 그리고 최고로 똑똑한 이기적인 사람들은 함께 일하고 서로에게 잘 대하는 것이 자신에게 이익이 된다는 것을 잘 알고 있다. 이것은 경쟁자가 협조하면 나도 협조하는 게임 전략인 수학자 로버트 액슬로드Robert Axelrod의 **팃포탯**Tit-for-tat[12]과 일치한다. 팃포탯은 게임과 자연에서 가장 성공적인 생존 전략 중 하나다(Mitchell, 2009:217). 또한 『Teamwork is an individual skill』이라는 크리스토퍼 애버리Christopher Avery의 관찰과도 일치한다(Avery, 2001.) 그리고 철학자 아인 랜드Ayn Rand는 『이기심의 미덕Virtue of selfishness』이라 부르는 책과 수필을 썼다(Rand, Branden, 1970). 많은 사람이 그녀의 엄격한 원칙을 비판해왔지만, 근본적인 차원에서는 분명 일리가 있다.

이 사례들은 모두 같은 이야기를 하고 있다. 애덤 스미스의 보이지 않는 손이 사람들을 협력적 행동으로 살며시 밀어넣는다. 왜냐하면 모두가 자신을 위해 최선을 원하기 때문이다.

동료를 무시하는 사람은?

협력적 행동이 저절로 생겨나지는 않는다. 어떤 사람들은 절대 배우지 못할 것이다. 그리고 그런 사람들은 자신의 삶이나 비즈니스에서 큰 성공을 거두지 못한다.

나는 지구상에서 가장 성공한 사람들은 모두 "협조적 경쟁"의 힘을 배웠다고 확신한다. 협조적 경쟁이란 (선택적인) 협력이 이뤄지는 경쟁을 말한다.

---

12 http://en.wikipedia.org/wiki/Tit_for_tat

집단과 경계

사람들이 함께 일하길 원하는 이유는 개인적 성공 때문임을 알게 됐다. 그러나 그 다음에는 무슨 일이 일어나게 될까?

복잡계에서는 행위자가 협력하면서 하위 시스템을 형성하는 경향이 있는데, 그 원칙을 **모듈성**modularity이라고도 부른다(Richardson, 2004b:79). 『Small Groups as Complex Systems』에서, 저자는 복잡계인 소집단에서 사람들이 집단을 형성하는 네 가지 방법을 설명한다(Arrow, 2000:65).

- **편성 집단**concocted group은 외부의 힘에 의해 계획적으로 만들어진 집단이다. CEO의 애완견을 위한 웹 사이트를 구축하는 데 프로젝트 팀이 만들어지고, 사람들이 관리자에 의해 이 팀에 "지원" 당하는 경우를 예로 들 수 있다.
- **설립 집단**founded group도 계획적이긴 하지만 집단 내부의 계획에 의해 이뤄진 집단이다. 몇몇 직원이 모여 스스로 사내 케이터링 서비스를 시작하기로 하는 것을 예로 들 수 있다.
- **자기조직화 집단**self-organized group도 마찬가지로 집단 내부에서 시작되지만, 계획되지 않거나 창발적 방식으로 형성된 집단이다. 사내의 적극적인 트위터 사용자들이 온라인 소셜 네트워크를 촉진하려고 노력하는 것을 예로 들 수 있다.
- **상황 집단**circumstantial group은 자신의 제어를 벗어난 상황으로 인해 집단 외부에 의해, 그러나 창발적 방식으로 형성된 집단이다. 새로운 케이터링 서비스를 받으러 가는 길에 고장난 엘리베이터에 함께 갇힌 직원들을 예로 들 수 있다(그들의 트위터 피드를 보면 재미있을 것이다).

관리자는 첫 번째 유형의 팀을 구성해야 하는 경우가 많다(편성 집단). 그러나 그 경우에는 진정한 팀을 형성하고 협력을 이루기 어려울 수도 있다. 그렇다면 프로젝트 팀 구성의 책임을 사람들에게 위임해볼 가치가 있다(설립 집단).

집단을 "팀"이라 부르려면 두 가지가 중요하다. 1) 공동의 목표가 있어야 하고, 2) 집단에 경계가 필요하다. 이 경계는 공간적일 수도 있고, 시간적일 수도 있으며, 심리적일 수도 있다. 사람들의 위치(예를 들어, 모두가 같은 공간에서 일하기), 시간대(예를 들어, 지금부터 올해 말까지), 마음속으로 공유하는 개념(예를 들어, 회사 내 모든 아키텍트)으로 누가 팀의 일부인지가 결정될 수 있다(Arrow, 2000:79). 팀 경계에 대한 합의가 없고 누가 팀에 속해 있는지 지나치게 모호하다면, 사람들은 팀으로써 활동할 수 없다. 왜냐하면 팀이 존재하지 않기 때문이다(Hackman, 2002:44).

『성공적인 팀의 5가지 조건Leading Teams』에서 핵크먼이 말하길, 팀 경계가 너무 닫혀 있어도 안 되고(외부에서 오는 입력의 거부), 너무 열려 있어도 안 되는(응집력 상실) 것이 성공적인 팀 구성의 열쇠다. 해크먼은 **투과성 경계**permeable boundary라는 용어를 사용했는데, 시스템 이론에서도 찾아볼 수 있는 개념이다(3장, "복잡계 이론" 참조).

팀으로 활동하는 집단에는 투과성 경계가 있다. 모든 관련자들이 경계를 명확히 식별할 수 있지만 외부로부터 오는 새로운 입력(아이디어, 에너지, 자원)이 들어올 수 있도록 충분히 열려 있기도 하다. 너무 닫혀 있지도 않고 너무 열려 있지도 않다. 따라서 적응적 균형 조정 활동이 시스템 내부 연결에만 필요한 것이 아니라 그 주변의 경계에도 필요하다.

초생산성 또는 자체촉매

시스템을 자기조직화 시스템으로 바꿀 수 있는 것은 경계뿐이다. 지금까지 경계에 대해 논의했으므로 이 경계 안에서 무슨 일이 일어날 수 있는지 살펴보는 것이 좋겠다.

이 절을 쓰던 날, 팀 관리자가 하기에는 이상한 일처럼 보이지만 나는 우리 사업부 웹 사이트 화면 디자인을 하고 있었다. 내가 그 일을 했던 이유는 우리 팀 다섯 명 중에서 디자인 실력이 평균 이상인 사람이 나밖에 없어서, 내가 하면 개발자들이 멋진 제품을 더 빨리 출시할 수 있었기 때문이었다. 이와 비슷하게, 나의 관리자 업무는 우리 아키텍트 덕분에 상당히 빨라질 수 있었다. 내 설계를 고객이 이해하기 쉽도록 가독성 있는 API 문서로 바꾸는 데 뛰어났기 때문이다. 이와 마찬가지로 그 아키텍트의 업무는 생각하는 동시에 코딩하고 파워포인트 슬라이드를 마무리하는 동시에 아이디어를 검증하는 개발자들 덕분에 속도가 빨라질 수 있었다. 우리는 단순한 팀이 아닌 것처럼 보였다. 우리는 **자체촉매 집합**autocatalytic set이었다.

자체촉매 집합이란 행위자가 서로의 생산성을 강화하고 가속화하는 시스템을 말한다. 예를 들어, 웅덩이에 안정적인 산성 액체가 고여 있고 그 안에 많은 분자들이 있다고 가정해보자. 이 분자 중 일부는 화학 반응을 통해 새로운 분자를 형성할 것이다. 그리고 이 새로운 분자가 다시 화학 반응을 한다. 대충 그림 12.3과 같은 그림을 그릴 수 있다.

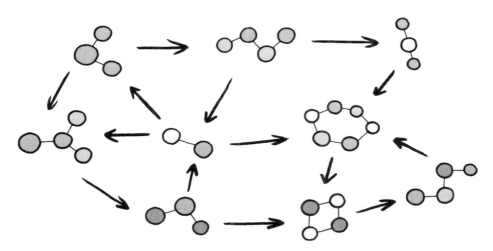

그림 12.3 각 분자가 최소한 하나의 다른 분자의 반응을 촉진시키거나 반응에 의해 촉진된다

웅덩이의 각 분자는 화학 반응을 한다. 그러나 각각 다른 화학 반응의 산물이기도 하다. 그림 12.3을 보면, 분자는 다른 분자(촉매)에 의해 반응이 가속화되는데 촉매 또한 다른 촉매에 의해 강화된 화학 반응의 산물임을 알 수 있다. 간단히 말해, 분자 집합 전체가 스스로 촉매 작용을 하고 있다. 이것이 자체촉매 집합이다.

이론생물학자 스튜어트 카우프만Stuart Kauffman은 네트워크 내부에 다양성과 연결이 증가하면 이런 자체촉매 집합의 형성이 수학적으로 거의 필연적이라는 것을 보여줬다. 이렇게 이질적인 시스템은 자력으로 유지된다. 시스템 그 자체 외에는 아무것도 필요치 않으며, 외부에서 오는 약간의 에너지만 있으면 된다. 자체촉매 집합이 지구상의 생명체 탄생에 크게 기여했다는 견해가 있다(Kauffman, 1995).

자체촉매의 원리는 중요하다. 보다 다양한 사람이 팀에 들어올수록 팀의 이질성이 증가한다. 그러면 더 많은 팀원이 다른 팀원의 업무에 촉매 역할을 할 수 있고, 어느 순간에 팀 내 모든 업무가 하나 이상의 다른 업무에 의해 촉진된다.

자체촉매는 톰 드마르코와 티모시 리스터가 말한 "단결된" 팀과 애자일 전문가 제프 서덜랜드Jeff Sutherland가 자주 언급하는 소프트웨어 팀의 "초생산성hyper-productivity"에 대한 과학적 설명이 될 수 있다.[13] 그리고 내가 틀렸더라도, 소프트웨어 팀의 다양성, 연결, 전문화를 설명하는 데 여전히 흥미로운 사례가 될 것이다.

> **뭔가 좀 더 필요한데...**
>
> 그 생각이 옳다! 서로의 업무를 촉진하는 것만으로는 초생산성을 이룰 수 없다.
> 다른 요소들도 협업과 역량처럼 중요하다. 팀원들이 명시적 소통을 하지 않고도 서로의 욕구와 행동을 정확히 예측할 수 있는 능력인 암묵적 조율을 핵심 요소라고 부르는 사람들도 있다.

내가 이 부분을 쓴 날, 우리 팀은 기획 회의를 하다가 시간이 어찌나 빠르게 흘러갔는지 제품 출시까지 3주밖에 남지 않았다는 사실을 깨달았다. 아무도 이렇게 생각하지는 않았을 것이다. "와우, 요즘 자체촉매 활동을 제대로 하고 있는 걸." 그러나 분명히 우리 각자는 팀 생산성에 기여하고 있다는 것을 느꼈을 것이다. 그리고 분명히 "다른 사람이 더 빠르게 일할 수 있도록 내가 어떤 도움을 주고 있지?"라는 질문에 각자가 쉽게 대답할 수 있었을 것이다.

패턴 형성

2009년과 2010년 겨울은 (북반구에서) 간만에 가장 추운 겨울이었다. 내게는 매우 행복하고도 불행한 시간이었다(그림 12.4 참조). 모든 것이 하얗게 바뀌었을 때 보이는 아름다운 세상 때문에 행복했다. 그리고 내 차창에 생긴 서리가 아름답거나 말거나, 영하 10도에서 성애 제거기를 들고 고생해야 했기 때문에 불행했다.

---

13 제프 서덜랜드의 비디오(http://www.infoq.com/presentations/Distributed-ScrumSutherland-Schoonheim)

그림 12.4 눈 속의 나

차를 녹이려고 바쁠때면 눈이 참으로 놀라운 현상이라는 사실을 쉽게 잊어버린다.

눈송이의 얼음 결정들은 난기류 속에서 대칭성과 우연성이 뒤섞이면서 여섯 방향의 불확정성을 갖는 특별한 아름다움을 형성한다. …(중략)… 눈송이는 대개 한 시간 이상 바람 속을 떠다니면서 결정이 커져 땅에 떨어지는데, 눈송이 각뿔은 순간순간의 대기 온도나 습도 그리고 불순물에 매우 민감하다. 1밀리 미터 공간 안에 펼쳐져 있는 단일 눈 결정의 6개 각뿔은 온도도 같고, 결정이 성장하는 법칙들도 완전히 결정론적이기 때문에 거의 완벽하게 대칭적이다.[14]

눈송이는 자기조직화 패턴 형성의 훌륭한 사례다(그림 12.5 참조). 얼룩말의 줄무늬, 나비 날개의 점, 사하라 사막의 사구, 양치류의 잎처럼 자연에는 다른 사례도 풍부하다(Waldrop, 1992:65). 그리고 액체에서도 패턴이 형성될 수 있다. 모든 대양이 서로 만나는 곳에는 바닷물이 시속 약 40m의 속도로 동에서 서로, 서에서 동으로 서로 번갈아 흐르는

---

14 Gleick, James. 『Chaos』, Harmondsworth Eng.: Penguin, 1987. 허락하에 옮김(Gleick, 1987:309–311). (한국어판: 『카오스』, 제임스 글릭 지음, 박래선 옮김, 동아시아, 2013)

너비 150km의 띠가 있고, 이곳에서는 해류가 줄무늬 모양으로 흐른다는 사실이 밝혀졌다. 전 지구상의 대양에 나타나는 이런 패턴을 어떤 과학자도 설명하지 못하고 있다고 한다(Brahic, 2008:10).

그림 12.5 눈송이(출처 미상)

패턴 형성이 공간의 형태로만 일어나는 것은 아니다. 심장 박동, 수면, 호르몬 및 효소 체계의 주기적 활동에서 볼 수 있는 활동일 주기(또는 생체 시계)처럼, 생명체에게 진동 활동은 매우 중요하다(Lewin, 1999:29). 자연에서 볼 수 있고 복잡성 문헌에서 자주 언급하는 또 다른 멋진 사례는, 교미 시기가 되면 한 번에 수천 마리가 나무에 모여 조화롭게 깜빡거리는 동남아시아 반딧불이를 들 수 있다(Gleick, 1987:293).

복잡계에서 패턴은 창발적 사건이다. 시스템에 있는 그 어떤 단일 행위자도 이런 패턴을 만들어내는 역할을 담당하고 있지 않지만, 그럼에도 패턴이 생겨난다.

그러나 복잡성 관점에서 볼 때 모든 패턴이 동일하지는 않다. 양치류의 잎과 사하라의 사구 사이에는 중요한 차이가 있다. 나무 위 반딧불이의 조화로운 깜박임과 내가 휴대전화를 물에 빠뜨렸을 때 볼 수 있는 완벽한 동심원 사이도 마찬가지다. 어떤 패턴에는 이유가 있지만, 어떤 패턴은 흥미로운 부작용일 뿐이라는 것이 그 차이다. 내 차창에 생긴 서리에는 나를 계속 바쁘게 만드는 것 말고는 아무런 목적이 없다. 그러나 차가 빙판길에서 미끄러질 때 심장이 미친듯이 계속 뛰는 데에는 진짜 목적이 있다.

조직의 팀 구성 및 소통에서 공간 형태와 시간 형태의 패턴이 둘 다 생겨난다는 것은 분명하다. 우주는 패턴으로 가득 차 있는데 여러분의 개발 팀에는 왜 패턴이 없겠는가? 그러나 패턴이 목적을 지니려면 관리자가 패턴이 자기조직화를 통해 생겨날 수 있도록 해줘야 한다. 팀이 결정체를 이루도록 만들거나 조화롭게 깜박이도록 조율하려면 관리자가 너무 많은 일들을 해야 한다. 그리고 그것은 결코 바람직해보이지도 않을 것이다.

13장, '구조를 발전시키는 방법'에서 조직 패턴을 살펴보기 전에, 시스템 확장에 대해 알아보자.

규모 대칭성: 큰 패턴과 작은 패턴

수학자 브누아 망델브로는 면화 가격이 무작위적이고 예측 불가능하며 모든 가격 변동 패턴이 규모와는 무관하다는 사실을 발견했다. 일간, 월간, 연간 가격 변동 그래프가 모두 완벽하게 일치했다. 『프랙털 이론과 금융 시장The (Mis) Behavior of Markets』에서 망델브로는 모든 주식 시장에서도 실제로 비슷한 패턴을 찾을 수 있다고 주장했다. 가격은 얌전히 움직이는 것이 아니라 규모와는 독립적으로 오르내린다(Mandelbrot, Hudson, 2006). 망델브로는 **프랙털 기하학**fractal geometry의 아버지였기 때문에 이 주제에 대해 잘 알고 있었다.[15]

프랙털은 규모 전반에 걸쳐 자기유사성이 있는 패턴이다. 그 일부분을 얼마나 확대하든 같은 모양이라는 뜻이다(Gleick, 1987:86). 이런 자기유사성은 패턴이 패턴 내부에서 반복된다는 것을 의미한다. 작은 음악 패턴이 큰 음악 패턴과 비슷한 클래식 음악에서 프랙털과 비슷한 패턴을 찾아볼 수 있다. 또한 회선상의 오류 분포가 초, 분, 일, 주 단위로 자기유사성이 있는 것으로 밝혀진 전화선의 잡음도 마찬가지다(Solé, 2000:50). 프랙털 기하학은 복잡하면서도 자연스러워 보이기 때문에 영화에서 컴퓨터로 풍경, 식물, 동물을 만들어낼 때 애용한다(Gleick, 1987:114).

---

15 http://en.wikipedia.org/wiki/Fractal

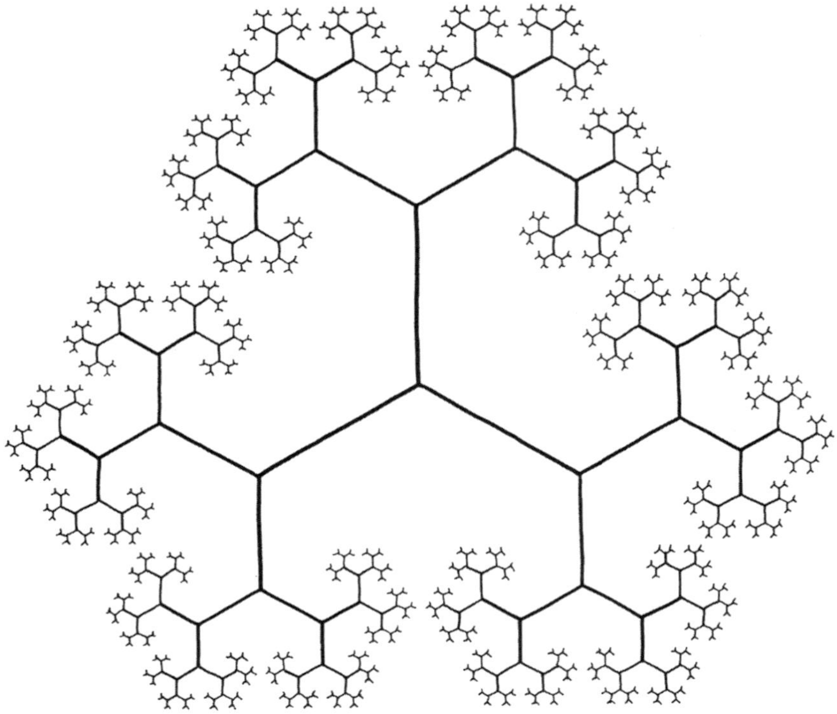

그림 12.6 프랙털[16]

여러분의 몸에도 프랙털이 있다. 혈관은 신체 구조 전체에 끝없이 나뉘어 퍼져 있는데, 프랙털의 속성을 지닌다. 그 이유는 혈액은 비용이 많이 들고 부족하지만 엄청난 수의 세포에 도달해 양분을 공급해야 하기 때문이다. 자연은 그렇게 할 수 있는 가장 효과적인 방법이 프랙털 구조라는 사실을 알아냈다(Gleick, 1987:108).

프랙털은 단 몇 개의 단순한 수학적 규칙으로 복잡한 구조를 만들어낸다. 그리고 패턴은 규모 불변(크기가 작거나 커도 동일함)이기 때문에 작은 규모에서 달성한 효율성이나 생산성을 어떤 규모에서도 동일하게 얻을 수 있다. 즉, 큰 시스템을 잘 작동하게 하려면 잘 작동하는 작은 시스템처럼 보이게 하는 것이 현명한 아이디어일 수 있다.

---

16 Jonathan Rees의 이미지(http://mumble.net/~jar/visuals/fractal.png), 크리에이티브 커먼즈 라이선스하에 옮김.

효과적인 복잡한 (이 문맥에서의 의미는 크고 난해하다는 뜻이다) 시스템은 예외 없이 효과적인 단순한 시스템으로부터 진화했다는 사실이 밝혀졌다. 아무런 사전 준비 없이 설계된 복잡한 시스템은 절대 효과적이지 않으며 효과적으로 만들기 위해 뒷수습할 수도 없다. 효과적이고 단순한 시스템으로부터 시작해야 한다.[17]

그러나 수학 시스템과 실제 세계에서 생존하고 성장하고자 하는 시스템에는 몇몇 중요한 차이가 있다.

발전시키는 방법: 더 많이? 더 크게?

직원의 입장에서 소규모 비즈니스 환경이 훨씬 더 차이를 만들기 쉽기 때문에 나는 항상 규모가 작은 조직에서 일하길 더 좋아했다. 또한 작은 회사에서는 CEO가 나를 실제로 잘 알기 때문에 귀찮게 하기가 더 쉽다. 반면에 모든 조직 중에서 가장 작은 조직, 즉 1인 기업으로 일할 때는 어려움을 겪었다. 진짜 차이를 만들기에 가장 자연스러운 환경이긴 하지만 어떻게 일을 하든 괴롭힐 수 있는 사람이 자기자신뿐이기 때문이다. 그래서 모든 사람은 심지어 혼자 일하는 사람들도 항상 다른 사람과 함께 성장하고 일할 수 있는 기회를 찾는다. 하지만 어떻게 할 수 있을까? 소프트웨어 개발자라면 이미 기본적으로 시스템을 확장하는 두 가지 방법을 알고 있다. 바로 **스케일 아웃**scaling out과 **스케일 업**scaling up이다.

스케일 아웃은 작은 시스템을 여러 개 만들어내는 개념이다. 크기는 그대로 두고 똑같은 버전을 더 많이 만들어 시스템을 확장하는 것이다. 생물학자들은 여러 종에게 스케일 아웃이 도움이 된다는 사실을 발견했다. 수사자들은 집단을 이뤄 혼자서는 절대 차지할 수 없는 암사자 무리를 빼앗는다. 벌떼는 인간을 죽일 수 있지만 한 마리의 벌이 쏘는 침은 대개 조금 따끔할 뿐이다. 무리에서 자라나는 바다사자 새끼는 사망률이 크게 낮지만 외딴 부모에게서 태어난 새끼는 훨씬 쉽게 죽는다(Corning, 2003:17,123).

그러나 유기체는 집단에서 함께함으로써 얻을 수 있는 **규모의 경제**economies of scale가 주는 혜택만 찾아낸 것이 아니다. 고생물학자 에드워드 드링커 코프Edward Drinker Cope가 한 세기 전

17　Gall, John. 『The Systems Bible』, Ann Arbor: General Systemantics Press. 2002. 저자 허락하에 옮김(Gall, 2002).

에 언급했듯이, 많은 종은 시간이 지나면서 몸집이 커지기도 한다. 처음에는 체구가 작다가 그 자손은 점점 커지는 경우가 많은데, 그런 과정이 지금은 코프의 규칙Cope's Rule으로 알려져 있다(O'Donogue, 2009:39).

스케일 업은 하나의 시스템(또는 그 자손)이 시간이 지남에 따라 점점 커진다는 개념이다. 크다는 것은 진화적으로 장점이 있다. 포식자가 공격해서 이기기가 더 어려워지고, 먹이나 짝을 두고 경쟁자와 더 쉽게 싸울 수 있다. 그리고 박물관에서 인기를 얻고 위협적으로 보일 가능성이 더 높아진다.

그러나 불리한 면도 있다. 큰 종은 더 많이 소비하고 더 느리게 번식하는데, 이는 힘든 시기에 문제가 더 심각해진다는 뜻이다. 따라서 멸종에 더 취약하다. 결국 박물관에 자리 잡게 되는 이유기도 하다.

자연계에 존재하는 종이나 경제 조직에서, 양성 피드백 루프가 점점 커진다는 것(취약성이 감소한다는 것)은 결국 음성 피드백 루프가 점점 느려진다는(적응성이 감소한다는) 뜻이다. 이런 식으로 규모의 경제는 수확 체감을 통해 위축된다.

따라서 스케일 업은 스케일 아웃보다 문제가 많은 전략이다. 세상의 전체 생물량을 생각해볼 때,[18] 박테리아, 식물, 개미, 남극크릴새우[19] 모두 인간이나 소 같은 더 큰 종의 총질량을 아득히 뛰어넘는다는 사실을 깨달아야 한다. 우리 인간은 인류가 지구를 지배하고 있다고 믿고 싶어하지만 무게만으로도 개미의 영향력이 여전히 10배에서 100배 더 크다! 복잡성 관점에서 스케일 아웃이 스케일 업보다 확실히 더 낫다. 다수의 작은 시스템이 소수의 큰 시스템보다 적응력이 더 뛰어나고 멸종 가능성이 더 적다. 남극크릴새우는 박물관에 있는 병 속에 떠 있는 것이 아니라 행복하게 살아서 헤엄쳐 다니고 있다.

'구조를 발전시키자' 관점의 실용적인 측면인 13장에서는 연결, 경계, 패턴, 확장의 개념을, 조직 내 소통을 개선해서 훌륭한 조직 구조로 성장시킬 수 있는 유용한 아이디어로 바꾸는 방법을 살펴본다.

---

18 http://en.wikipedia.org/wiki/Biomass_%28ecology%29
19 http://en.wikipedia.org/wiki/Antarctic_krill

정리

조직에서 오해는 예외적인 상황이 아니라 일상인 것처럼 보인다. 한 가지 이유는 소통에는 사람들 사이에 적절한 피드백이 필요하기 때문인데, 피드백이 잘 이뤄지는 경우가 별로 없다.

조직에서 의사소통자의 아홉 가지 역량을 찾을 수 있으며, 사람마다 각각의 역량이 부족할 수도 있고 뛰어날 수도 있다. 이것이 조직이 고도로 복잡한 소통 네트워크인 이유를 설명한다.

연구자들은 사회 소통 네트워크에서 발생하는 여러 효과를 찾아냈는데, 그중 동질화 효과가 흥미로운 사례다. 동질화 효과란 네트워크에서 복제되는 것이 더 많이 복제되는 경향이 있다는 것을 말하며, 그것이 문화와 유행이 어떻게 생겨나는지 설명한다.

소통을 최적화하려면 연결을 조정해야 한다. 또한 경쟁과 협력이 함께 이뤄져야 한다. 최적의 소통이 만들어내는 결과 중 하나가 자체촉매 (또는 초생산성) 팀이다.

조직 구조가 최적의 소통에 큰 영향을 미친다. 규모 불변 구조가 효과적이며 몇 개의 규칙만 있으면 된다는 사실을 프랙털로부터 배울 수 있다. 또 다른 발견은 스케일 아웃(여러 작은 부분으로 발전)이 스케일 업(하나의 큰 시스템으로 발전)보다 더 효과적이라는 사실이다.

성찰과 실천

12장에서 나온 아이디어를 조직에 적용할 수 있는지 살펴보자.

- 의사소통자의 아홉 가지 역량을 팀과 논의해보자. 누가 어떤 역량을 갖고 있는지 함께 알아내보자. 그 비중이 지나치게 많거나 적은 역량이 무엇인가? 이에 대해 어떤 일을 해볼 수 있을까?
- 사람들과 팀워크에 대해 논의해보자. 사람들이 서로 협력하고 있는가? 이타적인 이유로 협력하고 있는가, 아니면 자신에게 이익이 된다고 생각하기 때문에 협력하고 있는가?

13

구조를 발전시키는 방법

> 모든 대기업에는 근무 시간에 누군가 어디서 놀고 있지 않을까 하는 두려움이 널리
> 퍼져 있다. 네트워크가 그 두려움을 줄여줄 수 있다.
>
> — 존 드보락John Dvorak, 컬럼니스트 · 방송인(1952~   )

나는 사물을 구조화하길 좋아한다. 내 파일 폴더, 블로그, 가계부, 논문 저장소 등을 보면
알 수 있을 것이다. 저마다 제자리가 있고 쓸모가 있다. "위르헌의 잡동사니"라는 이름의
깔끔한 흰색 상자도 있다. "라울의 잡동사니"라는 이름표가 붙어 있는 상자와 구별할 수
있도록 하기 위해서다. 내가 일하는 조직에서도 마찬가지다. 구조가 어떻게 돼 있는지 그
리고 각 부서가 어떤 일을 하는지 알고 싶다. 사소한 일까지도.

이것이 13장의 목적이다. 13장에서는 조직 설계의 적응 원칙과 조직에서 구조를 발전시
키는 몇 가지 아이디어를 알려준다. 나는 좋은 구조에서 좋은 소통이 나온다고 생각한다.
그러므로 13장에서는 구조에 집중한다. 어떤 한 가지 구조가 모든 조직에게 분명한 정답
은 아니며, 그래서 관리자는 조직이 지속적으로 구조를 바꿀 수 있는 능력을 갖춰야 한다.

매니지먼트 3.0 모델은 구조의 발전을 구체적으로 다룬다. 복잡계는 구조를 스스로 창발
한다. 그러나 자기조직화 시스템의 방향을 책임지는 것은 관리자이며, 어떤 구조가 좋고
어떤 구조가 나쁜지 알 수 있다. 필요한 조정 및 개입 수준은 팀에 속해 있는 사람들의 성
숙도와 역량에 따라 다르다.

환경, 제품, 크기, 사람에 대해

사람들이 이런 질문을 자주 한다. "내 비즈니스와 팀 구조를 어떻게 해야 할까요?"(음, 사실 그런 질문을 받아본 적은 없지만, 12장을 읽은 후에는 이런 질문이 나올 것이라고 예상한다) 안타깝게도, 그 질문에 간단히 답할 수는 없다. 적어도 간단하면서도 올바른 답은 없다. 차라리 이렇게 질문하는 편이 낫다. "종이 갖출 수 있는 최고의 형태는 무엇인가요?" 이 질문은 말이 안 된다. 아무도 불가사리가 거미보다 더 나은 신체 구조를 갖고 있다고 주장할 수는 없다. 두 종 모두 실재하며, 둘 다 살아남을 수 있는 틈새를 찾아냈다. 거미는 바다에서 살아갈 수 없다. 그리고 불가사리가 우리집 지하실에서 살아갈 수는 없을 것이다. 조직도 마찬가지다. "최고"의 조직 구조는 조직이 어떤 환경에서 살아남아야 하는지에 따라 다르다.

> 따라서 오늘날 환경에서는 어떠한 해결책도 시간이나 상황에 독립적일 수 없음을 알 수 있다. 이는 조직 구조에도 적용된다. 이것이 사실이라면, 전반적으로 최대한 효과적인 한 가지 형태의 조직 구조는 존재하지 않는다. 존재할 가능성도 없을 것이다.[1]

그러나 조직 구조가 환경에 따라서만 달라지는 것은 아니다. 조직 변화의 두 번째 요소는 제품의 유형이다. 다음은 **콘웨이의 법칙**Conway's Law[2]이다.

> 시스템을 설계하는 조직은 ···(중략)··· 필연적으로 그 조직의 소통 구조를 모방한 설계를 만들어낸다.[3]

콘웨이의 흥미로운 관찰을 통해, 반드시 생산하고 있는 제품의 유형에 조직을 맞춰야 한다는 결론을 쉽게 얻을 수 있다(Poppendieck, 2009:67). 따라서 조직 설계의 두 번째 동인은 비즈니스에서 개발한 제품군이다.

조직 구조에 영향을 미치는 세 번째 관련 요소는 조직의 크기다. 환경과 제품 유형이 바뀌지 않더라도 조직이 성장하면, 크기에 맞게 그 구조를 정기적으로 조정할 필요가 있다.

---

1 「Organizational Survival in the New World」, Alex Bennet and David Bennet, 9페이지, Copyright Elsevier, 2004. 허락하에 옮김(Bennet, 2004:9).

2 http://en.wikipedia.org/wiki/Conway%27s_Law

3 크리에이티브 커먼즈 라이선스하에 옮김.

> 대체로 회사는 50% 성장할 때마다 조직 변화가 필요한지 가늠해봐야 하며, 성장이
> 100%에 이르면 이미 그 성장에 맞춰 변화를 했어야 한다.[4]

마지막으로, 조직 변화의 마지막 동인은 사람이다. 다른 모든 것이 그대로 유지될 때 조차도, 새로운 관리자와 새로운 팀이 종종 조직 재구성을 불러오는 것은 우연이 아니다. 사람이 달라지면 구조가 달라져야 한다.

환경의 변화, 제품 유형의 변화, 회사 크기의 변화, 사람의 변화, 모두 조직 구조의 변화로 이어진다(또는 이어져야 한다). 시간이 지나도 변하지 않는 비즈니스는 누구에게도 가치 없는 것에 많은 노력을 낭비하는 현실의 거품을 만들어낸다. 이 현상의 유명한 사례로 **파킨슨의 법칙**Parkinson's Law이 있는데, "업무를 완료할 때까지 남은 시간을 채우기 위해 업무를 확장시킨다."는 법칙이다. 조직의 기존 구조를 포기하지 않으면, 여력이 있는 한 그냥 계속 새로운 일을 만들어낼 것이다.

나와 함께 일했던 사람들은 내가 거리낌 없이 정기적으로 팀과 부서를 바꾼다는 사실을 알고 있다. 변화를 위한 변화는 아니다. 그러나 안정성을 위해 구조를 바꾸지 않는 것이 더 낫다고 생각하지 않는다. 내가 다른 일을 하려고 조직을 떠날 때, 내가 남긴 유산을 후임자가 다시 정비해도 (그다지) 괴롭지는 않다. 시간이 흐르면서 새로운 경쟁자, 새로운 제품, 새로운 직원, 새로운 관리자가 나타난다. 이런 변화에 더 이상 대응하지 않는 것이 걱정스러울 뿐이다.

나는 관리자에게 최적의 조직도가 필요하다고 생각하지 않는다. 그들에게 필요한 것은 적응성을 얻을 수 있는 방법에 대해 조언해 주는 것이다. 좋은 저마다 다르지만 공통점이 한 가지 있다. 적응성의 원칙이 DNA에 새겨져 있다는 점이다. 그것이 바로 우리가 찾는 것이다. 상황, 제품, 크기, 사람에 따라 조직을 다른 구조로 쉽게 바꿔서 적응형 비즈니스를 수행하는 방법을 알고 싶다.

비즈니스 구조를 다루는 많은 책을 살펴보면서, 나는 그들 중 다수가 "표준" 계층형 기능 구조를 설명한 다음, 한 발 더 나아가 더 나은 것으로 여겨지는 "대안" 구조를 설명한다는 사실을 알게 됐다(Augustine, 2005). 또는 다양한 조직 원형이나 "형태"를 설명하며, 이것은

---

4 ©2009 by Louis Testa and No Starch Press, San Francisco, CA, 54페이지, 허락하에 옮김(Testa, 2009:54).

환경에 의해 창발되는 것이다(Mintzberg, 2009:106). 나는 다른 방식으로 접근할 것이다. 적응형 조직을 위한 여러 가이드라인에 초점을 맞출텐데, 조직 구조를 발전시키는 데 이 가이드라인을 사용할 수 있을 것이다.

나는 종의 형태와 비슷하게, 다양하게 응용할 수 있는 몇 가지 기본 성공 패턴이 있다고 생각한다. 그중 무엇도 다른 것들보다 본질적으로 "더 낫다"고 할 수 없다. 불가사리가 거미보다 더 낫다고 할 수 없다. 그래도 푸들이 치와와보다 더 낫다는 사실은 인정하자.

먼저 전문화를 고려하고…

여러분이 요리 잡지 발행인이라고 가정해보자. 조리법, 레스토랑 리뷰, 값비싼 식기류와 최신 유행 굴요리를 맛보는 유명인 사진이 실려 있는 고급 잡지다. 잡지는 매달 발행되고, 엄청나게 많은 조리법과 레스토랑 목록을 보유하고 있으며, 유명 인사들이 다음 호에 실리길 기다리고 있다. 신간호를 발행할 때면 언제나 스트레스가 심하다. 유명 인사들은 사진 촬영에 그다지 협조적이지 않다. 셰프들은 요리 연출 방식에 항상 불만이다. 그리고 너무 형편없어서 옆집 개한테 주기도 민망한 조리법도 있다.

그때 편집자가 와서 모든 문제를 해결할 수 있다고 말한다. 그 해결책의 이름은 일반화다. 편집자가 말하길 정말 단순하고 매우 효과적이라고 한다. 잡지사에서 다양한 역할을 담당하는 모든 사람을 "팀원"이라 부르는 하나의 일반 역할로 바꾸는 것이다. 팀에 있는 모든 사람이 신간호를 발행하는 데 필요한 일이라면 무엇이든 할 수 있기 때문에 이제 진정한 스페셜리스트는 더 이상 없다. 작가라도 우연히 유명인 근처에 있었다면 사진을 촬영할 수 있다. 움직일 수 있는 손가락이 하나라도 있다면, 셰프도 레스토랑 리뷰를 쓸 수 있다. 그리고 사진사도 자기 일이 끝났다면 조리법을 작성하고 요리를 만드는 데 도움을 줄 수 있다. 편집자가 설명하길, 이런 제너럴리스트 팀이 있으면 신간호를 만들면서 받는 스트레스가 훨씬 줄어들 것이라고 한다(그림 13.1 참조). 여러분 생각은 어떠한가?

나는 이렇게 말할 것이다. "지금 정신 나갔어요?" 쌍꺼풀 수술을 하려고 수술대 위에 누워 있는데, 의사가 바쁘다고 간호사에게 수술을 맡기고 싶겠는가? 내가 이렇게 이야기할까? "네, 고맙습니다. 간호사 선생님, 이왕이면 편도선도 같이 제거해주시겠어요?"

나는 일반화가 괜찮은 아이디어라고 생각한다. 하지만 여러분의 첫 번째 친구는 전문화다. 연구에 따르면 스페셜리스트 팀이 제너럴리스트 팀보다 생산성이 더 높다는 사실이 밝혀졌다(Anderson, 2004:271). 제너럴리스트만으로 이뤄진 팀은 전문화가 더 높은 생산성과 번영을 이끌어준다고 언급한 애덤 스미스 이후 지난 235년 동안 사회가 배워온 것을 깡그리 무시하는 처사다. 몇 가지 예외가 있긴 하지만 전문화 덕분에 소프트웨어 개발자는 자기가 먹을 빵을 굽거나, 자기 옷을 수선하거나, 식량을 재배하지 않아도 되는 것이다. 경제가 성장하고 조직이 커질수록, 더 많은 사람이 자신이 잘하는 일을 전문적으로 하고 싶어할 것이다(또한 그렇게 할 수 있을 것이다). 전문화는 개인뿐 아니라 전 세계에 그 효과가 입증된 메커니즘이다.

그림 13.1 스페셜리스트에서 제너럴리스트로?

⋯일반화는 그 다음이다

다른 한편으로 전문화에는 문제가 있다. 스페셜리스트가 수요에 대처하지 못하고 있는데 다른 사람이 그 일을 대신할 수 없을 때 병목 현상이 발생할 수 있다. 정식 디자이너가 몇 주 동안 일을 할 수 없어서, 결국 내가 인터랙션 디자인과 그래픽 디자인을 포함해 회사 웹사이트 디자인을 한 적이 있다. 스페셜리스트가 자신에게 익숙하지 않은 일을 해낼 수 없을 때도 (또는 그럴 의지가 없을 때) 정체를 초래할 수 있다. 예를 들어, 한 소프트웨어 개발자에게 내가 혼자서는 할 수 없는 마케팅 활동을 도와달라고 부탁한 적이 있었다. 그 개발자가 기꺼이 함께하지 않더라면 마케팅 활동을 중단해야 했을 것이다.

전문 분야가 하나도 없다는 의미로 "폭넓은 기술"이 있다고 말하는 사람들은 내게 별로 필요가 없다. 나는 분명히 제너럴리스트보다 스페셜리스트를 더 좋아한다. 하지만 스페셜리스트가 다른 분야에 추가적인 지식과 전문성을 쌓았다면 훨씬 더 좋다. 다행히도 나 혼자만 그런 의견을 갖고 있는 것은 아니다.

> 제너럴라이징 스페셜리스트란 1) 하나 이상의 기술 전문성이 있다. ⋯(중략)⋯ 2) 소프트웨어 개발에 대한 최소한의 일반 지식을 갖추고 있다. 3) 자신이 일하는 비즈니스 분야에 대한 최소한의 일반 지식을 갖추고 있다. 4) 기존 전문 분야뿐 아니라 기술 분야와 사업 분야 모두 포함해, 다른 영역에서도 적극적으로 새로운 기술을 얻으려 한다.[5]

제너럴라이징 스페셜리스트generalizing specialist는 한 가지 일에는 매우 뛰어나고 다른 종류의 일도 적절히 수행한다. 제너럴라이징 스페셜리스트가 있으면 팀은 높은 생산성의 혜택을 누리면서 병목 현상의 위험을 낮추고 유연성을 유지할 수 있다. 제너럴라이징 스페셜리스트를 때로는 **T자형 인재**T-shaped people라 부르기도 한다. 이들은 T자의 기둥처럼 주요 기술을 갖추고 있지만, 호기심도 많고 다른 기술로 뻗어나가는 데 관심이 있다. 이런 사람들은 여러 관점에서 통찰을 탐색할 수 있기 때문에 매우 큰 가치가 있다(Brown, 2005). 사람들을 고용하거나 팀을 구성할 때는 T자형 인재를 찾는다. 항상 그들이 최소한 하나 이상의 유용한 분야에서 스페셜리스트인지 확인한 다음, 다른 종류의 업무도 기꺼이 받아들이

---

5 Ambler, Scott "Generalizing Specialists: Improving Your IT Career Skills"(http://www.agilemodeling.com/essays/ generalizingSpecialists.htm), Agile Modeling. 스콧 앰블러 허락하에 옮김(Ambler, 2010).

고 수행할 수 있는지 검증한다. 소프트웨어 개발자를 찾는 중이라면, 일단 좋은 개발자인지 확인한다. 그러나 그래픽, 설계, 하드웨어, 또는 마케팅에 대해서도 질문을 던져본다.

> **스페셜라이징 제너럴리스트도 있을까?**
>
> 분명히 있다. 그들은 다양한 업무에 상당히 뛰어나지만 그중에서도 한두 가지를 더 잘하는 경향이 있다. 제너럴라이징 스페셜리스트와 매우 비슷하지만, 이들은 제너럴리스트보다 스페셜리스트에 더 가깝다. 나는 스페셜라이징 제너럴리스트가 제너럴라이징 스페셜리스트만큼이나 가치 있다고 생각한다.

폭넓은 직함

내가 최고 정보 책임자 역할을 수행할 때, 일부 조직에서 직함이 혼란스러울 정도로 늘어나 HR 부서와 부딪히는 경우가 종종 있었다. 열 명밖에 안 되는 사업부에서, 콘텐트 개발자, 콘텐트 관리자, 웹 편집자, 웹 디자이너, 인터랙션 디자이너, 프론트엔드 디자이너, 프론트엔드 개발자, 웹 관리자, 프론트엔드 관리자 같은 직함들이 끝없이 쏟아져 나오는 광경을 목격했다. 인터랙션 개발자도 분명히 그 사이 어딘가에 끼어 있었을 것이다. 이 모든 다양한 직함의 용도는 무엇이었을까? 잘 모르겠다. 그 누구도 거기에 관여하지 않았다. 나는 사람들에게 직함이 적은 편이 더 좋다고 거듭 말했다. 나로서는 그 개발자와 디자이너 모두를 그냥 귀한 직원이라 부르고 싶었다.

(이 글을 쓰는 동안) 내가 일하던 팀에는 네 명의 뛰어난 인재가 있었다. 그중 한 명은 개발하고 있던 API에 대해 모두 알고 있었다. 그는 인터페이스의 형태, 배포 방법, 여러 배포에서 일관성을 유지하는 방법 등을 결정했다. 프로그래밍 인터페이스에 관해서는 그가 우리의 리더였다. 두 번째는 가장 어린 팀원이었다. 그러나 자신이 가장 유망한 아키텍트임을 입증해냈다. 세 번째 팀원은 소셜 미디어와 전자 상거래에 대해 모르는 것이 없었다. 온라인 마케팅과 커뮤니케이션 전략에서는 그가 리더였다. 그리고 마지막은 제품 책임자의 역할을 제대로 수행하면서, 기능 및 우선순위에 대한 의사 결정을 내리고, 다른 사람이 지루한 나머지 일을 망쳐버릴 틈 없이 계속 바쁘게 만들었다.

팀원 각자가 모두 리더였다. 자신의 전문 분야에 맞는 역할을 수행했지만 그 일이 직함은 아니었다. 인터페이스 프로그래머, 소프트웨어 아키텍트, 마케팅 컨설턴트, 제품 책임자 같은 직함은 없었다. 사실 우리는 필요할 때마다 서로의 역할을 이어받았다(콘퍼런스에 참석하느라 전 세계 이곳저곳을 다니는 나와 함께 일하려면 정말로 필요한 부분이다).

조직 적응성을 개선하려면, 역할을 직함으로 묶어두지 않는 것이 좋다고 생각한다. 그 대신 가능한 폭넓게 응용할 수 있는 직함을 사용해야 한다. 사람들의 공식 직함은 쉽게 바뀌지 않는다(몇 년에 한 번만 바뀌기도 한다). 그러므로 직함과 일상 업무를 연결시키지 않는 것이 현명한 선택이다. 예를 들어, 소프트웨어 엔지니어라는 직함은 정보 분석가라는 직함보다 역할에 대한 운신의 폭이 더 넓다. 누군가 자신을 정보 분석가로 불러달라고 부탁하더라도 근로계약서에는 소프트웨어 엔지니어라고 돼 있고, 일단은 정보 분석가 역할을 담당할 것이라고 이야기해주자.

폭넓은 직함을 비공식 역할에 대한 공식 경계로 사용할 수 있다. 예를 들어, 소프트웨어 엔지니어의 업무는 설계, 개발, 테스트, 프로젝트 관리 및 지원에 이르는 모든 것을 포함할 수 있다(Abran, 2004). 따라서 조직의 소프트웨어 엔지니어는 프로그래머, 테스터, 지원 엔지니어, 비즈니스 분석가 등 다양한 여러 역할을 수행할 수 있다. 그러나 소프트웨어 엔지니어라는 경계 밖의 직함을 가진 사람(재무 담당자 또는 시스템 관리자 등)에게는 그러한 역할을 부여할 수 없을 것이다.

스크럼에서 모든 사람을 그냥 팀원이라 부르는 이유는 바로 유연성 때문이다. 사람들에게 자신의 공식 직함이 무엇이든 제품 출시에 필요한 모든 일에 책임이 있다는 것을 강조하는 것이다. 아무도 이렇게 말할 수 있으면 안 된다. "하지 않겠습니다. 그건 내 일이 아니거든요." 제품을 성공적으로 배포하는 데 고객의 키보드를 청소해야 한다면, 해야 할 일은 키보드 청소다. 심지어 어떤 회사는 사내 모든 사람에게 동료라는 직함만 두기도 한다. 사람들이 업무를 완수하는 데 유연성을 잃지 않도록 일깨워주는 것이다.

폭넓은 직함이라는 아이디어가 제너럴라이징 스페셜리스트라는 개념을 적극적으로 뒷받침한다는 사실에 주목하자. 어느 정도 전문화는 필요하지만 사람들이 그 전문화를 내세우는 배타적 직함을 주장하지 않을 만큼 충분히 유연해야 한다. 그러한 스페셜리스트 직함은 역할을 그 직함과 그 사람에게 가둬버리고 말 것이다. 적응형 조직에서 원하는 바가 아니다.

원하는 바는 몇 개의 직함 그리고 아마도 어떤 직함에 어떤 비공식 역할이 포함되는지에 대한 약간의 가이드라인일 것이다. 조직 내 직함 수를 늘리기 쉽고 역할과 책임에 대한 공식화를 요구하는 모든 계획은 아예 시작도 하지 말아야 한다.

수년간 내 직함은 CIO였다. 거의 모든 것을 의미할 수 있기 때문에 훌륭한 직함이다. (상황에 따라 "I"가 정보, 아이디어, 상상, 혁신, 영감, 불복종, 상호 작용, 위협, 일러스트레이션, 우상화 등을 의미할 수도 있다) 그러나 나의 전문성 그리고 내가 했던 프로젝트는 직함과 무관한 것들이 많았다. 그냥 해야만 했던 일들이었다.

비공식 리더십 육성

테크니컬 리드, 프로젝트 리드, 치프 프로그래머, 치프 아키텍트처럼, 때로는 팀 리더를 리드 또는 치프라 부르기도 한다. 이들의 공통점은 그들이 팀에 속해 있는 다른 구성원의 라인 관리자가 아니라는 것이다. 비공식 리더십은 신용을 얻거나 헌신으로 주어지는 것이다. 또는 짓궂은 장난 덕분인 경우도 있다. 이런 역할은 라인 관리와 완전히 별개의 역할이다(Testa, 2009:53). 여러 사람이 서로 다른 영역에서 리더십을 발휘할 때, 우리는 그것을 비공식 분산 리더십이라고 부를 수 있다. 비공식 리더십은 제너럴라이징 스페셜리스트 및 폭넓은 직함의 사용과 논리적으로 잘 어울린다.

창발적 리더십 자리를 만들어 팀 내 비공식 리더십을 적극 육성할 수도 있겠지만, 그런 직접적인 역할을 할당하는 방식은 삼가는 것이 가장 좋다. 테크니컬 리드, 프로젝트 리드 등 리더 역할을 지정할지 말지는 팀이 스스로 결정할 수 있도록 하자(팀 내에 강력한 리더십이 없을 경우 많은 팀이 쉽게 허둥댄다. 팀에게 리더십 문제를 스스로 해결할 수 있도록 도와줄 필요가 있을 수도 있다).

앞서 언급한 역할 중에서 관리 계층에 포함된 역할은 하나도 없다. 사실 그것이 바로 비공식 리더십이 조직의 적응성에 기여하는 이유다. 치프 어쩌고 또는 리드 저쩌고 같은 관리 계층을 지양하면, 조직에 그러한 책임을 더 쉽게 추가하고, 옮기고, 없앨 수 있다. 치프 그 래픽 디자이너가 필요하면 그 자리에 누군가를 지정할 수 있다. 그리고 그 역할이 필요 없어지면, 사람이 아니라 그 역할을 없애면 된다. 그 역할이 공식 직함이었다면 그 사람은 계속 바빠야 마땅할 테고, 그렇지 않으면 역할 변경을 요구받거나 일이 부족하다는 이유로 해고될 것이다. 이 모든 것이 조직의 생산성을 떨어뜨리는 불쾌한 조치다.

제너럴라이징 스페셜리스트, 폭넓은 직함, 비공식 리더십은 서로 다르지만 관련 있는 개념들이다(그림 13.2 참조). 서로를 강화하는 경향이 있으나 무엇을 먼저 도입하든 상관없다. 모두 관료적 조직을 보다 적응형 조직으로 서서히 바꿀 때 필요한 것들이다. 그러나 그런 경우에 어떤 순서가 최선인지 묻지는 말자. 나는 이 모든 것을 한 번에 받아들일 수 있을 만큼 사람들이 유연하고 열정적인 조직에서 주로 일해왔다.

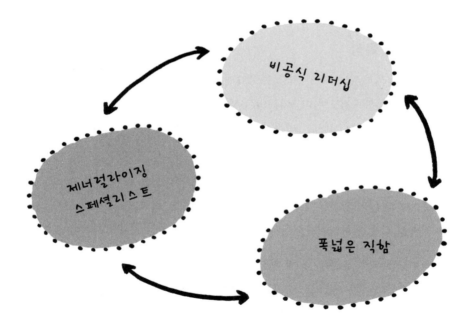

그림 13.2 서로 다르지만 관련 있는 개념들

팀 경계 살펴보기

12장, '소통과 구조'에서 사람들은 집단을 형성하는 경향이 있다는 것을 봤다. 집단이 충분히 작고 공통의 목표가 있을 때 그 집단을 팀이라고 부를 수 있다. 팀이라는 개념은 많은 사람을 하나의 실체로 간주하는 방법이기 때문에 매우 유용하다. 심리학에서는 이를 덩이 짓기chunking라고 부른다.

> "덩이 짓기" 아이디어: 한 무리의 항목들을 단일 "덩어리"로 인식한다. 덩어리의 경계는 세포막이나 국경선과 좀 비슷하다. 그것은 내부에서 그 덩어리에 대한 독자적인 정체성을 확립시킨다. 맥락에 따라 그 덩어리의 내부 구조를 무시하기도 하고 고려하기도 한다.[6]

가장 최근 직장에서 여러 곳에 흩어져 있는 10여 명의 개발자 및 테스터와 다수의 소규모 프로젝트를 진행했었는데, 항상 팀 구성에 어려움을 겪었다. 우리는 마돈나가 자기 이미지를 바꾸는 것보다 팀 구성 방식을 더 자주 바꿨다. 그러나 팀 경계 관리는 관리자의 책임 중에서 중요한 부분이며, 제대로 시도하는 것이 중요하다. 결국 팀이 무엇이고 누구에게 의지할 수 있는지 사람들이 모른다면 팀은 제대로 움직이지 않는다.

경계 관리에는 팀 구성 방법, 개인과 팀의 관계, 시간에 따른 팀의 변화라는 세 가지 측면이 있다. 팀 자기선택은 "권한 부여 성숙도"가 높은 조직에서 가능하다(7장, '팀에 권한을 부여하는 방법' 참조). 그런 조직에서는 잠재적 팀원들로 풀을 만든 다음, 집단에게 구성을 맡긴다. 많은 사람이 참여하고 싶어하는 프로젝트도 있고 아무도 참여하고 싶어하지 않는 프로젝트도 있다. 집단이 스스로 팀 선택 규칙을 만들어야 한다는 것이 멋진 점이며 관리자는 옆에서 뜨거운 토론을 지켜보기만 할 수 있다. 실제 비즈니스에서는 팀의 자기선택을 거의 볼 수 없다. 고려할 만한 가치는 있지만 사람들이 팀 구성 방식을 이해하고 있는지는 확인해야 한다. 30명의 개발자로 구성된 한 팀과 20명의 테스터로 구성된 한 팀이 좋은 옵션은 아닐 수 있다. 인기 있는 보이 밴드의 사례를 생각해보자. 멤버를 30명으로 할 수도 있겠지만, 그 경우에는 소년 합창단이라 부르는 것이 맞다. 연예계의 유행을 기민하게 따라잡을 수 있으려면 크기가 작은 팀이 좋다. 따라서 성공 확률을 높이기 위해서는, 팀을 구

---

6 Hofstadter, Douglas. 『Gödel, Escher, Bach』. New York: Basic Books, 1979(Hofstadter, 1979:288). (한국어판: 『괴델, 에셔, 바흐: 영원한 황금 노끈』, 더글러스 호프스태터 지음, 박여성/안병서 옮김, 2017)

성할 때 크기, 다양성 등에 관한 몇 가지 제약 조건을 우선 정의하고 논의해야 할 수 있다.

개인과 팀의 관계가 고려해야 할 또 다른 제약 조건이다. 한 사람이 두 팀 이상에 소속될 수 있는가? 여러 팀에 소속감이 분산돼 있으면 최선의 노력을 다하지 않는 것이 일반적이다. 당연하게도 믹 재거가 롤링스톤즈를 보완하겠다고 잭슨파이브에 합류하지는 않았다. 그런 상황은 과업 전환, 이해 상충, 헌신 감소, 동기 상실로 이어진다. 모든 사람이 딱 한 팀에만 전념할 수 있도록 하자. 팀이 무엇인지 모른다면 사람들은 팀으로써 행동할 수 없다. 가끔 다른 팀을 지원하거나 다른 사람들의 프로젝트를 돕거나 듀엣곡을 연주할 수도 있겠지만, 각 팀원은 반드시 원래 팀으로 돌아와야 한다.

마지막으로 팀의 기간 또한 중요한 문제다. 연구 결과에 따르면 수명이 긴 팀이 더 높은 성과를 올린다. 소프트웨어 개발에서만 그런 것이 아니라(Larman, Vodde, 2009:149/153), 다른 비즈니스에서도 마찬가지다(Hackman, 2002). 팀이 성장하고 성공하려면 소통 경로와 규칙을 만드는 데 시간이 걸리기 때문에 팀은 가능한 오랫동안 유지하는 것이 최선이다. 어떤 정보가 중요하고 어떤 정보가 중요하지 않은지 팀으로써 학습하는 데에도 시간이 걸린다. 이걸 생각해보자. 역사상 최고의 팝그룹은 누구인가? 그들은 얼마나 오랫동안 함께했는가? 적지 않은 기간인가? 맞다. 나는 그렇게 생각한다. 조직의 프로젝트가 부자연스럽게 짧다면, 사람들이 같은 팀에서 여러 프로젝트를 연달아 진행하는 방식을 사용해서 더 긴 기간 동안 팀으로써 함께할 수 있도록 하자.

최적의 팀 크기는 (아마도) 5명

최적의 팀 크기는 몇 명일까? 이것은 가장 흥미로운 경계 문제 중 하나이며 사람들이 팀을 이뤄 첫 번째 매머드를 사냥한 이후 지금까지 논의해온 중요한 질문이다.

사회 복잡성 전문가 조셉 펠린[Joseph Pelrine]이 진행한 인상적인 콘퍼런스 세션에 참석한 적이 있었는데, 그는 청중에게 과학 연구에서는 사회 집단의 최적 크기를 5명, 15명, 150명으로 본다고 말했다.

이 책을 쓰는 시점에서, 스크럼을 가장 널리 사용하는 애자일 운동에서는 바람직한 팀 크기가 "7 ± 2"라고 언급하는 경우가 많다(이건 그냥 소프트웨어 개발자가 "5에서 9 사이"를 말하는 방식이다).

의사 결정에 최적인 집단 크기에 대한 연구에 따르면, 팀은 20명 미만인 경우에만 작동하는 것으로 드러났다(Buchanan, 2009:38~39). 20명이 넘어가면 팀이라 부르기 힘들다. 사람이 너무 많으면 그냥 집단이라고 불러야 한다(나는 600명이 참석한 스칸디나비아 개발자 콘퍼런스 세션에 참석하면서 이 글을 몰래 쓰고 있다. 이 정도면 팀이 아니라 집단이다).

뷰캐넌의 글을 보면 팀 크기가 8인 경우는 예외로 취급하는데, 잘 움직이지 않기 때문이다. 왜냐하면 여덟 명은 의사 결정 시 교착 상태에 빠지는 경우가 잦다. 영국에서 여덟 명으로 구성된 자문회를 뒀던 유일한 군주인 찰스 1세는 매우 악명 높은 결정들을 내렸고, 결국 자기 머리를 잃었다(Buchanan, 2009:38~39).

이런 결과를 고려해볼 때, 모든 조건을 만족하는 최적의 팀 크기는 단 하나뿐임을 쉽게 알 수 있다.

5명

5명은 조셉 펠린이 언급한 세 가지 최적 크기 중 하나다. 또한 5명은 스크럼에서 바람직하다고 말하는 팀 규모 범위 안에 있다. 5명은 20명보다 작고 8명과 같지 않다. 5명은 J. 리처드 해크먼 교수가 자신의 연구에서 발견한 최적의 팀원 수 4.6에 가장 가깝기도 하다(Hackman, 2002:116~122). 그리고 무엇보다 5는 내 행운의 숫자다. 그렇기 때문에 5명이어야 한다.

5는 정보가 더 이상 없어서 질문에 답변할 수 없을 때 내가 기본적으로 하는 답변이기도 하다. 알다시피 사실 최적의 팀 크기가 얼마인지 말해줄 수는 없다! 쿠르트 레빈의 방정식을 잠시 다시 생각해보면 (10장, '규칙을 만드는 기술'에서 논의) 그 이유를 알 수 있을 것이다.

$$B = f(P, E)$$

앞서 논의한 바와 같이, 이 방정식은 사람의 행동이 개인의 성격과 환경에 따라 달라진다는 뜻이다. 소통은 사람의 행동 가운데 일부기 때문에 이 방정식을 다음과 같이 바꿀 수 있다.

$$C = f'(P,E)$$

이것은 사람의 소통이 개인의 성격과 환경에 따라 달라진다는 뜻이다. 집단 전체로 확대해서 팀의 크기가 소통 문제라는 것을 깨닫게 되면, 방정식을 다음과 같이 바꿀 수 있다.

$$S = f''(\{P\},E)$$

이것은 최적의 팀 크기가 사람들의 성격과 환경에 따라 달라진다는 뜻이다.

다시 말해서, S 값은 무엇이든 될 수 있다! 아폴로 11호의 달 착륙에는 최적의 팀 크기가 3명이었다. 럭비팀은 15명이다. 최적의 팀 크기는 분명히 프로젝트, 사람, 환경에 따라 다르다. 그러나 통계적으로 보면, 모든 비즈니스의 모든 팀에서 최적은 5명이고 몇몇 경우에는 5에 가까운 수다. 이 값을 범위로 표현하면 "3에서 7 사이"(소프트웨어 개발자의 경우 "5 ± 2")라고 할 수 있는데, 이렇게 하면 8을 깔끔하게 떨쳐버릴 수 있다(그림 13.3 참조).

그림 13.3 최적의 팀 크기: 5 ± 2

그러면 여기에서 무엇을 배울 수 있을까?

나는 하나의 "바람직한" 팀 크기를 사람들에게 강요하려는 것이 아니다. 그렇지만, 팀 당 5 ± 2명으로 구성하고 20명을 넘으면 안 된다는 것처럼, 팀 구성에 제약 조건이 필요할 수도 있다. 그런 다음 자기조직화를 통해 팀을 구성하고, 사람들에게 자신들의 최적이 몇 명인지 알아내도록 한다. 사람들이 7명짜리 팀을 3명과 4명으로 나누고 싶어하는가? 좋다, 왜 안 되겠는가? 두 팀을 15명짜리 큰 팀으로 합치려고 하는가? 괜찮다. 그렇게 해보고 결과를 지켜보자. 팀 환경이나 성격의 조합이 바뀌면 모든 것을 다시 고려해볼 수 있다는 것을 알려준다. 마지막으로 한 가지 조언을 하면, 8명(± 0)으로 팀을 구성해오는 경우를 대비해서 도끼날을 갈아두자.

기능 팀 대 교차 기능 팀

팀 구성을 관리자가 하든 팀이 하든, 한 가지 중요한 질문에 답해야 한다. "사람들을 어떻게 묶을 것인가?" 선택할 수 있는 옵션에는 기본적으로 두 가지가 있다. 비슷한 직무를 하는 사람들끼리 묶거나, 비슷한 비즈니스를 하는 사람들끼리 묶거나.

비슷한 직무를 하는 사람들끼리 묶는다는 것은 개발자는 개발자끼리, 테스터는 테스터끼리, 프로젝트 관리자는 프로젝트 관리자끼리 배치한다는 뜻이다. 그러한 집단을 기능 단위functional unit라고 부르며, 이런 유형의 구조를 움직이는 동기는 효율성과 기능 학습이다 (Larman, Vodde, 2009:243). 사용자 스토리 작성자가 사용자 스토리 작성 팀이라는 한 부서에 모두 모여 있다면 유능한 사용자 스토리 작성자가 되는 방법을 가장 쉽게 배울 수 있다.

비슷한 비즈니스를 하는 사람들끼리 묶는다는 것은 같은 비즈니스 가치(같은 기술, 같은 제품, 같은 고객)를 제공하는 사람들을 모두 함께 배치한다는 뜻이다. 그러한 집단을 교차 기능 단위cross-functional unit라 부르기도 하는데, 사용자 스토리 작성자에서 이진 어셈블리 배포자에 이르기까지 같은 프로젝트에 참여하는 모든 사람이 같은 집단에 속하기 때문이다.

12장, '소통과 구조'에서 훌륭한 소통이 모든 조직에게 어렵기도 하고 중요하기도 하다는 점을 논의했다. 따라서 둘 중 한 가지를 선택할 때 소통이 기본 원칙 중 하나가 돼야 한다. 어떤 사람들이 가장 자주 서로를 필요로 하는가? 같은 직함을 가진 사람들인가? 아니면 같은 프로젝트를 하는 사람들인가?

직원들 사이의 일상적인 소통을 분석해보면 대부분의 소통이 기능 중심이 아니라 비즈니스 중심으로 이뤄지고 있다는 것이 금세 분명해질 것이다. 같은 프로젝트에서 일하지만 기능이 서로 다른 사람이, 다른 프로젝트에서 일하지만 기능이 같은 사람들보다 더 자주 소통할 필요가 있다(그림 13.4 참조). 따라서 프로젝트 교차 기능 팀이 집단을 구성하는 문제에 더 적합한 해결책이라는 결론을 내릴 수 있다.

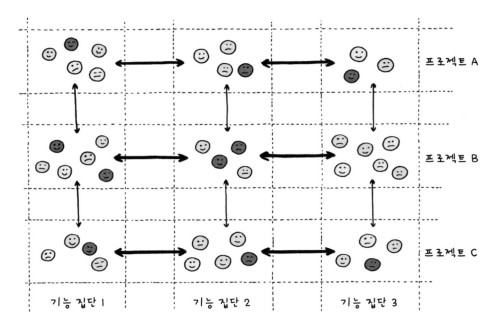

그림 13.4 기능 집단 내부보다 프로젝트에서 더 많은 소통이 이뤄진다

보고에 따르면 사람들이 기능별로 묶여 있는 조직(**기능 사일로**functional silo라 부르기도 한다)에는 기능 팀 사이의 의존성이 지나치게 많다. (제품에 기능 하나를 추가하는 것처럼) 가장 작은 비즈니스 가치를 제공할 때조차도 여러 팀 사이에 소통과 조율이 필요하다(Poppendieck, 2009:68). 따라서 기능 사일로는 상호 작용 면에서 불이익이 크다.

사일로 안쪽이 아니라 기능 사일로를 관통하는 팀을 만들면 상호 작용 면에서 불이익이 적어지긴 하지만 0이 되지는 않는다. 도널드 라이너슨은 프로젝트 수준에서 발생하는 부분 최적화, 프로젝트 간 조율이 부족해서 생기는 비효율, 스페셜리스트 간의 지식 공유 제한으로 인한 전문성 감소라는 교차 기능 팀의 세 가지 문제를 지적했다(Reinertsen, 1997:104). 따라서 교차 기능 팀에는 기능 분야의 표준, 방법론, 접근 방식을 여러 팀 간에 동기화하는 데 불이익이 생긴다. 예를 들어, 테스터와 QA 담당자가 여러 팀에 흩어져 있다면, 품질 보증 관리자가 최적의 테스트 방법을 조정하는 데 더 많은 노력이 들 것이다. 그러나 여기에 치르는 대가가 일반적으로 기능 단위일 때보다 더 작다.

교차 기능 단위(피처 팀feature team, 프로젝트 팀, 유기적 팀organic team, 제품 팀이라고도 한다)에는 여러 가지 다른 장점이 있다. 여러 전문가가 설계상 결정의 개선, 중간 산출물 전달 과정에서의 낭비 감소, 속도 개선, 적응성 개선, 계획 단순화, 가치 제공 집중 등의 장점을 보고하고 있다(Cohn, 2009:182~188)(Larman, 2009:154).

두 가지 설계 원칙

조직에 다수의 팀이 있다면 여러 가지를 조정해야 한다. 로깅 프레임워크의 선택, 냉장고의 위치, 데모룸 사용 등 무엇이든 간에, 여러 팀이 공유하는 것에는 합의가 필요하다.

심리학자 프레드 에머리Fred Emery는 여러 팀의 활동을 조율하는 데 두 가지 기본 패턴을 찾아냈다. 에머리는 거기에 첫 번째 설계 원칙과 두 번째 설계 원칙이라는 이름을 붙였다.

첫 번째 설계 원칙DP1, first design principle에서는 냉장고의 위치를 팀보다 한 단계 높은 곳에 위치한 사람들이 결정한다. 팀의 라인 관리자일 수도 있고 아니면 라인 관리자가 임명한 냉장고 전담 관리자일 수도 있다. 어느 쪽이든 팀에게는 냉장고의 위치에 대한 발언권이 없다. 오직 냉장고 관리자만이 그 위치를 결정할 권한이 있다(그림 13.5 참조).

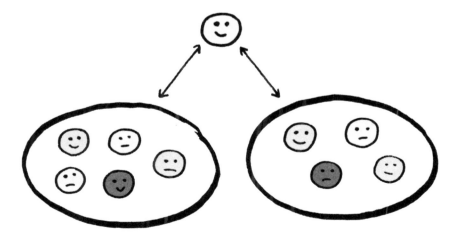

그림 13.5 첫 번째 설계 원칙: 관리자가 조정한다

두 번째 설계 원칙DP2, second design principle에서는 냉장고 위치 규정을 팀 자체적으로 만든다. 즉, 경계를 넘나드는 조율을 팀이 직접 해야 한다. 실제로 냉장고 위치에 대한 투표, 냉장고 사용 비용 책정, 일일 냉장고 순환 배치, 냉장고 룰렛과 같은 규칙을 팀들이 서로 협상하고 합의해야 한다는 뜻이다. 팀이 스스로 냉장고 관리자를 두기로 하고 팀 대신 의사 결정을 할 수 있는 권한을 그 사람에게 부여할 수도 있다. DP2에서 최종 권한은 라인 관리자가 아니라 팀에게 있다(그림 13.6 참조)(이 경우, 팀 내부의 비공식 창발 리더십은 끝없이 토론하는 합의 문화를 방지해야 할 수도 있다).

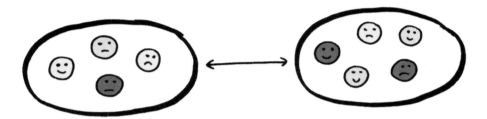

그림 13.6 두 번째 설계 원칙: 팀이 조정한다

두 번째 설계 원칙은 복잡성 과학자 스튜어트 카우프만이 "패치patch"라고 설명한 해결책과 매우 비슷하다.

> 카우프만은 조직을 패치로 잘게 나누라고 하면서도 반드시 서로 상호 작용을 해야 한다고 강조한다. 오래된 관리 방식에 있는 독립적이고 자체적으로 생존하는 비즈니스 단위와는 다르다. 카우프만은 상호 작용의 본질과 양에 있어서 각 패치가 이기적으로 행동하더라도 조직 전체는 전반적으로 최적의 결과를 향해 움직인다는 사실을 발견했다. 상호 작용에는 언어 등 상당히 지속적인 소통 메커니즘이 필요하다. 카우프만은 패치가 서로 연결돼야 한다고 강조한다. 관리 용어로 말하면 각 부분은 분기 리뷰 세션 때가 아니더라도 소통해야 한다.[7]

이 비유에서 패치는 통제받는 부서가 아닌 자기조직화 팀을 말한다. 계층적 관리(DP1)에 비해 이 패치(DP2)의 적응성은 유기적 문제 해결 방법에서 직접적으로 나온 것이다. 모

---

7 Lissack, Michael R. "Complexity: the Science, its Vocabulary, and its Relation to Organizations" Emergence, Vol. 1, Issue 1, 1999. 허락하에 옮김(Lissack, 1999:114).

든 팀이 큰 문제의 한 부분을 해결하고자 노력한다. 그러나 팀 간의 결합으로 인해, 한 팀에서 찾아낸 해결책이 인접 팀에서 해결할 문제를 바꿔버릴 것이다. 그리고 이렇게 적응적인 팀의 행동이 다른 팀에서 해결할 수 있는 문제를 바꿔버릴 것이다. 궁극적으로는 팀 또는 패치로 이뤄진 생태계가 생겨나 함께 커다란 문제를 해결한다(Kauffman, 1995:252).

패치의 원칙(DP2)이 로킹 프레임워크, 냉장고의 위치, 데모룸의 사용 등 팀 간 조정이 필요한 모든 일을 결정하는 데 최선의 옵션이라는 것이 분명하다. 어떤 문제를 여러 팀이 함께 해결해야 할 때 스스로 해결책을 조정하라고 말해주자. DP1은 DP2가 제대로 작동하지 않는다는 사실을 알았을 때만 실행 가능한 해결책이 될 수 있다. 역량 문제가 아직 해결되지 않은 경우를 예로 들 수 있다.

조직 스타일 선택

여러 문헌과 블로그 세상을 보면 교차 기능 팀에 보내는 찬사는 엄청나다. 교차 기능 팀이 개인 간 상호 작용 이후로 최고의 아이디어인 것처럼 보이기도 한다. 몹쓸 전염병에 걸린 사실을 알기 전까지, 개인 간 상호 작용은 훌륭한 아이디어다.

전염병에 걸려본 적은 다행히 없지만, 적어도 교차 기능 팀에 대한 찬사 중 일부가 과분하다는 사실은 알고 있다. 일부 저자가 기능 팀을 계층과 그리고 교차 기능 팀을 유기적 네트워크와 연관 짓기 때문에 여러 가지 오해가 생긴다. 그러나 이것은 현실적이지도 않고 공정하지도 않다.

기능 팀은 진행 중인 프로젝트와 고객에게 제공할 비즈니스 가치에 대해 팀 경계를 넘나드는 조율을 해야 한다. 반면에 교차 기능 팀은 여러 팀에서 수행하는 비슷한 종류의 업무의 실천법, 표준화, 공유 자원에 대해 팀 경계를 넘나드는 조율을 해야 한다. 따라서 질문은 다음과 같다. "이런 팀 사이의 조율은 어떻게 이뤄지는가?"

이전 절에서 DP1과 DP2라는 두 가지 조율 옵션을 살펴봤다. 둘 다 기능 팀에도 적용할 수 있고 교차 기능 팀에도 적용할 수 있다. 이런 2x2 옵션을 사용하면 표 13.1과 그림 13.7에서 보여주는 것처럼 네 가지 조직 스타일이 나온다.

표 13.1 네 가지 조직 스타일

스타일	팀 구조	설계 원칙	설명
1	기능	DP1	기능 팀 간의 조율을 관리자가 수행한다(전형적인 계층적 기능 사일로).
2	기능	DP2	기능 팀 간의 조율을 팀이 스스로 한다(예를 들어, 자기조직화 시스템 운영팀에서 각자 인프라의 한 부분씩 전담한다).
3	교차 기능	DP1	교차 기능 팀 간의 조율을 프로젝트 관리자 또는 기타 팀 내 담당자가 한다.
4	교차 기능	DP2	교차 기능 팀 간의 조율을 팀이 스스로 한다(예를 들어, "스크럼의 스크럼").

일반적으로 교차 기능 팀이 기능 팀보다 더 효과적이고 DP2가 DP1보다 더 효과적이기 때문에 많은 애자일 컨설턴트가 조직 스타일 4를 선호한다. 그러나 언제나 그렇듯이 상황에 따라 다르며, 팀 성숙도나 지배적 소통 경로 때문이든 또는 스타일 1에서 스타일 4로 점진적 조직 변화를 촉진하기 위해서든, 두 가지 합리적 대안 (조직 스타일 2 또는 3) 중 하나를 선택하고 싶을 때가 있다(그림 13.7 참조).

관리자가 방치할 경우, 자신들의 문제를 회사 절반쯤에 감염시킬 수 있을 정도로 너무 젊고 경험이 부족한 (무책임하다고까지 말해도 될까?) 교차 기능 팀을 본 적이 있다. 다행스럽게도 조직 스타일 3이 거기로부터 구해줄 수 있었다. 여러 팀에 분산시키기에는 너무 위험한 컴포넌트 또는 자산을 담당하는 생산성 높은 스페셜리스트 팀도 있었다(다른 사람들의 은행 계좌 접근이 머릿속에 떠오른다). 그러나 이 작은 스페셜리스트 팀은 관리자 없이도 스스로 팀 간 조율을 할 수 있을 만큼 성숙했다.

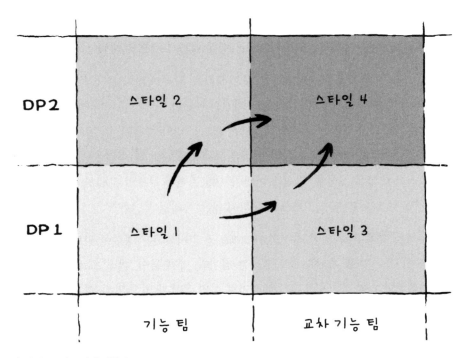

그림 13.7 조직 스타일 사분면

관리상의 조율이 없는 교차 기능 팀은 훌륭한 아이디어다. 그러나 교차 기능 팀이 문제를 해결할 수도 있고 문제를 일으킬 수도 있다. 좋은 관리자는 적응력이 있으면서도 안전한 조직 스타일에 다가가는 자신만의 최선의 방법을 생각해낼 수 있을 만큼 영리해야 한다.

각 팀을 작은 가치 단위로 바꾸자

마지막 팀에 있을 때 함께 일했던 시스템 관리 팀은 훌륭한 팀이었다. 나는 그 사람들을 정말로 좋아했지만, 나는 그들에게 최악의 고객이었다. 내가 나쁜 행동을 했던 것은 아니었다(음, 대개는 그러지 않았다). 그냥 내 기운이 전자기장에 예측할 수 없는 영향을 미쳤을 뿐이었다. 내가 지나갈 때마다 멀쩡한 소프트웨어에 충돌이 발생했고, 심지어 가장 튼튼한 운영 체제마저도 내 앞에서 예기치 않게 재부팅돼버렸다. 트위터에서 오류가 발생했을 때 나오는 고래를 몇 번이나 봤는지 기억하는가? 맞다. 아마도 내가 여러분 직전에 트위터에로그인했기 때문일 것이다. 그래서 나는 시스템 관리자들을 무척 좋아했다. 내가 얼마나 많은 문제를 일으켰는지와 관계없이, 그들은 항상 나를 고객으로 대했다.

기능 팀이 스스로의 효율성을 최적화할 때 발생하는 지역 최적화 문제를 교차 기능 팀이 해결해준다고 주장하는 경우가 많다. 지역 최적화는 전반적 비즈니스 성과를 저해한다. 예를 들어, 테스트 팀이 모든 프로젝트 테스트를 단기간 안에 수행할 수 있도록 테스트 절차를 최적화할 수 있다. 그러한 "효율적" 방식은 프로젝트 개발 및 지원 단계에 미치는 극적 효과를 고려하지 않은 것이다. 그러나 이것이 정말로 기능 구조의 문제일까? 아니면 테스트 팀이 개발 팀과 지원 팀을 고객으로 대하지 않은 사례일 뿐일까?

정반대 문제는 교차 기능 팀이 자신의 프로젝트를 최적화하는 경향이 있으며, 이것이 전반적인 비즈니스 성과를 저해할 수도 있다는 점이다. 예를 들어, 여러 프로젝트 팀이 모두 직접 아키텍처와 타사 컴포넌트를 선택하기로 하면 문제가 발생할 수 있다. 이런 기술의 차이는 조직에서 모든 프로젝트를 지원하기 어렵게 만든다. 그리고 내가 프로젝트 팀에서 직접 컴퓨터를 구입하고 운영 체제와 개발 환경을 선호하는 것들로 설치할 수 있도록 허용해준다면, 친절한 시스템 관리 팀은 내 가죽을 벗기려 들 것이다.

그러나 내가 함께 일했던 대부분의 소프트웨어 개발자는 시스템 관리자를 교차 기능 팀으로 불러들이는 것을 상상도 하지 않을 것이다. 그것을 좋아하지 않기 때문이 아니다. 대개 시스템 관리 팀에서는 프로젝트 팀과의 소통보다 내부 소통이 더 집중적으로 이뤄지기 때문이다. 따라서 모든 교차 기능 소통에는 불이익이 발생하겠지만, 이들은 기능 집단으로 함께 묶어두는 편이 더 합리적이다.

중요한 것은 기능 팀과 교차 기능 팀 둘 다, 고객이 내부에 있든 외부에 있든 상관없이, 모든 팀은 스스로를 고객에게 가치를 제공하는 존재로 봐야 한다는 점이다. 우리의 시스템 관리 팀은 고객에게 가치 있는 뭔가를 제공함으로써 서비스하려고 노력하는 작은 비즈니스 단위로 스스로를 봤다. 그것이 바로 그들을 좋아했던 이유다. 그들은 다른 팀이 자신들을 중요하게 여기도록 했다. 내가 얼마나 자주 시스템을 망가뜨리거나 서버를 다운시켰는지와 관계없이 우리가 그들에게 중요했기 때문이다. 기능 팀과 교차 기능 팀은 작은 가치 단위로 운영돼야 한다. 그때 이들은 진정한 프랙털 팀이 되고, 만들 수 있는 숫자에 제한이 없어진다(Leffingwell, 2007:96).

팀 분리

어떤 방법론, 프레임워크, 단체, 컨소시엄과도 직접적 관련이 없어서 좋은 점은, 이단자가 돼 하고 싶은 말을 다 할 수 있다는 점이다. 일어날 수 있는 최악의 사태는 콘퍼런스에 패널로 참여했을 때 사람들이 나를 불 위에 놓고 구워버리는 정도다. 그래서 나는 머리에 내화성 젤을 바르고 다닌다. 하지만 나는 반대 아이디어를 팔 수 있는 시장이 있다는 것을 깨달았다. 확고한 시장주의자인 나는 가능할 때마다 반대할 수 있는 기회를 즐겨 활용한다. 다음 경우처럼 말이다.

스페셜리스트를 (기능) 스페셜리스트 팀에 배치하는 것이 더 좋은 경우도 있다. 프로젝트 관리, 아키텍처 컴포넌트, 사용자 인터페이스 디자인, 하드웨어 설계, 테스트 등 프로젝트 팀의 일반적 활동을 크게 벗어나는 업무는 그렇게 할 필요가 있다. 이것은 애자일 커뮤니티에서 널리 "받아들여지고 있는" 생각에 반대된다. 여러 팀 간의 조율 노력을 포함해, 스토리부터 바이너리까지 모든 업무를 교차 기능 팀이 하는 것이 더 좋다는 강력한 목소리가 많다. 스크럼의 스크럼이 좋은 사례. 각 팀은 일일 스크럼의 스크럼 회의에 한 사람을 보내고, 그 사람들이 팀 간 업무를 조율한다. 스크럼 마스터, 테크니컬 리드, UI 디자이너, 리드 테스터 등이 이 회의에 참석한다.

그러나 나는 이것이 단순히 소통의 균형 조정 문제라고 생각한다. 고객에게 비즈니스 가치를 제공하는 데 UI 디자이너가 팀원들과 일하는 것보다 디자이너 간에 더 많은 소통을 해야 한다면, 디자이너끼리 같이 앉는 팀을 구성하는 것이 옳다. 이와 마찬가지로 회사 내 프로젝트 역동이 너무 강하거나 복잡하면 여러 팀의 프로젝트 리드들이 집중적으로 협업해야 할 수도 있다. 그렇다면 프로젝트 리드들이 함께 모여 팀을 구성하는 것이 더 좋을 것이다. 어쩌면 프로젝트 관리 조직을 만드는 편이 더 좋을 수도 있다.

그러나 다음 다섯 가지가 중요하다.

- 첫째, 프로젝트 관리, 아키텍처, GUI 디자인과 같은 역할이 프로젝트 팀 바깥으로 이동하면, 모든 (교차 기능) 프로젝트 팀에는 스페셜리스트 활동을 중심으로 구성된 (기능) 팀과의 소통 인터페이스가 필요하다(Leffingwell, 2007:108). 스페셜리스트가 프로젝트 팀의 스탠드업 회의에 그리고 (또는) 프로젝트 팀에서 지정한 대

표자가 스페셜리스트 팀에 정기적으로 참여하는 방안을 생각해볼 수 있다. 프로젝트 팀과 스페셜리스트 팀 간에 소통 대역폭 문제를 해결하기 위해 여러 가지 옵션이 가능하며 그 옵션들을 적용해야 한다.

- 둘째, 시스템 관리자가 프로젝트 팀을 통제하는 것이 아니라 지원하는 것처럼, 스페셜리스트 팀으로 이동한 사람들은 반드시 스스로를 가치 단위로 생각해야 한다. 스페셜리스트 팀은 프로젝트 팀을 자신의 하급자가 아니라 "고객"으로 간주하고, 거기에 맞게 프로세스를 구성해야 한다. 마치 내가 여러분에게 나의 반대 의견을 설득하려고 하는 것처럼, 다른 팀에 있는 동료에게 자신의 서비스를 설득하는 것이다(여러분이 거기까지 가기 전에 이 책에 투자한 것을 기쁘게 생각한다).

- 셋째, 프로젝트 팀은 스페셜리스트 팀이 실제로 가치를 제공하고 있는지 아닌지 판단해야 한다. 지원하는 단위가 자신의 수준에서 최적화하는 경향을 시장 방식이 균형을 잡아줄 것이다. 예를 들어, 나는 지난 번 회사에서 전문 인터랙션 디자이너 단위를 만들 수도 있었고, 직접 인터랙션 디자인을 하기로 결정할 수도 있었다. 모든 것이 인터랙션 디자인 단위가 나와 내 프로젝트를 얼마나 잘 (그리고 얼마나 빨리) 지원할 수 있는지에 달려 있었다(참고: 나는 반대하기와 디자인 기술을 연마해왔다).

- 넷째, 복잡계에서 소통의 총량은 시스템을 어떻게 재구성하더라도 (거의) 일정하게 유지된다. 따라서 팀과 관리자는 다룰 수 있는 다른 팀과의 접점이 얼마만큼인지 파악하려고 할 것이다. 너무 적거나 너무 많아도 조직의 적응성에 좋지 않다.

- 다섯째, 스페셜리스트 팀이 실제 팀이 아니라 가상 팀이 될 수 있다. 그냥 모든 UI 디자이너가 가끔씩 함께 모여서, 실제로 일하고 있는 교차 기능 팀 간 공통의 표준 및 방식에 합의하도록 하면 되는 문제일 수 있다. 그러한 가상팀을 **실천 공동체**CoP, communities of practice라고 부르며, 교차 기능 팀의 필요성과 스페셜리스트 사이의 조율을 이어주는 훌륭한 타협점이다(Augustine, 2005:71~73)(Larman, Vodde 2009:252/253)(참고: 비슷한 목적으로 **최고 기관**CoE, centers of excellence을 두는 조직도 있다. 하지만 이런 CoE는 본질적으로 좀 더 공식적인 경향이 있다).

스페셜리스트 팀 구성은 자기조직화의 결과라고 할 수 있으며, 어쩌면 그것이 바람직한 결과일 수 있다. 스페셜리스트 팀은 여러 팀 간 공통의 문제를 해결하기 위해 스스로를 유기적으로 구성한다. 예를 들어, 지속적 통합[CI] 팀은 다른 팀에게 보다 전문적인 CI 서비스를 제공하기 위해 떨어져 나온 것이다. 그 경우 다양한 프로젝트 팀에서 온 팀원들은 풀타임, 파트타임 그리고(또는) 순환 근무 중에서 선택할 수 있다(Highsmith, 2009:272/280). 또 다른 사례는 프로젝트 팀에게 솔루션의 아키텍처 부분을 설계, 구현, 제공하는 컴포넌트 팀이다. 이 경우 모든 프로젝트 팀은 컴포넌트 팀의 고객이 된다(Cohn, 2009:185). 스페셜리스트 팀을 구성하는 주된 이유는 효율성과 효과성(분업을 통한 생산성)이다.

이런 스페셜리스트 단위가 성장해서 자체적으로 작은 계층을 형성할 수도 있다. 프로젝트 팀이 자신들의 서비스를 사용하기로 결정할 때 거기에 많은 규칙을 적용할 수도 있다. 그러나 모든 시장 환경과 마찬가지로 스페셜리스트 팀(그리고 그들의 규칙과 계층)은 수요가 사라지면 곧바로 해체할 수 있으며 그렇게 해야 한다.

이 각각의 사례에서 프로젝트 팀은 소비를 그리고 스페셜리스트 팀은 제공을 담당하고 있다는 것이 분명하다(그림 13.8 참조). 그래서 프로젝트 관리 조직[PMO]이 존재한다면 마찬가지여야 한다. PMO는 프로젝트 팀에게 프로젝트를 체계적으로 구성하는 서비스를 제공하는 비즈니스를 하는 것이다. UI 디자이너, 아키텍트, 시스템 관리자처럼 프로젝트 관리자도 라인 관리자가 아니다. 아무도 PMO한테 "보고"할 것을 기대해서는 안 된다. 그게 아니라 PMO는 팀에게 정중하게 정보를 요청하고 팀과 팀의 고객이 실제로 활용할 수 있는 서비스를 제공해야 한다.

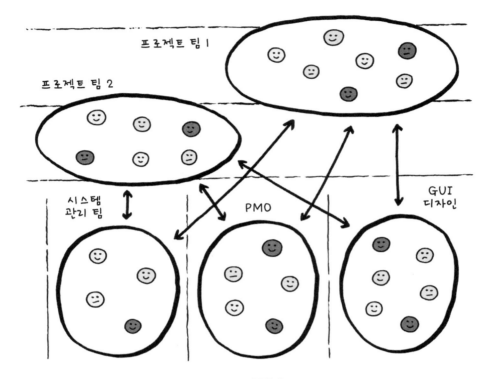

그림 13.8 스페셜리스트 팀은 프로젝트 팀에게 서비스를 제공한다

📊 PMO가 서비스를 최고 경영진에게 제공한다면?

여기에서 그린 그림과 일치하지 않는다. PMO는 프로젝트 팀과 경영진 모두를 고객으로 삼을 수는 없다. 이것은 이해 상충으로 이어질 수 있으며, 대개는 프로젝트 팀이 꽝을 뽑게 된다.

프로젝트 결과에 대한 책임은 분명히 프로젝트 관리자가 아니라 프로젝트 팀이 져야 한다. 이를 위해서 최고 경영진은 PMO가 아니라 직접 또는 라인 관리를 통해 팀과 업무를 수행해야 한다. 시스템 관리나 인사처럼, PMO는 통제가 아니라 도움을 주고 조율하기 위해 존재하는 것이다.

계층 분리

관리 계층은 택시 운전사 같다. 필요악이다. 관리 계층이 필요한 이유는 직원과 조직 소유자 사이에 추적 가능한 지휘 계통이 있어야 하기 때문이다. 그리고 계층은 너무 쉽게 오용할 수 있기 때문에 악하다. 그런 경우 정보 흐름에 악영향을 미친다. (이론적으로는) 에머리의 첫 번째 설계 원칙과 (실용적으로는) 경험 증거를 통해 알 수 있다. 경험 증거의 사례는 말콤 글래드웰의 책 『아웃라이어Outliers』에서 찾을 수 있는데, 말콤 글래드웰은 비행기 사고와 계층 문화 사이에 강력한 상관 관계가 있다고 말했다(조종실에서의 잘못된 소통 때문이다) (Gladwell, 2008). 그렇다고 해서 계층이 사라져야 한다는 뜻은 아니다. **계층의 원칙**Hierarchy Principle이 가리키듯, 계층이 전적으로 악한 것이라면 우리 주변에서 자연스럽게 찾아볼 수 있는 일이 없을 것이다.

> 복잡한 자연 현상은 각 단계가 여러 통합 시스템으로 구성된 계층으로 이뤄져 있다.[8]

그렇다면 문제는 계층이 해가 되지 않도록 하면서 그 이점을 어떻게 사용할 수 있느냐다. 내게 지휘 계통은 관리 계층의 존재에 대한 타당한 이유인 것처럼 보인다. 조직 소유자가 비즈니스 운영을 위해 누군가를 고용하고, 이 사람이 그 업무 중 일부를 위임하기 위해 다른 사람들을 고용한다. 그리고 이런 사슬이 계속 이어진다. 이것이 계층이다. 계층을 부정할 수는 없다. 계층은 권한의 흐름과 분배를 촉진하는 트리 구조다.

> 조직의 목적은 필요한 의사소통 및 팀 간 조율의 양을 줄이는 것이다. 그러므로 조직이란 개념은 앞서의 의사소통 문제에 대한 근본적인 대응책이다. 트리 형태의 조직은 권한과 책임 구조로부터 파생된 것이다. 두 명의 상사를 동시에 모실 수 없다는 원칙은 권한 구조가 트리 모양이 되도록 만든다. 하지만 실제 소통은 그 구조에 별로 제약이 없으므로 본래 그물망 형태인 의사소통 구조를 트리가 잘 반영한다고 하기는 어렵다.[9]

우리에게 필요한 것은 공식 계층 구조와 비공식 네트워크 구조의 행복한 결합이다 (Augustine, 2005:48). 경영진은 정보가 계층이 아닌 네트워크를 통해서 흐른다는 사실을 인식해야 한다. 정보의 흐름은 차단이나 통제의 대상이 아니라 육성의 대상이다. 권한에는 계층이 필요하고, 소통에는 네트워크가 필요하다(그림 13.9 참조).

---

8 Skyttner, L. 『General systems theory: Ideas and applications』, River Edge, NJ: World Scientific, 2001. 허락하에 옮김 (Skyttner, 2001:93).

9 Brooks, Frederick. 『The Mythical Man-Month』, Reading: Addison-Wesley Pub. Co, 1975/1995. 허락하에 옮김(Brooks, 1995:78~79). (한국어판: 『맨먼스 미신: 소프트웨어 공학에 관한 에세이』, 프레더릭 브룩스 지음, 강중빈 옮김, 인사이트, 2015)

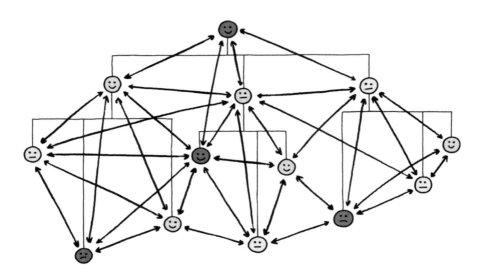

그림 13.9 〈소통〉 네트워크와 〈권한〉 계층

필수조직론Requisite Organization Theory의 창시자인 조직 심리학자 엘리엇 자크Elliott Jaques는 자신의 연구에서, 비록 설계를 잘못하는 경우가 대부분이지만 계층에는 기능이 있다고 말한다(Jaques, 1998). 각 관리 계층에 중요한 요구 사항 한 가지는 그 조직 구조에 반드시 가치를 더해야 한다는 것이다. 자연적인 계층 단계에서는 하위 계층에 존재하지 않는 속성이 상위 계층에 새로운 창발적 속성으로 나타나는 것처럼, 조직의 각 관리 계층도 하위 계층에서는 보통 관심을 갖지 않는 것들에 신경을 써야 한다.

예를 들어, 자크는 상위 단계마다 서로 다른 조직 시간 범위를 처리할 수 있다고 말한다(Jaques, 1990). 가장 낮은 단계에서는 1일에서 3개월 사이에 해결해야 하는 모든 문제를 다루고, 두 번째 단계에서는 3개월에서 12개월의 시간 범위를 가진다. 세 번째 단계는 1년에서 3년 사이의 업무를 다루는 식이다. 프로젝트 팀은 〈대개〉 5년 안에 비즈니스가 성공을 거두려면 무엇을 해야 하는지에 대해 궁금해할 시간이 없다. 채용, 전략적 제휴, 예산 조정 등과 같은 사례도 있는데 모두 프로젝트 팀에서는 해결할 수 없는 것들이다. 그러나 경영 전문가들이 이 문제에 동의하지 않는다는 점에 주목해야 한다. 몇몇 사람들은 CEO 조차도 일상 업무에 너무 바쁜 경향이 있다고 했다(Mintzberg, 2005:110).

나는 여기에서의 진정한 교훈은 관리 계층 사이에 관심사의 분리가 필요하다는 점이라고 생각한다. 이 분리가 본질적으로 시간적인 것인지, 공간적인 것인지, 그 밖의 다른 것인지는 상관없다. 자크는 조직 문제가 여러 관리 계층이 분명하게 가치를 더해주지 않기 때문임을 보여줬다. 가치를 더해줘야 한다는 요구 사항은 관리 계층을 두고 의사 결정을 할 때 훌륭한 출발점이다. 누군가 새로운 관리 계층을 추가하자고 제안할 때마다 스스로에게 이렇게 질문해보자. "하위 계층이나 상위 계층에서 해결할 수 없는 문제가 있는가?" 이 질문에 명확하게 답을 할 수 없다면, 관리자를 추가해서는 안 된다!

조직 변화에 얼마나 많은 관리자가 필요할까?

관리자는 적을 수록 "좋고" 조직은 "가능한 수평적"이어야 한다는 말이 유행이다. 맞다. 우리 모두 그 사실을 알고 있다. 어디서나 그런 글들을 볼 수 있다. 그러나 그때 사람들이 떠올리는 첫 번째 질문은 이것이다. "관리자가 몇 명이나 있어야 할까?" 팀당 한 명부터 (Testa, 2009:52) 직원 한 명당 한 명까지 (Larman, 2009:241) 다양한 답을 찾을 수 있었다.

하지만 질문이 잘못된 것이라고 생각한다. 조직에서 직원당 관리자 비율은 정의할 수 있는 어떤 상수가 아니다. 이 비율은 조직 구조가 발전하면서 관리자가 취한 조치의 결과다. 얼마나 많은 팀이 교차 기능 팀이 돼야 하고 얼마나 많은 팀이 기능 팀이 돼야 할까? 첫 번째 설계 원칙은 어디에 적용하고 두 번째 설계 원칙은 어떤 경우에 적용할까? 팀이 원하는 업무 그리고 함께 일하고 싶은 사람을 선택할 때 얼마나 자유로워야 할까? 이런 결정을 내리는 사람이 관리자다. 그 결과를 낳은 사람이 관리자다.

> 처음부터 팀의 효과를 증진시킬 수 있는 위대한 팀을 만들 수 있다는 것은 환상이다. 유혹적이고 만연하고 있지만 어쨌든 환상이다. 우리는 시장이 위계질서를 불필요한 것으로 만들길 희망한다. 또 우리는 조직보다 네트워크를 가질 수 있길 희망한다. 나아가 경계 없는 사회적 시스템이 작업을 효율적이고 효과적으로 완수할 수 있길 희망한다. 그리고 어떤 구조가 실제로 필요할 때, 복잡계 이론이 증명하듯 자기조직화 과정에 의해 자동적으로 생겨나길 희망한다.[10]

---

10 Hackman, J. 『Leading Teams』, Boston: Harvard Business School Press, 2002. 허락하에 옮김(Hackman, 2002:130). (한국어판: 『성공적인 팀의 5가지 조건』, 리처드 해크먼 지음, 최동석/김종완 옮김, 교보문고, 2006)

관리자의 첫 번째 관심사는 최고의 팀 구조로 발전시키는 것이다. 조직에서 최선의 직원 당 관리자 비율을 논의하는 것은 무의미하다. 그러나 최선의 조직 설계 근거를 논의하는 것은 의미가 있다. 비율은 단순히 그 근거를 따르면 된다.

하이브리드 조직을 만들자

프로젝트 팀을 스페셜리스트 팀과 그리고 계층을 네트워크와 혼합한 조직을 하이브리드 조직이라고 부를 수 있다. **하이브리드 조직**hybrid organization은 순수한 계층 환경의 기능 팀과 순수한 네트워크 환경의 자율 프로젝트 팀의 단점을 모두 피할 수 있다. 덜 경직된 문화, 많은 수의 프로젝트, 속도에 대한 요구를 지닌 회사는 일반적으로 하이브리드라는 해결책에 이르게 된다(Testa, 2009:370)(Reinertsen, 1997:106).

하이브리드 조직 형태 중에 **매트릭스 조직**matrix organization이 있다. 예전에는 그 이름을 사용했었지만 나는 이제 더 이상 이렇게 부르지 않으려고 한다. 이 주제에 대한 자료들을 찾아보면, 많은 사람이 라인 관리와 프로젝트 관리라는 두 가지 조직 "측면"을 뜻할 때 매트릭스 조직이라는 용어를 사용하는 것으로 보인다. 일부 저자는 매트릭스 조직에 라인 관리자와 프로젝트 관리자 사이의 권한 충돌, 누가 진짜 상사인지에 대한 의문, 불쾌한 정치적 상황, 관리자 수로 인한 인식된 간접비 발생 등의 "문제"가 있다고 말한다(Jones, 2001).

일부 저자는 매트릭스 조직에 사기 문제가 있다고 말한다. 프로젝트 관리자가 권한을 가진다면 라인 관리자는 책임은 있으나 권한이 없어서 사기가 저하된다는 것이다. 그리고 "강한" 라인 관리자와 "약한" 프로젝트 관리자가 있을 때도 마찬가지다. 그러나 모두 큰 오해라고 생각한다. 어떤 사람이 잘못된 쪽을 붙잡았다고 전기톱을 비난해서는 안 된다.

매트릭스 조직에서 알려진 문제들은 하이브리드 조직을 잘못 실행해서 생긴 결과다. 적절히 실행하면 명령 계통은 오직 하나뿐이며, 그 흐름은 라인 관리자의 계층을 따른다. 프로젝트 관리자는 팀을 통제하기 위해서가 아니라 팀에게 서비스를 제공하기 위해 존재하는 것이다. 프로젝트 관리자는 사람이 아니라 프로젝트를 관리한다. 나는 프로젝트 관리자라는 자리가 소프트웨어 아키텍트, QA 관리자 등 자기 책임이 있는 다른 사람들과 차이점이 없어야 한다고 생각한다. 그런데, 이것이 또한 하이브리드 조직에는 대개 두 가지 이상의 "측면"이 있다는 것을 분명히 해준다. 위로 올라가는 라인은 (라인 관리를 통한) 오직 하나뿐이지만, 옆으로 뻗어나가는 라인은 여러 개다.

아나키는 죽었다, 파나키여 영원하라

주로 사회학적 그리고 소통상 이유로 큰 프로젝트는 작은 프로젝트보다 실패 가능성이 더 높다(DeMarco, Lister, 1999:4). 일부 자료는 대규모 프로젝트를 성공적으로 완료할 확률은 거의 0에 가깝다고 주장하기까지 한다(Yourdon, 2004:4).

그러나 나는 아나키스트이자 낙관론자다. 이 문제는 잘게 나눠 처리하는 방식으로 해결할 수 있다고 생각한다. 물론 비유적으로 말해서 그렇다.

애자일리스트와 아나키스트는 큰 프로젝트를 작은 프로젝트로 잘게 나누고, 큰 조직을 작은 조직으로 잘게 나눈다. 그런 다음 작은 부분을 비슷하게 생긴 큰 부분으로 확대해서 문제를 해결한다(Highsmith, 2009:272). 애자일 조직은 하향식 계획 수립을 통한 관료주의를 거꾸로 뒤집은 것이다. 애자일 조직이란 상향식 성장을 통한 적응성이다.

글로벌 시장, 인터넷, 소셜 네트워크 및 기타 네트워크형 개발 등, 애자일 조직의 출현과 비슷해보이는 글로벌 트렌드가 존재한다. 초국가적 규모에서, 그러한 네트워크를 **파나키** panarchy[11]라고 부른다. 타고난 사고방식에서 딱 한 글자만 다르기 때문에 나는 이 단어를 좋아한다.

> 상호 작용하는 여러 행위자로 구성돼 있는 우리 사회 정치 구조에서 최근 새롭게 나타난 **복잡성**이, 높아진 **네트워크 형태 조직**의 중요성과 결합되고 **연결**을 증가시키는 기술이 활성화됨에 따라, 세계는 결국 다양한 거버넌스 방식으로 이뤄진 글로벌 정치 환경의 변화로 떠밀려가고 있는데, 이 모든 것을 **파나키**라고 부른다. 분명히 하면, 개인과 집단 간의 글로벌 연결은 공통의 규범과 목표로 구성된 초국가적 네트워크를 형성한다. …(중략)… 파나키는 기능과 적응을 위해 다양성에 의존하고 계층에 저

---

11 http://en.wikipedia.org/wiki/Panarchy

항하는 아나키적 네트워크를 복잡 적응계로 거버넌스하는 방식이다.[12]

파나키는 협업과 권위가 교차하는 네트워크 시스템이다. 나는 개인적으로 (내 의지와 무관한) 정부의 권위뿐 아니라 (내 의지에 의한) 은행, 인터넷 및 에너지 공급회사의 지배도 받고 싶지 않다. 트위터, 페이스북, 링크드인, 스포츠 및 게임 클럽, 비영리 및 자선 단체, 해외 여행을 할 때 외국 정부도 마찬가지다(그리고 다른 사람들은 여기에 종교 단체를 추가할 수도 있다).

세상에는 수많은 권위가 존재하고, 나는 개인적으로 참여하길 원하는 집단이나 조직의 규칙과 규범을 스스로 선택한다. 내가 직접 선택할 수 없는 유일한 권위는 정부다(이민을 가지 않는 이상 그렇다).

요즘 아나키스트는 예전과 다르다. 지금 나는 스스로를 파나키스트라고 부른다. 파나키스트는 평화롭게 행동하는 아나키스트다. 애자일 선언의 최초 서명자 중 한 명인 브라이언 매릭도 비슷한 생각을 했는데 그는 파나키를 팀 규모의 아나르코생디칼리슴과 결합된 장인의 레트로 퓨처리즘Artisanal Retro-Futurism crossed with Team-Scale Anarcho-Syndicalism[13], [14]이라고 부른다. 그러나 나는 파나키라는 단어가 더 쉽다는 생각이 든다. 스티커를 더 저렴하게 만들 수 있으니까.

> 글로벌 네트워크 거버넌스의 부상이 어느 정도는 국가에 의해 만들어졌지만, 국가가 통제하는 것은 아니며, 기업, 개인, 비정부 조직 등 집단에 의해서도 형성된 것이다. 현실주의자들은 국가가 비장의 카드를 들고 있다고 주장하고, 마르크스주의자들은 권력자가 자본을 좌우한다고 주장하지만 위 집단 중 어느 하나가 다른 집단보다 앞서는지 아닌지는 아직 확실치 않다. 역사는 궁극적으로 책임이 사람에게 있다는 것을 보여줬고, 새로운 연결 기술은 단지 집단 행동을 조직화할 힘과 능력을 증가시켰을 뿐이다.[15]

---

12 Hartzog, Paul B. "Panarchy: Governance in the Network Age"(http://panarchy.com/Members/PaulBHartzog/Papers/Panarchy%20-%20Governance%20in%20the%20Network%20Age.pdf), 2009. 폴 하초그 허락하에 옮김(Hartzog, 2009).

13 http://www.arxta.net/

14 아나리코생디칼리슴은 아나키 노동조합주의를 말한다. 아나키적 사회 실현을 노동조합을 통해 이루려고 하는 사상 또는 운동이라고 할 수 있다. 레트로 퓨처리즘은 1960년대 우주 개발 시대와 함께 성행했던 미래주의의 영향을 보여주는 창작 예술의 한 경향이다. 대표적인 예로 스팀펑크(steampunk)가 있다. – 옮긴이

15 Hartzog, Paul B. "Panarchy: Governance in the Network Age"(http://panarchy.com/Members/PaulBHartzog/Papers/Panarchy%20-%20Governance%20in%20the%20Network%20Age.pdf), 2009. 폴 하초그 허락하에 옮김(Hartzog, 2009).

우리는 이제 파나키가 진정한 애자일 조직이라는 것을 이해할 수 있게 됐다. 파나키는 "가치 네트워크^{value networks}"라 부르기도 하는 가치 단위의 네트워크기 때문이다. 애자일 조직의 권위는 아키텍처, GUI 디자인, 프로젝트 관리, 인프라를 다루는 이들을 포함해, 여러 곳으로부터 나온다. 각 가치 단위는 자발적으로 스페셜리스트 집단의 규칙과 규범을 따를 수 있다. 그러나 그러한 기능 팀을 구성할 수도 있고 단순히 팀 안에서 모든 것을 하기로 결정할 수도 있다. 애자일 조직에는 아나르코생디칼리스트 또는 평화로운 아나키스트가 될 수 있는 많은 자유가 있다. 사람들이 대개 스스로 내릴 수 없는 유일한 선택은 라인 관리에 대한 것이다. 다른 조직으로 옮겨가지 않는 한 그렇다.

가치 네트워크는 유기적으로 조직을 설계하는 방식이며, 하나의 큰 네트워크 안에서 모두가 서로 중첩되는 프랙털 비슷한 작은 계층 구조를 만든다. 그리고 스케일 업보다 스케일 아웃이 더 좋기 때문에 파나키의 성장에는 끝이 없다.

비밀을 두지 말자

이제 조직을 설계할 때 어떤 선택을 해야 하는지 알게 됐으므로 13장의 마지막 몇 페이지에서는 생성한 구조를 통해 흐르는 소통에 대해 이야기할 차례다.

내가 앞에서 이야기한 것처럼, 소프트웨어 프로젝트 문제의 대부분은 잘못된 소통의 결과물이다. 적절한 소통을 위해 사람들에게는 좋은 정보, 좋은 관계, 좋은 피드백이 필요하다.

많은 조직에서, 사람들은 좋은 정보가 부족하며 대개는 스스로 정보를 만들어낸다. 프로젝트가 얼마나 잘 진행되고 있는지 모른다면 추측을 시도할 것이다. 다른 팀이 어떻게 일하는지 모른다면 가정을 할 것이다. 동료들이 조직에 어떻게 기여하는지 이해하지 못한다면 그 이유를 만들어낼 것이다. 그리고 관리자의 사생활에 대해 아는 것이 없다면 이에 대해 험담을 할 것이다.

이런 문제를 예방하려면 정보를 제공하고 접근할 수 있도록 해야 한다. 그리고 일반적으로 정보는 많을수록 좋다. 모든 사람에게 인터넷, 모든 네트워크 폴더, 프로젝트 정보 시스템, 소스 관리 시스템 접근 권한을 부여하자. 책과 잡지를 볼 수 있도록 해주고, 회사 인트라넷을 홍보하고, 근태 보고서, 프로젝트 번 차트, 손익 수치 등 기업 정보를 공개하자. 정보를 덮어두는 것은 (일반적으로) 나쁜 것이다. 아무도 관심이 없을 것이라고 가정하지 말자. 여러분이 옳을지도 모르지만, 정보를 독점하는 것은 좋지 않다. 사람들은 뭔가에 대해 소통하는데 그것이 다른 (잘못된) 정보를 주위에 전달하는 유일한 수단일 수 있기 때문이다. 정보 시스템만 개방해야 하는 것은 아니다. 재능 있는 사람들은 자신과 조직에 대한 진실을 듣고 싶어하기 때문에 스스로에게도 정직해야 한다(Kaye, Jordan-Evans, 2008:204).

나는 많은 정보를 모든 사람이 사용할 수 있도록 노력하는 경우가 많다. 나는 사람들이 누가 어떤 프로젝트에서 일하고 있는지, 누가 어떤 기능, 버그, 문제를 처리했는지, 그 프로젝트에 대한 팀원들의 평가는 어떤지를 모든 사람이 알았으면 좋겠다.

경제 상황이 어렵다면 모든 사람이 조직의 재무 성과를 이해하는 것은 특히 중요하다. 잭 스택Jack Stack이 『드림 컴퍼니The Great Game of Business』(김앤김북스, 2009)에서 말했듯이 직원들이 재무 지표에 관심을 기울일 때만 그 개선 방법을 생각할 것이다(Stack, 1994).

몇몇 훌륭한 관리자는 궁극적으로 관리자의 급여를 포함해 사람들의 급여까지도 공개해야 한다고 주장한다. 결국 누군가의 급여에 대해 조직에 있는 다른 사람들에게 설명할 수 없다면 어떻게 사람들이 여러분을 관리자로서 신뢰하길 기대할 수 있겠는가?

나는 거기에 동의할 수 있을 것 같다. 그러나 여러분이 조직 문화를 하룻밤 사이에 바꿀 수 없다는 사실 또한 이해한다. 그런 문화가 없다면 사람들에게 비밀을 알려주는 것은 현명하지 못한 일일 수 있다. 하지만 출발점은 있어야 한다. 잭 스택은 "비즈니스 상위 법칙" 열 가지를 만들었는데, 그중 마지막 법칙을 "똥은 아래로 구른다"라고 부른다. 조직의 변화는 관리자의 변화에서 시작된다는 뜻이다.

음, 언젠가는 훌륭한 관리자가 되길 바란다. 그래서 나는 이 책을 통해 내 개인적 "비밀"을 공개했다. 그 비밀을 찾았는가?

모든 것을 볼 수 있게 하자

나는 언젠가 트위터에서 애쉬튼 커쳐^{Ashton Kutcher}를 팔로우하기 시작했다. 별로 고심하지 않고 내린 결정이었다. 애쉬튼은 트위터에서 세계 최초로 팔로워 100만 명을 달성한 사람이다. 외모 말고도 이 친구한테는 분명히 흥미로운 뭔가가 있었다.

애쉬튼 커쳐는 눈에 띄었다. 누가 먼저 100만 명의 팔로워를 달성할지에 대한 애쉬튼과 CNN의 내기 이야기를 인터넷 곳곳에서 찾아볼 수 있다. 많은 소셜 네트워킹 블로그를 읽는 나 같은 사람은 그 사실을 놓치기 무척 어려웠다. 그래서 애쉬튼 커쳐를 팔로우했다.

그렇다면, 사람들이 실천법을 따르게 만드는 방법은 무엇일까? 쉬운 일이다. 눈에 띄도록 만들면 된다!

작년에 몇몇 관리자와 나는 모든 개발 팀에게 작업 현황판 형태의 "대형 시각화 차트"를 도입했다. 사무실을 왔다갔다 하는 사람이라면 누구나 쉽게 볼 수 있었다. 그래서 다른 팀이 이 작업 현황판을 보면 따라하고 싶었을 것이다! 작업 현황판은 눈에 띄었고 다른 팀은 그것을 팔로우한 것이다. 그리고 이 원칙이 작업 현황판에만 적용되는 것은 아니다. 뭔가를 눈으로 볼 수 있도록 만드는 장치를 **정보 방열기**^{information radiator}라고 한다.

내가 일했던 마지막 팀은 열린 업무 공간에서 스탠드업 회의도 진행했다. 처음에는 프로젝트를 논의하는 15분 동안 동료들에게 방해가 되지 않도록 스탠드업을 외진 곳에서 진행하는 방향을 고려했다. 그러나 그렇게 하지 않기로 했다. 그러자 머지않아 (소프트웨어 개발 팀이 아닌 팀을 포함해) 다른 팀들이 스탠드업을 따라하기 시작했다. 다른 팀들은 우리 팀이 매일 아침에 스탠드업을 하는 모습을 봤고, 이 흥미로운 실천법을 자기들도 시도해보기로 결정했던 것이다.

보면 따라하게 된다.

사람들은 서로의 행동을 모방하는데, 때로는 그냥 봤다는 것 말고는 다른 이유가 없는 경우도 있다. 그것이 인간이라는 존재다. 내가 애쉬튼 커쳐를 팔로우한 이유기도 하다. 10대가 담배를 피우는 것도 마찬가지다. 과학자들은 인간이 서로를 무심코 흉내내는 경우가 많다고 말한다. 그러나 이 사실을 의도적으로 이용할 수도 있다. 흉내내기는 대인 설득과 소통에 영향을 미치고자 할 때 매우 큰 잠재력을 지닌다. 좋은 행동이 눈에 띄는지 확인해서 자신에게 유리하도록 흉내내기를 이용할 수 있다. 사람들이 더 좋은 코드를 짜도록 하고 싶다면, 최상의 코드를 출력해서 커피 머신에 마치 깁스를 한 것처럼 칭칭 감아놓자. 다른 사람이 스크럼 실천법을 따르도록 하고 싶다면, 회사 공개 일정표에 스프린트 플래닝 및 리뷰 회의의 시간과 장소를 게시하자. 사람들이 적절한 소스 관리 및 브랜치 기법을 사용하도록 하고 싶다면, 소스 관리 트리와 브랜치를 그려서 사무실 벽에 붙여놓자.

사람들은 자기가 본 것을 따라하니, 여러분은 그것이 좋다는 사실을 보여줘야 한다.

그리고 아마도 사무실에서 나쁜 행동 사례를 보여주는 것은 삼가야 할 것이다. 사람들이 (무심코) 그 행동을 따라하게 된다.

사람들을 연결하자

마이클 L. 스톨라드Michael L. Stallard는 자신의 책 『기업, 마음을 경영하라Fired Up or Burned Out』(옥당, 2010)에서 조직의 탁월함을 달성하는 최고의 방법 중 하나는 "사람들을 연결하는 것"이라고 말한다. 그리고 버벌리 케이Beverly Kaye와 샤론 조단-에반스Sharon Jordan-Evans는 『인재들이 떠나는 회사 인재들이 모이는 회사』에서 "유대감 형성"이라는 개념을 설명하는데, 이 개념은 26가지 참여 전략 중 하나다(Kaye, Jordan-Evans, 2008:113~122).

직원들과 (그리고 직원들 간에) 의미 있는 연결을 만들고 유지하는 것이 단지 관리자를 보다 인간적으로 보이게 만드는 멋진 방법뿐인 것은 아니다. 12장에서 본 것처럼, 연결의 필요성은 복잡성 이론에 그 뿌리를 두고 있다.

조직의 회복 탄력성과 혁신은 정보가 자유롭게 왜곡없이 흐를 수 있도록 사람들이 서로 좋은 관계를 맺음으로써 탄생하는 것이다. 사람들이 함께 일하는 것을 즐길 수 있도록 해줘야 한다. 칸막이 벽을 없애고, 비공식 만남을 갖고, 커피와 담배 시간을 장려하고, 사람들이 점심이나 저녁 식사를 즐길 수 있도록 하자.

그리고 직원들과 보다 의미 있는 관계를 유지하려고 노력하자. 그렇다고 모든 사람과 절친한 친구가 돼야 한다는 뜻은 아니다. 그건 불가능한 일이다. 그러나 단순히 그들의 삶,

그들의 인생, 그들의 가정, 그들의 취미에 대해서 좀 더 아는 것만으로도 (그리고 그들이 여러분에 대해서 좀 더 아는 것만으로도) 훌륭한 출발점이 될 것이다.

적응성을 목표로

13장의 첫 부분에서, 어떤 한 가지 구조가 모든 조직에게 확실한 정답은 아니라는 점을 언급했다. 교차 기능 팀, 매트릭스 조직, 그 무엇도 아니다. 명심해야 할 가장 중요한 것은 조직의 변화 능력에 공을 들여야 한다는 점이다. 기능 팀이 교차 기능 팀으로 변신하고나서 다시 원래대로 돌아가더라도 괜찮아야 한다. 팀이 스페셜리스트 팀을 분리시켰다가 나중에 더 이상 필요가 없어지면 다시 합쳐도 괜찮아야 한다. 경영진이 조직의 일부에 두 번째 설계 원칙을 시도해보고 잘 안 되면 다시 DP1으로 대체해도 괜찮아야 한다. 복잡 적응계는 경험을 쌓아가면서 구성 단위를 지속적으로 변경하고 재배치하는 것이 당연하다. 조직에서도 다르지 않다(Waldrop, 1992:146).

조직 적응성을 위해서 조직에 필요한 것은 최소한의 사양뿐이다. 공식 조직도, 계약, 절차로 정의하고 굳어진 것은 적을 수록 좋다.

> 팀의 조직 설계에 "필요한 최소한의" 원칙만 적용한다면 자기조직화할 수 있는 유연성과 자유를 제공할 것이다. 가끔은 일부 관리자가 역할, 책임, 정책, 절차와 같은 조직 구성 요소를 포괄적으로 정의하려는 시도에 빠지기 쉽다. 대신에 홀로그래픽 구조는 설계를 딱 필수 최소 사양으로 제한한다.[16]

직원들이 조직 개편에 대한 불평을 멈추고 새로운 구조 변화를 제안하기 시작하면 조직 적응성을 이뤘음을 알게 된다. 그런 경우에는 그냥 조직이 성장하는 것을 바라보기만 해도 매니지먼트 3.0의 다섯 번째 관점의 목표를 달성하게 될 것이다.

---

16 Augustine, Sanjiv. 『Managing Agile Projects』, Upper Saddle River: Prentice Hall Professional Technical Reference, 2005. 허락하에 옮김(Augustine, 2005:58).

정리

환경, 조직 크기, 제품, 사람의 변화 때문에 정기적으로 조직 구조를 바꾸는 것이 중요하다. 제너럴라이징 스페셜리스트, 폭넓은 직함, 비공식 리더십의 실행이 조직의 적응성을 크게 개선한다.

팀 경계를 주의깊게 살펴봐야 한다. 팀 구성이 불명확하거나 불안정하면 사람들은 팀을 인식할 수 없기 때문이다. 다양한 연구 결과 팀 크기는 세 명에서 일곱 명 사이가 좋다는 것이 밝혀졌다.

팀은 기능 단위로 구성할 수도 있고 교차 기능 단위로 구성할 수도 있는데, 비록 예외도 있을 수 있지만 최적의 소통을 위해서는 후자가 가장 분명한 선택이다. 팀 사이의 소통은 관리자를 통해 이뤄질 수도 있고 팀 스스로를 통해 주로 이뤄질 수도 있다. 이번에도 역시 후자가 대개는 더 좋다.

팀이 다른 팀을 가치를 전달해줘야 하는 고객으로 간주하는 가치 단위일 때 가장 적응성이 좋은 조직 구조가 된다. 수요가 있을 때 새로운 팀을 구성할 수도 있지만, 다른 팀의 수요가 사라지면 해체해야 한다. 관리 계층은 정말로 가치를 더해준다면 조직에 도움이 될 수 있다.

서로 다른 방향에서 팀으로 권한이 흘러가는 조직을 하이브리드 조직이라고 부른다. 조직이 주로 네트워크처럼 일하고, (선택적으로) 여러 중복 계층이 있을 때, 이를 파나키 또는 가치 네트워크라고 부를 수도 있다.

마지막으로 최적의 소통을 위해서 관리자는 가능한 한 비밀을 적게 두고, 모든 정보를 볼 수 있도록 하고, 사람들을 연결할 때 정직한 시도를 하는 것이 중요하다.

성찰과 실천

13장에서 나온 아이디어를 조직에 적용할 수 있는지 살펴보자.

- 팀에 있는 사람들을 생각해보자. 그들이 제너럴라이징 스페셜리스트인가? (또는 스페셜라이징 제너럴리스트인가?) 그렇지 않다면 어떻게 하겠는가?

- 조직 내 공식 직함들을 검토해보자. 다른 역할을 포함시킬 수 있을 만큼 충분히 폭넓은가? 그렇지 않다면 직함을 더 폭넓게 바꿀 수 있는 계획을 만들어보자.

- 팀에 있는 리더십을 생각해보자. 팀원 사이에 비공식 리더가 있는가? 필요할 때 쉽게 바꿀 수 있도록 이 리더십 역할이 충분히 동적인가?

- 조직의 팀 구성 방법을 검토해보자. 사람들이 진정으로 팀의 일부라고 느낄 수 있을 만큼 팀은 충분히 작은가? 규칙과 리더십이 나타나기에 충분할 만큼 팀 구성원을 오랫동안 유지하는가? 팀은 교차 기능 팀인가?

- 조직 스타일 사분면을 검토해보자. 어떤 스타일이 조직에서 현재 사용하는 스타일인가? 네 번째 스타일이 아니라면 그렇게 되기 위한 계획이 있는가?

- 팀의 가치에 대해 논의해보자. 팀은 스스로 가치를 제공하는 단위로 생각하는가? 또한 다른 팀들도 가치 단위로 생각한다고 느끼는가? 그렇지 않다면 어떻게 할 생각인가?

- 조직의 관리 직위를 검토해보자. 그들 모두 진짜 가치를 더하고 있는가? 그렇지 않다면 그 문제를 해결하거나 영향을 미칠 수 있는가?

- 조직 구조를 그려보자. 계층처럼 보이는가 아니면 가치 네트워크처럼 보이는가?

- 자신의 사교 능력을 확인해보자. 사람들과 정기적으로 접촉하는가? 그렇지 않다면 어떻게 바꿀 생각인가?

14

변화의 지형

우리는 어떤 골칫거리를 다른 골칫거리로 바꾸는 일을 "진보"라고 부른다.

— 헨리 헤이브록 엘리스^{Henry Havelock Ellis}, 성과학자 · 내과의(1859~1939)

내 파트너와 함께 일주일 동안 스웨덴으로 캠핑을 간 일이 있었다. 커다란 볼보 차량에 캠핑 장비, 먹거리, 옷가지, 세면 도구를 가득 채웠지만, 야생에서 "생존"하고 새로운 환경에 적응하는 일이 만만치 않다는 사실을 깨달았다.

매니지먼트 3.0 모델의 여섯 번째 관점은 '모든 것을 개선하자'다. 다시 말해 14장과 15장의 주제는 개선^{improvement}이다. 그리고 스웨덴 북부 지방처럼 끝이 시작되는 곳이라고 할 수 있다. 14장에서는 변화하는 환경에서 시스템의 생존에 대한 개념을 살펴보고, 15장에서 몇 가지 실용적인 내용을 알아본 다음 마지막 결론으로 넘어간다.

그럼, 하이킹 장비를 챙겨서 마지막 산을 올라보자!

환경은 "저 너머"에 존재하는 것이 아니다

스웨덴 북부 지방에는 수십 억 마리의 모기가 산다고 한다. 하지만 아무래도 정말인 것 같지는 않다. 내가 알기로는 사실 1,217마리 밖에 살지 않는다. 하지만 믿을 수 없을 정도로 발달한 후각과 비행 능력을 갖고 있다.

내가 그렇게 확신하는 이유는 스웨덴 어디를 가도 모기를 전혀 볼 수 없기 때문이다. 자동차 밖으로 나가 맨살을 드러낸 채 구수한 냄새를 풍기기 전까지는 말이다. 바로 그때 스웨덴 전역에서 모기가 몰려온다. 몇 분 안에 1,217마리 모두가 주변으로 날아와 윙윙거리면서 저 멀리서 감지한 맨살을 맛보려할 것이다. 스웨덴 모기는 초음속 비행도 개발해냈는데, 스웨덴 북부 지방에는 사람이 거의 살지 않기 때문이다. 거기에 수십 억 마리의 모기가 살아간다는 것은 분명히 말도 안 되는 이야기다. 1,217마리 정도가 먹고 살 정도의 사람밖에는 없다. 그리고 나는 5일 내내 모기의 먹잇감이 됐다.

스웨덴 북부 야생 지대에 갈 때마다 항상 짙은 모기떼 구름을 목격했는데, 그 이유는 내가 거기에 있었기 때문이다. 내가 환경 안으로 들어감으로써 그 환경이 바뀌었다. 내가 거기에 없었다면 모기도 없었을 것이다. 다시 말하면 다음과 같다.

> 환경에 시스템을 도입하면 그 환경이 변화한다.

이 문구를 별도의 행으로 구분한 이유는, 이것이 복잡성 과학에서 가장 중요한 개념 중 하나기 때문이다. 시스템이 경험하는 환경은 시스템이 없었더라면 존재했을 환경과 같지 않다. 그래서 현재 환경의 상태를 근거로 새로운 뭔가를 도입하려는 "계획"은 어려움을 겪는다. 도입 그 자체가 환경을 바꿔서 계획 모두를 무용지물로 만들어버릴 수도 있다.

> 행동이 계획보다 앞서야 한다. 우리의 행동이 환경 구성의 일부가 되기 때문이다. 환경은 우리와 별개로 "저 너머"에 존재하는 것이 아니다. 우리는 환경을 만드는 데 기여한다. …(중략)… 스페인에는 이런 의미를 담은 명언이 있다. "Compañero, no hay camino. Se hace camino al andar." 번역하면 이런 뜻이다. "친구여, 길이 없네. 걸으면서 길을 내게."[1]

여러분이 만든 소프트웨어 제품이 없는 "저 너머" 환경은, 제품을 출시한 이후에 존재하게 될 환경과 다르다. 사용자들은 제품을 사용하면서 자신의 업무 습관을 바꾸기 시작할 것이다. 그들은 변경을 요청하고 예기치 못한 요구 사항을 내놓는다. 다른 제품이 여러분의 제품과 가치를 교환하거나, 동맹을 맺거나, 심지어 공생[2] 관계를 형성할 수도 있다. 기생

---

1 Dent, Eric B. "Complexity Science: a Worldview Shift" Emergence. Vol. 1, Issue 4, 1999. 허락하에 옮김(Dent, 1999:13).

2 http://en.wikipedia.org/wiki/Symbiosis

충 같은 친구들이 달라붙어 피를 빨아먹으려고 할 것이다. 경쟁 제품은 자신의 전략을 조정해서 여러분의 제품을 깔아뭉개려 할 것이다. 그리고 나는 그걸 꺾어버리려고 할 것이다. 물론 이런 모든 일이 의도적인 것은 아니다.

(프로젝트 "분류 방식"을 사용해서 "가장 적합한" 모델을 찾는다는 뜻에서) 소프트웨어 개발 방식을 완전히 "계획"하기란 불가능하다. 새로운 시스템이 환경 안에서 어떻게 움직이는지 알기 전에 우선 환경이 그 시스템에 어떻게 반응하는지 경험해봐야 한다.

환경은 침입자를 어떻게 처리할지 결정한다. 그렇기 때문에 어떤 소프트웨어 개발 방식이든 실제 환경을 고려할 필요가 있다. 즉, 경험을 통해 얻은 교훈을 프로젝트로 피드백하는 것이다.

> 따라서 프로젝트는 그 과거 이력뿐 아니라 주변 상황과도 별개라고 볼 수 없다. 게다가 상황에 대한 이해만으로는 (프로젝트 유형 분류 방식에서 말하는) 방법을 규정하기에 충분하지 않다. 오히려 프로젝트 관리 방법은 상황 안에 들어 있으며, 행위자와 환경 사이의 상호 작용을 통해 방법이 창발될 수 있도록 해야 한다.[3]

내 파트너와 나는 스웨덴의 야생으로 모험을 떠나기 전에 방충제, 긴소매 셔츠, 두꺼운 양말을 충분히 구입했다. 이전에 그곳을 방문했던 사람들의 실제 경험 덕분에, 우리는 스웨덴 전역을 돌아다니는 1,217마리의 짙은 모기떼 구름에 대비할 수 있었다. 다음에 갈 때는 무쇠 바지를 챙겨갈 생각이다.

불확실성에 대한 두려움

여행과 계획 이야기를 계속 하면, 1년 전 내 파트너 함께 쿠바에 갔다가 뜻밖에도 유명한 담배 농장을 방문한 일이 있었다. 젊은 도보 여행자를 우연히 태워줬었는데, 그 젊은 이가 농장 노동자 중 한 명이었던 덕분이었다. 그런데 관광객이 도보 여행자를 섣불리 차에 태워서는 안 된다는 경고를 계속 들었던터라, 조금은 꺼림칙한 기분으로 마지못해 태

---

3 Pundir, Ashok K, L. Ganapathy and Narayanasamy Sambandam. "Towards a Complexity Framework for Managing Projects" E:CO. Vol. 9, Issue 4, 2007. 허락하에 옮김(Pundir, 2007:22).

워준 것이었다. 2년 전에 나디라는 친한 친구가 쿠바에서 도보 여행자를 태웠다가 소지품을 몽땅 빼앗긴 일이 있었다. 관광객은 불확실성에 대처해야 한다. 도보 여행자를 차에 태워줬을 때 강도를 당할 수도 있고 보상을 받을 수도 있다. 그 결과를 어떻게 미리 알 수 있겠는가?

멜라니 미첼Melanie Mitchell은 『Complexity: A Guided Tour』(Oxford University Press, 2009)에서 복잡계의 불확실성에 결정적인 영향을 미치는 두 가지 중요한 요소를 설명한다 (Mitchell, 2009:20). 그 첫 번째가 **하이젠베르크의 불확정성 원리**Heisenberg's Uncertainty Principle[4]다. 위치나 운동량 같은 소립자의 특정 물리적 속성은 동시에 알아낼 수 없다는 원리다. 입자의 위치를 정확히 측정하려고 하면 운동량을 정확히 알아낼 수 없고, 운동량을 정확히 측정하려고 하면 위치를 정확히 알아낼 수 없다. 불확정성 원리를 통해 현실 구조에는 불확실성이라는 패턴이 내재돼 있다는 것을 알 수 있다. 두 번째 요소인 나비 효과가 없었더라면 불확정성 원리는 단지 약간 흥미로운 통계적 이상 현상일 뿐이었을 것이다.

에드워드 로렌츠의 **나비 효과**Butterfly Effect[5]는 시스템이 초기 상태에 얼마나 민감한지를 비유한 것이다. 이론적으로, 중국에 사는 나비의 날개짓이 미국에 폭풍우를 불러일으킬 수 있다고 말한다. 혼돈 이론과 복잡성 이론을 다루는 많은 책에서 이 비유를 인용한다. 그 나비가 중국에 사는 경우도 있고, 인도에 사는 경우도 있고, 브라질에 사는 경우도 있지만, 이상하게도 폭풍우는 항상 미국에서 일어난다. 혼돈 이론가들이 미국에 폭풍을 일으키려 하는 나비 테러리스트들의 국제 공조를 어떻게 밝혀냈는지 항상 궁금하다(쿠바에서 휴가를 보내면서 쿠바를 관통하는 허리케인을 실제로 경험했다. 정말로 그 허리케인은 플로리다를 향하고 있었다. 허리케인이 지나온 경로를 봤을 때 아마도 그 나비는 아루바 섬[6]에 살고 있었을 것이다).

우리는 21세기 비즈니스 지형이 복잡한 만큼 불확실하다는 사실을 받아들여야만 한다. 더 쉬워지는 일은 없을 것이다. 그러나 불확실성이 자연스러운 일일지는 몰라도 많은 사람에게 환영받지는 못한다. 사람들은 미래가 확실하고 안전하길 바란다. 확실하게 만들려는 시도가 **의사 결정 마비**decision paralysis로 이어질 수 있다(Heath, 2007:34~37). 결과를 확신할 수

---

4 http://en.wikipedia.org/wiki/Uncertainty_principle

5 http://en.wikipedia.org/wiki/Butterfly_effect

6 카리브 해에 있는 섬이자 네덜란드령 자치령 – 옮긴이

없기 때문에 무엇을 결정해야 할지 모르는 것이다. 아키텍처 확장성을 지금 고려해서 구현할 것인가, 나중에 구현할 것인가? 프론트엔드 개발에 HTML5를 사용해야 할까, 플래시를 사용해야 할까? 도보 여행자를 태워줘야 할까, 말아야 할까? 마지막에 담배 공장으로 가게 될까, 아니면 경찰서로 가게 될까?

사람들이 용기를 내어 최종 결정을 내릴 때, 기회를 탐색하는 쪽보다 위험을 회피하는 쪽을 선택하는 경우가 많다. 불확실성이 긍정적 결과보다 부정적 결과로 이어질 가능성이 높다고 보는 것이다(또는 긍정적 결과에서 얻을 수 있는 이익보다 잠재적인 문제의 비용이 더 크다고 보는 것이다). 인간이 다른 생태계로 옮긴 외래종의 "위협"을 종종 불확실성의 좋은 사례로 꼽는다. 많은 환경 운동가가 이런 "위협"에 적극적으로 대처하고 있다. 그러나 연구 결과를 보면, 외래종이 기존 생태계에 심각하고 나쁜 영향을 미치는 경우는 몇 %에 불과하다(Davis, 2009:26). 대부분의 경우, 토종 생태계에 "외래"종이 미치는 영향은 중립이거나 심지어 긍정적인 경우도 있다(꿀벌은 미국 여러 주의 공식 상징이지만, 흥미롭게도 꿀벌은 1600년대에 유럽에서 북아메리카로 건너온 외래종이다. 아마 폭풍우에 휩쓸려 거기까지 갔나보다).

현실의 가장 사소한 부분에서도 불확실성을 찾아볼 수 있으며, 불확실성에 대한 복잡계의 민감성이 광범위한 결과를 가져올 수 있다. 이런 불확실성을 두려워하는 것은 이상한 것이 아니고 이해할 수 있는 일이며, 필요한 경우도 있다. 그러나 불확실성 때문에 변화 자체를 두려워해서는 안 된다.

변화의 법칙

그리스 철학자 헤라클레이토스Heraclitus[7]는 "유일하게 변화하지 않는 것은, 모든 것이 변화한다는 사실뿐"이라고 말했다. 그리고 켄트 벡의 베스트셀러 『익스트림 프로그래밍Extreme Programming』(인사이트, 2006)의 부제처럼, "변화를 포용하는" 사람만이 살아남을 수 있다.

---

7 http://en.wikiquote.org/wiki/Heraclitus

소프트웨어 제품은 환경 변화에 적응해야 하는 경우가 많다. 2002년 유럽 공식 통화로 유로화[8]를 도입했을 때, 전 유럽 기업은 막대한 액수의 프랑스 프랑, 독일 마르크, 이탈리아 리라, 스페인 페세타, 오스트리아 실링, 포르투갈 에스쿠도, 네덜란드 길더를 소프트웨어 변경에 쏟아부어야 했다.

성공을 거둔 소프트웨어 제품은 그렇지 않은 제품보다 대개 더 많은 유지보수가 필요하다고 여러 저자들이 말한다(Brooks, 1995 · Glass, 2003). 우선, 사람들은 자신이 좋아하는 소프트웨어를 기상천외한 방법으로 또는 예기치 않은 상황에서 사용하기 때문이다. 예를 들어, 아프리카에서는 은행 계좌가 없는 저소득 계층이 휴대전화를 모바일 결제 수단으로 이용한다. 또한 성공을 거둔 소프트웨어는 처음 만들 때 고려했던 하드웨어 또는 비즈니스보다 오래 살아남는 경향이 있기 때문이다. 예를 들어, 20세기 말까지 계속 사용하리라고 예상하지 못했던 많은 소프트웨어 제품이 Y2K 문제[9](밀레니엄 버그라고 잘못 부르는 경우가 많다)를 해결해야만 했다.

소프트웨어 개발에서 환경 변화는 너무 기본적이기 때문에 나는 거기에 반드시 붙어다니는 많은 법칙을 발견해냈다. 한번 살펴보자. 메이어 M. 리먼Meir M. Lehman 교수는 소프트웨어 진화의 여덟 가지 법칙을 제시했다.[10]

1. **변화의 지속**: 시스템은 반드시 지속적으로 적응해야 하며, 그렇지 않으면 사용자를 만족시키는 능력이 점차 낮아지게 된다.
2. **복잡성 증가**: 일부러 시스템의 복잡성을 감소시키지 않으면, 진화에 따라 복잡성이 증가한다.
3. **자기 조절**: 시스템 진화 프로세스는 스스로를 조절해 제품 및 프로세스 측정값을 정규 분포에 가깝게 만든다.
4. **조직 안정성 보존**: 진화하는 시스템의 평균 활동율(유지보수)은 평생 일정하다.
5. **친숙함의 보존**: 시스템 진화에 따라 관련이 있는 모든 사람은 만족스러운 진화를 이루기 위해 반드시 그 내용과 작동 방식에 대한 전문 지식을 유지해야 한다.

8　http://en.wikipedia.org/wiki/Euro

9　http://en.wikipedia.org/wiki/Y2K

10　http://en.wikipedia.org/wiki/Lehman%27s_laws_of_software_evolution) 크리에이티브 커먼즈 라이선스하에 옮김.

6. **성장의 지속**: 평생동안 사용자 만족을 유지하려면 시스템의 기능을 계속 증가시켜야 한다.

7. **품질 저하**: 시스템의 엄격한 유지보수와 운영 환경 변화에 따른 적응이 없다면 시스템의 품질은 감소할 것이다.

8. **피드백 시스템**: 진화 프로세스는 복잡한 피드백 시스템을 구성하며, 피드백은 합리적 근거를 얻기보다 중요한 개선을 이루기 위한 것이어야 한다.

리먼의 법칙 중에서 몇 가지(특히 세 번째 법칙[11])는 동의하지 않지만 주된 메시지는 분명하고 확실하다. 사용 중인 시스템을 지속적으로 바꾸지 않으면 효과성이 떨어진다는 것이다. 그리고 시스템의 복잡성을 일부러 줄이려고 하지 않으면, 변화는 반드시 그 복잡성을 증가시킨다.

그러나 이 중에서 가장 흥미로운 부분은 시스템을 변경하고 조정하는 데 드는 노력이 평생 (대략) 일정하다는 점이다. 다시 강조하지만 유일하게 변화하지 않는 것은 모든 것이 변화한다는 사실 뿐이다.

모든 제품은 성공적이다. 실패할 때까지는

소프트웨어 제품이 성공을 거뒀는지는 어떻게 알 수 있을까?

스탠디시 그룹^{Standish Group}이 발간하는 유명한 (또는 악명 높은) CHAOS 리포트 같은 업계 보고서를 보면 오직 소수의 소프트웨어 프로젝트만이 "성공"을 거둔다고 말한다. 하지만 그게 무슨 의미일까? 오랫동안 사람들은 적절한 성공의 정의를 찾기 위해 애써왔지만 여전히 합의에 이르지 못하고 있다. 한 가지 전통적 관점은, 제시간에, 예산을 초과하지 않고, 명세서대로 출시한 제품이 성공적이라는 관점이다. 고객의 기대와 일치하고, 비즈니스 가치 창출이라는 형식으로 투자 대비 수익을 달성한 제품이 성공적이라고 말하는 이들도 있다. 모든 이해관계자가 행복하면 제품이 성공을 거둔 것이라고 보는 관점도 있다.

---

11 나는 대부분의 제품과 프로세스를 측정한 값이 정규 분포가 아니라 멱함수 분포를 따른다고 생각한다.

공룡이 성공적이었다고 생각하는가? 인간은 성공적이라고 생각하는가? 많은 사람이 첫 번째 질문에는 "아니요"라고 대답하고, 두 번째 질문에는 "예"라고 대답할 것이다. 그러나 공룡은 1억 6,000만 년 동안 지구를 지배했지만[12], 사람과[13] (모든 유인원)가 지구상에 존재했던 것은 단 600만 년 뿐이며, 인간은 20만 년도 안 되는 사이에 지구에 커다란 타격을 입혔다.[14] 인간이 공룡보다 성공적이었다는 것을 증명하려면 훨씬 많은 시간이 필요하다고 본다(그림 14.1 참조).

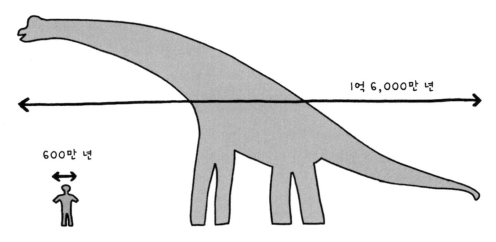

그림 14.1 공룡 대 유인원

그러면, 말은 성공적이라고 생각하는가? 내 딸은 아마 그렇다고 하겠지만, 근래에 가장 훌륭한 고생물학자인 스티븐 제이 굴드Stephen Jay Gould의 의견이 자기와 같은지는 미처 몰랐을 것이다. 굴드는 자기 작품에서 (에쿠스 페루스 과에 속하는) 거의 모든 야생마[15]종이 지구상에서 사라졌음을 여러 차례 지적했다(Gould, 2002). 오직 에쿠스 페루스 카발루스(가축화된 말)만이 호모 사피엔스에게 적응하고 길들여졌다는 점에서 성공을 거뒀다고 볼 수 있으며, 덕분에 멸종 가능성이 낮아졌다.

---

12 http://en.wikipedia.org/wiki/Dinosaurs

13 http://en.wikipedia.org/wiki/Hominidae

14 http://en.wikipedia.org/wiki/Human

15 http://en.wikipedia.org/wiki/Wild_horse

모든 종이 실패해서 멸종하기 전까지는 성공이라고 하는 것이 옳다. 모든 종의 99.9%가 현재는 멸종 상태라는 점을 감안하면, 실패가 너무 많아 보인다. 그러니 소프트웨어 제품의 성공을 다음과 같이 정의내리기로 한다.

소프트웨어 제품은 실패하기 전까지는 성공이다.

맞다. 바보같은 소리로 들릴 것이다. 하자만 가끔은 우주도 바보같은 짓을 한다.

내가 개발에 참여했던 몇몇 제품은, 고객이 결국 자신이 정말로 무엇을 원하는지 깨닫고 우리 제품을 취소해버리기 전까지 아주 짧은 기간 동안만 성공적이었다(물론 고객이 원했던 것은 완전히 다른 것이었다). 비록 이 제품들이 첫 번째 배포 일정을 지키지는 못했지만, 팀원과 고객은 행복하게 함께 일했다. 그러나 기획안이 바뀌고 예산은 초과됐다. 일정과 예산도 지키고 명세대로 개발했지만, 첫 번째 배포 당시에는 고객의 기대에 부응하지 못한 제품도 있었다. 그 제품들은 실패인가? 그렇지는 않다. 실수를 만회할 수 있는 방법을 찾아내고, 새로운 피드백을 적용하고, 고객의 신뢰를 다시 얻을 수 있는 새 버전을 출시했기 때문이다. 첫 번째 배포 이후 몇 년이나 흘러 투자금을 회수할 길이 전혀 없음에도 여전히 투자를 받고 있는 제품도 알고 있다. 실패를 유예할 수 있었던 건 분명히 이해관계자의 지원 덕분이다. 아마도 이해관계자는 이 제품에서 전혀 기대하지 않았던 가치를 발견한 것이다. 그냥 돈 쓰기를 즐기는 것일 수도 있겠지만.

성공이란 실패하지 않은 상태가 계속 이어지는 것을 말한다. 내 생각에 다른 정의로는 충분하지 않다. 제품이 일정과 예산을 지키지 못하더라도 투자금을 회수할 길이 전혀 없더라도, 모든 이해관계자를 만족시키지 못한다 하더라도 제품은 누군가에게 가치를 줄 수 있다. 종은 멸종하기 전까지는 성공이다. 내 자동차는 내가 만족하지 못하는 날까지는 성공이다. 제품은 모든 사용자를 잃는 날까지 성공이다. 변화를 포용하고 지속적으로 개선한다는 원칙은 마지막 사용자를 잃게 될 필연적인 그 순간을 유예하기 위한 것이다. 하지만 모든 소프트웨어 제품은 언젠가 실패하게 될 것이다. 99.9% 확실하다.

성공과 적합도: 모두 상대적이다

제품은 실패하기 전까지는 성공이다. 지금은 내 차가 성공적이라고 생각한다. 그렇게 생각하는 것은 주로 푸르게 빛나는 페달과 고막을 울리는 사운드 시스템 덕분이다. 하지만 내 지갑이 좀 더 두둑했더라면, 조명도 더 예쁘고 사운드도 더 웅장한 다른 자동차가 좀 더 큰 성공을 거뒀을 것이 분명하다. 내 자동차 따위에는 전혀 관심없는 사람들도 있다는 것을 알고 있다. 그 사람들은 자동차를 선호하는 기준이 다른 것이다. 사운드 시스템도 없는 분홍색 중고 미니 버스를 운전할 때 가장 행복한 사람도 있을 것이고, 푸르게 빛나는 페달에는 별로 관심없는 사람도 있을 것이다.

종의 생존을 논의할 때 생물학자들이 **적합도**[fitness]라는 표현을 사용할 때가 있다. 적합도란 시스템이 생존하고 번성할 수 있는 능력을 말한다. 성공도 그렇지만 적합도도 상대적이다. 적합도를 측정하는 공통 척도는 없기 때문에 절대적인 적합도란 있을 수 없다. 적합도는 종이 차지하고 있는 생태적 지위, 대처해야 하는 환경 조건, 같은 환경에서 살아가는 다른 종에 따라 달라진다. 펭귄은 남극의 가혹한 환경에서 성공적이고, 젖소는 농장이라는 상황에서 성공적이다.

종의 적합도를 결정짓는 것은 훌륭한 다리, 눈, 날개, 지느러미, 젖통이 아니라 환경의 요구 사항을 충족시킬 수 있는 능력이다. 그리고 제품의 적합도를 결정하는 것은 의도한 대로 작동할 수 있는 능력이 아니라 특정 상황에서 사람들의 시간 그리고(또는) 돈을 소비해 그것을 이해관계자의 가치로 바꿀 수 있는 능력이다. 내 자동차의 적합도는 차의 주행 성능이 아니라 나를 기쁘게 만드는 능력으로 결정되는 것과 마찬가지다. 차이가 있다.

변화를 포용하는 방법

불확실성을 받아들이고 변화를 포용해야 한다는 것을 설명하는 데 많은 페이지를 할애했다. 너무 지루해서 차라리 잠을 포용하고 싶을지도 모르겠다. 그래서 불확실성에 대처하는 방법을 논의하면서 잠을 쫓아보자. 불확실한 환경은 어떻게 다뤄야 할까? 지속적인 변화는 어떻게 관리해야 할까? 안타깝게도 한 가지 정답은 없다. 변화 관리는 고도로 상황 의존적이며 환경과 조직에 따라 달라진다(Bennet, 2004:10).

그럼에도 많은 사람이 프로세스 실행을 통해서 변화를 길들일 수 있다고 생각한다. 덕분에 지속적인 프로세스 개선이라는 개념이 생겨났고, 많은 모델과 프레임워크의 핵심에서 그 개념을 찾아볼 수 있다.

그러나 프로세스에 집중하는 것은 지나치게 제한적인 변화 관리 방식이다. 지속적인 프로세스 개선뿐 아니라 지속적인 비즈니스 개선도 필요하다. 복잡성 관점에서 프로세스 실행(만)으로는 불확실성을 다룰 수 없다. 불확실성은 모든 프로세스 실행을 포함한 시스템 전체에 존재한다. 그러나 프로세스를 포함해 모든 것을 예측할 수 없는 시스템을 어떻게 개선할 수 있을까?

> 복잡한 문제란 예측할 수 없는 움직임을 보이는 문제를 말한다. 이런 문제는 예측이 불가능할 뿐 아니라 예측이 불가능함을 증명할 방법조차도 예측할 수 없다.[16]

프로세스만이 아니라 시스템 전체를 비판적으로 생각하는 것이 해답이다. 11장, '역량을 개발하는 방법'에서 기능, 품질, 도구, 사람, 일정, 프로세스, 비즈니스 가치라는 소프트웨어 프로젝트의 일곱 가지 측면에 대해 논의했다. 변화하는 환경에 있다면 일곱 가지 측면 모두 개선의 대상이 돼야 한다. 변화 관리는 프로세스 개선만으로는 이룰 수 없다. 기능, 품질, 도구, 사람, 일정, 비즈니스 가치에도 지속적인 관심을 가져야 한다.

변화를 관리하려면 스스로를 변화시킬 수 있어야 한다. 프로세스만 바꾼다는 것은 (또는 일부 개발 방법론에서처럼, 기능만 바꾼다는 것은) 한쪽 팔로는 목발을 짚고 다른 팔에는 돌덩이를 매단 채 절뚝거리는 것이나 마찬가지다.

적응, 탐색, 예측

이 글을 쓸 당시 내가 이끌던 사업부는 생존하려고 고군분투하는 시스템의 좋은 사례였다. 신생 스타트업 비즈니스였던 우리의 주요 목표는 유료 고객을 찾아내는 것이었다. 어디에서 유료 고객을 찾을 수 있는지 예측해보고, 거기에 고객이 없다는 사실이 드러나면

---

16 Schwaber, Ken. 『Agile Project Management with Scrum』, Redmond: Microsoft Press, 2004. 허락하에 옮김(Schwaber, 2004:2). (한국어판: 『Agile Project Management with Scrum』, 켄 슈와버 지음, 박현철/류미경 옮김, 에이콘출판, 2012)

거기에 맞춰 적응했다(애석하게도, 예측했던 곳에 유료 고객이 없던 경우가 많았다. 많은 스타트업 비즈니스에서 생존이란 무엇이 효과가 없는지를 학습하는 오랜 과정이다). 때로는 그 결과가 좋을지 나쁠지도 모른 채, 그저 무엇이 효과가 있고 무엇이 그렇지 않은지 학습하기 위해 실험하기도 했다.

대부분의 애자일 방법에서 이런 학습은 증분과 숙고의 형태로 돼 있으며, 둘 다 반복적으로 이뤄진다. 증분^{increment}이란 대상 환경에 새로 배포하는 제품 버전을 말하는데, 그 주된 목적은 학습, 적응(돌이켜보기), 탐색(시도)을 위한 피드백을 얻고, 예측(내다보기) 필요성을 관리 가능한 수준으로 낮추는 것이다. 배포한 제품이 환경에 영향을 미치고, 그러면 환경은 (아마도 예기치 않은) 어떤 방법으로 그 제품에 반응한다. 그곳에서 얻은 지식은 적응하거나, 다음 배포에 필요한 것이 무엇일지 예측하거나, 아직 모르는 것을 지속적으로 탐색하는 데 활용한다.

숙고^{reflection}는 (종종 회고라 부르기도 하는데) 프로젝트가 제대로 가고 있는지 그리고 더 큰 성공을 거두려면 어떤 부분을 어떻게 개선하면 되는지 이해하기 위한 것이다. 내가 가장 마지막에 일했던 팀은 개발한 도구의 증분을 여러 차례 출시했었는데, 그중에는 성공적인 것도 있었고 처참하게 실패한 것도 있었다. 우리는 비즈니스 운영 방식에 대해 많은 숙고를 했으며, 상당히 고통스러운 적도 있었고 크게 상처를 입기도 했다.

증분과 숙고는 비즈니스 이론가 크리스 아지리스^{Chris Argyris}와 도널드 숀^{Donald Schön}이 제안한 개념인 **이중 순환 학습**^{double-loop learning}[17]의 사례다. 자주 인용되는 이중 순환 학습의 사례는 단순한 온도 조절기와 조작자의 조합이다(영감이 떠오르지 않아 여기서 또 같은 이야기를 되풀이하게 됐다). 온도 조절기는 환경에서 얻은 방 온도 정보를 바탕으로 수시로 온도를 자동 조절한다(환경 모델을 사용하는 첫 번째 순환). 그러나 어떤 온도가 쾌적한지에 대한 과거의 경험 또는 휴일이나 일기예보처럼 예상되는 변화를 근거로 사람이 직접 온도 조절기 설정을 조작하기도 한다(환경 모델을 개선하는 두 번째 순환)(Augustine, 2005:170).

비즈니스 환경에서 지속적 개선은 적응^{adaptation}, 탐색^{exploration}, 예측^{anticipation}을 포함하는 2개의 순환에서 일어난다(그림 14.2 참조).

---

17 http://en.wikipedia.org/wiki/Double_loop_learning

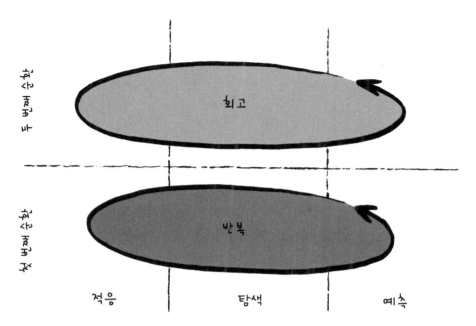

그림 14.2 이중 순환 학습 대 개선

애자일 소프트웨어 개발의 핵심 구성 요소로 적응을 언급하는 경우가 많다. 그렇지만 비즈니스에서 탐색과 예측의 역할도 잊어서는 안 된다. 문제를 해결하는 것도 중요하지만 새로운 시도를 통해 무슨 일이 일어나는지 확인하고, (다음 배포에서, 또는 곧) 중요할 것이라고 생각하는 문제의 해결책을 만들어 혁신을 이루는 것도 중요하다.

　　우리는 반복과 예측, 적응을 통해 불확실성을 예상하고 관리한다(상호 의존 선언문).

> **애자일에서 예측은 나쁜 것 아닌가?**
>
> 예측은 알콜과 같다. 조금만 마실 때는 건강에 이롭다. 그러나 중독성이 있으며 사람들은 대부분 예측을 지나치게 사용한다.
> 애자일 소프트웨어 개발이 예측을 부정하는 것은 아니다. 그러나 해롭지 않은 수준으로 가능하면 가장 적게 예측하려고 노력해야 한다.

예전에 스타트업을 창업하면서, 적응, 탐색, 예측을 많이 해보길 기대했다. 솔직히 말하면, 우리 팀은 마치 롤러코스터를 탄 것처럼 엄청나게 많은 이중 순환 학습을 했다. 그러나 가끔은 이런 질문이 떠오르기도 했다. "우리가 정말로 모든 것을 개선하고 있는 걸까? 아니면 그냥 세상이 흘러가는 대로 따라가고 있는 걸까?"

붉은 여왕의 달리기

아무리 노력해도 개선되지 않은 것처럼 보일 때가 있다. 개발자는 자기가 사용하는 도구에 완전히 만족하는 법이 없다. 사용자는 우리가 만든 소프트웨어에 완전히 만족하는 법이 없다. 그리고 팀원들은 그들의 소프트웨어 프로젝트에서 적용 중인 프로세스에 충분히 만족하는 법이 없다. 왜 그럴까? 19세기의 옛 동화에서 그 해답을 찾을 수 있다.

성공이란 실패를 유예한 상태를 말한다. 과학자들은 종의 생존 능력이 영겁의 세월이 흘러도 나아지지 않는다는 사실을 발견했다. 생태계의 멸종 위험이 낮아지지 않았음을 미뤄 보면, 결과적으로 종이 멸종을 피하는 능력은 조금도 나아지지 못했다. 진화의 목표는 실패 확률을 낮추는 것이 아니라 정말로 필요한 때만 변화하는 것이다. 악어, 판다, 상어, 철갑상어, 말굽게처럼 100만 년이 지나도 거의 바뀌지 않은 **살아 있는 화석**living fossils[18]들이 있다. 분명한 것은 환경이 이들에게 변화를 요구하지 않았다는 점이다. 환경이 바뀌지 않으면 종도 그다지 바뀌려하지 않는다.

종이 변화하는 것은 대개 기후 때문이 아니다. 종들은 서로 떼려야 뗄 수 없는 관계로 연결돼 있고 서로의 변화에 적응해야 한다. 예를 들어, 식물이 딱딱한 외피를 두르고 독성 물질을 분비해서 굶주린 곤충을 막아내면, 곤충은 더 강한 턱과 화학 물질 저항 메커니즘을 진화시킨다. 종은 게임에서 살아남기 위해 변화한다. 마치 진화를 통한 무기 경쟁 같은데, 흥미롭게도 그 경쟁을 **붉은 여왕의 달리기**The Red Queen's Race[19]라고 부른다. 이 용어는 루이스 캐럴Lewis Carroll의 『거울나라의 앨리스Through the Looking-Glass』에서 붉은 여왕이 앨리스에게 했던 말에서 따온 것이다(그림 14.3 참조).

같은 자리를 지키고 있으려면 계속 달릴 수밖에 없단다.

---

18 http://en.wikipedia.org/wiki/Living_fossil
19 http://en.wikipedia.org/wiki/Red_Queen

붉은 여왕의 달리기는 진화론의 가설인데, 복잡계가 함께 진화하는 다른 시스템에 대응하려면 현재의 적합도를 유지만 하고 싶더라도 지속적으로 개선해야 한다고 말한다. 붉은 여왕의 달리기, 즉 종의 공진화 원리가 어떤 다른 환경 변화보다도 훨씬 중요한 진화의 동인이라고 주장하는 과학자도 있다.

그림 14.3 앨리스와 붉은 여왕

붉은 여왕의 달리기를 보면 대부분의 사용자가 사용 중인 소프트웨어 제품에 절대로 완전히 만족하지 않는 이유를 알 수 있다. 배포할 때마다 더 많은 기능을 추가해도 결국 사용자는 계속 새로운 요구 사항을 더한다. 제품이 사용자 만족도를 똑같은 수준으로 유지하려면 계속 성장해야만 한다고 말하는 리먼의 여섯 번째 법칙과 거의 비슷하다. 흥미로워 보이는 모든 제품 기능이 곧 표준 기능이 될 것이라고 말하는 **카노 품질 모델**Kano quality model[20]에서도 같은 이야기를 하고 있다.

---

20 http://en.wikipedia.org/wiki/Kano_model

많은 소프트웨어 제품이 진화하는 원인은 현재보다 뛰어난 제품이 되기 위해서가 아니다. 버려지게 될 (필연적인) 순간을 유예하기 위해 진화한다. 성공이란 실패를 유예하는 것이다. 환경이 바뀌지 않으면, 소프트웨어 개발 회사도 굳이 자신의 제품을 바꾸려 하지 않는다. 왜 그러는 것일까? 마이크로소프트가 인터넷 익스플로러 버전 6 이후 5년 넘게 새 버전을 배포하지 않은 이유는 강력한 경쟁자가 없었기 때문이다. 우리의 등을 떠미는 경쟁 제품의 위협이 기존 사용자의 새로운 요구 사항보다 훨씬 더 중요한 소프트웨어 진화의 동인이기 때문이다. 개발 회사는 사용자를 무시할 수는 있어도 경쟁자를 무시할 수는 없다.

> 앞으로 다가오는 수십 년은 모든 사회, 조직, 개인 모두가 전에 없던 새로운 방법으로 적응력을 시험받게 될 것이다. …(중략)… 그러므로 21세기의 모든 기업에 가장 중요한 질문은 바로 이것이다. 당신은 세상이 변하는 만큼 빨리 바뀔 수 있는가? 이미 살펴봤듯이, 대부분의 기업들은 그럴 수 없다.[21]

내가 지금 타는 자동차는 첫 번째 자동차보다 두 배나 비싸고 기능은 열 배나 많다. 하지만 그래서 내가 더 행복해졌을까? 잠시 동안은 그랬던 것 같다. 주차 센서가 뒷쪽에 하나뿐이고 다른 다섯 쪽에는 없다는 사실이 내게는 약간 불편한 부분이다. 그리고 시트 열선이 안락한 온도가 될 때까지 너무 오래 걸린다. 그리고 페달의 푸른빛 밝기를 조정할 수가 없다. 무척이나 천천히 날마다 내 자동차는 붉은 여왕의 달리기에서 뒤처지고 있다.

복잡성을 측정할 수 있을까?

리먼의 여섯 번째 법칙에 따르면 소프트웨어 시스템은 사용자를 만족시키기 위해 새로운 기능을 계속 추가해야 하며, 두 번째 법칙에 따르면 복잡성을 줄이기 위해 노력하지 않으면 복잡성이 계속 증가할 것이라고 말한다. 나는 그 사실을 증명할 수 있다. 내가 5년 동안 개발했던 인트라넷 애플리케이션은 나조차 이해하기 힘든 반쯤 의식이 있는 존재로 자라났다. 이런 복잡성의 증가는 모든 복잡계의 경향인가? 시간이 지나면서 시스템이 점점 더 복잡해지는 것이 정상인가?

---

21 Hamel, Gary. 『The Future of Management』, Boston: Harvard Business School Press, 2007(Hamel, 2007:42), (한국어판: 『경영의 미래』, 개리 해멀/빌 브린 지음, 권영설/신희철/김종식 옮김, 세종서적, 2009)

복잡성 증가 문제는 과학자들 사이에 뜨거운 논쟁거리였다. 어떤 과학자는 시스템의 복잡성 증가에 내재된 동인 같은 것은 없다고 주장하는 반면, 지구상의 생명, 특히 인간 사회가 만물이 점점 복잡해지고 있다는 증거라고 말하는 과학자도 있다. 복잡성을 측정하는 방법을 전혀 모르기 때문에 어떤 것이 다른 것보다 더 복잡하다고 말할 수 없으므로 모든 논의가 쓸모없다고 말하는 과학자도 있다.

복잡성 측정 논쟁에 뛰어들어보자. 과학자들이 합의한 한 가지 복잡성 측정값이 없다는 것은 사실이다. 행위자 수 및 연결 수부터 시스템의 잠재적 상태 수까지, 엔트로피 수준부터 시스템의 "계산 능력"까지, 계층의 정도부터 "프랙털 차원"까지 많은 지표가 제안됐다 (Mitchell, 2009:94~111). 그리고 내 인트라넷 애플리케이션의 모든 기능과 마찬가지로 모든 지표가 충분치 않은 것으로 드러났다.

그러나 복잡성을 측정하는 공통 지표가 없다고해서 어떤 시스템이 다른 시스템보다 더 복잡한지 알 수 없다는 뜻은 아니다. 판사 포터 스튜어트Potter Stewart가 했던 유명한 말이 있다. "내가 보면 안다." 하드코어 포르노를 정의내릴 수는 없지만 분간하는 데에는 문제가 없다고 판결하면서 이렇게 말했다. 인간의 두뇌를 닭의 두뇌와 비교할 때도 마찬가지다. 내 인트라넷 애플리케이션과 NASA 우주 관제 센터를 비교할 때도 그렇다. 나는 뭔가가 다른 것보다 더 복잡하다는 것을 어떻게 증명하는지 모른다. 그러나 보면 안다.

제품은 더 복잡해지고 있을까?

이제 원래의 논쟁으로 돌아가보자. 정말로 시스템에는 점점 더 복잡해지는 경향이 있는가? "그렇지 않다"고 말하는 과학자도 있다. 시간이 지나면서 기능을 잃는 종의 사례는 수없이 많다. 예를 들어, 두뇌가 없는 불가사리의 조상에게는 두뇌가 있었다. 불가사리에게는 두뇌가 없는데 아무도 그 이유를 모른다(Le Page, 2008:29)(관리자도 똑같다고 생각하는 사람이 있다). 또한 영장류는 과일을 섭취하는 습성을 지니게 됐을 무렵 비타민 C를 직접 합성하는 능력을 잃어버린 것으로 알려져 있다. 하지만 이것은 전에 잃어버렸던 색각이라는 특성을 다시 진화시켜야 한다는 뜻이기도 했다(Corning, 2003:176). 그리고 지구상에 살아가는 더 복잡한 종이 많음에도 엄청나게 많은 단순한 박테리아가 여전히 순수한 개체수에 서는 가장 성공적이다.

종에게 "복잡성 증가"라는 개념은 스티븐 제이 굴드의 주장이 유명하다(그리고 심한 반발을 불러왔다)(Gould, 1997). 굴드는 주정뱅이가 오른쪽으로 비틀거릴 수도 있고 왼쪽으로 비틀 거릴 수도 있는 것처럼, "주정뱅이 걸음^{Drunkard's walk}"이라는 비유를 사용해서 종이 더 복잡해질 수도 있고 더 단순해질 수도 있다고 설명했다. 그는 왼쪽에 "벽"이 있다고 했다. 음의 크기, 음의 무게, 음의 복잡성 같은 것은 없기 때문이다(그림 14.4 참조). 따라서 여러 주정뱅이가 벽 근처의 문(최소 복잡성)에서 출발하면, 주정뱅이마다 어떤 방향으로든 걸음을 옮길 수 있겠지만, 모든 주정뱅이는 평균적으로 오른쪽을 향하는 경향이 있다는 것이다.

굴드의 멋진 비유에도 나는 시스템에는 복잡성이 증가하는 경향성이 있다고 생각한다. 그리고 거기에 대한 반론은 오해에서 비롯된 것이다.

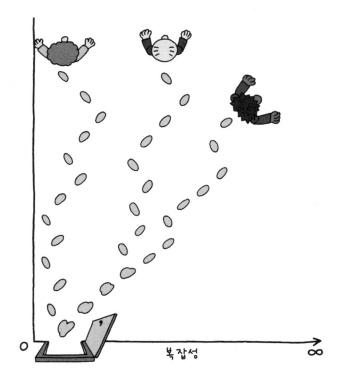

그림 14.4 주정뱅이 걸음

첫째, 복잡성 증가에 대한 반론과 진보에 대한 반론을 혼동하는 경우가 많다. 이전에 언급했던 것처럼, 더 복잡하다고 해서 더 적합하다는 뜻은 아니다. 붉은 여왕의 달리기에서 복잡성은 "게임에서 살아남기 위한" 방법이다. 사람들은 인류의 역사를 통틀어 모든 종은 "가장 발전한" 인간에 이르게 된다는 생물학적 "진보", 즉 완벽함의 증가를 믿어왔다. 굴드와 같은 학자들은 당연히 그러한 생각에 반대했고, 덕분에 시스템이 복잡성 증가라는 동인을 내재하고 있다는 생각을 버린 듯 보였다. 그러나 진보의 난센스는 복잡해지는 경향을 배제하지는 않는다.

둘째, 복잡성을 측정하는 하나의 지표는 존재하지 않는다. 종의 두뇌 크기와 지능을 측정하는 것은 복잡성을 알아보는 한 가지 방법일 뿐이다. 우리는 아직도 미생물이 지구상에 가장 많은 종의 형태라는 사실을 알고 있다. 그러나 개별 표본이 모두 상대적으로 단순하더라도 박테리아와 바이러스 세상의 복잡성은 영겁의 세월을 지나면서 폭발적으로 늘어났다. 그것이 스케일 업이 아닌 스케일 아웃 형태일 뿐이다. 미생물의 세계가 인류와 비슷한 수준의 복잡도에 도달했을지도 모르지만, 그건 다른 차원의 복잡성이다.

셋째, 복잡계의 성장이 축소로 이어질 가능성이 있을까? 주정뱅이가 길을 건너갈 때, 오른쪽으로 향하다 왼쪽으로 향할 수도 있을까? 다행히 개인적으로는 그런 경험이 없어 뭐라 말하기 어렵다. 그러나 진화에서는 발걸음이 왼쪽을 향하다 오른쪽을 향하게 될 수는 없다. 이렇게 생각해보면 쉽다. 두뇌가 없는 불가사리에게 한때 두뇌가 있었다는 것을 연구자들이 어떻게 알아냈을까? 영장류에게 비타민 C를 합성하는 능력이 있었다는 것은 어떻게 알았을까? 그 기능의 잔재가 아직도 DNA에 유사 유전자로 남아 있기 때문이다. 기능은 잃었지만 설계도 안에 아직 코딩이 남아 있어 활동을 멈춘 채 활성화를 기다리고 있다. 그것이 바로 종이 이전에 잃어버렸던 특성을 "재진화"시킬 수 있는 방법이다. 그냥 유전자 스위치를 다시 올리는 것이다! 따라서 시스템이 기능을 잃은 것처럼 보이더라도 시스템이 더 단순해지는 것은 아니라는 뜻이다. "잃어버린" 기능을 끄고 켤 수 있는 스위치가 새 기능으로 추가됐기 때문에 더 복잡해졌다고 할 수 있다.

넷째, **열역학 제2법칙**second law of thermodynamics22은 시스템의 엔트로피(또는 무질서)가 시간에 따

---

22 http://en.wikipedia.org/wiki/Second_law_of_thermodynamics

라 증가하는 경향이 있다고 말한다. 엄밀히 말하면 이것은 닫힌 시스템에서만 사실이지만, 엔트로피는 우리의 게놈에서 정크 DNA의 형태로 찾아볼 수 있다.[23] 이 정크는 아무런 영향도 미치지 않는다. 대부분은 그냥 시간이 흐르면서 누적된 쓰레기다. 하지만 이것이 시스템을 더 복잡하게 한다는 것은 (내가 증명할 수는 없지만) 분명하다. 몇몇 유전자 변이만으로도 예기치 않은 결과를 가져와 정크 DNA를 다시 활성화시키기에 충분하다.

마지막으로, 우리가 앞서 살펴본 바와 같이 시스템의 내부 모델은 그 시스템이 살아남고자 하는 환경을 그대로 드러낼 필요가 있다. 이 주장을 통해 복잡성이 증가하는 시스템의 경향에 대한 최종적인 뒷받침을 하고자 한다. 시간이 지나면서 환경이 점점 더 복잡해진다면, 시스템도 진화해서 더 복잡해지는 경향이 있다. 복잡성을 처리하기 위해 복잡성을 받아들이고, 더 높은 복잡성을 받아들이라는 선택 압력이 강해질 것이다(Gell-Mann, 1994:245).

이 다섯 가지 주장에 따라 나는 살아 있는 많은 시스템이 시간이 지나면서 점점 더 복잡해지고 있다고 주장한다. 굴드는 내게 세상에서 가장 똑똑한 사람 중 한 명이었기 때문에 예전에는 그의 의견에 반박하고 싶은 생각은 없었다. 그러나 지금은 그렇지 않다. 아마도 어떤 진보가 있었던 것 같다.

만물의 모양: 위상 공간

나는 15살에 우주의 모양에 대한 책에 매료됐었다(내 또래 다른 친구들은 다른 모양에 더 관심이 있었다. 그러나 나는 항상 더 큰 그림을 봤다). 특수 상대성 이론과 우주의 확장에 관해 읽고 종이 위에 4차원 물체를 그려봤다(그림 14.5 참조).

---

23 http://en.wikipedia.org/wiki/Junk_DNA

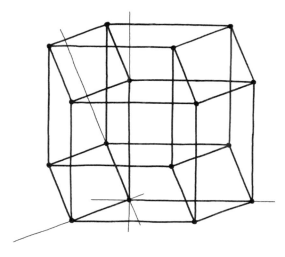

그림 14.5 4차원 정육면체("초입방체")

나는 정사각형을 3차원으로 옮겨서 8개 모서리를 연결해 정육면체를 만들 듯, 평범한 정육면체를 가상의 4차원으로 옮겨서 16개 모서리를 연결해 그림 14.5의 물체를 만들었다. 4D 물체의 3D 투사의 2D 투사가 사실 무척 그리기 쉽다는 것을 알게돼 무척 흥분했다. (마침내 데이트를 시작하면서 다른 모양이 더 중요하다는 것을 알기 전까지) 내가 가장 좋아하던 모양이었다. 하지만 물리 선생님에게 내 그림을 보여줬을 때, 내게 완전히 말도 안 된다고 했다. 좌절감과 실망감을 느꼈다. 몇 년 후 내가 "발명"한 것을 초입방체 hypercube라고 부른다는 것과 그 물리 선생님이 학생에게 배울 수 있는 훌륭한 기회를 놓쳤다는 사실을 알게 됐다.

복잡계에서 "개선의 모양"에 비하면 초입방체는 아무것도 아니다. 동적 시스템의 여러 상태를 평가할 때, 연구자들은 시스템의 각 변수를 다차원 공간의 축이라고 생각한다. 변수가 3개뿐인 작은 시스템은 3차원 **위상 공간** phase space을 갖고, 변수가 20개인 시스템은 자그마치 20차원의 위상 공간을 가진다. 그런 물체는 그려볼 수도 없을 것 같다. 그러나 그건 여전히 작은 시스템이다. 많은 복잡계는 수천 개 이상의 변수로 이뤄져 있고, 상상할 수도 없는 크기의 위상 공간을 가진다.

예를 들어, 해초에는 대략 1,000개의 유전자가 있다. 단순화하기 위해, 이 유전자 각각에 녹색 잎과 갈색 잎, 큰 잎과 작은 잎, 매끄러운 잎과 주름진 잎 등처럼 두 가지 변종이 있다고 가정하자. 그러면 가능한 해초 상태의 수는 2^{1000}, 즉 각 차원에 두 가지 값이 있는 1,000차원이 될 것이다(Waldrop, 1992:167). (인간의 DNA에는 2만 5,000개의 유전자가 있다고 추정하고 있으며, 유전자마다 두 가지 이상의 변종이 있다. 이 위상 공간에 초입방체를 그린다고 상상할 수 있겠는가?)

시스템의 특정 인스턴스는 해당 위상 공간의 한 위치에 있다고 말한다(각 변수는 한 가지 특정 값을 지닌다). 이런 변수 중에서 하나가 바뀌면, 시스템은 해당 위상 공간을 이동한다고 말한다. 해초 DNA에서 유전자 하나를 바꾸면 (예를 들어, 녹색 잎이 갈색 잎으로 변이하면), 해초의 DNA가 해당 위상 공간의 한 지점에서 인접한 지점으로 이동할 것이다. 그러나 여러 다양한 변수가 동시에 바뀌는 것은 (예를 들어, 엄마 해초와 아빠 해초의 DNA가 섞여서 새로운 DNA를 갖는 아기 해초가 되는 것은), 위상 공간을 하이퍼 점프하는 것과 비슷하다.

공간을 지나가는 여정으로 변화를 시각화하면 지속적 개선의 패턴을 더 쉽게 인식하고 논의할 수 있다. 또한 어떤 모양이 중요하고 어떤 모양이 그렇지 않은지 더 쉽게 알 수 있다.

끌개와 수렴

좋다, 이제 좀 더 수학적이다. 정신 똑바로 차리고, 능력을 시험받는 이 지형을 뚫고 지나가보자. 그 풍경에 그만한 가치가 있을 테니 나를 믿어보라.

복잡계가 변화할 때, 광대한 위상 공간을 지나는 여정은 보통 몇 가지 범주 중 하나에 해당한다. 8장에서 설명했던 라이프 게임 사례를 생각해보자. 게임의 초기 상태와 상관없이, 몇 단계를 거치고 나면 시스템은 몇몇 경우를 제외하고 결국 안정정인 상태가 된다. 마지막 안정적 상태에서는 정지 상태("정물")이거나 몇 가지 상태가 영원히 반복된다. 안정적 상태를 다른 모든 상태를 안정적인 상황으로 끌어들이는 **끌개**attractor라고 말한다. 그리고 끌개로 이어지는 모든 궤적의 집합을 **끌림 영역**basin of attraction이라고 부른다(그림 14.6 참조). 각 시스템은 대개 끌개로 이어지는 궤적을 따르기 때문에 끌개는 시스템을 해당 전체 위상 공간의 작은 영역으로 끌어당긴다. 시스템에서 가능한 상태의 범위가 광범위함에도 시스템은 결국 질서정연한 극소수 중 하나로 자리 잡게 된다.

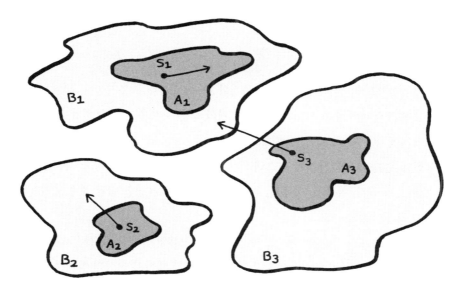

그림 14.6 끌개(A), 끌림 영역(B), 교란(S)

아직 듣고 있겠지? 좋다. 해초 사례를 들어 좀 더 구체적으로 설명해보자.

해초 DNA에는 이론적으로 2^{1000}가지 버전이 있다. 정말 많다. 우주에 있는 원자 수보다 오히려 더 많다. 그러나 실제로 관찰할 수 있는 해초 형태는 극히 적은데 다른 모든 형태가 불안정해서 몇 세대 안에 죽거나 극소수의 안정적 형태로 바뀌기 때문이다. 해초의 형태가 이론적으로 셀 수 없을 정도로 많다는 것은 중요하지 않다. 실제로 환경은 해초를 그 환경에 현재 유효한 몇 가지 안 되는 형태 중 하나로 만들어버린다.

눈과 날개 같은 생물학적 해결책이 여러 차례 개별적으로 "발명"된 적이 있다는 사실을 통해, **수렴**convergence[24]이 끌개의 좋은 사례라고 생각하는 과학자들이 있다(Lewin, 1999:73). 생물 형태학에는 "4개의 다리"라는 끌개와 "2개의 날개"와 같은 끌개가 있다. 5개의 다리와 하나의 날개도 유효한 형태지만, (불안정한 원자력 발전소 인근을 제외하면) 안정적이지 않다.

따라서 소프트웨어 프로젝트가 해당 환경에서 효과적이려면, 효과적인 것이 안정적이기도 한지 확인해야 한다. 프로젝트는 안정적 형태로 수렴되겠지만, 그것이 효과적인 형태이기도 하다는 뜻은 아니다.

---

24 http://en.wikipedia.org/wiki/Convergent_evolution

안정성과 교란

다음은 복잡계에 존재하는 세 가지 끌개다(Gleick, 1987:269).

- 고정점fixed point 끌개는 시스템을 특정한 한 가지 상태로 유지한다. 조직의 계층이 고정점 끌개의 좋은 사례일 수 있다. 거의 모든 조직은 계층 구조가 되며, 영원히 거기에 머문다(Waldrop, 1992:169).
- 한계 순환limit cycle 끌개는 시스템이 동일한 일련의 순서를 반복하도록 만든다. 탐색기, 준비기, 형성기, 실행기, 휴지기를 순환하는 유명한 집단 개발 모델이 한 가지 사례다(Arrow, 2000:152).
- 혼돈chaotic 또는 "이상strange" 끌개는 다른 두 종류의 끌개로 끝나길 거부하는 궤적이다. 기회를 찾아 필사적이지만 환경이 허용할 때까지 안정적 상태를 이루지 못하는 혼돈의 스타트업이 이상 끌개의 사례다.

끌개는 일반적으로 막대한 영역을 차지한다. 어떤 식으로든 안정적 시스템이 교란된다고 가정해보자. 갑자기 한 변수의 상태가 임의의 다른 값으로 바뀐다(예를 들어, 어떤 개발 실천법이 다른 방법으로 대체됐다). 그림 14.6은 이런 변화의 대부분이 시스템에 심각한 영향을 미치지 않는다는 것을 보여준다. 그냥 끌개 안에 머물거나(S1), 끌개 바깥으로 밀려나지만 같은 끌림 영역 안에 남아 있게 되는데(S2), 시스템은 어쨌든 여전히 같은 끌개에 있게 된다. 시스템 변수가 충분히 멀리 밀려났을 때만 그 시스템은 다른 끌림 영역으로 밀려나서 다른 끌개로 가게 된다(S3).

안정성, 즉 **항상성**homeostasis은 복잡계의 중요한 속성이다. 아무리 밀고 찔러도 전에 하던 일을 계속 하는 시스템이 있다. 익숙하게 들리지 않는가? 사람들에게 애자일 개발 실천법을 도입하려고 노력했지만 그냥 예전 습관으로 돌아가버렸던 때처럼 무시무시하게 들리지 않는가? 조직 문화를 바꾸고 싶었지만 조직이 여러분의 모든 노력에 저항하던 때가 기억나지 않는가?

다른 복잡계와 마찬가지로 사람들도 끌개에 얽매일 수 있다. 이것이 좋을 수도 있고 나쁠 수도 있다. 훌륭한 성과를 내는 상태에 머물러 있다면 좋은 일이고, 조직 문화 같은 요인이 집단을 "나쁜" 끌개에 머물도록 한다면 나쁜 일이다. 그러한 조직은 "변화"를 강제로 도입해도 거의 효과가 없을 것이다. 사람들을 끌개에서 밀어낼 수 있다고 하더라도 그 주변의 커다란 끌림 영역이 사람들을 다시 끌어당길 것이다!

그렇다면 그 해결책은 무엇일까? 어떻게 하면 변화를 관리할 수 있을까? 나는 그 해답을 시스템이 아니라 환경에서 찾아야 한다고 생각한다. 시스템의 끌개는 환경이 결정한다. 환경이 변화하면 끌개도 함께 변화한다. 어떤 환경 변화는 끌개를 크게 교란해서 완전히 없애버려, 시스템은 자연스럽게 다른 끌개로 가는 길을 찾는다. 어쩌면 그것이 완전히 새로운 끌개일 수도 있다.

팀과 조직을 변화시키려면 현재의 행동에서 벗어나도록 밀어붙이지 않는 것이 비결이다. 그렇게 하면 할 일은 너무 많지만 얻을 수 있는 것이 별로 없다. 현재 상황을 불안정하게 만들고 모두 사라지도록 환경 변수를 변화시키는 것이 더 좋은 아이디어이다.

한 가지 사례를 들려주려고 한다. 나는 여러 소프트웨어 개발 팀에 테스트 주도 개발^{TDD}을 도입하려고 노력했지만, 하나도 성공하지 못했다. 레거시 코드, 기술 플랫폼, 팀 문화, 고객 계약이 모두 힘을 합쳐 내게 음모를 꾸미는 것처럼 보였다. 팀원들이 기꺼이 TDD를 받아들였을 때조차도, TDD를 계속 실천하려는 멋진 도전을 유지할 수가 없었다. 그러나 그 후 나는 다른 비즈니스 모델, 다른 기술, 다른 아키텍처 그리고 다른 고객의 계약서를 들고 새로운 팀과 바닥부터 시작했다. 새로운 팀 구성원들은 전에 함께 일했던 같은 사람들이었다. 나는 그 사람들을 변화시키려고 했던 것이 아니라 환경을 변화시켰다. 그러자 팀은 TDD를 포함한 안정적 상태를 찾을 수 있었다. TDD 실천이 갑자기 너무 쉬워졌다.

적합도 지형

이제 시스템 위상 공간에 한 차원을 더 추가해 시각화해서 여러분의 상상력이 어디까지인지 알아보려고 한다. 이번에 추가할 차원은 시스템의 "적합도"에 해당한다(사실, 시스템 적합도를 측정하는 절대 척도는 없다(Waldrop, 1992:259)). 그러나 다시 강조하지만 어떤 시스템이 특정 환경에 더 잘 어울리는지는 알 수 있다. 보면 안다!

그림 14.7은 단순한 2차원에 적합도와 위상 공간의 조합을 시각화한 것이다. 가로축은 (마치 위상 공간의 모든 차원을 하나의 선으로 단순하게 접은 것처럼) 시스템 위상 공간에서의 위치를 나타낸다. 세로축은 적합도를 나타낸다. 시스템 이론가들은 이를 **적합도 지형**fitness landscape이라고 부른다. 현재 상태와 비교했을 때 시스템의 성과가 얼마나 좋은지를 그린 것이다. 알프스 산맥처럼 보이기도 한다. 그러나 거기에 유료 도로는 없다.

그림 14.7 적합도 지형의 적응적 탐사

시스템의 한 부분(유전자, 직원, 팀원, 실천법)을 다른 것으로 바꾸면, 시스템은 적합도 지형에서 왼쪽에서 오른쪽으로 이동하면서 시스템의 적합도가 증가할 수도 있고 감소할 수도 있다. 적합도 지형에서 봉우리를 찾아낼 수 있는 시스템이 가장 생존 능력이 뛰어난 시스템이다. 내부 구성을 되풀이해서 조정할 수 있는 시스템을 일컬어 적합도 지형에서 적응적 탐사를 하고 있다고 말한다. **적응적 탐사**adaptive walk란 시스템이 적합도를 유지하기 위해 어떤 구성에서 다른 구성으로 변화하는 과정이다. 소프트웨어 프로젝트는 기능, 품질, 사람, 도구, 일정, 프로세스를 반복적으로 바꿔 적응적 탐사를 수행한다. 알프스 산맥을 도보 여행하는 것과 비슷하다. 아주 험난한 여정이다.

적합도 지형의 형태는 시스템과 그 환경에 따라 달라진다. 따라서 어떤 시스템의 생존 전략을 다른 시스템으로 쉽게 옮겨 적용할 수는 없다. 특정 적합도 지형을 지닌 집단이나 조직에 효과적인 방법만을 사용하는 외부 컨설턴트는, 그것과는 다른 지형을 갖는 새로운 집단에 같은 방식을 적용하는 오류에 빠질 수도 있다(Arrow, 2000:182).

여기에서 메시지는 프로젝트 개선 방법에 대한 누군가의 조언을 맹목적으로 신뢰해서는 안 된다는 것이다. 당연히 다른 사람들의 적합도 지형은 여러분의 적합도 지형과 다르다. 그건 여러분의 여행이다. 다른 누구도 여러분을 대신해 여행해줄 수 없다.

시스템과 환경은 서로에게 적응한다. 둘 이상의 종, 비즈니스, 제품이 적합도 지형에서 서로의 움직임에 계속 적응하는 것을 **공진화**coevolving라고 말한다. 각 시스템의 내부 구조에는 환경이나 다른 종과 함께 진화하는 코드가 있다고 볼 수 있다.

> 특정 종의 환경에는 자체적으로 진화하는 수없이 많은 다른 종이 있다. 각 유기체의 유전자형, 또는 각 종의 특징을 결정짓는 유전자형의 묶음을 많은 다른 종과 그들이 다양한 형태의 행동 어떻게 반응할 것 같은지에 대한 설명을 포함하는 설계도라고 할 수 있다. 그래서 생태계는 다른 종의 습성과 거기에 대처하는 방법 모델을 진화시키는 수많은 종으로 이뤄져 있다.[25]

변화하는 환경과 공진화하는 시스템 때문에 적합도 지형은 결코 고정된 것이 아님을 깨달아야 한다. 적합도 지형은 마치 고무로 만들어진 것 같다(Waldrop, 1992:310). 지형에서 적응적 탐사를 하는 동안, 눈앞에 벽이 생기고 뒤에 있던 절벽이 사라지는 것처럼, 어떤 봉우리는 낮아지고, 어떤 봉우리는 높아지고, 골짜기는 계속 움직이고, 발걸음마다 예기치 않은 결과를 초래할 수 있다는 것을 알아차렸을 것이다. 이것이 거듭해서 지속적으로 전략을 평가해야 하는 주된 이유다.

아직도 알프스 산맥과 비슷하다고 생각하는가? 퐁듀를 곁들여 와인을 과음하지 않은 한, 내 생각에는 별로 그렇지 않다.

지형 조성

적합도 지형 탐사는 쉬운 일일까? 봉우리를 찾는 일은 얼마나 어려울까? 노르딕 스키 폴이나 스위스 군용 칼이 필요할까?

적합도 지형의 모양은 시스템의 상호 연결과 직접 관련이 있다. 설명하기 어렵지 않다. 소프트웨어 프로젝트의 모든 부분(사람, 도구, 실천법 등)이 서로에게 아무런 영향을 미치지 않는다고 상상해보자. 그런 가상의 경우, 어떤 사람, 도구, 실천법을 다른 것으로 대체해도

---

25 『The Quark And The Jaguar』에서 발췌, 237페이지. Copyright ©1994 by Murray Gell-Mann. Henry Holt and Company, LLC 허락하에 옮김(Gell-Mann, 1994:237).

다른 부분에는 아무런 영향도 미치지 않는다. 각 개별 부분은 시스템의 적합도에 (긍정적이든 부정적이든) 그냥 개별적으로 영향을 미칠 뿐이다. 이는 전체 소프트웨어 프로젝트에 단한 가지 최상의 구성이 존재할 것이라는, 즉 각 개별 부분이 시스템 적합도에 긍정적 영향을 미칠 것이라는 뜻이다. 그림 14.8a의 지형에서 하나뿐인 정점이 이런 최적의 구성이라고 할 수 있을 것이다.

불행하게도 이런 상황은 세인트 버나드가 여러분의 프로젝트를 브랜디 통에 담아 구조하는 것만큼이나 가능성이 없는 일이다. 복잡계의 행위자 사이에는 항상 상호 의존성 수준이 있다. 깃털 유전자와 날개 유전자가 동물의 적합도에 함께 영향을 미치는 것과 같은 방식으로 연관돼 있다. 소프트웨어 프로젝트에서 기능, 품질, 사람, 도구, 실천법의 다양한조합도 마찬가지다. 한 부분을 제거하면 다른 부분도 작동을 멈춘다.

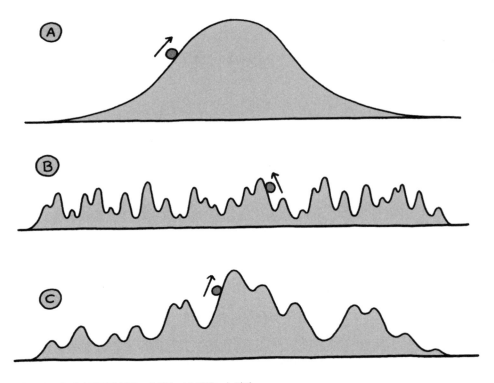

그림 14.8 세 가지 적응적 탐사: a) 단순; b) 험준; c) 적당

연구자들은 시스템 부분 사이에는 막대한 양의 상호 의존성이 있어서, 적합도 지형에서 두드러지게 가장 높은 봉우리가 보이는 것이 아니라 많은 작은 봉우리가 있는 험준한 지형처럼 보인다는 사실을 발견했다(그림 14.8b 참조). 이를 **복잡성 파국**complexity catastrophe이라 부르는데, 시스템이 최적의 지형에 도달할 기회를 제한하는 경향이 있다는 것을 말한다. 이와 같은 지형에서는 왼쪽이나 오른쪽으로 단순히 한 걸음 내딛는 것만으로도 절벽으로 떨어질 수 있기 때문에 시스템의 사소한 변화로 인해 성과는 폭넓게 요동치게 된다. 따라서 적합도 지형의 험준함은 (그리고 시스템의 부분 간 연결 수는) 복잡계의 생존 전략에서 중요한 측면이다.

여기에서의 교훈은 시스템의 상호 의존성이 너무 많아서는 안 되며, 적합도 지형의 험준함이 적당해야 한다는 것이다(그림 14.8c 참조). 소프트웨어 프로젝트에서 기능, 품질, 사람, 도구, 프로세스 간에 상호 의존성이 적당한 수준인 경우다. 이 중 하나가 변화하면 시스템의 다른 부분에 어느 정도 영향을 미치긴 하지만 지나치게 극적인 영향을 미치지는 않는 것이다. 걸음을 옮길 때마다 마테호른에서 굴러떨어질지도 모른다는 두려움 없이 지속적 개선이 가능하려면, 소프트웨어 개발 방법도 주로 느슨하게 결합된 실천법으로 구성해야 한다는 것도 알 수 있다.

인위적 적응 대 자연적 적응

『Small Groups as Complex Systems』에서 저자는 인위적 적응과 자연적 적응을 구분한다(Arrow, 2000:175~176). **자연적 적응**undirected adaptation(내 표현으로는 적응과 탐색)은 생물학적 시스템에서 찾아볼 수 있다. 종의 적합도 지형 탐색은 지능적인 탐색이 아니다. DNA 변이는 무작위로 일어나고, 종은 잘못된 방향을 포함해 모든 방향으로 적응적 탐사를 수행한다. 그러나 자연 선택이 어쩌다 잘못된 방향으로 향한 자손을 죽여서 종 전체를 구출하러 온다(사람들을 이끄는 일이 이렇게 쉬웠더라면...).

인위적 적응directed adaptation(내 표현으로는 예측)은 대개 인간 시스템에서 찾아볼 수 있다. 소프트웨어 팀에는 기능, 사람, 도구, 프로세스의 모든 조합을 시도할 여력이 없다. 이 경우에는 자연 선택이 아니라 의식적 선택이 구출하러 온다. 인간에게는 지형의 정점이 어디에 있는지 경험에서 나온 추측을 할 수 있는 지적 능력이 있다. 사람은 기능과 품질의 균형을 맞추고, 직원을 해고하고 고용하고, 도구를 버리고 선택하고, 다른 곳에서 어떻게 일하는지 전문가에게 배운다.

인위적 적응 이외에도, 팀은 (무의식적으로) 자연적 적응을 하기도 한다. 팀은 그렇게 하려는 구체적인 목적 없이 점진적으로 실천법을 바꿀 수 있다. 사람들은 의식적 변화 전략을 따르지 않고 반복적으로 모든 일을 다르게 하려고 할 수 있으며, 시간이 지나면서 이 모든 작은 변화가 누적돼 적합도 지형에서 상당히 큰 움직임이 될 수 있다(Arrow, 2000:175).

그리고 흥미롭게도, 유전 공학은 작물과 가축의 변화를 크게 가속화한 인공 진화를 통해 인위적 적응을 (의도적으로) 생물학적 세계로 가져왔다(Kelly, 1994:3).

과학 문헌에서 복잡 적응계의 적응 부분은 자연적 적응과 광범위하게 연관돼 있다. 그러나 그것은 단지 과학자들에게 현미경으로 볼 수 있는 것에 대한 편향이 있기 때문이다. 복잡성 과학이 오직 무의식적 행위자로 이뤄진 시스템에만 적용된다는 뜻이 아니다. 반대로, 자연 선택에 의해서든 의식적 선택에 의해서든, 시스템이 적합도 지형을 이동하는 메커니즘은 지형의 역동과 시스템의 전략과 거의 관련이 없다.

그래서 이제 14장을 의식적으로 마치고, '모든 것을 개선하자'를 실행으로 옮기는 방법을 배우게 될 15장으로 넘어가자.

정리

많은 사람이 믿고 있는 것과는 달리, 환경은 그 환경에 놓인 시스템과 독립적일 수 없다. 환경에 소프트웨어 제품을 도입하면 환경이 바뀌고, 그 결과 제품에 대한 요구 사항이 바뀔 것이다.

사람들은 본능적으로 변화에 저항하며, 대부분의 경우 변화를 부정적인 것으로 본다. 하지만 모든 변화는 긍정적일 수도 부정적일 수도 있으며 환경 변화에 대처하기 위해 개선하려는 노력은 다소 일정하다. 궁극적으로, 모든 제품은 실패로 귀결되며 성공이란 가능한 한 오랫동안 실패를 유예하는 것으로 정의할 수 있다.

지속적으로 개선하는 세 가지 방식은 적응, 탐색, 예측이다. 프로젝트에는 이 세 가지 모두가 무한히 반복돼야 한다. 이런 지속적인 개선을 붉은 여왕의 달리기라고 부르는 경우도 있다. 뒤처지지 않으려고 개선하는 것이다.

팀이나 조직이 변화할 수 없는 것처럼 보일 때가 있다. 그러한 시스템은 끌개에 빠진 상태라고 말하며 거기서 빠져나오는 가장 좋은 방법은 끌개를 불안정하게 만들기 위해 환경 변수를 바꾸는 것이다.

특정 환경에서 최적의 프로젝트 구성을 찾으려는 노력을 적합도 지형에서의 적응적 탐사라고 할 수 있다. 프로젝트 구성의 각 부분(사람, 도구, 실천법)이 느슨하게 연결돼 있을 때가 가장 좋다. 프로젝트의 나머지를 지나치게 방해하지 않고 부분을 교체할 수 있다면 보다 쉽게 지속적으로 개선할 수 있기 때문이다.

성찰과 실천

14장에서 나온 아이디어를 조직에 적용할 수 있는지 살펴보자.

- 여러분의 개선 프로세스를 검토해보자. 세 가지 개선 방식(적응, 탐색, 예측) 각각을 적용하고 있는가?
- 여러분의 팀과 프로세스를 검토해보자. 그 사이에 상호 의존성이 많은가? (사람 또는 프로세스가 서로와 합쳐졌을 때만 효과적인가?) 더 쉽게 상황을 변화시키고 개선할 수 있도록 상호 의존성을 깨뜨릴 수 있는가?

15

모든 것을 개선하는 방법

합리적인 사람은 자신을 세상에 맞춰나간다. 비합리적인 사람은 세상을 자신에게 맞추고자 한다. 고로 세상의 모든 진보는 비합리적인 사람에게서 비롯된다.

— 조지 버나드 쇼George Bernard Shaw, 극작가(1856~1950)

프로세스 개선이나 품질 개선에 대한 자료를 읽다보면 어떤 모델을 마주치기 마련이다. 이 분야에는 매우 많은 모델이 있고, 그중 단체를 설립한 모델이 있다 해도 딱히 놀랄 일은 아니다. 그림상으로는 대부분의 모델이 예뻐 보인다. 그러나 직접 알아보면 상당수 모델에 별로 깊이가 없음을 알게 된다.

가장 유명한 개선 모델 다섯 가지가 그림 15.1에 있는데, 여기에서 개선 프로세스의 기본 패턴을 추출해냈다. 나는 그것을 SLIPSimple Linear Improvement Process(단순 선형 개선 프로세스)라 부르며, 모두 8단계로 돼 있다.

참고: 기존 모델을 주관에 따라 내 모델에 대입시켰다. 다른 사람들은 다른 방식으로 대입시킬 수도 있다.

모두 비슷한 패턴을 따른다는 것을 쉽게 알 수 있으며, SLIP 모델은 다음과 같은 8단계로 나타난다.

1. 현재 상태를 분석해 가장 중요한 **문제**가 무엇인지 판단한다(예를 들어, 뚱뚱해지고 있다).

2. 문제 상황에서 벗어나는 데 도움이 될 수 있는 **목표**를 정의한다(4.5kg을 감량하고 싶다).

3. 성공 여부를 판단할 수 있는 측정 **기준**을 정의한다(다락방에서 오래된 다이어트용 체중계를 꺼낸다).

4. 바람직한 목표로 이끌어줄 수 있는 **개선점**을 찾아낸다(달리기를 하고 건강한 식단을 짜기로 결심한다).

5. 가급적 작은 통제 실험의 **실행**을 준비한다(런닝화와 요리책을 구입한다).

6. 그런 다음, 날마다 측정할 수 있도록 **실천**에 옮긴다(매일 달리기를 하고, 건강식을 섭취한다).

7. 그 후 개선점을 확인하기 위해 측정값을 **분석**한다(오, 이런. 3주 동안 0.5kg밖에 안 빠졌네?).

8. 마지막으로, 분석을 통해 문제, 해결책, 측정 기준에 대해 **학습**할 수 있다(절대로 오래된 다이어트용 체중계를 믿지 말자).

8단계가 끝나면 1단계로 돌아가 같은 문제가 여전히 존재하는지 (아직 뚱뚱해), 아니면 이제 다른 문제가 가장 긴급한 문제가 됐는지 확인한다(새 다이어트용 체중계가 필요해).

그러나 이런 개선 모델을 사용할 때 많은 사람이 각 단계마다 시스템의 현재 상태가 조금씩 개선되길 내심 바란다. 의도적이든 아니든 이 모델들은 적합도 지형을 선형 방식으로 바라보도록 만든다. 모든 단계마다 조금씩 더 적합도가 높은 좋은 자리에 위치하길, 즉 더 날씬해지길 기대하는 것이다.

SLIP	PDCA	QIP	AMI	IDEAL	DMAIC
문제 판단	행동	이해	평가	착수	정의
목표 설정	계획	목표	평가	착수	정의
측정 기준 정의	계획	목표	분석	진단	측정
개선점 식별	계획	선택	분석	확립	개선
실행 준비	실행	선택	측정	실행	개선
프로세스 실천	실행	실행	측정	실행	관리
측정값 확인	확인	분석	개선	활용	분석
결과 학습	행동	제시	개선	활용	분석

그림 15.1 다섯 가지 개선 모델(PDCA[1], QIP[2], AMI[3], IDEAL[4], DMAIC[5])을 기반으로 만든 SLIP

선형 개선 대 비선형 개선

적합도 지형은 대개 선형 진행과는 어울리지 않는다. 단계적 개선으로는 지역 최적화에 빠지기 쉽다. 정점 사이에 큼직한 고통의 골짜기 하나밖에 없다면, 상대적으로 성과가 좋은 현재의 정점에서 더 좋은 성과를 얻을 수 있는 다른 정점으로 어떻게 이동할 수 있을까?(그림 15.2 참조)

---

1 계획-실행-확인-행동 프로세스. 데밍/슈하트 사이클이라고 부르기도 한다(http://en.wikipedia.org/wiki/PDCA).

2 NASA와 메릴랜드 대학교가 만든 품질 개선 패러다임(Quality Improvement Paradigm)(http://herkules.oulu.fi/isbn 9514265084/html/x287.html)

3 AMI 방법론은 유럽에서 만들어졌다(Pulford, 1996).

4 IDEAL 모델은 카네기 멜론 대학교에 있는 소프트웨어 공학 연구소(SEI)에서 만든 것이다(http://www.sei.cmu.edu/library/abstracts/reports/96hb001.cfm).

5 DMAIC 프로젝트 방법론은 식스 시그마의 일부다(http://en.wikipedia.org/wiki/Six_Sigma#DMAIC).

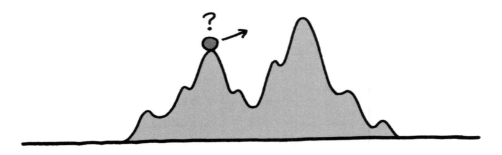

그림 15.2 지역 최적화에서 어떻게 벗어날 수 있을까?

모든 개선 활동에서 흔히 생기는 문제다. 사람들이 때로는 "일보후퇴, 이보전진" 또는 "상황이 나아지려면 그 전에 더 악화돼야 한다"고 말하는 건 바로 이 때문이다. 적합도 지형에서 복잡계의 적응적 탐사가 항상 쉬운 일은 아니다. 표준 프로세스 모델들은 옳은 방향이라 하더라도 많은 반복이 문제를 악화시킬 뿐이라는 사실을 명시적으로 언급하지 않는다. 물론, 그 기간이 길어지지 않길 바랄 뿐이다.

> 변화의 비선형적 특징이 변화를 "관리"하려는 대부분의 방법론을 비효과적으로 만드는 두 번째 핵심 요소다. 변화를 선형 연속체에 억지로 맞추려는 필연적인 시도들 또한 제품 생애주기, 시스템 개발 생애주기, 그 비슷한 것들을 관리하는 방식을 엉망으로 만든다. …(중략)… 비즈니스 이론은 제품 생애주기 모델을 과장하는데, 그중 대부분은 제품 생애의 비선형적이고 예측할 수 없는 특성, 특히 점점 복잡해지는 시장, 고객, 비즈니스, 경제 환경을 설명하지 못한다.[6]

선형 개선은 쉽다. 그러나 만약 팀이 오르고 있는 언덕이 적합도 지형의 작은 언덕일 뿐이었다면 어떻게 될까? 팀이 (커다란) 스위스의 알프스가 아니라 (작은) 벨기에의 아르덴에 있다는 사실을 알게 되면 어떻게 될까? 팀에게 단순한 단계별 개선만으로는 부족하다. 정상에 오르려고 작은 발걸음을 옮기기 전에, 먼저 몇 번의 급격한 도약으로 산악 지역까지 가는 편이 현명하다.

---

6 Falconer, James. "Emergence Happens! Misguided Paradigms Regarding Organizational Change and the Role of Complexity and Patterns in the Change Landscape" Emergence. Vol. 4, Issue 1/2, 2002. 허락하에 옮김(Falconer, 2002:122).

『혁신의 유혹^{Making Innovation Work}』(럭스미디어, 2007)에서 저자는 비즈니스를 혁신하려면 점진적 혁신뿐 아니라 급격한 혁신도 필요하다고 말한다(Davila, 2006:51~55). 린 소프트웨어 개발을 다루는 대부분의 문헌에서 카이젠(改善, 점진적 개선)은 설파하지만 팀에게 카이카쿠(改革, 급격한 개선)도 필요하다는 언급을 하는 경우는 거의 없다(Middleton, Sutton, 2005:31).

따라서 문제 상황에 접근할 때는 급격한 개선으로 시작한 다음(카이카쿠), 지속적으로 개선해야 할 필요가 있다(카이젠).[7]

적응은 어떠한가?

지속적 개선이란 적응, 예측, 탐색을 의미한다. 적응은 환경 변화에 대응하는 사후 대책이다. 예측은 더 높은 곳을 상상하고 그 방향으로 움직이고자 하는 사전 대책이다. 탐색은 환경의 요구에 따라 또는 좋은 결과를 상상해서 이뤄지는 것이 아니라 그냥 무엇이 효과가 있는지 알아보기 위해 어떤 것을 시도해보는 상호 작용이다.

인간 이외의 시스템은 환경에 대한 반응(적응)과 무작위적인 시도(탐색)만으로 개선을 이뤄낸다. 그러나 사회 집단은 상상력을 발휘해 좋은 결과를 미뤄 짐작(예측)한다. 지속적 개선은 세 가지 방식을 모두 망라한 것이다.

15장의 나머지 부분에서는 기존 개선 모델을 전혀 사용하지 않는다. 대신에 대부분의 모델이 놓치고 있는 측면에 초점을 맞춘다. 나는 더 복잡한 모델을 무대 위에 올리기로 했다. 더불어, 우리의 결론을 실용적인 지속적 개선 활동으로 바꾸는 방법 그리고 어떤 모델이든 일상 업무에 즐겨 활용할 수 있는 방법을 알아볼 것이다.

현재 위치를 파악하자

휴가 중 외국에서 운전을 할 때, 나는 길을 찾거나 이동 시간을 맞추는 데 소질이 있는 편이고 지도에 있는 이상한 기호가 무슨 뜻인지도 잘 알아낸다. 안타깝게도 나는 구부러진 모퉁이, 애매한 출구, 눈에 잘 안 띄는 신호에는 쉽게 속아넘어가는 사람이기도 하다. 반

---

7 Improvement Encyclopedia에서 인용(http://www.syque.com/improvement/Kaikaku.htm)

대로 내 파트너는 대개 어디로 가는지도 모르고 여행을 갈 때마다 지도를 거꾸로 들고 본다. 하지만 나보다 똑똑해서 자기가 이런 일에 서툴다는 사실을 잘 알고 있다. 나는 내가 어디로 가고 있고 지도를 똑바로 보는 방법을 알고 있다고 생각하지만 환경이 나의 지나친 자신감과 게임을 하고 있다는 사실을 너무 늦게 깨닫는다. 그래서 실제로 누가 운전을 하는지는 전혀 상관이 없다. 어쨌든 길을 잃고 만다.

팀의 현재 상황을 개선하려 할 때, 제일 처음 할 일은 현재 위치를 알고 있는지 확인하는 것이다. 지금 어디 있는지 모른다면, 다음 민박집으로 가는 길을 찾을 수도 없고 다음 제품 배포를 성공시킬 수도 없다. 마이크 콘은 이를 인식 개발developing awareness이라 부르며 (Cohn, 2009:23~26), 톰 포펜딕과 메리 포펜딕은 문제 노출exposing problems이라고 부른다 (Poppendieck, 2009:169~172). 주변을 둘러보고 현재 상황 그리고 가장 시급한 문제를 인식해야 한다. 그렇지 않으면 어둠 속에서 헤매면서 의도한 대상에 가까워지고 있는지 알 길이 없다. 그런 경우 개선은 운과 우연에 달려 있다.

애자일 도서를 보면 현재 상황을 이해하는 방법에 대한 제안으로 가득하다. 번 차트, 가치 흐름 지도, 5-Why, 회고 등 수십 가지 도구와 기법을 통해 진행 상황과 문제를 이해하는 데 도움을 얻을 수 있다. 앞으로 나올 이 책의 여러 후속 편에서도 사용할 수 있는 여러 가지 옵션을 설명할 예정이다. 하지만 지금은 자제하려고 한다. 나는 이 책의 목표를 잘 알고 있고, 더 이상 옆길로 빠지면 앞으로 나아가는 데 심각한 타격을 입을 것이다. 나는 지금 관리자들이 실제로 현장에 가서 (Poppendieck, 2009:172) 가장 중요한 문제가 무엇인지 직접 경험하고, 직접 봐야 한다는 것만 지적할 생각이다.

아르헨티나와 칠레 사이의 산간 지방에서 운전을 했던 적이 있다. 나를 잘못된 방향으로 가도록 헷갈리게 했던 호수를 지난 지 얼마 되지 않아 (내 파트너가 지도를 거꾸로 들고 있던 덕분에 거기서 빠져나올 수 있었다), 인적이 드문 곳에서 자동차가 고장 난 한 남자와 마주쳤다. 그 남자는 연료가 떨어진 상태였고 번화한 데까지는 몇 시간이 걸리는 곳이었다. 물론 우리는 계산을 끝낸 상태였다. 우리 위치도 알고 있었고, 목적지도 알고 있었으며, 거기까지 가는 데 얼마나 걸리는지도 알고 있었다. 그리고 그 남자에게 예비 연료통의 절반을 빌려줘도 충분히 안전하다는 것도 알고 있었다. 그는 미친듯이 차를 몰면서 그 자리를 떠났다. 그는 연료가 떨어지기 전에 다음 주유소에 도착하려고 애썼고, 우리는 간신히 뒤따라

갈 수 있었다. 이 사람은 자기가 무슨 문제를 겪었는지도 그리고 어떻게 개선해야 하는지도 전혀 모르는 것처럼 보였다.

불안정한 지형을 여행할 때의 팁

14장에서, 적합도 지형이 변화하는 경향이 있다는 것을 살펴봤다. 산이 알파카나 비쿠냐보다 빠르게 달려버리면 정확한 방향을 제시하기 어렵다. 그러나 배경이 길 건너편으로 가버릴 수도 있다는 사실을 기꺼이 받아들인다면, 지속적 개선의 몇 가지 기본 원칙을 충분히 쉽게 이해할 수 있다.

- 골짜기에서는 바로 앞에 놓인 산만 볼 수 있고 (때로는 더 높은) 그 뒷산은 보이지 않는 경우가 많다. 하지만 걱정할 필요는 없다. 우선 가까운 봉우리에 오르면 더 큰 풍경을 조망할 수 있는 더 좋은 위치(와 모양)에 있게 될 것이다.
- 적합도 지형에서는 다른 봉우리로 가는 길이 오래 걸릴수록, 거기에 도착했을 때 그 봉우리가 사라져 있을 가능성이 더 높다.
- 아마도 가장 높은 봉우리를 바로 찾긴 어려울 것이다. 그러나 최소한 산악 지역이 어디쯤인지는 알아야 한다. 산악 지역에 있는 골짜기가 평지에 있는 언덕보다 높을 수도 있다.
- 산악 지역에 있는 봉우리들도 분명히 높은 봉우리다. 단지 올라가는 것이 목표라면 어디로 오르든 별로 중요하지 않다.
- 마지막으로, 그 봉우리 중 하나의 정상에 도달했을 때만, 어느 봉우리가 정말로 가장 높은지 더 쉽게 알 수 있다.

더 현실적인 사례를 들어 이런 개념을 검토해보자(그림 15.3 참조). 여러분이 프로세스도 구식이고 성과가 형편없는 팀을 담당하고 있다고 가정하자.

1. 팀 전체 그리고 프로세스를 완전히 바꾸기 전에, (더 나은 규율, 코딩 가이드, 일상 의 사소통 등에서) 더 나은 위치로 가기 위한 몇 개의 작은 단계를 수행한다. 더 나은 모습이 돼야 급격한 변화를 보고, 이해하고, 받아들이기 더 쉬울 것이다.

2. 작은 변화 이후, 팀은 일하는 방식을 더욱 극적으로 바꿀 준비가 될 것이다(예를 들어, XP, 스크럼, 칸반 적용). 그러나 며칠 또는 몇 주에 걸쳐 작은 "도약"을 통해 점진적으로 수행한다. 완료에 여러 달이 걸리는 큰 폭의 조직 개편은 하지 않는다. 거기에 도달했을 때 의도했던 "더 나은" 위치가 사라져 있을지도 모르기 때문이다.

3. 반드시 당장 (책에 나오는 스크럼을 표준대로 실행하는 것처럼) "급격한 도약"으로 완벽한 지점에 도달할 필요는 없다. 큰 변화 이후에 (상대적으로) 나쁜 성과를 보이더라도 이것은 일시적인 문제일 뿐이다. 영리하고 지식이 충분하다면 아마도 급격한 변화(카이카쿠)가 괜찮은 방향을 향하고 있을 것이고, 결국 산악 지역까지는 가게 될 것이다. 회고(카이젠)를 통해 점진적으로 한 단계씩 개선하면 금세 산에 오를 수 있다. 그리고 팀이 좋은 성과를 달성하는 방법은 하나가 아니다. 스크럼이 최고의 선택인지 아닌지 지나치게 걱정하지 말자. 그냥 좋은 방법을 하나 고른 다음, 팀의 성과에 맞춰나간다.

4. 성과를 최적화하고 나면, 팀은 주변 지형보다 더 나은 위치와 모습을 지니게 된다. 이제 팀은 (XP나 칸반과 같은) 다른 방법을 사용해서 더 나은 성과를 얻을 수 있다는 생각이 들면, 그 방법 중 하나로 반쯤 급진적인 변화를 고려해볼 수 있다.

5. 마지막으로, 멋진 봉우리로 도약한 후 팀은 전역 적합도를 달성하기 위해 다시 한 단계씩 개선할 수 있다.

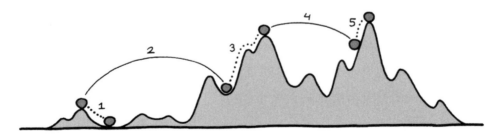

그림 15.3 적합도 지형에서 이동과 도약

마침내 지형에서 가장 높은 봉우리에 도착했을 때, 팀은 경계를 늦추지 말아야 한다. 봉우리가 이동할 수도 있는데, 따라서 움직이거나 서서히 내려와야 한다. 그런 경우 팀은 다른 봉우리로 도약할 준비를 해야 한다.

팀이 변화를 경험한 이후 성과가 떨어지는 경우가 많다는 것을 **버지니아 사티어 변화 곡선** Virginia Satir change curve에서 나타내고 있다(그림 15.4 참조)(Satir, 1991). 복잡성 관점에서 보면, 팀은 적합도 지형을 뛰어다니며 산 사이에 있는 계곡 어딘가에 착륙하는 모습이라고 해석할 수 있다. 꾸준히 지속적으로 개선하면 그 팀은 더 높은 봉우리에 오르게 된다. 나쁜 성과는 일시적인 문제일 뿐이다. 다만 예방하기는 어렵다.

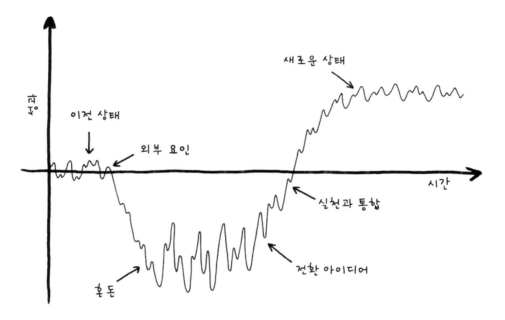

그림 15.4 버지니아 사티어 변화 곡선

출처: Satir, Virginia et al. 『The Satir Model』. Palo Alto: Science and Behavior Books, 1991. 허락하에 수록함(Satir, 1991). (한국어판:『사티어 모델: 가족치료의 지평을 넘어서』, 버지니아 사티어 외 지음, 한국버지니아사티어가족치료연구회 옮김, 김영애가족치료연구소, 2000)

로버트 L. 글래스도 비슷한 발견을 했는데, 그는 새로운 도구나 기법을 학습할 때 초기에는 대체로 품질이나 성과가 낮다가 차츰 회복한다고 설명했다(Glass, 2003:23).

환경을 바꿔서 산이 오도록 하자

"내가 산으로 갈 수 없다면 산이 나에게 오도록 하라." 무함마드 이야기에 나오는 이 인용문은 틀린 것으로 드러났다. 실제 인용문은 반대로 돼 있기 때문이다.

산이 내게로 오지 않으면 내가 산으로 가리라.[8]

흥미롭게도 인용문을 바꿔서 쓰고나니 새로운 의미를 강조하고 있는데, 그것은 인간에게는 불가능한 일을 가능하게 만들고 자신의 목적에 맞게 환경(그리고 인용문)을 바꾸는 초인적인 능력이 있다는 것이다.

적합도 지형에서의 여행을 논의하면서, 우리가 적합도 지형을 바꿀 수 있고 그래서 현재 위치에서 가장 성과가 높은 봉우리로 가는 길을 크게 줄일 수 있다는 사실을 거의 잊어버렸을 수도 있다. 산으로 먼 거리를 여행하는 대신, 그 산이 우리에게 오도록 할 수 있다(아니면 중간 지점, 이를테면 KFC 주차장에서 만나 타협하고 조정할 수도 있다).

여러분에게는 관리자로서 팀이 업무를 더 잘 수행하도록 환경을 바꿀 수 있는 힘이 있다. 고객 및 공급자와의 계약을 다시 고려하고 재협상할 수 있다. 인사, 채용, 시설, 재무, 마케팅과 같은 기업 부서에서는 자기조직화된 애자일 팀을 방해하지 않도록 정책적인 지원을 담당해야 할 수도 있다(Cohn, 2009:38~39). 12장, '소통과 구조' 및 13장, '구조를 발전시키는 방법'에서 논의한 조직 구조는 환경에서 극히 중요한 측면이다. 기능 팀에서 교차 기능 팀으로, 또는 계층형 의사 결정에서 네트워크형 의사 결정으로의 전환은 오호스델살라도산을 안데스에서 암스테르담으로 옮기는 것과 같다.

그러나 한 가지 측면이 다른 모든 것에 우선한다. 그것은 바로 변화에 대한 의지다.

다양한 조직에 속한 직원들에게 변화 그리고 "절대로 같은 상황에 머물지 않는 것"에 대한 불평을 너무 자주 듣는다. 조직 개편이 간신히 끝났는데, 다음 조직 개편이 이미 준비 중이다. 그러나 조직 개편이 문제가 아니다. 문제는 사람들이 변화를 부정적으로 경험한다는 것이다. 관리자는 변화가 부정적인 것이 아니라는 가르침을 그들에게 줄 수 있다.

---

8 무료 사전인 Wiktionary에서 인용(http://en.wiktionary.org/wiki/if_the_mountain_won't_come_to_Muhammad)

조직에 있는 사람들이 변화를 원해야 한다. 변화를 억누르는 환경이 아니라 변화를 불러오는 환경으로 바꿈으로써 그렇게 할 수 있다. 사람들의 위치를 현재 프로젝트에 가장 적합한 장소로 바꾸기 쉽게 해주는 개방형 사무 공간과 이동식 책상을 고려해보자. 사람들이 다른 사람들의 업무에 대해 더욱 유연한 태도를 갖도록 해주는 직무 전환을 고려해보자. 사람들이 다른 동료와 일하는 방법을 배울 수 있도록 가끔씩 팀원 교환과 관리자 교체를 고려해보자. 그리고 팀이 자신들의 실천법을 다른 프로젝트에 적용하는 방법을 배울 수 있도록 사람이나 업무가 아니라 프로젝트를 이동시킬 수도 있다. 조직 환경의 지속적인 변화를 제도화함으로써, 위험만이 아니라 기회를 볼 수 있는 사람들이 불확실성을 편안하게 느끼는 문화를 만든다.

자연스럽게 조직 변화에 대한 소통이라는 주제로 이어진다. 사람들이 지속적인 변화가 조직의 기본 행동이 돼야 한다는 사실을 이해하도록 해야 한다. 현상 유지는 예외적인 것이다. 따라서 "조직 개편"이라는 말은 하지 않는 것이 현명하다. 평상시의 "조직"에게 변화가 예외적인 것이라는 신호를 보내기 때문이다. "품질 2012"나 "애자일로 가는 길"처럼, 변화 계획에 이름을 붙이지 말자. 다시 한 번 말하지만 이렇게 하면 조직 변화가 시작과 끝이 있는 "특별한" 뭔가라는 점만 강조할 뿐이다(Cohn, 2009:34). 변화를 예외나 특별한 뭔가로 간주하면, 사람들이 사실은 변화가 결코 끝나지 않는다는 것을 깨닫게 될 때 동기를 잃게 될 좋은 구실이 된다.

파일럿 프로젝트를 통해 변화를 실험하는 경우가 많다. 그러나 조직 변화를 위한 파일럿 프로젝트가 별도의 안전한 샌드박스 환경에서 실행된다면 아무 쓸모가 없다. 대개 문제의 복잡성은 "타이거" 팀, TF, 그 밖에 안전한 환경에서 문제 해결 임무를 부여받은 임시 문제 해결 그룹의 능력을 넘어서는 것이다(Dent, 1999:14). 실험이라는 아이디어 그 자체는 좋다. 실험이란 적합도 지형에서 나머지 부대가 전진하기 전에 위험을 조사하는 임무를 부여받은 정찰병과 같다. 하지만 샌드박스는 실제 환경이 아니다. 샌드박스는 정찰병에게 실제 환경과는 다른 반응을 보여줄 것이다. 예를 들어, 조직에서 사실은 중요하지 않거나 우선순위가 낮은 부수적인 프로젝트에 칸반 프레임워크를 "시도"하는 것은 아무런 의미도 없다. 실제 프로젝트에는 적절하지도 않고 예측할 수도 없다는 것을 알게 될 것이다.

샌드박스에서는 위험 없이 학습할 수 있다. 정찰의 목적은 위험에 대한 학습이다. 샌드박스를 조사하는 데 정찰병을 보내지 말자. 파일럿 프로젝트는 반드시 실제 프로젝트여야 한다. 그렇지 않으면 키보드에서 모래를 털어내는 법만 배우게 될 것이다.

변화를 바람직하게 만들자

나는 기분이 좋아질 수 있다면 변화는 개의치 않는다. 나는 프리젠테이션 스타일을 사진에서 그림으로 바꿨는데, 그림이 깔끔해서 더 멋져 보였기 때문이다. 나는 소통하는 방법을 트위터와 페이스북으로 바꾸려고 노력했는데, 그렇게 하면 내 비즈니스가 개선될 것이라고 말하는 전문가들을 신뢰했기 때문이다. 나는 구글 넥서스 원 스마트폰을 구입했는데, 그 디바이스를 첫 번째로 소유한 (사실상 유일한) 사람이라는 영광을 내게 줬기 때문이다. 그리고 승자들과 사귀고 싶었기 때문에 당시 잘나가던 정당에 가입했다.

사람들은 새로운 행동이 바람직할 때 자신의 행동을 바꾼다. 조직에서 팀이 자신의 일하는 방식을 바꾸도록 도울 때 다양한 방법으로 이 원칙을 사용할 수 있다.

- 변화하지 않는 것을 까다롭고 낡은 보수주의자를 연상하도록, 바람직한 행동이 유행인 것처럼 보이게 한다.
- 열정은 다른 사람들에게 옮아가기 때문에 신뢰할 만한 전문가들에게 자신의 열정과 경험을 공유할 수 있는 여지를 만든다.
- 작은 성공을 축하하면 사람들은 (좋은) 변화를 승리, 행복, 공짜술과 연결시킬 것이다.
- 호기심, 이상주의, 독립성, 사회적 접촉, 지위처럼, 변화가 사람들의 내재적 욕구를 건드리도록 한다(5장, '사람들에게 활력을 불어넣는 방법' 참조).
- 변화를 바람직한 다른 뭔가와 연결시킨다. 예를 들어, 다크 초콜릿처럼 거부할 수 없는 맛으로 쓴 맛이 나는 약을 코팅한다.

이런 맥락에서, 12장, '소통과 구조' 그리고 조직의 다양한 의사소통자 유형을 참조해보면 흥미롭다. 일부 변화 관리 전문가는 조직의 사회 연결망을 분석해 허브, 펄스테이커, 커넥

터, 세일즈맨을 찾아보고, 그들과 함께 회사 곳곳에 새로운 행동을 확산하라고 제안한다
(Manns, Rising, 2005). 에버렛 로저스Everett Rogers의 **혁신 곡선**innovation curve[9](그림 15.5 참조)을
참조해서 새로운 것을 시도하고자 하는 혁신자innovator들과 함께 시작할 수도 있다. 그런
다음 초기 수용자early adopter, 전기 다수 수용자early majority, 후기 다수 수용자late majority 순서
대로 전개한다. 그러는 동안 다른 모든 사람이 변화를 받아들이기 전까지는 계속 저항하
는 지각 수용자laggard들은 내버려둔다.

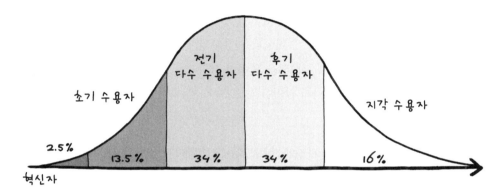

그림 15.5 혁신 적응 곡선

복잡성 이론을 고려해, 조직의 화합을 강조하는 것에 대해 한마디 경고를 남긴다. 관리자
는 사람들을 설득해서 같은 믿음을 갖도록 하면 변화가 성공한다고 가정하는 경우가 상당
히 많다. 그러나 이것은 자연스러운 창의적 변화의 창발에서 중요한 차이를 없애거나 억
누른다는 것을 의미한다(Stacey, 2000a:105).

복잡계에서 내부 충돌은 자연스러운 상태이며, 여기에는 변화 방법에 대한 의견 차이를 포
함한다. 모든 사람이 같은 생각과 의견을 갖도록 하는 것이 목표가 아니다. 팀이 함께 나
아갈 수 있도록 충돌하는 아이디어를 활용하고 차이를 조율하도록 해서, 그들이 지형에서
더 나은 위치를 찾도록 하는 것이 목표다. 내 마지막 팀에서는, 휴대전화와 소셜 네트워크
에 대한 논쟁은 매일 되풀이되는 주제였다. 그러나 우리가 팀으로서 더 유동적이고 더 사
회적으로 연결되도록 한 것은 내부 충돌 그 자체였다.

---

9 http://en.wikipedia.org/wiki/Diffusion_of_innovations

정체 상태를 불편하게 만들자

예전에 개인적으로 사소한 참사가 발생해서 하드 디스크와 백업 디스크에 들어 있던 100 기가바이트 가량의 데이터가 삭제된 적이 있다. 다행히도 (이 책의 초창기 메모를 포함해) 가장 중요한 부분은 복구할 수 있었다. (마치 싱크홀에 빠진 것처럼) 데이터를 날려먹었음을 깨달았던 순간의 공황 상태에도 참사 이후 상황이 이전보다 더 나아졌다고 말할 수 있다.

데이터 폴더를 재구성하려면 폴더 계층을 다시 고민하고, 사용하지 않는 오래된 파일을 정리하고, 파일 및 폴더 이름을 바꾸고, 중요한 데이터와 단순히 흥미로운 데이터를 명확하게 구분해야 했다. 사건 이전의 내 데이터 저장소 상태는 좀 엉망이었다. 그 참사 덕분에 예전보다 훨씬 더 나은 새로운 상황을 만들기 위해 많은 시간을 할애하게 됐다. 하지만 나는 왜 좀 더 일찍 그렇게 하지 않았을까? 그렇게 했더라면 많은 문제에서 벗어날 수 있었을 것이다.

나는 이렇게 생각했다. 변화의 가치에 대한 인식은 변화하지 않았을 때 경험하는 고통과 비례한다.

왜 지진이 일어난 다음에 건물을 보강하는가? 왜 치통을 겪은 다음에 치과 진료를 받는가? 왜 까다로운 설계 문제에 부딪힌 이후에야 코드를 리팩토링하는가? 왜 고객이 죽은 생선으로 머리를 후려친 다음에야 팀원들은 소통에 신경을 쓰는가?

그것은 가치가 주관적이기 때문이다. 우리가 변화에 부여하는 가치는 고통을 경험한 이후에 크게 증가한다. 그리고 고통이 클수록 그 고통을 막아줄 변화의 가치가 높아진다. 논리적이지는 않지만 인간적이다. 우리가 생각하는 변화의 가치는 변화를 통해 얻게 될 비즈니스 가치와는 관계가 없다. 대신 변화하지 않아서 경험하는 고통의 강도와 관계가 있다.

그렇기 때문에 (나를 포함해) 사람들은 고통을 느낄 때 변화하는 것이다. 고통이 없다면 얻는 것도 없다. 그리고 그것이 (나를 포함해) 관리자가 때로는 사람들에게 변화의 동기를 부여하기 위해 다른 사람들에게 "고통"을 가할 수 있는 꼼수를 찾으려고 하는 이유다. 따라서 이전 절에서 말한 바람직함에 대한 제안이 전혀 효과가 없는 것처럼 보인다면, 압력을 높여서 사람들이 변화의 이유를 느끼는지 확인한다.

네 오류를 공경하라

오류는 생물학에서 필수적인 부분이다. DNA는 항상 화학 물질, 방사선, 복제 오류의 공격을 받는다. 인간 배아마다 100가지 이상의 변이를 포함하고 있으며, 그중 대부분은 유익하지도 해롭지도 않다(Le Page, 2008:33). 그러나 오류는 중대하거나 즉각적인 영향을 미치지 않더라도, 시스템이 장래의 예기치 않은 상황에 대해 중요한 지식을 얻을 수 있도록 해준다.

작년에 나는 파트너와 함께 작은 우리나라 반대편에 사는 친구 데비카와 루디를 만나기 위해 운전 중이었다. 도착해서 하룻밤 묵을 예정이었다. 여행 도중에 나는 엉뚱한 고속도로에 들어섰고, 최소한 15분 동안 그 사실을 알아차리지 못했다. 방향 감각이 형편없다는 잔소리를 듣기 싫어서 파트너에게는 아무 말도 하지 않았다. 간절히 기도하며 올바른 방향으로 가는 다른 고속도로가 나타나길 바랐다. 다행이 운이 좋아서 진땀을 멈출 수 있었다. 그 시간이 2시간 30분가량이었던 여행 중 10분을 넘지는 않았다(방향 감각이 나보다 훨씬 별로였던). 파트너는 그 사실을 눈치채지 못했고, 심지어 친구들은 빨리 도착했다며 칭찬하기까지 했다. 모두가 만족했기 때문에 원래는 10분 더 일찍 도착할 수 있었다고 말할 이유는 없었다.

다음 날 집으로 돌아오는 길에 라디오 교통 정보에서 우리가 뜻하지 않게 건너뛰었던 바로 그 고속도로 구간에 지독한 교통 정체가 예상된다는 뉴스가 흘러나왔다. 나는 파트너보다 아는 것도 많고 경험도 많은 운전자였기 때문에 파트너에게 10분 정도밖에 더 걸리지 않는 우회로를 알고 있어서 교통 정체 구간으로 들어가지 않아도 되니 걱정하지 말라고 이야기했다. 그리고 이전 실수 덕분에 얻은 새 지식을 사용하게 됐다. 내 파트너는 방향 감각이 형편없어서 전날 지나왔던 우회로를 전혀 알아차리지 못했고, 나는 숙련된 운전자로서의 명성을 계속 이어갈 수 있었다.

소프트웨어 프로젝트에서 오류는 환영받지 못한다. 오류에는 직접적인 비용이 따를 수 있지만, 학습 기회의 혜택이 훨씬 더 높은 경우도 많다. 따라서 소프트웨어 프로젝트가 어딘가에서 잘못되더라도 너무 걱정하지는 말자. 오류를 바로잡고 학습 기회를 얻게 됐음을 소중히 여기자.

소음 전략

복잡계에서 **변이**mutations[10]는 의도적이든 아니든 "우연한 과정"이다. 첫째, 변이가 생기면 환경은 그 변화가 좋은 것인지 아닌지 결정한다. 그리고 우연에 의해서만 그 변이가 좋은 것으로 드러난다(Gell–Mann, 1994:67). 그러나 그 결과가 어떻든, 변이는 무엇이 효과적이고 무엇이 그렇지 않은지 학습하게 한다. 그러므로 오류를 피해야 하는 뭔가가 아닌, 학습 메커니즘으로 봐야 한다(Weinberg, 1992:181).

도널드 라이너슨은 『Managing the Design Factory』(FreePress, 1997)에서 성공률을 극대화하려고 하면 정보를 극대화할 수 없음을 설득력 있게 보여줬다(Reinertsen, 1997:71~79). 어떤 실수도 하지 않으려고 한다면 거의 배우지 못한다는 생각은 많은 복잡성 사상가가 공유하는 견해다.

> 무작위적인 것이든 의도적인 것이든 오류는 모든 창조 과정에서 필수가 돼야 한다. 진화를 체계적인 오류 관리라고 생각할 수 있다.[11]

이런 생각이 일부 전문가들로 하여금 소프트웨어 개발을 위한 완벽한 프로세스를 정의하는 데 반대 의견을 설파할 좋은 명분이 된다. 왜냐하면 프로젝트의 모든 변이와 실패는 팀이 적합도 지형에 대해 학습할 수 있는 좋은 기회기 때문이다(동시에 지형이 그러한 변화에 어떻게 적응하는지도 배울 수 있다). 팀원들이 더 많이 학습할수록 더 쉽게 탐색할 수 있다.

> (정의된 프로세스와) 반대의 접근 방식은 새로운 시도를 모두 파일럿 프로젝트로 수행하는 방법이다. 업무를 수행하는 표준 방법이 있다면 그 방법만 빼고 다른 방법을 시도한다. 표준은 적어도 일부를 비표준적인 방식으로 수행하려는 노력을 포함해야 한다.[12]

6,000년 전, 야금학자들은 금속을 가열한 다음 냉각시키면 강도와 경도가 증가하는 것처럼 (야금학자가 아니라 금속의) 속성이 변화한다는 사실을 밝혀냈다. 이 기법을 **담금질**annealing[13]

---

10 http://en.wikipedia.org/wiki/Mutation

11 Kelly, Kevin. 『Out of Control』, Boston: Addison–Wesley, 1994. 허락하에 옮김(Kelly, 1994:470). (한국어판:『통제 불능: 인간과 기계의 미래 생태계』, 케빈 켈리 지음, 이충호/임지원 옮김, 김영사, 2015)

12 DeMarco, Tom and Timothy Lister. 『Peopleware: Second Edition』, New York: Dorset House Pub, 1999(DeMarco, Lister, 1999:119). (한국어판: "피플웨어", 톰 드마르코/티모시 리스터 지음, 박재호/이해영 옮김, 인사이트, 2014)

13 http://en.wikipedia.org/wiki/Annealing_%28metallurgy%29

이라고 부른다. 금속 원자가 열에 의해 의도적으로 방해를 받고, 물질이 냉각되면서 원자가 더 규칙적인 패턴으로 자리 잡는다. 담금질은 외부로부터의 의도적 교란이 시스템이 스스로 할 수 있는 것보다 더 쉽게 평형 상태에 도달하도록 하는 "응력 제거"의 한 형태다.

복잡성 연구자들은 복잡계에서도 비슷한 일이 일어난다는 것을 발견했다. 주로 환경에 의해 유발되는 시스템의 오류와 소음은 시스템을 흔들어 최적화되지 못한 결과에서 벗어날 수 있도록 하고, 그래서 시스템은 더 나은 위치에 보다 쉽게 자리 잡을 수 있다. 과학자들은 이를 **담금질 기법**simulated annealing[14]이라 부르는데, 약간의 무작위성은 시스템이 전역 최적 값을 더 잘 찾을 수 있도록 돕는다(Miller, Page, 2007:24)(Lissack, 1999:115~116).

마치 시스템이 적합도 지형에서 밀려났는데, 작은 언덕에 갇혀 있었지만 과감히 비탈을 내려가지 못했을 때는 좋은 일인 것과 같다(그림 15.6 참조). 그런 밀려남 이후, 시스템이 갑자기 계곡으로 갈 수도 있고, 그 상태에서 더 높은 봉우리로 가는 길을 찾을 수도 있다. 담금질 기법은 불완전함이 적합도 지형을 탐색하는 유용한 방법임을 보여준다(Miller, Page, 2007:108).

그림 15.6 변이: 적합도 지형에서 밀려남

그 반대가 아닐까?

나는 생물학자들이 보통 하는 것처럼 가장 최적의 위치를 가장 높게 그리는 방식으로 적합도 지형을 그린다. 높은 위치가 "좋음"을 의미하는 것이 보다 직관적이기 때문이다.

그러나 물리학자들은 그 반대로 그린다고 알려져 있다. 최상의 위치를 가장 아래로 그린다. 담금질 기법의 개념은 실제로 이렇게 거꾸로 돼 있는 버전과 더 잘 어울린다. 시스템을 "흔들기" 때문에 중력 덕분에 "좋은" 계곡으로 굴러떨어지게 된다.

어떤 방식으로 그리든 적합도 지형은 단지 비유일 뿐이라는 사실을 잊지말자. 실제로는 산악 지역도 없고, 흔들림도 없으며, 중력도 없다. 단지 엄청나게 복잡한 수학이 있을 뿐이다.

---

14 http://en.wikipedia.org/wiki/Simulated_annealing

소프트웨어 개발에는 "덜 완벽함"과 "실행상의 소음"이라는 비슷한 개념이 팀이 부분 최적화에 가로막히지 않고 더 높은 성과를 달성하는 방법을 찾을 수 있도록 해준다. 톰 드마르코와 티모시 리스터는 이를 "작은 무질서의 건설적 재도입" 정책이라고 불렀다(DeMarco, Lister, 1999:160). 나는 "불완전함을 통한 성과 개선"이라고 부른다.

교배 전략

변이는 소프트웨어 프로젝트에서 개별 부분을 반복적으로 변경해 결과가 좋은지 나쁜지 알아보는 실험이다. 그러나 이것이 팀이 사용할 수 있는 유일한 전략은 아니다. 또 다른 전략은 교배다. 더 과학적인 용어로 **교차**cross-over[15]라고 말할 수도 있다.

교차는 종이 적합도 지형에서 한 단계씩 탐사하는 것이 아니라 큰 도약을 해서 더 높은 봉우리를 찾아가는 자연스러운 방법이다. 아이는 자신의 유전자 중 절반을 어머니로부터 다른 절반을 아버지로부터 받는다. 어머니와 아버지 모두 적합 표본이며, 그들 각각은 적합도 지형 어딘가의 봉우리 또는 그 근처에 위치한다(그렇지 않다면 아프거나 죽어서 번식이 어려웠을 것이다). 아이의 유전자는 무작위하게 섞여 적합도 지형에서 어머니와 아버지 사이의 중간쯤에 놓인다. 그곳이 계곡이라면 아이는 양쪽 부모보다 적합도가 낮을 것이다. 그러나 부모보다 더 높은 봉우리에 있을 가능성도 있다. 복잡성 관점에서 볼 때, 두 시스템이 세 번째 시스템을 만들어 지형에서 새로운 위치로 도약한 것이다!(그림 15.7 참조)

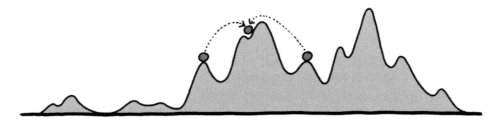

그림 15.7 교차: 지형에서의 도약

---

15 http://en.wikipedia.org/wiki/Chromosomal_crossover

교배 전략은 거친 적합도 지형에서 봉우리가 서로 모여 있는 경향이 있기 때문에 효과가 있다. 이것이 사람들이 우수한 옥수수 품종이나 경주마를 생산하기 위해 품종 개량을 하는 이유다(Holland, 1995:66). 최고 성과자 둘을 데리고 그들의 유전자를 혼합해 부모보다 더 우수한 능력을 지니는 자손을 만드는 것이다.

변이는 실험하는 자연스러운 방법이다. 시스템의 작은 부분을 무작위적으로 바꿔 새로운 방향으로 신중하게 걸음을 옮기는 것이다. 교차는 입증된 최적의 방법을 재조합하는 자연스러운 방법이다. 비교적 안전한 방법으로 이미 널리 알려진 지형의 세부 사항을 뛰어다니고 탐색하는 것이다(Miller, Page, 2007:184).

그래서, 이 모든 메시지가 팀에게 어떤 의미인지 궁금한가? 내 제안은 "품종 개량" 팀과 프로젝트 접근법을 고려하라는 것이다. 새로운 프로젝트를 시작할 때, 이전 프로젝트에서 좋은 방법과 두 번째 프로젝트에서 다른 좋은 프로세스를 섞어보자. 아니면 팀원들이 오랫동안 함께 해왔고 학습률이 낮아지고 있는 오래된 팀에서 새로운 팀을 만들어보자. 그러한 교차 수분을 통해 가장 적합한 부모보다 훨씬 성과가 좋은 자손을 만들 수 있다.

전파 전략

그러나 변이와 교배만이 종이 적합도 지형을 탐색하도록 해주는 유일한 전략은 아니다. 흥미롭게도 세 번째 전략은 다세포 생물의 진화에서 오랫동안 간과돼왔지만, 박테리아 세상에서 항상 중요한 역할을 해온 것으로 드러난 **수평적 유전자 이동**HGT, horizontal gene transfer[16]이다.

미생물은 게놈 조각을 주변에 발산하는 방식으로 서로 정보를 교환한다. 연구에 따르면 일반적으로 박테리아는 게놈의 10%를 다른 종으로부터 얻은 것으로 나타났다. 유명한 미생물학자 칼 워즈Carl Woese는 다세포 생물의 유성 생식이 주류를 이루기 전까지는 HGT가 생물의 지배적 진화 형태라고 생각하기까지 했다(Buchanan, 2010:34~37). 서로 다른 종 사이의 불규칙한 유전자 코드 공유는 "단일 유전자 기구"로 이어졌다고 하는데, 그래서 결과적

---

16 http://en.wikipedia.org/wiki/Horizontal_gene_transfer

으로 종들이 서로 혁신을 공유하기가 훨씬 쉬워졌다.

> 박테리아는 낭비적이고 불규칙한 유전자 공유자, 즉 진정한 유전자 공산주의 실천
> 가다. …(중략)… 때로는 박테리아가 "섹스"를 하는 경우도 있는데, 직접적인 세포
> "교량"을 통해 유전 형질을 교환한다. 박테리아가 그냥 유전 관련 플라스미드와 바
> 이러스 유사 단편을 "누구에게든 관계없이" 자유 행위자로서 발산하는 경우도 있
> 다. 두 경우 모두 그 결과는 유전 정보의 제약 없는 흐름이다. 이런 유전자 공유 행
> 위의 결과로 훨씬 더 뛰어난 집단 적응성을 얻게 된다.[17]

이 아이디어를 소프트웨어 개발 팀에 적용할 수 있을까? 물론이며 우리가 항상 하는 것이
다. 팀은 서로 실천법을 공유하고, 팀원을 교환하며, 서로의 기능을 복제하고, 도구 사용
경험에 대해 이야기한다. 때로는 이것이 일대일 교환으로 이뤄지기도 한다. "누구에게든
관계없이" 기사, 블로그, 프레젠테이션, 팟캐스트를 통해 발산하기도 한다(이 책이 실제 수
평 이동의 사례다!).

최근 연구에 따르면 아이디어를 모방하는 것이 가장 성공적인 전략이라고 한다. 다양한 학
문 분야에서 참여한 가상 행위자 토너먼트에서, 가장 성공적인 행위자는 대부분의 시간을
혁신보다는 관찰에 사용했다(Macleod, 2010). 이것은 팀이 대부분의 (학습) 시간을 다른 곳
으로부터 아이디어를 모방하는 데 보내야 한다는 것을 가리킨다. 직접 발명해내는 데 많
은 시간을 투자할 필요는 없다.

조직에서 지속적 개선을 하려면 세 가지 전략, 즉 변이, 교차, 수평 이동 모두가 필요하다
는 것이 분명해 보인다. 알 수 없거나 잠재적으로 위험한 영역에서 점진적이고 혁신적인
개선을 하려면 변이가 필요하다. 각각 자신만의 방식으로 좋은 성과를 내는 서로 다른 방
법과 팀을 재조합해보다 급격한 개선을 이루려면 교차가 필요하다. 그리고 팀 간의 혁신
을 모방해 다른 사람들에게 이미 익숙한 "새로운" 방향으로 탐사할 수 있도록 하려면 수평
이동이 필요하다(그림 15.8 참조).

---

17 Corning, Peter. 『Nature's Magic』, Cambridge: Cambridge University Press, 2003(Corning, 2003:52).

그림 15.8 수평 이동: 지형에서 다른 사람을 따르다

실제로 세 가지 전략을 통해 팀이 회고(또는 다른 기법)를 사용해 지속적으로 기능, 품질, 실천법, 도구, 사람, 일정, 비즈니스 가치를 변이시켜서 자신의 적합도 지형을 탐색해야 한다는 뜻이다. 또 다른 차원에서는 최고의 팀과 프로젝트 방식을 재조합하는 어떤 것이 더 성과가 우수한지 알아내기 위해 "지속적 조직 개편"을 사용한다. 그리고 아이디어, 사람, 도구의 불규칙한 공유와 모방이 전반적으로 높은 적합도를 달성하기 위한 세 번째 전략이다.

> **팀은 항상 변화하고 있어야 한다는 말인가?**
>
> 사실은 그렇지 않다. 다소 과장해서 표현한 것이다. 여기에서는 단지 내 주장의 타당성을 보여주려고 한 것이다. 한 해에는 팀 구조, 다른 해에는 표준 프로세스, 그 다음 해에는 관리 계층이나 사업부를 바꾼다. 건강한 조직에서는 항상 뭔가가 (재)구축 중이다.
>
> 팀 자체가 항상 개편 중이어야 한다는 뜻은 아니다. 이는 13장, "구조를 발전시키는 방법"에서 설명한 것처럼 팀은 오랫동안 안정적이어야 한다는 요구 사항과 모순된다.

컴퓨터 모의 실험을 통해 변이, 수평 이동, 교차의 조합이 전역 최적 성과를 달성하는 데 훌륭한 방법이라는 것을 알 수 있다(Buchanan, 2010:36). 팀과 조직에게도 똑같이 적용된다고 가정할 수 있다. 새로운 것을 만들어내려면 변이를 사용하자. 다른 팀에서 혁신을 모방하려면 수평 이동을 사용하자. 가능한 조합 중에서 최상의 해결책을 찾아내려면 교차를 사용하자.

> ### 하지만 종과 비즈니스는 다르다고!
>
> 맞는 말이다. 생물학적 진화는 자연적이지만 비즈니스 개선은 인위적이다(14장, '변화의 지형'의 마지막 부분 참조).
>
> 종은 결국 하나 또는 둘을 올바른 방향으로 보내기 위해 여러 형제를 만든다. 그러나 비즈니스에서는 반드시 비슷한 결과를 달성하기 위해 예측을 사용해야 한다. 생물종과 비즈니스 모두 실패할 수도 있고 성공할 수도 있다. 실용적 결과 측면에서, 나는 두 방식의 차이점을 잘 모르겠다.

개선을 복사해 붙여넣지 말자

14장에서, 나는 다른 사람들의 "최적" 방식을 그냥 따라하거나, 여러분 자신의 특별한 맥락을 고려하지 않은 채 컨설턴트의 조언을 그대로 따라해서는 안 된다고 경고했다. 다른 팀의 적합도 지형은 여러분의 팀과 다를 수 있다. 수평 이동을 통해 혁신을 공유하는 것은 훌륭한 전략이지만, 그 혁신이 실제로 여러분의 상황에 적합한지 아닌지 확인해야 할 필요가 있다.

다른 사람들의 의견과 주장을 자신의 현지 상황에 적응시키지 않고 받아들이는 사람들 때문에 힘들다. 모방한 아이디어를 적용하기 전에 새로운 상황을 분석하는 것을 잊어버리는 사람도 있다. 그리고 어떤 사람들은 아이디어가 실제로 자신의 상황에서 살아남을 수 있는지 살펴보지 않고 잘못된 소프트웨어 개발 또는 관리 방식을 사용하는 다른 사람들을 비난하기도 한다. 이를 "복사해 붙여넣기 개선"이라고 부를 수 있다.

예를 들어달라고?

"고정 금액이나 고정 범위로 계약을 해서는 안 된다. 왜냐하면..."

합리적으로 들리지만, 고객이 고정 금액 계약만을 원한다면 도움이 되지 않는다. 내가 그냥 비즈니스를 포기해야 한다고 말하는 것인가?

"대규모 선행 요구 사항은 잘못이다. 왜냐하면..."

그럴 수도 있지만 고객이 500페이지짜리 요구 사항 문서를 건네주고 실행을 위해 비용을 지불했다. 이 프로젝트를 거부하라고 말하는 건가?

"팀은 팀 내에서 모든 역할을 수행하도록 반드시 교차 기능 팀으로 같은 곳에서 일해야 한다. 왜냐하면…"

그러면 좋겠지만, 고객이 프론트엔드 디자인을 나라 반대편에 있는 다른 회사와 계약해버렸다. 우리 사무실을 옮기라고 요청하는 건가?

"2주 간격으로 반복해야 한다. 왜냐하면…"

좋다. 하지만 딱 2주밖에 걸리지 않는 아주 단기 프로젝트를 할 때는 이 조언이 그다지 도움이 되지 않는다.

내 상황에 잘 적용할 수 없는 아이디어를 포함해, 나는 누구의 어떤 조언이라도 감사히 받아들인다. 우리의 상황과 바깥 세상을 어떻게 비교할 수 있고 어떻게 다른지 배우고 이해할 수 있는 기회다.

사람들이 널리 쓰는 말이지만, 나는 "나쁜 유전자"나 "좋은 유전자" 같은 것은 없다고 생각한다. 유전자가 생물에 미치는 영향은 상황에 따라 다르다. 다른 유전자와 환경에 달려 있다. 가장 악질적인 유전자조차도 어떤 환경에서 어떤 생물에게는 유익한 것으로 드러날 수도 있다. 내가 예전에 길렀던 페르시안 고양이 푸시(그림 15.9 참조)는 큰 빗을 가진 사랑하는 주인의 품을 제외한 어떤 환경에서도 아마도 살아갈 수 없었을 것이다.

이와 마찬가지로 개발 및 관리 실천법은 상황에 따라 달라야 한다. 먼저 상황을 완전히 이해하지 않고 사람들에게 무엇을 하라고 이야기해서는 안 된다. 여러분이 95% 옳더라도 사람들의 상황이 조금 다르다는 것을 인정하지 않으면, 사람들은 하는 시늉만 할 것이다.

그림 15.9 푸시에게 애도를

나는 대개 "책을 보고" 실천법을 적용하려고 시도하는 것을 좋아한다. 단, 이 표준 실천법을 지역 상황에 맞게 어떻게 조정할지 학습하는 과정이 바로 뒤따르는 경우에만 그렇다. 그러나 때로는 이 방식이 효과가 없을 때도 있다. 책을 보고 직접 실천법을 그대로 실행하는 것은 분명히 불가능하기 때문에 적용 이전에 상당한 적응이 필요한 경우도 있다.

그래서 복사해 붙여넣기 개선을 적용하지 말 것을 제안하는 것이다. 특별한 복사해 붙여넣기만 사용하고... 그런 다음 옵션을 신중하게 선택한다(그러나 원래 실천법이 주는 실질적인 혜택을 놓치지는 말자. 훌륭한 새 방식이 기존 조직에 "적합"하도록 지나치게 희석해서, 유용한 영향을 미치는 힘을 완전히 잃는 경우가 너무 많다).

지속적인 변화를 위한 마지막 몇 가지 팁

지속적인 변화에 대해 더 구체적인 팁을 내놓기란 어렵다. 14장, '변화의 지형'에서 언급한 것처럼, 복잡성의 특성상 대부분의 조직에게 효과가 있는 방법을 설명하기란 거의 불가능하기 때문이다. 하지만 자신의 상황을 깊이 생각해보고 이해할 수 있도록 몇 가지 간단한 조언을 제시해보려고 한다.

- 정기적으로 **회고**retrospective를 해서 현재 상황과 그 개선 방법을 논의한다. 이런 회고는 팀 차원뿐 아니라 조직의 여러 계층에서 수행할 수 있다. 회고에서는 적응(경험에 대한 반응)만이 아니라 탐색(다양한 실험)과 예측(기대한 바에 대한 준비)도 다룰 수 있다. 그렇게 하면 사람들이 이중 순환 학습 노력을 통해 뒤도 돌아보고 앞도 내다볼 수 있도록 할 수 있다. 『애자일 회고Agile Retrospectives』에서 회고에 대한 많은 조언을 찾아볼 수 있다(Derby, Larsen, 2006).

- 여러 팀과 조직의 다양한 계층에 **개선 백로그**improvement backlog를 유지하고 누구나 볼 수 있도록 만든다. 이렇게 하면 사람들이 아직 실행하지 않은 아이디어를 추적하는 데 도움이 된다. 다른 보통 백로그와 마찬가지로 오랫동안 실행하지 않은 아이디어는 언제든지 새로운 아이디어로 대체할 수 있다(Cohn, 2009:62~63). 지속적 개선 활동을 위해서 매월 사람들의 일정에 일부 여유를 잡아둘 필요가 있다는 것을 알게 될 것이다. 그렇지 않으면 백로그에 있는 아이디어는 논의만 되고 절대 실행되지 않을 것이다.

- 명시적인 다단계 **개선 주기**improvement cycle를 사용한다. SLIP 모델에서 설명했던 8단계나 괜찮은 다른 주기를 사용할 수 있다. 스크럼과 칸반 같은 일반적인 작업 현황판처럼, 개선 백로그 항목은 업무 흐름의 여러 단계를 거쳐야 한다. 그렇게 하면 사람들에게 (개선에 대한 측정과 확인과 같은) 중요한 단계를 잊지 않도록 할 수 있다.

- 조직 전반의 변화를 촉진하고 지원하는 **변화 실행 팀**transition team을 만든다(기업 변화 커뮤니티Enterprise Transition Community, 즉 ETC라 부르기도 한다). 이 팀은 시니어 인력과 변화 예정인 조직의 전 부분에서 온 대표자로 구성해야 한다. "변화의 챔피언"인 이 팀의 목표는 사람들에게 변화를 부과하는 것이 아니라 변화로 이끌어주는 것이다(Cohn, 2009:63~70). 앞서 논의한 것처럼 끝이 없는 변화의 본질로 인해 변화 실행 팀은 반영구적인 특성을 지닐 수 있다.

- 지속적 개선 활동을 위한 훌륭한 프레임워크인 **칸반**Kanban 메서드를 배운다. 칸반은 변화를 도입하기 위한 제어 메커니즘으로 동시에 진행 중인 업무를 제한하고, 변화의 필요성을 직면하게 하는 방법으로 가치 흐름(또는 가치 네트워크)을 시각화하는 변화 관리 방법이다(Anderson, 2010).

- 조직 내 사람들에게 테스트, 아키텍처, 사용자 인터페이스 디자인처럼, 여러 프로젝트를 초월하는 주제를 중심으로 자신만의 **개선 커뮤니티**improvement communitiy를 시작할 것을 제안한다(Cohn, 2009:70~78). 그런 커뮤니티는 관리자가 직접 만들지 않는 것이 가장 좋다. 팀이 자신의 필요에 따라 스스로 커뮤니티를 자기조직화해야 하기 때문이다. 물론 필요하다면 도울 수는 있다(이 점에 관해서는 지속적인 통합 팀이나 컴포넌트 팀처럼 13장에서 논의했던 자기선택 스페셜리스트 팀과 비슷하다).

나는 사람들이 훨씬 더 많은 지속적 개선 팁을 생각해낼 수 있을 것이라고 확신한다. 그러나 15장에 있는 내용만으로도 첫발을 내딛기에는 충분하다.

계속 나아가자

변화하는 환경 그리고 공진화 시스템의 붉은 여왕의 달리기는 적합도 지형에 중대한 영향을 미친다. 적합도 지형이 마치 고무로 만들어진 것처럼 보이게 한다(그런 지형에서는 롤러블레이드가 좋을 것이다). 봉우리와 골짜기는 항상 움직이고 영원히 오르내린다. 어제 적합했던 시스템이 내일 환경에는 준비돼 있지 않을 수도 있다. 오늘 최적의 방법이 내일에는 최악의 방법이 될 수 있다. 종, 비즈니스, 팀은 계속 변화해야 한다. 움직이는 봉우리의 정상에 머물고 싶다면 계속 달려야 하기 (또는 스케이팅해야 하기) 때문이다. 그리고 봉우리가 골짜기로 바뀌면 다른 봉우리로 급격히 도약해야 한다

안정적 환경에서는 적합도 지형이 크게 바뀌지 않는다. 조직이 봉우리를 찾은 후 잠시 동안은 거기서 편안하게 머물 수 있고, 현재 상황을 가능한 가장 효과적이고 효율적인 방법으로 활용하는지 확인한다. 그러나 안정적 환경에서 시스템은 변화 능력을 잃기 쉽다. 환경이 항상 같은 모습이면 사람들은 변화하는 방법을 잊어버린다. 편안한 봉우리가 서서히 낮아지고 골짜기로 바뀌어도 알아차리지 못할 수도 있다는 점이 위험하다. 비즈니스 성공에 대한 만족이 최악의 적일 수 있다. 한때 멋졌던 동료가 갑자기 시간의 흐름에 뒤처진 것으로 드러난다. 사용하던 도구가 더 이상은 최고의 결과를 주지 않는다. 한때 훌륭한 자산이었던 선호하는 개발 방법이 서서히 부채로 바뀌어간다. 롤러블레이드가 녹이 슬거나 잃어버린 것이다.

이것이 애자일이 생존에 대한 이야기인 이유다.

애자일 선언에는 절대로 XP나 스크럼 또는 다른 어떤 기법에 머물러 있으라는 말이 없다. 애자일 선언은 변화를 이해하고 포용해야 한다고 말한다. 이것이 기능, 품질, 사람, 도구, 일정, 프로세스 개선을 결코 멈춰서는 안 되는 이유다. 그것이 여러분이 살아가는 방법이다. 절대 만족하지 말자. 계속 변화하자! 계속 나아가자! 그리고 때로는 잠시 멈춰서 지형을 살펴보고 봉우리가 어떻게 바뀌고 있는지 확인하자. 그런 다음 스케이트를 타고 달리기를 계속하자.

이제 '모든 것을 개선하자'의 마지막이자 이 책의 (거의) 끝부분에 왔다. 지금까지 사람, 권한 부여, 정렬, 역량, 구조, 개선에 대해 논의했다. 이제 남은 주제는 매니지먼트 3.0 모델 그 자체뿐이다.

정리

대부분의 지속적인 개선 모델은 선형이지만, 소프트웨어 프로젝트 팀은 비선형 복잡계다. 즉 개선이 일보전진을 위한 이보후퇴 문제인 경우가 있다는 뜻이다. 소프트웨어 팀은 반드시 점진적 변화와 급격한 변화 둘 다 검토해야 하며, 험준한 적합도 지형에서 길을 찾으려면 작은 발걸음과 큰 도약 모두를 수행해야 한다.

적합도 지형에서 길을 찾는 한 가지 방법은 지형 자체를 바꾸는 것이다. 이것은 팀이 최적의 성과를 더 잘 찾을 수 있도록 (고객, 최고 경영진, 다양한 부서를 포함해) 의도적으로 환경을 바꾼다는 뜻이다. 관리자가 조직의 변화를 움직이는 또 다른 방법으로는 변화를 바람직하게 그리고 정체를 불편하게 만드는 것이다.

최적의 성과를 달성하는 데에는 세 가지 전략이 있다. 개별 실천법을 바꿔서 실험해보고, 이전에 성과가 좋았던 최적의 방법들을 섞어보고, 최적의 방법을 전파하는 다른 사람들로부터 배우는 것이다.

어떤 전략을 선택하든, 지속적인 개선이 계속 돼야 한다는 사실을 깨닫는 것이 중요하다. 결코 끝이 없다.

성찰과 실천

15장에서 나온 아이디어를 조직에 적용할 수 있는지 살펴보자.

- 개선 백로그와 업무 흐름을 만들자. SLIP 모델 또는 그 밖의 개선 모델을 사용해서 각 개선 단계를 정의하고 추적하자(개인 변화가 즉시 개선으로 이어지기보다 먼저 악화되는 것처럼 보이더라도 당황하지 말자).
- 팀에 필요한 변화를 논의해보자. 그 변화가 충분히 바람직한가? 정체가 충분히 고통스러운가?
- 모든 해결책을 동원했음에도 팀이 없애지 못하는 문제를 검토해보자. 달라붙어 있는 끌개에서 떨어질 수 있도록 팀이 아니라 환경을 바꾸는 방법을 찾아보자.
- 팀의 실수를 논의하는 습관을 가져보자. 이 오류로부터 배운 중요한 것들을 논의해보자.
- 환경의 압력도 없고 그 방향이 올바른지 알 수 없어도, 할 수 있다는 이유만으로 변화를 실험해보자. 거기서 무엇을 배웠는지 논의해보자.
- 다른 팀의 소프트웨어 개발 방식과 혼합해보자. 두 가지 좋은 방식에서 훌륭한 새 프로세스를 만들 수 있는가?
- 팀이 다른 출처에서 흥미로운 실천법을 찾아내는 방법을 논의해보자. 아이디어의 지속적인 입력(그리고 출력)이 있는지 확인한다.
- 모든 팀이 정기적으로 회고를 수행하는지 확인하자.
- 조직에서 변화 지원 과업을 담당하는 변화 실행 팀을 만들어보자.
- 여러 팀에서 관심 있어 하는 주제로 개선 커뮤니티를 만들도록 사람들에게 제안하자.

16

모두 틀리다. 하지만 유용한 것도 있다

진실은 순수하기 힘들고 결코 단순하지 않다.

— 오스카 와일드Oscar Wilde, 작가 · 시인(1854~1900)

이 책을 훌륭하게 마무리 짓기는 어려울 것 같다. 애자일 관리에 대한 모든 설명은 불완전하며 내가 내린 모든 결론이 틀린 것일 수도 있다.

복잡성 사고를 포용한다는 것은 마치 블랙홀과 결혼하는 것과 같다. 제정신을 지키려면 멀리 떨어지는 편이 제일 좋다. 하지만 너무 매력적이다. 빨려들어가는 것을 거부할 수 없어서 믿고 있던 모든 것이 틀어지거나 흔적도 없이 사라져버리게 된다. 그리고 나는 아주 많은 것을 믿고 있다.

매니지먼트 3.0의 여섯 가지 관점

나는 선형 사고가 잘못된 결론으로 이어지는 경우가 많으며(1장 참조), 비선형 사고가 애자일 소프트웨어 개발과 복잡계 이론의 공통 기반이라고 생각한다(2장과 3장 참조). 그리고 조직에서 가장 중요한 부분은 사람이며, 관리자는 반드시 사람들의 적극성, 창의성, 동기 부여를 위해 할 수 있는 모든 것을 해야 한다고 믿는다(4장과 5장 참조). 또한 팀은 자기 조직화할 수 있으며, 그렇게 하려면 관리자의 권한 부여, 위임, 신뢰가 필요하다(6장과 7

장 참조). 나는 자기조직화가 아무 방향으로나 이뤄질 수 있기 때문에 사람들에게 분명한 목적을 제시하고 목표를 정의해야 한다고 설명했다(8장과 9장 참조). 또한 팀원들에게 능력이 없다면 팀은 이런 목표를 달성할 수 없으므로 관리자는 반드시 역량 개발에 힘써야 한다(10장과 11장 참조). 많은 팀이 복잡한 조직 상황에서 움직이고 있기 때문에 소통을 강화하는 구조를 고려하는 것이 중요하다고 확신한다(12장과 13장 참조). 그리고 사람, 팀, 조직은 가능한 오랫동안 실패를 유예하기 위해 지속적으로 개선해야 한다고 생각한다(14장과 15장 참조). 마지막으로, 나는 여기에서 설명한 결론이 이해하기에는 쉽지만 아마도 틀렸을 것이라고 생각한다.

그림 16.1은 매니지먼트 3.0 모델 마티를 묘사하고 있다. 마티에게는 여섯 가지 관점이 있다.

- 사람들에게 활력을 불어넣자
- 팀에 권한을 부여하자
- 제약 조건을 정렬하자
- 역량을 개발하자
- 구조를 발전시키자
- 모든 것을 개선하자

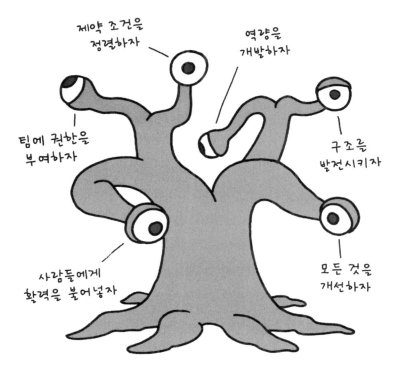

그림 16.1 매니지먼트 3.0 모델, 마티

나는 "원칙"이나 "특징"이라는 말 대신 특별히 "관점"이라는 용어를 사용한다. 하나의 같은 시스템을 다른 각도에서 바라본 것이라는 생각을 강조하고 싶기 때문이다. 예를 들어, 실천 공동체 개념(13장 참조)은 내 모델에서 최소한 세 가지 관점('역량을 개발하자', '구조를 발전시키자', '모든 것을 개선하자')에 부합한다. 이와 마찬가지로 팀이 스스로 팀 가치를 정의한다는 생각은 '사람들에게 활력을 불어넣자', '팀에 권한을 부여하자', '제약 조건을 정렬하자'와 맞닿아 있다. 여섯 가지 관점은 같은 것을 바라보는 다른 방법이다.

그러나 이 책의 내용을 얼마나 정확히 요약하려고 했고 삽화를 얼마나 잘 그리려고 했는지와 상관없이, 복잡계 이론에서 보면 내가 했던 애자일 조직 관리에 대한 모든 단순한 설명은 불완전한 것이다. 복잡성 사고는 그런 일이 불가능하다고 말한다.

그런 생각을 하면 슬프기도 하지만 지금까지 이 책을 읽어준 여러분 덕분에 조금은 안심이다.

그렇다, 내 모델은 "틀리다"

나의 이런 애매한 괴로움은 **비압축성**incompressibility이라는 개념 때문이다.

> 시스템을 보다 단순하면서도 정확하게 (좀 더 엄밀하게 말하면, 완벽하게) 표현할 수 있
> 는 방법은 없다. 개방 시스템을 표현하고자 할 때 우리는 뭔가를 포기하게 되는데, 이
> 런 생략은 비선형 효과를 불러오게 되고 그 효과가 얼마나 클지는 예측할 수 없다.[1]

내 방식대로 바꿔 말해보려고 한다.

3장에서 혼돈 이론을 복잡성 이론의 심장이라고 표현했다. 나비 효과(혼돈 이론의 기반이며
14장에서 논의했다)는 아무리 작은 편차일지라도 복잡계에서는 광범위한 결과를 가져올 수
있다는 것을 보여준다. 복잡계를 모델링하고 설명하려 한다면 뭔가를 버려야 한다. 그렇
지 않으면, 모든 세부 사항에 압도돼버릴 것이다. 그러나 복잡계에서 모든 차이를 만드는
것은 세부 사항이고, 그것들을 버리면 예상하지 못한 결과가 나온다!

비압축성 개념에 따르면, 복잡계를 정확히 설명하는 유일한 방법은 시스템 그 자체뿐이
다. 더 단순한 설명은 불완전하다. 중요한 세부 사항들을 무시해버리기 때문이다. 따라서
나의 단순한 매니지먼트 3.0 모델은 불완전하다. 실망시켜서 미안하다. 단순한 결론을 원
했다면 책을 잘못 선택했다.

다행히도 우리를 위해, 초창기 시스템 사상가 중 한 명인 제럴드 와인버그는 **상보성의 법칙**
Complementarity Law을 만들었다.

> 모든 두 관점은 상보적이다.[2]

대개의 복잡계 모델은 불완전하지만 상보적인 (그리고 아마도 모순되는) 관점을 제공하기 때
문에 여전히 유효하며 유용할 수 있다(Richardson, 2004a).

---

1 출처: Cilliers, Paul. "Knowing Complex Systems" Richardson K.A. Managing Organizational Complexity: Philosophy,
Theory and Application. Greenwich: Information Age Publishing, 2005, 13페이지. 허락하에 옮김(Cilliers, 2005:13).

2 Weinberg, Gerald. 「An Introduction to General Systems Thinking: Silver Anniversary Edition」, New York: Dorset House,
2001(Weinberg, 2001:120).

진화를 설명하는 이론은 딱 하나가 아니다. 대신 상보적이고 경쟁하며 때로는 충돌하는 여러 가지 모델이 있다. 그럼에도 이런 모델들이 함께 모여 엄청난 설명력과 예측력을 가져다준다(McKelvey, 1999:19). 물리학에서도 비슷한 사례를 볼 수 있다. 파동 모델과 입자 모델은 둘 다 정확한 설명을 하고 있으며 믿을 만한 예측이 가능하기 때문에 받아들여졌다. 내가 알기로 물리학자들은 충돌하는 설명을 잘못된 것이라고 생각하지 않는다.

소프트웨어 개발 모델에도 동일하게 적용할 수 있다. 스크럼, 칸반, XP는 상보적이고 경쟁하며 충돌하는 모델이다. 그러나 이것은 잘못된 것이 아니다. 그냥 이 모델들과 그곳에서 얻은 지식을 사용하는 데 신중하고 비판적이기만 하면 된다.

> 복잡계에 관한 한, 우리의 지식은 상황에 따라 그리고 시대에 따라 항상 틀 안에 갇힐 것이다. 또한 복잡계를 모델링하는 데 문제가 있다고 주장하지도 않을 것이다. …(중략)… 하지만 이렇게 많은 모델에서 얻은 "지식"을 주장할 때는 신중해야 한다. …(중략)… 복잡한 모델에서 "지식"을 얻으려면 해석이 필요한데, 이런 해석에는 항상 복잡성 감소가 따라붙는다. 따라서 복잡계에는 형이상학적으로 알 수 없는 뭔가가 있다는 것이 아니라 모든 복잡성을 고려한 시스템을 "알" 수는 없다는 것이 내 주장의 요지다(Cilliers, 2002:78).[3]

관리 모델들은 언제나 공존하면서도 충돌할 것이며 각자 저마다의 강점과 약점이 있을 것이다. 조직과 소프트웨어 팀은 복잡하기 때문이다. 비압축성이 그렇게 만든다. (내가 이미 1장에서 포기한 비밀스러운 희망인) 조직 관리 또는 소프트웨어 개발을 위한 하나의 이론(TOE, Theory of Everything)은 절대 존재하지 않을 것이다. 대신 이론, 방법, 프레임워크를 짜깁기해서 적용할 필요가 있다(Richardson, 2008:17). 얼핏봐도 소프트웨어 개발 지식 체계는 시스템 지식 체계만큼이나 흉하게 생겼다(3장 참조). 그렇지만 아마 치마 색깔은 다를 것이다(그림 16.2 참조).

---

3 Cilliers, Paul. "Why We Cannot Know Complex Things Completely" Emergence. Vol. 4, Issue 1/2, 2002. 허락하에 옮김 (Cilliers, 2002:78).

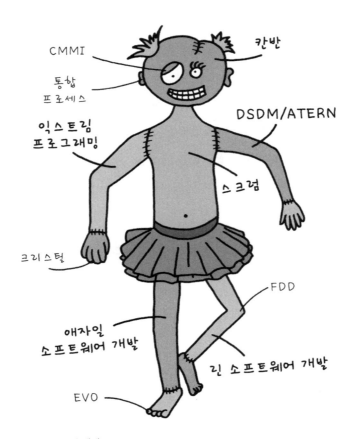

그림 16.2 소프트웨어 개발 지식 체계

하지만 다른 모델 역시 "틀리다"

시험에 떨어져도 혼자 떨어진 것은 아니라는 것을 알게 되면 안도감을 느낀다. 이와 마찬가지로 다른 조직 관리 모델이 있어서 기쁘다. 그 모델들 역시 매니지먼트 3.0 모델만큼 "틀리다". 고통은 함께 나누면 반이 된다. 이 경우에는 함께하는 고통이 기쁨으로 바뀔 수도 있다. 우리는 제럴드 와인버그에게서 불완전한 모델 여럿이 하나의 모델보다 덜 불완전하다는 것을 배웠다. 그래서 틀린 모델들이 모이다 보면 더 좋은 결론을 얻게 될지도 모르겠다.

도요타 방식

『**도요타 방식**The Toyota Way』[4]은 2009년 비즈니스북스에서 나온 책이다. 도요타 방식이란 도요타의 경영 방법과 생산 시스템을 기반으로 하는 일련의 활동을 말한다. 도요타 방식은 사람에 대한 존중과 지속적 개선이라는 두 가지 주요 원칙으로 이뤄져 있으며, 그래서 내 모델의 두 가지 관점('사람들에게 활력을 불어넣자'와 '모든 것을 개선하자')과 잘 어울린다.

제프리 라이커Jeffrey Liker 교수는 도요타의 경영 철학을 분석해 그것을 14가지가 넘는 상세한 원칙으로 확장했다(Liker, 2004). 장기적인 목표, 리더 육성, 인재 개발, 냉정한 반성과 같은 부분은 매니지먼트 3.0 모델에서도 적절히 다루고 있다. 지속적인 흐름, 당김 시스템, 의사 결정은 늦추고 실행은 빠르게와 같은 원칙들도 많은 조직에게 유용하지만 나는 이 원칙들이 관리자의 핵심 원칙이라기보다 노동자에게 좋은 기법이라고 생각한다.

한 가지 흥미로운 차이점은 도요타 방식에서 조직 구조(내 모델에서 '구조를 발전시키자')를 빠뜨린 것 같다는 점이다. 이것이 도요타 방식을 잘 사용하지 않는 이유라고 주장하지는 않겠지만, 나는 복잡계에서 구조란 무시하기에는 너무나 중요한 요소이며 애자일 조직이 실제로 움직이도록 만드는 열쇠 중 하나라고 생각한다.

데밍의 14가지 원칙

경영학 교수 W. 에드워즈 데밍은 자신의 책 『Out of the Crisis』(The MIT Press, 2001)에서 조직 관리 및 변화의 14가지 핵심 원칙을 제시했다(Deming, 1986). 수많은 문헌이 데밍의 원칙을 인용했으며 전 세계 많은 애자일 및 린 관리자들에게 영감을 줬다.

이 책에서 설명했던 여섯 가지 관점과 거기에 해당하는 사례 및 기법은 데밍의 원칙을 거의 모두 포함하고 있다. 목적의 일관성, 리더십의 변화, 인스펙션 의존성 극복, 지속적 개선, 훈련 도입, 리더십 도입, 불안 요인 제거, 부서 간 장벽 제거, 노동자 격려, 전문가의 자부심, 교육 및 자기개선, 변화는 모두가 해야 할 일이며 모두 한 가지 이상의 방법을 통해 앞부분에서 다뤘다. 전체 비용 최소화 원칙만 여기에서 다루지 않았지만, 내 생각에 그 책이 별로 비싸지는 않은 것 같다.

---

4 http://en.wikipedia.org/wiki/The_Toyota_Way

데밍의 원칙에도 우려되는 바가 있다. 목적에 의한 관리^{MBO} 제거는 '제약 조건을 정렬하자'와 '역량을 개발하자' 관점에 있는 일부 아이디어와 모순인 것처럼 보인다. 그러나 데밍이 목적에 대해 말한 문제는 관리자 사이의 인센티브 사용과 체계적 관점 부족에 대한 것이었고, 둘 다 이 책에서 충분히 다뤘다.

민츠버그의 6차원 모델

헨리 민츠버그$^{Henry\ Mintzberg}$ 교수는 세계 최고의 경영 사상가이자 저자다. 그는 자신의 저서 『Managing』(Berrett-Koehler, 2011)에서 수년간 만든 새로운 모델을 선보였다(Mintzberg, 2009:48). 민츠버그 모델은 세 가지 "차원"에서 이뤄지는 관리를 설명한다. 각 차원에는 두 가지 주요 활동이 있다. 행위 차원(수행과 처리), 사람 차원(리딩과 연결), 정보 차원(소통과 제어)이 바로 그것이다.

매니지먼트 3.0 모델과 민츠버그 모델을 비교해보면, 중간에 겹치는 부분이 있다. 이 책은 리딩, 소통, 수행을 충분히 잘할 수 있도록 다양한 활동을 다뤘다. 그러나 나머지 절반(연결, 제어, 처리)은 거의 고려하지 않았는데 내 생각에 그 부분은 반드시 관리자의 책임은 아니며 쉽게 팀에 위임할 수 있다. 반면에 민츠버그 모델에서는 매니지먼트 3.0 모델의 주제 중 절반인 구조, 역량, 개선을 언급하지 않지만, 나는 이것들이 애자일 조직에서 매우 중요하다고 확신한다.

이런 차이가 생긴 이유는 민츠버그는 경영 실천법을 바탕으로 자신의 모델을 만들었기 때문이다. 이 모델은 관리자가 실제로 무슨 일을 하고 있는지를 보여준다. 대신, 나는 과학 이론을 (그리고 내 자동차를) 바탕으로 모델을 만들었다. 내 모델은 관리자가 무슨 일을 해야 하는지를 보여준다.

해멀의 다섯 가지 원칙

또 다른 최고의 경영 사상가이자 저자 중 한 명인 게리 해멀$^{Gary\ Hamel}$은 『The Future of Management』(Harvard Business Review Press, 2007)에서 미래에 적합한 회사를 만들기 위한 다섯 가지 "21세기 경영 원칙"을 설명했다(Hamel, 2007). 이 원칙은 생물(다양성), 시장

(유연성), 민주주의(행동주의), 신앙(의미), 도시(우연한 창조)다.

비록 이 다섯 가지 원칙의 이름이 다소 모호하지만 나는 해멀의 원칙(실험, 변이, 다윈 선택, 계층보다는 네트워크, 분산 리더십, 영감을 불러일으키는 목표, 사람에 대한 배려, 다양성, 창의성, 혁신 등)을 모두 이 책에서 논의했기 때문에 그 이면에 놓인 아이디어 대부분을 알고 있다.

해멀의 모델에서 놓치고 있다고 생각하는 유일한 주제가 역량 개발이다. 원래 애자일 선언처럼, 해멀의 모델은 훌륭한 직원이 공짜로 하늘에서 낙하산을 타고 그냥 뚝 떨어진다고 가정하는 듯하다. 안타깝게도, 내 경험으로는 절대 그렇지 않다.

그 밖의 모델

수백까지는 아니지만 수십여 가지 관리 모델이 있다. 나는 가장 존경받고 지식이 풍부한 분들이 추천한 몇 가지 모델만 검토 비교하기로 했다(신부, 목사, 장군의 142가지 리더십 법칙을 읽으면서 고통받고 싶지는 않았다). 여기서 내가 말하고자 하는 바는, 많은 모델 중 완벽한 것은 없지만 각 모델마다 중요한 가치를 지니고 있다는 점이다.

애자일리스트의 쇠망

경영 분야에만 서로 경쟁하는 수많은 모델이 있는 것은 아니다. 소프트웨어 개발도 상황이 비슷하다.

애자일 전문가들은 사람들에게 스크럼이나 XP를 올바르게 하려면 "개발자는 반드시 코드를 리팩토링해야 한다."라고 수시로 말한다. 이렇게 주장하는 사람들도 있다. "모두가 단위 테스트를 해야 한다.", "스크럼이 개발 실천법을 간과해서 상황을 악화시킨다.", "매일 통합 빌드를 하지 않으면 애자일을 하고 있는 것이 아니다." 이런 전문가들에 따르면, 애자일하게 된다는 것은 적응력을 갖추고 프로젝트를 오래도록 성공시키기 위해 필요한 무엇이든 하는 것이 아니라 X, Y, Z 실천법을 하는 것이다. 하지만 그렇지 않다.

> 기민함이란 끊임없이 변화하는 환경에 성공적으로 머무는 것이다(나).

이것이 전부다. 덧붙일 말이 없다.

내 생각에 모든 조직에게 최적인 방법은 딱 한 가지가 있는데, 그것은 실천법 X가 모든 조직에게 최선이라고 주장하는 "전문가"들을 모두 내쫓아버리는 것이다. 그러한 전문가들은 아마도 실천법 X에 능숙하고 비싼 컨설팅 비용으로 여러분을 기꺼이 도울 것이다(궁금해할지도 모르겠는데, 나는 전문가를 쫓아내는 비용은 받지 않는다).

우리가 "애자일"이라는 브랜드를 아마도 포기해야 할지도 모르겠다고 말하는 애자일리스트도 있다. 결국, 애자일이 명확하게 정의된 적이 없기 때문에 다수의 엉망진창 프로젝트가 스스로를 "애자일"이라고 부른다. 그러나 이 애자일리스트가 말하고자 하는 바는 어떤 실천법이 애자일의 핵심인지 명확히 정의된 적이 없다는 것이다. 당연하게도, 그런 건 없다! 그런 게 있었다면 모든 시스템에 한 가지 생존 전략을 처방한다는 뜻이고, 그러면 복잡성의 개념이 무너질 것이다(더 구체적으로는 복잡성 과학에서 게임 이론 부분). 애자일은 구체적인 몇 가지 실천법의 집합이었던 적이 없다. 애자일 선언 어디에서도 테스트 자동화, 짝 프로그래밍, 리팩토링을 해야 한다고 하지 않는다(정말로 이런 실천법이 필요했다면 나는 책을 애자일하게 쓰는 방법을 몰랐을 것이다). 사실, 사람들이 "애자일 실천법"을 필수라고 생각하는 즉시 모순이라고 생각해야 한다!

애자일 전문가는 복잡성 이론의 기초를 이해해야 한다. 결국, 복잡성 이론은 애자일 소프트웨어 개발의 뿌리 중 하나다. 사람들이 이를 이해한다면, "실천법 X를 하지 않으면 애자일이 아닙니다.", "Y를 하지 않으면 스크럼을 제대로 하고 있지 않은 거에요." 같은 어리석은 소리를 하지 않을 것이다. 안타깝게도, 요즘에는 그렇게 보이지 않는다. 애자일리스트들은 린 대 애자일, XP 대 스크럼, 칸반 대 스크럼, 기타 등등 대 스크럼을 두고 논쟁을 벌인다(이 글을 쓰는 시점에서 스크럼이 여전히 표준이다. 스크럼에서 헛점을 발견한다면 사람들은 아마도 여러분이 똑똑하다고 생각할 것이다). 그러나 모든 모델은 불완전하다. 모델의 문제를 지적하는 것은 실제로 매우 쉬운 일이다. 그렇지만 별로 도움이 되지는 않는다.

우리는 창발이나 자기조직화 같은 단어를 알고 있는 애자일리스트 부대와 마주하고 있다. 왜냐하면 모두가 그 단어를 사용하고 있기 때문이다. 그러나 이 단어의 유래와 애자일 소프트웨어 개발에서의 의미를 이해하지 못하고 있다. 그것이 바로 내가 직접 내 말뚝을 땅에 박아넣을 때라고 생각하는 이유다.

복잡성 팸플릿

인간은 단순한 대답을 선호하지만 세상은 생각하는 것보다 대개는 더 복잡하다는 것을 사람들이 인정해야 한다고 생각한다. 그래서 다음과 같은 제안을 하고자 한다.

문제마다 여러 해결책이 있다

루빅스 큐브를 푸는 데 딱 한 가지 방법만 있는 것은 아니다. 비즈니스를 운영하는 데 가장 좋은 한 가지 방법만 있는 것은 아니다. 위험을 극복하는 데에도 가장 좋은 한 가지 전략만 있는 것은 아니다. 소프트웨어 프로젝트 운영에도 가장 좋은 한 가지 방법만 있는 것은 아니다. 우리는 사람이고 옳은 사람이 되고 싶어한다. 하지만 다른 사람이 옳을 수도 있다는 점을 인정하자.

해결책은 문제 상황에 따라 다르다

각 종의 형태는 그 환경에 따라 다르다. 최고의 축구 전략은 팀과 그 상대방에 따라 다르다. 최고의 마케팅은 고객에 따라 다르다. 최고의 소프트웨어 개발 실천법은 프로젝트 환경에 따라 다르다. 소프트웨어 개발에 많은 귀족이 있지만, 상황이 왕이다.

상황이 바뀌면 해결책도 바뀌어야 한다

환경이 바뀌면 종도 바뀐다. 오늘 훌륭한 소셜 네트워크 전략과 작년 전략은 다르다(트위터에서 나를 팔로우하면, 내년에는 어떻게 바뀌는지 알 수 있을 것이다). 따라서 소프트웨어 프로젝트 환경이 바뀌면 프로젝트도 거기에 맞게 바뀌어야 한다.

이상한 해결책도 어딘가에서는 최고의 해결책이다

남극 크릴새우는 세상에서 가장 성공적인 종이다. 그리고 팃포탯은 게임 이론에서 가장 널리 퍼진 생존 전략 중 하나다. 그러나 웃기게 생긴 블로브피시 역시 세상에서 한 귀퉁이를 차지해 살아가고 있다. 그리고 항상 우세한 게임 전략은 없다. 이와 마찬가지로 인기 있는 소프트웨어 개발 실천법도 있지만, 그런 실천법이 항상 존재할 수밖에 없는 예외 사항을 없애주지는 못한다.

해결책이 상황과 해결책 그 자체를 바꿔놓는다

어떤 새 영화는 영화 비즈니스 현장 자체 그리고 이후에 나올 영화를 바꾸기도 한다. 우리 마음속에 있는 밈은 우리가 생각하는 방법과 기꺼이 받아들일 새로운 밈을 바꿔놓는다. 이와 마찬가지로 소프트웨어 실천법은 우리의 환경과 다른 실천법을 적용할 수 있는 방법을 바꿔놓는다.

단순성은 복잡성을 이해해야 한다

생물학자, 비즈니스, 정부는 세상의 복잡성을 이해하지 못해 많은 해를 끼쳐왔다. 세상이 어떻게 움직이는지 이해하지 못한다면, 복잡한 문제를 해결하는 데 단순한 해결책을 찾아 헤매며 힘든 시간을 보낸다.

최고의 해결책은 예측할 수 없다

예측이 중요하긴 하지만 어떤 해결책이 효과가 있고 어떤 해결책이 효과가 없을지 확실하게 알 수는 없다. 실제 상황에서 경험적 발견을 통해서만 해결책의 성공에 대해 뭐라도 주장할 수 있다. 모른다는 것을 인정하고 처한 상황에 효과가 있는지 알아보려고 노력해야 한다.

복잡성 팸플릿이 기존의 가치, 원칙, 지침, 실천법(또는 선언)을 무시하는 것은 아니다. 오히려 적절한 상황이라면 모든 것이 가치 있다고 강조한다. 소프트웨어 개발에서는 누가 옳고 누가 그른지를 토론해서는 안 된다. 사람들은 어떤 환경에서 무엇이 유용한지 고민해야 한다. 사용자 스토리 대 유스케이스, 애자일 대 CMMI, 스크럼 대 칸반, 애자일과 린에 지나치게 관심을 갖는 것은 바람직하지 않다. 관심을 가져야 하는 것은 언제 무엇을 사용하느냐여야 한다. 무엇이 옳은지 그른지에 대한 토론으로 사람들의 관심을 끌 수 있을지는 모르지만, 이해에는 도움을 주지 못한다.

대중을 상대로 연설을 할 때 보다 효과적으로 범인을 현인으로 만드는 건 단순함이
다(아리스토텔레스).

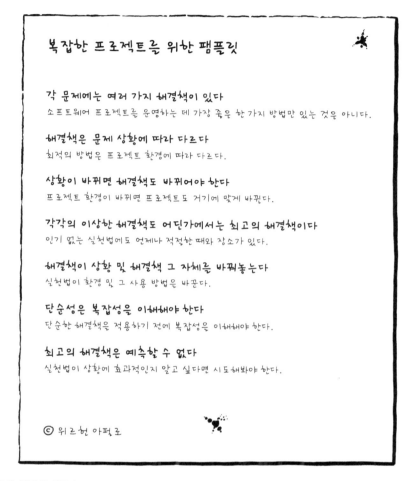

그림 16.3 복잡성 팸플릿

전 세계 소프트웨어 개발자와 관리자가 방법론, 프레임워크, 원칙, 실천법을 두고 서로 비
난할 필요가 없다는 사실을 사람들이 이해했으면 좋겠다. 복잡한 세상에서는 (작든 크든) 모
든 아이디어마다 적절한 때와 장소가 있다. 어떤 아이디어가 틀렸다고 논쟁하는 것은 무
의미하다. 모든 아이디어가 마찬가지기 때문이다. 어떤 아이디어가 어떤 상황에 유용한지
알아내는 것이 진정한 도전이다.

모든 모델이 틀리다. 하지만 유용한 것도 있다(Box, Draper, 1969).

내 책이 "틀리다"는 것을 알고 있지만, 여러분에게 유용하길 진심으로 바란다.

정리

매니지먼트 3.0 모델의 여섯 가지 관점은 '사람들에게 활력을 불어넣자', '팀에 권한을 위임하자', '제약 조건을 정렬하자', '역량을 개발하자', '구조를 발전시키자', '모든 것을 개선하자'다. 애자일 관리자를 위한 모든 실천법은 이 여섯 가지 관점 가운데 최소한 한 가지에 긍정적인 기여를 해야 한다.

하지만 결국 이 모델을 포함한 모든 모델은 실패할 것이다. 소프트웨어 프로젝트 같은 복잡계의 완전한 그림을 그릴 수 있는 모델은 없다. 그것이 바로 모든 모델이 틀리지만 유용할 수도 있는 이유다. 다양한 경우를 위해 상호 보완적이며 상반되는 여러 모델을 갖추는 것이 유용한 이유기도 하다.

소프트웨어 방법론도 마찬가지다. 비록 각 방법론은 적절한 상황에서만 유용하지만 모두 쓸모가 있다. 복잡한 세상에서 단순한 것은 아무것도 없다. 그리고 결국 단 하나의 진실만이 존재한다. 모두 상황에 따라 다르다.

성찰과 실천

16장에서 나온 아이디어를 조직에 적용할 수 있는지 살펴보자.

- 매니지먼트 3.0 모델의 여섯 가지 관점 모두를 다룰 수 있는 과업이나 프로젝트가 있는가? 이 모델에 포함돼 있지 않은 일을 하고 있는가?
- 이 책이 여러분에게 어떤 의미인지 평가해보자. 마음에 드는가? 그렇다면 다른 사람들에게도 알려주자.

참고 문헌

Abilla, Pete, "Zero Defects Is Wrong Approach"(http://www.shmula.com/376/zero-defects-is-wrong-approach) shmula. April 3, 2007.

Abran, Alain and James Moore. 『Guide to the Software Engineering Body of Knowledge』. Oxford Oxfordshire: Oxford University Press, 2004.

Adams, Cecil. "Why do we nod our heads for 'yes' and shake them for 'no'?" The Straight Dope. March 14, 1986.

Adkins, Lyssa. 『Coaching Agile Teams』. Reading: Addison-Wesley Professional, 2010.

Alleman, Glen B. "Self Organized Does Not Mean Self Directed"(http://herdingcats.typepad.com/my_weblog/2008/12/self-organized-does-not-mean-self-directed.html). Herding Cats December 24, 2008.

Allen, David. 『Getting Things Done』. New York: Penguin Books, 2003(한국어판: 『쏟아지는 일 완벽하게 해내는 법: 일을 쌓아두지 않고 성공적으로 처리하는 GTD 프로젝트』, 데이비드 앨런 지음, 김경섭/김선준 옮김, 김영사, 2016)

Ambler, Scott "The Discipline of Agile"(http://www.ddj.com/architect/201804241). Dr. Dobb's. September 5, 2007.

Ambler, Scott "Generalizing Specialists: Improving Your IT Career Skills"(http://www.agilemodeling.com/essays/generalizingSpecialists.htm). Agile Modeling. 2010.

Anderson, Carl and Elizabeth McMillan. "Of Ants and Men: Self-Organized Teams in Human and Insect Organizations" Emergence Vol. 5 Iss. 2 2003.

Anderson, Chris. 『Long Tail, the, Revised and Updated Edition』. New York: Hyperion, 2008(한국어판: 『롱테일 경제학』, 크리스 앤더슨 지음, 이노무브그룹 옮김, 알에이치코리아, 2006)

Anderson, David. 『Agile Management for Software Engineering』. Upper Saddle River: Prentice Hall Professional Technical Reference, 2004.

Anderson, David. 『Kanban』. City: Blue Hole Press, 2010(한국어판: 『칸반: 지속적 개선을 추구하는 소프트웨어 개발』, 데이비드 앤더슨 지음, 조승빈 옮김, 인사이트, 2014)

Arrow, Holly et.al. 『Small Groups as Complex Systems』. Thousand Oaks: Sage, 2000.

Augustine, Sanjiv. 『Managing Agile Projects』. Upper Saddle River: Prentice Hall Professional Technical Reference, 2005.

Austin, Robert. 『Measuring and Managing Performance in Organizations』. New York: Dorset House, 1996.

Austin, Robert and Lee Devin. 『Artful Making』. New York: Financial Times/Prentice Hall, 2003.

Avery, Christopher et.al. 『Teamwork Is an Individual Skill』. San Francisco: Berrett-Koehler Publishers, 2001.

Beck, Kent. 『Extreme Programming Explained, Second Edition』. Boston: Addison-Wesley, 2005(한국어판: 『익스트림 프로그래밍: 변화를 포용하라』, 켄트 벡/신시아 안드레스 지음, 김창준/정지호 옮김, 인사이트, 2006)

Bennet, Alex and David Bennet. 『Organizational Survival in the New World』.

Amsterdam: Elsevier, 2004.

Berkun, Scott. 『Making Things Happen: Mastering Project Management』. Sebastopol: O'Reilly Media, Inc., 2008.

Blanchard, Kenneth and Spencer Johnson. 『The One Minute Manager』. New York: Morrow, 1982(한국어판: 『1분 경영』, 켄 블렌차드/스펜서 존슨 지음, 정윤희 옮김. 21세기북스, 2016)

Bobinski, Dan. "Gardening and Management: What They Have in Common" Hodu.com(http://www.hodu.com/garden.shtml). 2009.

Bobinski, Dan. "Performance appraisals don't work" Management-Issues.(http://www.management-issues.com/2010/7/8/opinion/performance-appraisals-dont-work.asp). 8 July 2010.

Bond, Michael. "Critical Mass." New Scientist 18 July 2009 (b).(http://www.newscientist.com/article/mg20327171.400-why-cops-should-trust-the-wisdom-of-the-crowds.html).

Bond, Michael. "Three degrees of separation." New Scientist. 3 January 2009(a) (http://www.newscientist.com/article/mg20126881.600-how-your-friends-friends-can-affect-your-mood.html).

Bowen, D.E. and Lawler, E.E. "Empowering service employees." Sloan Management Review, Summer 1995.

Box, George and Norman Draper. 『Evolutionary Operation』. New York: Wiley, 1969.

Brahic, Catherine. "All at sea over mystery currents." NewScientist. 19 April 2008.

Brooks, Frederick. 『The Mythical Man-Month』. Reading: Addison-Wesley Pub. Co, 1975/1995(한국어판: 『맨먼스 미신: 소프트웨어 공학에 관한 에세이』, 프레더릭 브룩스 지음, 강중빈 옮김, 인사이트, 2015)

Brooks, Michael. "Born believers: How your brain creates God." New Scientist, Feb 4, 2009.(http://www.newscientist.com/article/mg20126941.700-born-believers-how-your-brain-creates-god.html).

Brown, Tim. "Strategy by Design"(http://www.fastcompany.com/magazine/95/design-strategy.html). Fast Company. June 1, 2005.

Buchanan, Mark. "Another kind of evolution" NewScientist. 23 January 2010.

Buchanan, Mark. "The curse of the committee" NewScientist. 10 January 2009.

Buckingham, Marcus and Curt Coffman. 『First, Break All the Rules』. New York: Simon & Schuster, 1999. (한국어판:『유능한 관리자: 사람의 열정을 이끌어내는』, 마커스 버킹엄/커트 코프만 지음, 한근태 옮김, 21세기북스, 2006)

Business Week. "Jack Welch Elaborates: Shareholder Value" Business Week. 16 March 2009.

Caudron, S. "Create an empowering environment." PersonnelJournal, 1995 74-9.

Chrissis, Beth, Mary et.al. 『Cmmi』. Boston: Addison-Wesley, 2007(한국어판: 『CMMI 개발: 프로세스 통합과 제품 개선을 위한 지침』, 메리 베스 크리시스 지음, 정호원/송주희 옮김, 대웅, 2013)

Chui, Glennda. "Unified Theory is Getting Closer, Hawking Predicts." San Jose Mercury News, January 23, 2000.

Cilliers, Paul. 『Complexity and Postmodernism』. New York: Routledge, 1998.

Cilliers, Paul. "Knowing Complex Systems" Richardson, K.A. Managing Organizational Complexity: Philosophy, Theory and Application. Greenwich: Information Age Publishing, 2005.

Cilliers, Paul. "Why We Cannot Know Complex Things Completely" Emergence. Vol. 4, Issue 1/2, 2002.

Clegg, Brian and Paul Birch. 『Instant Creativity』. London: Kogan Page, 2006.

Cockburn, Alistair. "Process: the 4th dimension"(http://alistair.cockburn.us/index.php/Process:_the_fourth_dimension). 2003.

Cockburn, Alistair. 『Agile Software Development, Second Edition』. Boston: Addison-Wesley, 2007(한국어판: 『AGILE 소프트웨어 개발』, 앨리스터 코번 지음, 이오커뮤니케이션 옮김, 피어슨에듀케이션코리아, 2002)

Cohn, Mike. 『Succeeding with Agile: Software Development Using Scrum』. Reading: Addison-Wesley Professional, 2009(한국어판: 『경험과 사례로 풀어낸 성공하는 애자일』, 마이크 콘 지음, 최효근/이기영/황상철 옮김, 인사이트, 2012)

Collins, James. 『Good to Great』. New York: HarperBusiness, 2001(한국어판: 『좋은 기업을 넘어 위대한 기업으로』, 짐 콜린스 지음, 이무열 옮김, 김영사, 2011)

Coplien, James and Neil Harrison. 『Organizational Patterns of Agile Software Development』. Upper Saddle River: Pearson Prentice Hall, 2005.

Corning, Peter A. "The Emergence of "Emergence": Now What?" Emergence, Vol. 4, Issue 3, 2002.

Corning, Peter. 『Nature's Magic』. Cambridge: Cambridge University Press, 2003.

Covey, Stephen. 『The 7 Habits of Highly Effective People』. New York: Free Press, 2004(한국어판: 『성공하는 사람들의 일곱 가지 습관』, 스티븐 코비 지음, 김경섭 옮김, 김영사, 2017)

Cropley, Arthur J. "Definitions of Creativity" 『Encyclopedia of Creativity』. Boston: Elsevier/Academic Press, 1999.

Cross, Rob et.al. 『The Hidden Power of Social Networks』. Boston: Harvard Business School Press, 2004.

Culbert, Samuel and Lawrence Rout. 『Get Rid of the Performance Review!』 City: Business Plus, 2010.

Curry, Andrew "Monopoly Killer: Perfect German Board Game Redefines Genre"(http://www.wired.com/gaming/gamingreviews/magazine/17-04/mf_settlers). Wired. March 23, 2009.

Curtis, Bill et.al. 『People Capability Maturity Model』. Boston: Addison-Wesley, 2001.

Davila, Tony et.al. 『Making Innovation Work』. Upper Saddle River: Wharton School Pub, 2006(한국어판: 『혁신의 유혹』, 토니 다빌라/마크 엡스타인, 로버트 셸턴 지음, 김원호 옮김, 럭스미디어, 2007)

Davis, Mark. "Living with aliens." NewScientist. 26 September 2009.

Dawkins, Richard. 『The Blind Watchmaker』. New York: Norton, 1996(한국어판: 『눈먼 시계공』, 리처드 도킨스 지음, 이용철 옮김, 사이언스북스, 2004)

Dawkins, Richard "The Purpose of Purpose"(http://richarddawkins.net/articles/3956). June 18, 2009.

Dawkins, Richard. 『The Selfish Gene』. Oxford Oxfordshire: Oxford University Press, 1989(한국어판: 『이기적 유전자』, 리처드 도킨스 지음, 홍영남/이상임 옮김, 을유문화사, 2010)

De Geus, Arie. 『The Living Company』. Boston: Harvard Business School Press, 1997.

De Wolf, Tom, and Tom Holvoet. "Emergence Versus Self-Organisation: Different Concepts but Promising When Combined." Engineering Self Organising Systems: Methodologies and Applications, Lecture Notes in Computer Science, volume 3464, pp 1-15, 2005.

Deci, Edward L. and Richard M. Ryan. 『The Handbook of Self-Determination Research』. Rochester: University of Rochester Press, 2004.

DeMarco, Tom and Timothy Lister. 『Peopleware, Second Edition』. New York: Dorset House Pub, 1999(한국어판: 『피플웨어』, 톰 드마르코/티모시 리스터 지음, 박재호/이해

영 옮김, 인사이트, 2014)

Deming, W. 『Out of the Crisis』. Cambridge: Massachusetts Institute of Technology, Center for Advanced Engineering Study, 1986.

Dennett, Daniel. 『Consciousness Explained』. Boston: Back Bay Books, 1992.

Dennett, Daniel. 『Darwin's Dangerous Idea』. New York: Simon & Schuster, 1995.

Dent, Eric B. "Complexity Science: a Worldview Shift" Emergence. Vol. 1, Issue 4, 1999.

Derby, Esther. "Performance Without Appraisal: Addressing the Most Common Concerns" 12 July 2010(http://www.estherderby.com/2010/07/ performance−without− appraisal−addressing−the−most−common−concerns. html).

Derby, Esther and Diana Larsen. 『Agile Retrospectives』. Boston: Twayne Publishers, 2006(한국어판: 『애자일 회고: 최고의 팀을 만드는 애자일 기법』, 에스더 더비/다이애나 라센 지음, 김경수 옮김, 인사이트, 2008)

Eliot, Lise. "We are all from Alpha Centauri" NewScientist. 17 July 2010.

Eoyang, Glenda and Doris Jane Conway "Conditions That Support Self− Organization in a Complex Adaptive System"(http:// amauta−international.com/iaf99/ Thread1/conway.html). IAF January 14~17, 1999.

Falconer, James. "Emergence Happens! Misguided Paradigms Regarding Organizational Change and the Role of Complexity and Patterns in the Change Landscape" Emergence. Vol. 4, Issue 1/2, 2002.

Fonseca, José. 『Complexity and Innovation in Organizations』. New York: Routledge, 2002.

Forrester, Jay W. "System Dynamics, Systems Thinking, and Soft OR" Massachusetts Institute of Technology, August 18, 1992.

Fox, John. "Employee Empowerment: An Apprentice Model" 22 June 1998(http://members.tripod.com/j_fox/thesis.html).

Friedman, Milton "The Social Responsibility of Business is to Increase Its Profits" New York Times Magazine September 13, 1970.

Gall, John. 『The Systems Bible』 Ann Arbor: General Systemantics Press, 2002.

Gat, Israel. "A Social Contract for Agile"(http://theagileexecutive.com/ 2009/02/03/a-social-contract-for-agile/). The Agile Executive. February 3, 2009.

Gell-Mann, Murray. 『The Quark and the Jaguar』 Clearwater: Owl Books, 1994.

Gilb, Tom et.al. 『Software Inspection』 Boston: Addison-Wesley, 1993.

Gladwell, Malcolm. 『Outliers: Why Some People Succeed and Some Don't』 Little: Little, 2008(한국어판: 『아웃라이어: 성공의 기회를 발견한 사람들』, 말콤 글래드웰 지음, 노정태 옮김, 김영사, 2009)

Gladwell, Malcolm. 『The Tipping Point』 Boston: Back Bay Books, 2002(한국어판: 『티핑 포인트: 작은 아이디어를 빅 트렌드로 만드는』, 말콤 글래드웰 지음, 임옥희 옮김, 21세기북스, 2016)

Glass, Robert. 『Facts and Fallacies of Software Engineering』 Boston: Addison-Wesley, 2003(한국어판: 『소프트웨어 공학의 사실과 오해: 우리가 미처 알지 못한』, 로버트 L. 글래스 지음, 윤성준 외 옮김, 인사이트, 2004)

Gleick, James. 『Chaos』 Harmondsworth Eng.: Penguin, 1987(한국어판, 『카오스』, 제임스 글릭 지음, 박래선 옮김, 동아시아, 2013)

Godin, Seth. 『Tribes: We Need You to Lead Us』 City: Portfolio Hardcover, 2008.

Gould, Stephen Jay. "Full House: The Spread of Excellence from Plato to Darwin." Three Rivers Press, 1997.

Gould, Stephen Jay. 『The Structure of Evolutionary Theory』 Cambridge: Belknap

Harvard, 2002.

Granovetter, Mark. "The Strength of Weak Ties" American Journal of Sociology 78 (6): 1360 – 1380, May 1973.

Hackman, J. 『Leading Teams』. Boston: Harvard Business School Press, 2002(한국어 판: 『성공적인 팀의 5가지 조건』, 리처드 해크먼 지음, 최동석/김종완 옮김, 교보문고, 2006)

Hamel, Gary. 『The Future of Management』. Boston: Harvard Business School Press, 2007(한국어판: 『경영의 미래』, 개리 해멀/빌 브린 지음, 권영설/신희철/김종식 옮김, 세종서 적, 2009)

Hartzog, Paul B. "Panarchy: Governance in the Network Age"(http://panarchy.com/ Members/PaulBHartzog/Papers/Panarchy%20-%20Governance%20in%20the%20Network%20 Age.pdf). 2009.

Heath, Chip and Dan Heath. 『Made to Stick』. New York: Random House, 2007(한 국어판: 『스틱: 1초 만에 착 달라붙는 메시지 그 안에 숨은 6가지 법칙』, 칩 히스/댄 히스 지음, 안진환/ 박슬라 옮김, 엘도라도, 2009)

Heathfield, Susan M. "Team Building and Delegation: How and When to Empower People" Michigan State University M.E.N.T.O.R.S. Manual: Monthly Conversation Guide #9 2003–2004.

Heathfield, Susan M. "The Darker Side of Goal Setting: Why Goal Setting Fails⋯ ."(http://humanresources.about.com/cs/strategichr/a/aadark_goals.htm). About.com. 2010 (a).

Heathfield, Susan M. "360 Degree Feedback: The Good, the Bad, and the Ugly." (http://humanresources.about.com/od/360feedback/a/360feedback.htm). About.com. 2010 (b).

Heathfield, Susan M. "Performance Appraisals Don't Work."(http://humanresources. about.com/od/performanceevals/a/perf_appraisal.htm). About.com. 2010 (c).

Herzberg, Frederick. 『One More Time: How Do You Motivate Employees?』. Boston: Harvard Business Press, 2008.

Highsmith, Jim. 『Adaptive Software Development』. New York: Dorset House Pub, 1999.

Highsmith, Jim. 『Agile Project Management, Second Edition』. Boston: Addison-Wesley, 2009.

Highsmith, Jim. "Does Agility Work?" Dr. Dobbs. June 1, 2002.(http://www.drdobbs.com/184414858).

Hofstadter, Douglas. 『Gödel, Escher, Bach』. New York: Basic Books, 1979(한국어판:『괴델, 에셔, 바흐: 영원한 황금 노끈』, 더글러스 호프스태터 지음, 박여성/안병서 옮김, 2017)

Holland, John. 『Hidden Order』. Boston: Addison-Wesley, 1995. (한국어판:『숨겨진 질서』, 존 홀런드 지음, 김희봉 옮김, 사이언스북스, 2001)

Hunt, Andrew. 『Pragmatic Thinking and Learning』. City: Pragmatic Bookshelf, 2008(한국어판:『실용주의 사고와 학습』, 앤디 헌트 지음, 박영록 옮김, 위키북스, 2015)

Hunt, Andrew and David Thomas. 『The Pragmatic Programmer』. Boston: Addison-Wesley, 2000. (한국어판:『실용주의 프로그래머』, 앤드류 헌트/데이비드 토머스 지음, 김창준/정지호 옮김, 인사이트, 2014)

Jacobson, Ivar "Enough of Processes: Let's Do Practices."(http://www.ddj.com/architect/198000264). Dr. Dobb's. March 12, 2007.

Jaques, Elliott "In Praise of Hierarchy" Harvard Business Review. January-February 1990.

Jaques, Elliott. 『Requisite Organization』. Oxford Oxfordshire: Oxford University Press, 1998.

Jensen, Eric. 『Enriching the Brain』. San Francisco: Jossey-Bass, A John Wiley & Sons Imprint, 2006.

Jones, Capers. 『Software Assessments, Benchmarks, and Best Practices』. Harlow : Addison-Wesley, 2001.

Kao, John. 『Innovation Nation』. New York : Free Press, 2007.

Kaplan, Robert and David Norton. 『The Balanced Scorecard』. Boston : Harvard Business School Press, 1996(한국어판:『가치실현을 위한 통합경영지표 BSC』, 로버트 S. 캐플런 지음, 송경근 외 옮김, 한언, 1998)

Kauffman, Stuart. 『At Home in the Universe』. Oxford Oxfordshire : Oxford University Press, 1995(한국어판:『혼돈의 가장자리』, 스튜어트 카우프만 지음, 국형태 옮김, 사이언스북스, 2002)

Kaye, Beverly and Sharon Jordan-Evans. 『Love 'Em or Lose 'Em : Getting Good People to Stay』. San Francisco : Berrett-Koehler Publishers, 2008(한국어판:『인재들이 떠나는 회사 인재들이 모이는 회사』, 버벌리 케이 외 지음, 박종안 옮김, 푸른솔, 2000)

Keizer, Kees, et.al. "The Spreading of Disorder"(http://www.sciencemag.org/cgi/content/abstract/1161405). Science. December 12, 2008.

Kelly, Kevin. 『Out of Control』. Boston : Addison-Wesley, 1994. (한국어판:『통제 불능 : 인간과 기계의 미래 생태계』, 케빈 켈리 지음, 이충호/임지원 옮김, 김영사, 2015)

Kruchten, Philippe. "Voyage in the Agile Memeplex" ACM Queue. August 16, 2007.

Lane, David et.al. 『Complexity Perspectives in Innovation and Social Change』. Berlin : Springer, 2009.

Larman, Craig. 『Agile and Iterative Development』. Boston : Addison-Wesley, 2004.

Larman, Craig and Bas Vodde. 『Scaling Lean & Agile Development』. Boston : Addison-Wesley, 2009(한국어판:『대규모 조직에 적용하는 린과 애자일 개발 : 대규모 조직에 스크럼을 적용하기 위한 다양한 사고의 도구 및 조직의 도구』, 크레이그 라만/바스 보드 지음, 전정우/문

관기/천은정 옮김, 케이앤피북스, 2012)

Leffingwell, Dean. 『Scaling Software Agility』. Oxford Oxfordshire: Oxford University Press, 2007.

Lencioni, Patrick. 『The Five Dysfunctions of a Team』. San Francisco: Jossey-Bass, 2002(한국어판: 『팀이 빠지기 쉬운 5가지 함정』, 패트릭 M. 렌시오니 지음, 서진영 옮김, 위즈덤하우스, 2007)

Le Page, Michael. "Evolution: A guide for the not-yet perplexed" NewScientist. 19 April 2008

Levitt, Ted. 『Ted Levitt on Marketing』. Boston: Harvard Business School Press, 2006(한국어판: 『테드 레빗의 마케팅』, 테드 레빗 지음, 조성숙 옮김, 21세기북스, 2011)

Lewin, Roger. 『Complexity』. Chicago: University of Chicago Press, 1999(한국어판: 『컴플렉시티』, 로저 르윈 지음, 김광희 옮김, 세종서적, 1995)

Lewin, Roger and Birute Regine. 『Weaving Complexity and Business』. Mason: Texere, 2001.

Liker, Jeffrey. 『The Toyota Way』. New York: McGraw-Hill, 2004(한국어판: 『도요타 방식』, 제프리 라이커 지음, 김기찬 옮김, 가산출판사, 2004)

Lissack, Michael R. "Complexity: the Science, its Vocabulary, and its Relation to Organizations" Emergence. Vol. 1, Issue 1, 1999.

Lundin, Stephen et.al. 『Fish!』. New York: Hyperion, 2000(한국어판: 『펄떡이는 물고기처럼』, 스티븐 C. 런딘/해리 폴/존 크리스텐슨 지음, 유영만 옮김, 한언, 2017)

Maguire, Steve. and Bill McKelvey. "Complexity and Management: Moving from Fad to Firm Foundations". Emergence. Vol. 1, Issue 2, 1999.

Macleod, Mairi. "You are what you copy" NewScientist. 1 May 2010.

Mandelbrot, Benoit and Richard Hudson. 『The (Mis) Behavior of Markets』.

Cambridge: Perseus Books Group, 2006(한국어판: 『프랙털 이론과 금융 시장』, 브누아 B. 망델브로/리처드 L. 허드슨 지음, 이진원 옮김, 열린책들, 2010)

Manns, Lynn, Mary and Linda Rising. 『Fearless Change』. Boston: Twayne Publishers, 2005.

Marick, Brian "Six years later: What the Agile Manifesto left out"(http://www.exampler.com/blog/2007/05/16/six-years-later-what-the-agile-manifesto-left-out/).

Marion, Russ and Mary Uhl-Bien. "Paradigmatic Influence and Leadership: The Perspectives of Complexity Theory and Bureaucratic Theory" in Hazy, K., James et.al. Complex Systems Leadership Theory. Goodyear: ISCE Pub, 2007.

Maxwell, John. 『The 21 Irrefutable Laws of Leadership』. Nashville: Thomas Nelson Publishers, 1998(한국어판: 『존 맥스웰 리더십 불변의 법칙』, 존 맥스웰 지음, 홍성화 옮김, 비즈니스북스, 2010)

McConnell, Steve. 『Professional Software Development』. Boston: Addison-Wesley, 2004(한국어판: 『프로페셔널 소프트웨어 개발』, 스티브 맥코넬 지음, 윤준호/한지윤 옮김, 인사이트, 2003)

McConnell, Steve. 『Rapid Development』. New York: McGraw-Hill, 1996(한국어판: 『Rapid Development: 프로젝트 쾌속 개발 전략』, 스티브 맥코넬 지음, 박재호/이해영 옮김, 한빛미디어, 2003)

McGregor, Douglas and Joel Cutcher-Gershenfeld. 『The Human Side of Enterprise』. New York: McGraw-Hill, 2006(한국어판: 『기업의 인간적 측면』, 더글러스 맥그리거 지음, 한근태 옮김, 미래의창, 2006)

McKelvey, Bill. "Complexity Theory in Organization Science: Seizing the Promise or Becoming a Fad?" Emergence. Volume 1 Issue 1, 1999.

Middleton, Peter and James Sutton. 『Lean Software Strategies』. Portland: Productivity Press, 2005.

Miller, John H. and Scott E. Page. 「Complex Adaptive Systems」. Princeton: Princeton University Press, 2007.

Minsky, Marvin. 「The Society of Mind」. New York: Simon and Schuster, 1986.

Mintzberg, Henry. 「Managers Not Mbas」. San Francisco: Berrett-Koehler Publishers, 2005(한국어판: 「MBA가 회사를 망친다」. 헨리 민츠버그 지음, 성현정 옮김, 북스넛, 2009)

Mintzberg, Henry. 「Managing」. San Francisco: Ignatius Press, 2009.

Mitchell, Melanie. 「Complexity」. City: Oxford U Pr, N Y, 2009.

Nonaka, Ikujiro. 「The Knowledge-Creating Company」. Boston: Harvard Business School Press, 2008(한국어판: 「지식창조 기업」. 노나카 이쿠지로/타케우치 히로타카 지음, 장은영 옮김, 세종서적, 2002)

Norberg, Johan. 「Financial Fiasco」. Washington D.C.: Cato Institute, 2009.

Norman, Don. "Simplicity Is Highly Overrated."(http://www.jnd.org/dn.mss/simplicity_is_highly.html). Jnd.org. 2007.

O'Donogue, James. "Look at the SIZE of those things!" NewScientist. 21 March 2009.

Pettit, Ross(http://www.rosspettit.com/2008/06/agile-made-us-better-but-we-signed-up.html). The Agile Manager. June 29, 2008.

Phillips, Jeffrey. 「Make Us More Innovative」. United States: iUniverse, Inc., 2008.

Pink, Daniel H. 「Drive: The Surprising Truth About What Motivates Us」. Riverhead, 2009(한국어판: 「드라이브: 창조적인 사람들을 움직이는 자발적 동기 부여의 힘」. 다니엘 핑크 지음, 김주환 옮김, 청림출판, 2011)

Pmi, Pmi. 「Guide to the Project Management Body of Knowledge」. Drexel Hill: Project Management Institute, 2008.

Poppendieck, Mary. "Unjust Deserts" Better Software. July/August 2004.

Poppendieck, Mary et.al. 『Implementing Lean Software Development』. Boston: Addison—Wesley, 2007(한국어판: 『린 소프트웨어 개발의 적용: 속도 경쟁에서 승리하기』, 메리 포펜딕/톰 포펜딕 지음, 엄위상/심우곤/한주영 옮김, 위키북스, 2007)

Poppendieck, Mary et.al. 『Leading Lean Software Development』. Boston: Addison—Wesley, 2009.

Prigogine, I. and Isabelle Stengers. 『The End of Certainty』. New York: Free Press, 1997.

Pulford, Kevin et.al. 『A Quantitative Approach to Software Management』. San Francisco: Ignatius Press, 1996.

Pundir, Ashok K. et.al. "Towards a Complexity Framework for Managing Projects" E:CO. Vol. 9, Issue 4, 2007.

Quinn, R.E. & Spreitzer, "G.M. The road to empowerment: Seven questions every leader should consider." Organizational Dynamics, 26—2, 1997

Rand, Ayn and Nathaniel Branden. 『The Virtue of Selfishness』. New York: Signet, 1970(한국어판: 『이기심의 미덕』, 아인 랜드 지음, 정명진 옮김, 부글북스, 2017)

Reinertsen, Donald. 『Managing the Design Factory』. New York: Free Press, 1997.

Reiss, Steven. 『Who Am I? the 16 Basic Desires That Motivate Our Actions and Define Our Personalities』. City: Berkley Trade, 2002.

Reynolds, Craig (1987), "Flocks, herds and schools: A distributed behavioral model.", SIGGRAPH '87: Proceedings of the 14th annual conference on Computer graphics and interactive techniques (Association for Computing Machinery): 25—34, doi:10.1145/37401.37406, ISBN 0—89791—227—6.

Richardson, K.A. "Managing Complex Organizations" E:CO Vol. 10 No. 2 2008.

Richardson, K.A. "Systems theory and complexity: Part 1" E:CO Vol. 6 No. 3 2004 (a).

Richardson, K.A. "Systems theory and complexity: Part 2" E:CO Vol. 6 No. 4 2004 (b).

Rico, F., David et.al. 『The Business Value of Agile Software Methods』 New York: McGraw-Hill, 2009.

Roam, Dan. 『The Back of the Napkin (Expanded Edition). City: Portfolio Hardcover, 2009(한국어판: 『생각을 SHOW 하라: 아이디어를 시각화하는 6가지 방법』, 댄 로암 지음, 정준희 옮김, 21세기북스, 2009)

Rothman, Johanna and Esther Derby. 『Behind Closed Doors』 Raleigh: Pragmatic Bookshelf, 2005. . (한국어판: 『실천가를 위한 실용주의 프로젝트 관리 7 WEEKS: 위대한 관리의 비밀』, 조한나 로스먼/에스더 더비 지음, 신승환/정태중 옮김, 위키북스, 2007)

Runco, Mark and Steven Pritzker. 『Encyclopedia of Creativity』 Boston: Academic Press, 1999.

Satir, Virginia et.al. 『The Satir Model』 Palo Alto:Science and Behavior Books, 1991(한국어판: 『사티어 모델: 가족치료의 지평을 넘어서』, 버지니아 사티어 외 지음, 한국버지니아사티어연구회 옮김, 김영애가족치료연구소, 2000)

Saviano, Roberto and Virginia Jewiss. 『Gomorrah: a Personal Journey into the Violent International Empire of Naples' Organized Crime System』 New York: Picador, 2008(한국어판: 『고모라』, 로베르토 사비아노 지음, 박중서 옮김, 문학동네, 2009)

Schwaber, Ken. "Agile Processes and Self-Organization"(http://www.controlchaos.com/storage/scrum-articles/selforg.pdf). 2001.

Schwaber, Ken. 『Agile Project Management with Scrum』 Redmond: Microsoft Press, 2004(한국어판: 『Agile Project Management with Scrum』, 켄 슈와버 지음, 박현철/류미경 옮김, 에이콘출판, 2012)

Schwaber, Ken and Mike Beedle. 『Agile Software Development with Scrum』. Englewood Cliffs: Prentice Hall, 2002(한국어판: 『스크럼: 팀의 생산성을 극대화시키는 애자일 방법론』, 켄 슈와버/마이크 비들 지음, 박일/김기웅 옮김, 인사이트, 2008)

Senge, Peter. 『The Fifth Discipline』. San Francisco: Ignatius Press, 2006(한국어판: 『학습하는 조직: 오래도록 살아남는 기업에는 어떤 특징이 있는가』, 피터 센게 지음, 강혜정 옮김, 에이지21, 2014)

Sheedy, Tim. "People Management is Fundamental to the Success of Large Systems Integration Projects." Forrester, June 11, 2008.(http:// www.forrester.com/rb/Research/people_management_is_fundamental_ to_success_of/q/id/46112/t/2).

Shore, James. "Why I Don't Provide Agile Certification." The Art of Agile, March 31, 2009.(http://jamesshore.com/Blog/Why-I-Dont-ProvideAgile-Certification.html).

Sivers, Derek. "Shut up! Announcing your plans makes you less motivated to accomplish them"(http://sivers.org/zipit〉 16 June 2009.

Skyttner, L. 『General systems theory: Ideas and applications』, River Edge, NJ: World Scientific. 2001.

Snowden, David. "Knowledge sharing across silos: Part II" CognitiveEdge(http://www.cognitive-edge.com/blogs/dave/2010/01/knowledge_ sharing_across_silos.php〉 2010 (a).

Snowden, David. "Multi-ontology sense making: a new simplicity in decision making" Management Today. Yearbook 2005, Vol 20.

Snowden, David. "The origin of Cynefin (part 1)⋯(part 7)" CognitiveEdge(http://www.cognitive-edge.com/blogs/dave/2010/07/origins_of_ cynefin_part_7.php〉 2010 (b).

Sokal, Alan and Jean Bricmont. 『Intellectual Impostures: Postmodern Philosophers' Abuse of Science』. Economist Books, 1998.

Solé, Ricard et.al. 『Signs of Life』. New York: Basic Books, 2000.

Spagnuolo, Chris. "Discipline versus Motivation."(http://edgehopper.com/discipline−versus−motivation/〉 EdgeHopper. 9 October 2008.

Spanyi, Andrew. "Beyond Process Maturity to Process Competence." BPTrends, June, 2004.(http://processownercoach.com/To%20Process%20 Competence.pdf).

Spolsky, Joel. "In Defense of Not−Invented−Here Syndrome." Joel on Software, 14 Oct. 2001.(http://www.joelonsoftware.com/articles/fog0000000007. html).

Spolsky, Joel. "The Law of Leaky Abstractions." Joel on Software, 11 Nov. 2002. (http://www.joelonsoftware.com/articles/LeakyAbstractions.html).

Sprangers, Chris "Verkeer zonder regels is veiliger"(http://www.intermediair.nl/artikel.jsp?id=644129). January 11, 2007 Intermediair.

Stacey, Ralph D. 『Strategic Management and Organisational Dynamics: The Challenge of Complexity, First Edition』. Upper Saddle River: Prentice Hall, 2000 (b).

Stacey, Ralph D. et.al. 『Complexity and Management』. New York: Routledge, 2000 (a).

Stack, Jack. 『The Great Game of Business』. Oxford Oxfordshire: Oxford University Press, 1994(한국어판: 『드림 컴퍼니: 출근이 기다려지는 회사』, 잭 스택/보 버링햄 지음, 김해수 옮김, 김앤김북스, 2009)

Stallard, Michael L. 『Fired Up or Burned Out』. Nashville: Thomas Nelson, 2007(한국어판: 『기업, 마음을 경영하라』, 마이클 리 스톨라드/캐럴린 듀잉 옴므/제이슨 팬카우 지음, 최완규 옮김, 옥당, 2010)

Starcevich, Matt M. "Coach, Mentor: Is there a difference."(http://www.coachingandmentoring.com/Articles/mentoring.html). Center for Coaching & Mentoring. 2009.

"The State of Agile Development Survey 2009" VersionOne, August, 2009.(http://pm.versionone.com/StateOfAgileSurvey.html).

Stephenson, Karen. 『Quantum Theory of Trust』. Harlow: Pearson Education Ltd, 2005.

Sterling, Chris. "Focus on Value: How to create value-driven user stories."(http://www.volaroint.com/pages/Focus_on_Value.html).

Strogatz, Steven. 『Sync』. New York: Theia, 2003(한국어판: 『동시성의 과학, 싱크』, 스티븐 스트로가츠 지음, 조현욱 옮김, 김영사, 2005)

Suzuki, Shunryu et.al. 『Zen Mind, Beginner's Mind』. New York: Weatherhill, 1980(한국어판: 『선심초심: 어떻게 선 수행을 할 것인가』, 스즈키 순류 지음, 정창영 옮김, 김영사, 2013)

Tapscott, Don and Anthony Williams. 『Wikinomics』. City: Portfolio Hardcover, 2008(한국어판: 『위키노믹스: 경제 패러다임을 바꾼 집단의 지성과 지혜』, 돈 탭스코트/앤서니 윌리엄스 지음, 윤미나 옮김, 21세기북스, 2009)

Testa, Louis. 『Growing Software』. San Francisco: No Starch Press, 2009.

Thomas, Kenneth. 『Intrinsic Motivation at Work』. San Francisco: Berrett-Koehler Publishers, 2000(한국어판: 『열정과 몰입의 방법』, 케네스 토마스 지음, 장재윤/구자숙 옮김, 지식 공작소 2011)

Van Vugt, Mark. "Triumph of the Commons" NewScientist. 22 August 2009.

Wailgum, Thomas "The Best Way to Implement Agile Development Processes: Your Own Way"(http://www.cio.com/article/111400/) CIO.com. May 21, 2007.

Waldrop, M. 『Complexity』. New York: Simon & Schuster, 1992(한국어판: 『카오스에서 인공생명으로』, 미첼 월드롭 지음, 김기식/박형규 옮김, 범양사, 2006)

Wallis, Steven E. "The Complexity of Complexity Theory: An Innovative Analysis" E:CO Vol. 11, Issue 4, 2009.

Webb, Richard. "I want what she wants" New Scientist. 20/27. December 2007.

Weinberg, Gerald. 『An Introduction to General Systems Thinking: Silver Anniversary Edition』. New York: Dorset House, 2001.

Weinberg, Gerald. 『Quality Software Management』. New York: Dorset House Pub, 1992.

Wilson, James Q. and George L. Kelling "Broken Windows."(http://www.manhattan-institute.org/pdf/_atlantic_monthly-broken_windows.pdf). The Atlantic Monthly. March 1982.

Wolfram, Stephen. "Universality and Complexity in Cellular Automata" Physica D, January 10, 1984, 1-35.

Yourdon, Edward. 『Death March』. Upper Saddle River: Prentice Hall Professional Technical Reference, 2004(한국어판: 『죽음의 행진: 문제 프로젝트에서 살아남는 법』, 에드워드 요든 지음, 김병호/백승엽 옮김, 소동, 2005)

찾아보기

에이콘출판의 기틀을 마련하신 故 정완재 선생님 (1935-2004)

매니지먼트 3.0

새로운 시대, 애자일 조직을 위한 새로운 리더십

발 행 | 2019년 1월 2일

지은이 | 위르헌 아펄로
옮긴이 | 조 승 빈

펴낸이 | 권 성 준
편집장 | 황 영 주
편 집 | 이 지 은
디자인 | 박 주 란

에이콘출판주식회사
서울특별시 양천구 국회대로 287 (목동)
전화 02-2653-7600, 팩스 02-2653-0433
www.acornpub.co.kr / editor@acornpub.co.kr

한국어판 ⓒ 에이콘출판주식회사, 2019, Printed in Korea.
ISBN 979-11-6175-237-2
ISBN 978-89-6077-139-0 (세트)
http://www.acornpub.co.kr/book/management-3.0

이 도서의 국립중앙도서관 출판시도서목록(CIP)은 서지정보유통지원시스템 홈페이지(http://seoji.nl.go.kr)와
국가자료공동목록시스템(http://www.nl.go.kr/kolisnet)에서 이용하실 수 있습니다.(CIP제어번호: CIP2018041030)

책값은 뒤표지에 있습니다.